METHOD MEETS ART
Arts-Based Research Practice

研究法が
アートと出会うとき

アートベース・リサーチ
への招待

パトリシア・リーヴィー [著]

岸磨貴子＋東村知子＋久保田賢一 [訳]

福村出版

C・デボラ・ロートンへ
あなたの支え，アドバイス，
友情に感謝しています

METHOD MEETS ART, Third Edition: Arts-Based Research Practice
by Patricia Leavy, PhD
Copyright © 2020 The Guilford Press
A Division of Guilford Publications, Inc.
Published by arrangement with The Guilford Press
through The English Agency (Japan) Ltd.

はじめに

　私がボストン・カレッジ大学院の社会学プログラムに進学したのは，当時関心のあった社会正義に関する重要なトピックについて研究するためでした。ところが，すぐに研究プロセスそのものに魅了されることになりました。その頃は，方法論の問題に取り組むことが，自分の社会学的関心を追求する道筋になるとは思ってもいませんでした。私は，大学院の授業や学部生の指導，研究経験を通して，認識論，理論，研究方法の相互関係を強調する研究プロセスの**全体論的アプローチ**を開発してきました。このような社会調査へのアプローチは，私自身の価値観と合致しています。

　大学院の修了が近づき，「論文を出せないなら去れ（publish or perish）」の世界に足を踏み入れようとしていた私は，資金調達の機会が限られていること，そして多くの学問分野で研究者に求められる研究観は，期待していたよりはるかに限定的なものであることに気づきました。たとえば，社会学の一流ジャーナルに掲載される研究のほとんどは量的研究で，研究手順の再現性が重視されていました。発表された質的研究は厳格な学問的基準に従って方法論が選択されており，それにそぐわない実証主義の基準で評価されているように思われました。理論と方法に関する議論が切り離され，研究プロジェクトの**全体論的**な説明が欠けていたのです。自己エスノグラフィーなどの革新的な質的方法は，「実験的」な位置づけにとどめられ，研究としてきちんと評価されていませんでした。私は，次第に幻滅していきました。悪いことに，自分のしている研究が，**やらされている仕事のように**つまらなく感じられはじめたところでした。自分が表現したいものを表現することも，人々に意味のあるかたちで届けることもありませんでした。実は，みなが必死になって発表しようとしている論文が，ほとんど読まれていないことに気づいていたのです。ましてや，研究の世界の外にいる人々に届くことはありません。親戚や友人に自分の書いたものについて話そうとして，「素晴らしいと思うけれど，専門用語が多すぎてよくわ

からない」と言われるたびに，研究があらゆる面で近寄りがたいものになっていることを思い知らされました。研究プロセスに関心を持って取り組むには，別の方法を探す必要があるのは明らかでした。

　幸運なことに，私は当時「創発的方法」（研究方法論への革新的アプローチ）に関する共同執筆のプロジェクトをいくつか手がけていました。私はそこでアートベース・リサーチ（arts-based research：以下 ABR）の世界と出会い，これらのアプローチを自分のプロジェクトに少しずつ取り入れはじめました。こうして，新しい世界がひらかれていったのです。

アートへの転向

　多くの人がそうであるように，私はアートについて学問的に学ぶずっと前から，個人的な経験を通して，アートのもつ力を直感的に理解していました。子どもの頃の私は，お気に入りの本をページが色褪せるまで読み返し，映画で見る新しい世界に身を委ね，劇場では幕ごとに笑ったり泣いたりし，空間を優雅に動き回るダンサーに驚嘆していました。

　大人になると，朝起きてすぐに音楽を流し，定期的に美術館を訪れたり映画を観に行ったりして，アートへの愛は増すばかりでした。そして，母になり，教授になってはじめて，アートをさまざまなかたちで教育に生かせることに気がつきました。たとえば，娘のマデリンは小学生の頃，幾何学が苦手でした。そこで，マデリンをボストン美術館に連れて行き，キュビズムの絵画を分析して図形を探したところ，幾何学の成績が上がったのです。アートは**情報**だけでなく，**つながりや共感，感情，共鳴，自己認識**など，多くのことを彼女に教えてくれました。私がこのことを深く実感したのは，7歳の娘を初めてコンサートに連れて行ったときでした。現実的に考えて，信じられないような人生初の経験などめったにありませんし，そこに母親が関わることはほとんどありません。私はマデリンをコンサートに連れて行き，その経験を彼女と分かち合いたいと思いました。照明が消えたときの彼女の表情を，私はずっと忘れないでしょう。マデリンは椅子の上に立って本能的に手を振り上げ，他の観客と一緒に歓声を上げはじめました。私はコンサートの間ずっと彼女を見ていて，彼女が体験しているのは，そこにいる人々とのつながり，つまり生演奏を通じて生まれたつながりなのだと気づきました。彼女は，何かの一部になっていたの

訳注 i　20世紀にピカソとブラックによって創始された新たな絵画様式。

です。それは，情動的で，身体化された力強い何かでした。

　このような気づきは，私の教育活動にも変化を与えました。ジェンダー社会学の授業では，家父長制，暴力，性暴力について講義し，関連する論文をたくさん読みましたが，学生たちが心を最も動かされたのは，トーリ・エイモスが歌う「Me and a Gun（わたしと拳銃）」のビデオを見たときでした。この心に沁みる歌は，彼女自身が受けたレイプ被害から着想を得たものです。また，「Love, Intimacy, and Human Sexuality（愛，親密さ，セクシュアリティ）」のゼミでは，トランスジェンダーのアイデンティティなど，カトリック大学の学生にとっては難しいテーマを多く取り上げました。彼らの考え方や見方が大きく変化したのは，ノンフィクションのエッセイを読んだときではなく，ジェンダー・アイデンティティに悩む子どもを描いた映画『ぼくのバラ色の人生（Ma Vie en Rose）』ⁱⁱを観たときでした。この映画は，会話と省察を促し，共感を育み，さらには自己認識や社会認識も高めたのです。

　アートには，人を教育し，鼓舞し，光を当て，抵抗し，癒やし，説得する，他にはない力があります。こうした理由および本書で概説する他のさまざまな理由から，革新的な研究者たちは分野を超えて，研究活動にアートの力を活用してきたのです。その結果，ここ数十年の間に，ABR という新しいパラダイムが作られてきました。

　ABR の実践は，研究とアートの実践の自然な親和性から生まれたもので，どちらも技（わざ）として捉えることができます。**ABR は，データ生成，分析，解釈，表現など，研究のあらゆる段階において，分野を超えて使用できる一連の方法論的道具です。**この新しい道具には，創造的なアートの考え方が取り入れられており，**理論と実践が絡み合った全体論的**かつ**参加型**の方法で研究課題に取り組めるようになっています。アートベースの実践では，文学，音楽，ダンス，演技，ビジュアルアート，映画などのメディアが活用されます。表現形式としては，短編小説，小説，実験的執筆形式，グラフィックノベル，コミック，詩，寓話，コラージュ，絵画，デッサン，彫刻，3D アートⁱⁱⁱ，キルト，刺繍，脚本，演劇，ダンス，映画，歌，楽譜などがありますが，これらに限定されるものではありません。

訳注ii　1997 年制作。トランスジェンダーの子とその家族が，周囲の偏見に苦しみながらも懸命に生きていく姿を描くドラマ。監督：アラン・ベルリネール。

訳注iii　3 次元の空間において形づくられる芸術の一形式。彫刻など物理的に存在する立体物や，コンピュータグラフィックスなどデジタル技術を用いて仮想的に作成された立体画像を含む。

自分にとって意味があり，他の人にも届くような研究をしたいという思いから，私は ABR に目を向けました。私は ABR を，従来の研究実践の特徴である難解な専門用語と制限の多い構造を乗り越えるための方法と捉えていました。しかし，アートのもつ可能性はそれだけではありません。似た者同士，異質な者同士を結びつけ，新しい見方や経験をひらき，暗闇の中にあるものを照らすことができるのです。

本書が必要とされるわけ

　私は本書を，ABR の詳しい入門書として執筆しました。本書では，ナラティブ・インクワイアリー，フィクションベース研究，詩的探究，音楽，ダンス，ムーブメント（身体表現），演劇，映画，ビジュアルアートなど，ABR の主要ジャンルをすべてカバーしています。私が目指したのは，ABR 研究者（arts-based researchers）の仕事をまとめ，記録し，文章にして，この新たなパラダイムに興味をもつ人たちに方法論の手ほどきをすることです。本書の初版を執筆して以来，さまざまなところで学生や研究者と接してきた私自身の経験から，他の人々も本書で紹介するアプローチを試したり，新しいアプローチを生み出したりできるように励まし，刺激したい。そして，学問的背景やアートのトレーニング経験の有無にかかわらず，誰もが今いる場所からはじめることができるということを示したい。それが私の願いです。

本書の構成

　本書では，ABR について詳しく紹介する入門編と第一人者による研究例を組み合わせることで，アートベースの方法について理解を促すとともに，その使い方の実例を示しています。この第 3 版では，入門編の構成を，導入，背景（ジャンル別の小項目を含む），研究方法（ジャンル別の小項目を含む），考慮すべき点，チェックリスト，おわりに，参考文献に統一しました。ジャンル／方法別の各章には，ディスカッションのための問いとアクティビティ，おすすめの図書，おすすめのウェブサイトとジャーナル，事例を掲載しています。一部の事例は本文中に載せていますが，音楽とダンスの事例はオンラインで入手できます（章末にリンクがあります。目次の後の枠内も参照してください）。音楽とダンスは，文章で表現することが難しいため，オンラインで事例を視聴できるようにすることが重要だと考えました。その他のオンラインの事例へのリンクも，本書の

各所に載せています。これらの事例を取り上げたのは，そのジャンルを採用する唯一の方法としてではなく，無数の可能性の中から傑出した例を示したにすぎないという点に留意してください。

本書の構成は，**言葉からイメージへ**と進むことで，ABR がたどってきた道のりやアプローチ間の相互関係の 1 つの捉え方を描き出すものになっています。最初に取り上げるジャンルは，第 2 章のナラティブ・インクワイアリーとフィクションベース研究です。これらのアプローチは，明らかにアートを使用しますが，コミュニケーションツールとしての「言葉」に大きく依存しています。「言葉」と「叙情的な呼びかけ」を融合する詩的探究については，第 3 章で検討します。第 4 章では，方法としての音楽について，詩のもつ叙情的な性質を取り上げながら探究します。音楽はパフォーマンス（演奏）を通して生み出されるものであるため，パフォーマティブなジャンルを扱う 3 つの章の最初に扱います。第 5 章のダンスとムーブメント（身体表現）は，本書の中で最も抽象的な形式と言えるでしょう。パフォーマンスを中心とした章の締めくくりとなる第 6 章では，演劇，ドラマ，映画について論じます。最後に取り上げるジャンルは，第 7 章のビジュアルアートです。こうして，**言葉からイメージへ**の流れが完結することになります。

第 3 版で新しくなった点

本書の初版を執筆して以来，私の人生にも，ABR の分野にも，多くの変化がありました。初版に引用した ABR 研究者の中で，当時，個人的に知っている人は一人もいませんでしたが，多くの研究者と出会い，関係を築くことができました。また，講演活動やソーシャルメディアを通じて，他の多くの実践者や学生の作品に触れ，彼らがこの分野をどう認識しているかを知る機会もありました。学界の状況も変わりました。キャリアをスタートさせたばかりの私にとって重要なのは「論文を出せないなら去れ」という決まり文句でしたが，公開することに関心が移りました。学界の外への影響を含め，研究の**インパクト**への注目が高まったことも，ABR の発展につながりました。私はこうした経験を積み重ねることで，ABR のもつ力と可能性についての認識を深めると同時に，ABR に取り組むために必要なスキルと評価方法に関心をもつようになりました。そのため，第 3 版では，以下のように内容の追加，更新，再構成を行っています。

はじめに　　7

1. 第1章を拡充し，研究デザインに関する節を新たに設けました。この節では，トピックの選択，文献レビュー，研究目的の記述，リサーチ・クエスチョンについて説明しています。

2. ジャンルと方法についての各章に，研究実践を追加しました。第3章の詩的探究では具象的な研究詩とポエトリースラム，音楽に関する第4章では音楽によるナラティブ・インクワイアリー，コミュニティミュージック・プロジェクト，スポークンワードとラップ，演劇に関する第6章では総譜化された書き起こし，第7章のビジュアルアートでは，コミック／グラフィックノベル，言葉を使わないナラティブ研究，インスタレーションアートを，それぞれ追加しました。

3. ジャンルと方法の3つの章の末尾にある例を更新しました。また，本文中に示したオンラインの例も新たに追加しています。

4. 評価基準に関する第8章の構成を見直しました。倫理に関する節を章の前半に移し，手続き的倫理と関係的倫理も含めて大幅に拡充しました。パブリック・スカラシップ（人々にひらかれた学問）についての議論も拡張しました。

5. 第9章を書き直し，ABRをはじめるための具体的なヒント，協働によるABRについての節，ABRを行う上での課題とその解決のための実践的なアドバイスを含めました。

6. すべての章を改訂し，参考文献を更新し，新しい研究事例を追加しました。ただし，旧版の読者のために，以前の参考文献や研究例も残しています。

7. 本書全体を通して，ノンバイナリーの代名詞[iv]を使用しました。

8. 本書全体を通して，パブリック・スカラシップとオーディエンスの問題に配慮しました

9. 各章の構成を統一し，節の冒頭に指針となる問いを列挙しました。

本書の読み方

　本書は最初から最後まで順に読んでいくこともできますが，そうしなければならないわけではありません。各章は独立して読めるようになっており，研究

訳注 iv　ノンバイナリーとは，自身が認識する性が，男性／女性という性別に当てはまらない，または当てはめたくないという考え方である。英語の3人称単数は性別によって he/she を使い分けるが，「ノンバイナリーの代名詞」は，性別にかかわらず they を使用する。

事例も同様です。特定のジャンルに関心のある読者は，その章だけを読んでも
よいでしょう。また，言葉からイメージへという流れは，本書を構成する1つ
の方法にすぎません。読者の中には，「パフォーマンス・パラダイム」をきっ
かけにアートに関心をもつ人がいるかもしれません。そのような読者にとって
は，演劇やドラマをダンスやクリエイティブ・ムーブメントと分けて考える必
要がないため，この2つの章から読みはじめてもいいでしょう。最後に，本書
はどのトピックに関する文献と合わせて読んでもかまいません。たとえば，ビ
ジュアルアートを用いた研究に関心のある研究者や学生であれば，序章とビ
ジュアルアートについての第7章を，学術誌やウェブサイトに掲載された論文
と並行して読むこともできます。

教育的特徴とリソース

　本書の各章では，詳細な説明と代表的な事例の組み合わせに加え，多数の研
究事例を織り込みました。また，章ごとに重要な用語や定義，そのジャンルの
主な研究実践，その他の重要な検討事項にも言及しています。また，ABRの
さまざまなジャンルを取り上げた6つの章には，いくつかの特徴があります。
各章の終わりには，そこで説明された方法を使用するにあたって研究者が留意
すべき事項をまとめたチェックリストが掲載されています。このチェックリス
トには，研究者が自らの研究デザインの概要を説明する際に考慮すべき指針と
なる問いも示しています。
　章末にあるおすすめの図書，ジャーナル，ウェブサイトの注釈付きリストも，
本書を利用する研究者にとって参考になるでしょう。おすすめ図書のリストは，
研究者が特定の方法論についてさらに探究するのに役立ちますし，ジャーナル
とウェブサイトのリストは，文献調査を広げる手段になるだけでなく，ABRに
取り組む研究者が出版する際の参考にもなるでしょう。最後に，本書を使って
授業を行う場合に使える教育的ツールとして，クラスで取り組んだり課題にし
たりできるディスカッションの問いとアクティビティを載せています。これら
のアクティビティは，初学者が新しい研究方法を試す際にも役立つでしょう。

読者のみなさんへ

　本書は，ABRやアートベースの方法論に関心のある学生，大学院生，研究者，
実践家など，さまざまな読者にもわかりやすく書かれています。教育という観

点でみると，人類学，アート，コミュニケーション，創造的アートセラピー，カルチュラルスタディーズ，教育学，表現療法，健康学，ソーシャルワーク，社会学，心理学，舞台芸術，女性学，ジェンダー学，セクシュアリティ研究などのコースで活用できます。また，質的研究，研究方法論，ABR，創発的研究，フェミニスト研究，ナラティブ・インクワイアリー，批判的アプローチなど，方法論のコースでも使えます。

　本書はアートの専門教育を受けた人のみを対象にしているわけではありませんのでご安心ください。さまざまな理由から，新しいアプローチに取り組むのが怖いと思うこともあるでしょう。それでも，とにかくやってみることをお勧めします。私が ABR の最初の小説である『Low-Fat Love（やせ細る愛）』を書いたとき，自分が何をしているかわかっていませんでした。ただやってみたい，私が考えたこととインタビューした人々の物語をこれまでにない魅力的な方法で伝えたい，という思いではじめたのです。しかし，得られた成果は，私の想像をはるかに超えるものでした。

　みなさんが本書をきっかけに，研究の新たな**かたち**や**構造**，一緒に語り合える新たな**オーディエンス**を見出すことができればと願っています。さあ，発見の旅をはじめましょう！

謝辞

　本書の出版にあたり，感謝を伝えたい人はたくさんいます。何より，素晴らしい編集者であり，親愛なる友人であるC・デボラ・ロートンに心から感謝します。あなたは私にとって贈り物です！　デボラの知恵はどのページにも反映されていますが，もし誤りがあればすべて私個人の責任です。セイモア・ワインガーテン，ボブ・マトロフ，ジュディス・グローマン，キャサリン・リーバー，キャサリン・ソマー，マリアン・ロビンソン，ポール・ゴードン，アンドレア・サージェント，アンナ・ブラケット，デボラ・ハイマン，スマダー・レヴィ，カレン・シュトレーカー，そしてギルフォード出版社のみなさんに，心からの感謝を伝えたいと思います。匿名の査読者の方々には，貴重な助言をいただきました。また，時間と専門知識を惜しみなく提供してくださったみなさんにも，深く感謝しています。メリンダ・ローズ（オハイオ州立大学），ベッティナ・ヴィレック（ハートフォード大学），ブルース・ウーアマッハー（デンバー大学），スーザン・コックス（ブリティッシュコロンビア大学），ダレル・カリエール（オハイオ大学マイアミ校），キャンディス・スタウト（オハイオ州立大学），エミリー・ノーラン（マウントメアリー大学）。そしてシャレン・ローウェル，あなたは世界最高のアシスタントであり，最も素晴らしい友人です。私に我慢してくれてありがとう。ジョイア・チルトンの惜しみないサポートと協力，議論やアートの提供に感謝します。本書の第2版が形になったのは，あなたのおかげです。インタビューを通して，私の研究を別の方法で公にする道をひらいてくれたメディア関係者の方々にも感謝しています。ロビン・H・ファレルにも特別な感謝を捧げます。私に資料や作品を送ってくださった方，過去数年にわたり協力してくださった方，他にもさまざまな支援をしてくださった方，みんなありがとう！

　トニー・E・アダムス，イヴァン・ブレイディ，リオラ・ブレスラー，ロビン・P・クレア，イーチェン・クーパー，キャロリン・エリス，サンドラ・フォークナー，ドナ・Y・フォード，ナンシー・ガーバー，ピーター・グズアシス，ジェシカ・ゴーリオン，ジョアン・ハリソン，リタ・アーウィン，キップ・ジョーンズ，キャロリン・ジョングウォード，カール・レゴ，キャシー・A・マルキオディ，エイプリル・R・マンドローナ，ジャック・ミグダレク，ジョー・ノリス，ローレル・リチャードソン，ジョニー・サルダーニャ，ジョー・サル

ヴァトーレ，ローレン・サルディ，ヴィクトリア・スコッティ，アニタ・シナー，セレステ・スノーバー，キャンディス・スタウト，アドリアン・トリアー＝ビエネック，メアリー・E・ウィームズにも感謝します（もし誰かのお名前が抜けていたら，心よりお詫びします）。「声を与える」のではなく「声を増幅させる」あるいは「視点を広げる」という言葉の使い方は，カカリ・バタチャリヤから直接影響を受けたものです。本書で参照するすべての方々に感謝の意を表します。ソーシャルフィクション・シリーズに携わったことで，私のABRへの理解は深まりました。著者，編集委員，出版チームのみなさんに感謝します。過去10年間にわたり，旅をしながらABRについて話してきたことで，この分野に対する私の理解は非常に深まりました。大学や学会に私を招いてくださった方，旅先でおしゃべりしたみなさん，本当にありがとうございました。みなさんからたくさんのエネルギーと刺激をもらいました。初版以来，何年にもわたってメールをくださった学生や研究者のみなさん。みなさんのメッセージがどれほど大切なものだったか，言葉では言い表せません。いただいたサポートと励まし，つながりに感謝しています。

　ここからは，個人的な感謝の言葉を伝えさせてください。メリッサ・エニウォ，セリーヌ・ボイル，パメラ・デサンティス，アリー・フィールド，ヴェラ・キレイン，イヴ・スパングラー，あなたたちは素晴らしい友人です。私が講演のために家を空けなければならなかったときにマデリンの面倒をみてくれたこと，本当に感謝しています。アリ・フィールド，私の理解者でいてくれてありがとう。私の音楽のミューズであるトーリ・エイモス，あなたは芸術的な語りの重要性を思い出させてくれました。あなたに愛と光がずっと届きますように。マーク，あなたのサポートなしには何もできませんでした。信じてくれてありがとう。そして私の大切なマデリン，あなたは私に最もインスピレーションを与えてくれるアーティストです。愛しています。

　以下の資料の転載を許可してくださった出版社と著者にも感謝します。
　パトリシア・リーヴィー著『Film（フィルム）』（2020年）pp. 16-20より抜粋。著者とBrill/Senseの許可を得て転載。
　第3章の科学的・芸術的・詩的基準は，サンドラ・フォークナーの許可を得て掲載。
　グロリア・アンサルドゥア著「To Live in the Borderlands（国境地帯に生きる）」より抜粋。Aunt Lute Booksより許可を得て転載。

エイプリル・R・マンドローナ著「Children's Poetic Voices（子どもたちの詩の声）」（2010年）。原文は、『LEARNing Landscapes』4(1) に掲載。LEARN（Leading Education and Resource Network）の許可を得て転載。

第6章に掲載されている『Rufus Stone（ルーファス・ストーン）』の映画制作過程のスチール写真は、キップ・ジョーンズの許可を得て掲載。

メアリー・E・ウィームズ著「Blink（まばたき）」（2003年）。原文は『Public Education and Imagination-Intellect（公教育と想像力）』に掲載。Peter Lang International Academic Publishers の許可を得て転載。

パトリシア・リーヴィー，ヴィクトリア・スコッティ著『Low-Fat Love Stories（やせ細る愛の物語）』（2017年）pp. 11-16 より抜粋。Brill/Sense より許可を得て転載。

アリーナ・グティエレス著『The Arts as Hope（アートは希望）』。VisualVersa.com より許可を得て転載。

第7章のコラージュ・アート作品は，メリージェーン・ヴィアノ・クロウの許可を得て掲載。

以下のオンラインの作品例は，著者の許可を得て掲載しています。

ダニエル・ベーカン作「The Beaty of Song: Gonna Sing My Way to a PhD（歌の美しさ：博士への道のりを歌う）」

A・D・カーソン著『Owning My Masters: The Rhetoric of Rhymes and Revolutions（修士号を手に入れる：韻と革命の修辞学）』

ジャック・ミグダレク作「Gender Icons（ジェンダー・アイコン）」

研究法がアートと出会うとき
アートベース・リサーチへの招待

目　次

はじめに　3
謝辞　11

第1章　社会調査とアート ── はじめに 19

パラダイムの境界を押し広げる
　── アートベース・リサーチの歴史的背景　24
もう1つのパラダイムとしてのアートベース・リサーチ　30
本書の構成 ── 言葉からイメージへ　55

第2章　ナラティブ・インクワイアリーとフィクションベース研究 65

背景　66
ナラティブ・インクワイアリーとナラティブ・メソッド　73
フィクションベース研究とソーシャルフィクション　84
考慮すべき点　93
おわりに　96

❖『Film（フィルム）』抜粋　106

第3章　詩的探究 113

背景　114
詩的探究か，研究方法としての詩か　116
社会調査における詩の活用　127
考慮すべき点　133
おわりに　137
付録3.1　143

❖子どもたちの詩の声　147

第4章 音楽という研究方法 163

背景　165
質的研究のモデルとしての音楽　171
研究方法としての音楽　174
考慮すべき点　185
おわりに　187

第5章 研究としてのダンスとムーブメント 197

背景　199
研究方法論を刷新するダンス　205
考慮すべき点　215
おわりに　219

第6章 演劇・ドラマ・映画 227

背景　228
演劇やドラマに基づく実践　237
映画　250
考慮すべき点　256
おわりに　259
❖「Blink（まばたき）」　267

第7章 ビジュアルアート 287

背景　288
ビジュアルアートベースの研究実践　294
考慮すべき点　312
おわりに　314
❖『Low-Fat Love Stories（やせ細る愛の物語）』抜粋　322

第8章 アートベース・リサーチの評価基準 ⋯⋯⋯⋯⋯⋯⋯ 327

評価基準　330

おわりに
　　—— 混乱，バランス，アーティスト−研究者の立場性　350

第9章 アートと科学に橋を架ける ⋯⋯⋯⋯⋯⋯⋯⋯⋯⋯⋯ 359

研究としてのアート　360

協働によるアートベース・リサーチ　367

ABR を行う上での課題 —— 実践的なアドバイス　372

神話を打破しつながりを生み出す
　　—— アートと科学の溝を越えて　376

索引　382

アートベース・リサーチへのいざない —— 訳者あとがき　386

本書の購入者は，下記のサイトでオンラインの作品例を見ることができます。
www.guilford.com/leavy-materials

＊本文中の〔　〕内は，訳者による補足を表す。

第 **1** 章

社会調査とアート
はじめに

論理はあなたを A から B へと導いてくれる。
想像力はあなたをどこにでも連れて行ってくれる。
—— アルベルト・アインシュタイン

　私たちはみな，他の人々にとって興味深く，何らかの価値があると感じられるような仕事がしたいという思いを抱いて，研究の世界に入ります。ところが，テニュア（終身雇用）になり職場で昇進しなければという組織内でのプレッシャー，論文を出せないなら去れという至上命題，「ハードサイエンス」の研究者に重点的に配分される研究資金，という状況に置かれているうちに，多くの研究者はたちまち幻滅してしまうのです。研究し発表する従来の方法の限界に気づき，がっかりすることもあります。時には，やり方をガラリと変えることも必要です。ここでは，私の研究を例としてお話ししましょう。

　私は 10 年ほど，人間関係，性的アイデンティティ，ボディイメージなどのテーマについて，主に女性を対象にインタビュー研究を行ってきました。査読付き論文も何本か書きましたし，他の研究者や学生との共同研究も行ってきました。ただ，ずっと解消されない不満のようなものを感じていました。論文は専門用語が多く，紋切り型で無味乾燥です。良い文章とはとても言えないでしょう。その上，論文を書いても，ほとんど誰も読みません。時間をかけて頑張ったことが，それに何より，たくさんの人たちが語ってくれた物語が，何の役にも立たなかったのです。一般的な学術論文が読まれることもありますが，読むのは高度な専門教育を受けたごく一部の人たちです。長い時間をかけてたくさんの人々にインタビューした労力と，そこから得た貴重な語りという大事な資源を無駄遣いしている気持ちになりました。

　もっと言えば，論文に書かれている以上のことを，私は学んできました。幅

広いテーマに関するインタビュー調査はもちろん，学生を教えたり指導したりする経験からも，さまざまなことを学びました。学生は，授業でもそれ以外でも，自らの経験を話してくれました。私が伝えたかったのは，自分の研究と教育上の経験が組み合わさって生まれた知です。そして伝えるときも，「これは書けない」と自ら検閲せずにすむような方法をとりたいと思っていました。検閲は，従来の学術論文が抱える問題の１つです。たとえば，私が長年にわたってインタビューを行ってきた多くの協力者や学生は，人間関係の行き詰まりや自己肯定感の低さについて語ってくれました。話を聞きながら「そんなことないよ」と声をかけたくなったことは，数えきれないほどあります。しかし，実際のインタビュー調査や指導の場では，そうすることは不可能です。論文を書いても，私たちの主張は目下の研究に限定されたものになりがちで，得られた知見を必ずしも紙面に含められるわけではありません。こうした経験から，私は従来の学術論文の限界に気づき，アートによる表現に目を向けるようになりました。

　そこで私は，小説を書くことにしました。タイトルは，『Low-Fat Love（やせ細る愛）』（Leavy, 2011b）です。フィクションの形式をとることで，伝えたい内容を小説に込めつつ，テーマをいくつも重ね，登場人物を詳細に描き出して，読者の共感的理解と省察を促し，その後も続く学びの経験が得られるようにしました。何より重要なのは，この作品を学界だけでなく，一般の人々にも知ってもらえたということです。大学で学生に小説について話す以外に，読書会などに参加して，多様な年齢層や学歴の読者と質疑応答をすることもあります。印象的だったのは，この小説が読者に大きな影響を与えているということです。自分の人生を振り返るきっかけになり，救われた，人生が変わったという読者からの声を，直接のやりとりだけでなくメールでも数えきれないほど受け取りました。査読付き専門誌の論文や学会発表に対して，ここまで反響があったことは一度もありません。小説化したこの研究は，マスコミやラジオのインタビュー，新聞の論説，ブログ投稿などでも取り上げられ，研究について広く発信する機会が得られました。これこそまさに，アートベース・リサーチ（arts-based research：以下 ABR）のもつ力です。確かに，他の研究アプローチとは異なりますが，決して厳密さや妥当性を欠くわけではありません。

　ここでソーシャルフィクション（フィクションに基づく研究）に転じた私の例を紹介したのは，新たな問いの立て方を磨き，幅広いコミュニティに研究結果

を提供していくために，これまでとは違った見方や考え方が必要だからです。研究者はよく，研究報告の「形式（form）」や「フォーマット（format）」という言い方をしますが，私は「**かたち（shape）**」という用語を使います（Leavy 2009, 2011a 参照）。それによって，研究の形式だけでなく，形式がどのように内容を**かたちづくる（shape）**のか，オーディエンス（読者や聞き手）がその内容をどのように受け止めるのか，という側面にも目を向けることができるからです。私は，「かたち」という観点から研究プロジェクトをどう組み立て，表現するかを考えています。研究をさまざまな「かたち」で捉え，創造する必要性を強調することで，知識を構築し伝える実践を**かたちづくる**上で研究コミュニティがどのような役割を担っているかを明らかにしたいという希望もあります（Leavy, 2011a）。多様な論点をうまく扱い，オーディエンスと効果的にコミュニケーションするためには，さまざまな**かたち**で物事を捉え，知を生み出していくことが必要です（Leavy, 2011a）。このことに取り組むのが，ABR 研究者なのです。

　ABR 研究者は，新たな研究ツールを「発見する」のではなく，**彫り出**します。彫り出されたツールによって，研究コミュニティ内にも，情熱と厳密さが大胆に交差する**ひらかれた**空間が生まれます。研究上の問いを明らかにするためにABR にたどり着いたという人もいれば，研究者としての自分とアーティストとしての自分を融合させたいと強く望んでいる人もいます。個々の ABR プロジェクトにも，日常的なアートベースの実践に取り組む研究者にも，**全体的で統合的な視点**が必要になってくるのです。

　ロナルド・ペリアス（Pelias, 2004）は，著書『A Methodology of the Heart: Evoking Academic and Daily Life（心の方法論：学問と日常生活の活性化）』の中で，「私は心の言葉を語る。なぜなら心はいつも大事なことの近くにあるからである。心がその言葉を汲み上げなければ，私たちは触れられることのない古びた辞書のようなものにすぎない」（p. 7）と述べています。私たち研究者は，研究と自分自身との関係を表に出さないように教えられます。それが問題だと思う人も，できない人もいます。ABR に取り組むことで，研究者は自分と研究との関係を，作品を読む（聞く，見る）オーディエンスと共有できるようになるのです。

　ペリアスによれば，アートベースのテクストは，「（そこは）異なる空間だということを伝える合図であり，書き方である。それは身体に蓄積され，痛み，

第 1 章　｜　社会調査とアート　　　21

握りしめた拳，混乱となる」のです（Pelias, 2004, p. 11）。社会調査におけるアートへの転換は，歴史上のさまざまな出来事が重なり合った結果です。それに伴い，ビジュアルアートの余白が対象を際立たせるように，従来の研究についても新たな考え方ができるようになります。近年の ABR とそれに対する研究者の省察からわかるのは，この分野の先駆者たちが，研究実践を全人的で血の通ったものにしようとしているということです。ABR は，アーティストとしての自分と研究者としての自分，研究者とオーディエンス，研究者と教師を分けるのではなく，橋渡しをすることを目指します。この新しいツールを使用する研究者は，自らの関心を融合させながら，共鳴と理解に根差した知識を創造していきます。

　アートも科学も，人間のありようを明らかにしようとする点では，本質的に同じです。いずれも，探究，発見，表現を通して，人間のより良い理解を目指します。歴史的にみると，アートと科学には人為的な線が引かれ，切り離して考えられてきましたが，両者の深い関係について本格的な検討が進んでいます。本書は，さまざまな分野の研究とアートの融合について総合的に考察し，まとめたものです。ここ数十年の間に学問領域を超えて生まれた新しい研究パラダイム，それが ABR です。

　ABR は，さまざまな学問領域の研究者が使用する方法論的なツールで，社会調査におけるデータの生成，分析，解釈，表現のどの段階でも使うことができます。この新しいツールは，理論と実践が密接に結びついた統合的なやり方で研究上の問いに取り組むことができるように，創造的アートの原則が取り入れられています。文学，音楽，ダンス，パフォーマンス，ビジュアルアート，映画などのメディアが活用され，表現形式としては，小説（ごく短いものから中編，長編まで），実験的な文章形式，グラフィックノベル，コミック，詩，寓話，コラージュ，絵画，デッサン，彫刻，3D アート，キルト，刺繍，脚本，演劇，ダンス，映画，歌，楽譜などがあります。まだ他にもあるかもしれません。

　過去 10 年間に ABR は著しい成長を遂げ，文献にはこのような研究（およびその著者）を表し識別するためのさまざまな用語が氾濫しています[1]。用語ごとの微妙な違いを指摘する人もいますが，なんとかしてラベルを貼ろうとする試みは，たいてい混乱を招きます（Chilton & Leavy, 2014; Finley, 2011; Ledger & Edwards, 2011; McNiff, 2011; Sinner, Leggo, Irwin, Gouzouasis, & Grauer, 2006）。表 1.1 は，文献に出てくる用語をまとめたものです[2]。実を言うと，もし私がこの研究

表 1.1　アートベース・リサーチの用語集

A/r/tography	アートグラフィー
Alternative forms of representation	表現形式のオルタナティブ
Aesthetically based research	美的感覚に基づく研究
Aesthetic research practice	美的研究実践
Art as inquiry	探究としてのアート
Art practice as research	研究としてのアート実践
Art-based enquiry	アートベースの探究（enquiry）
Art-based inquiry	アートベースの探究（inquiry）
Art-based research	アートベース・リサーチ
Artistic inquiry	芸術的探究
Arts-based research（ABR）	アートベース・リサーチ（ABR）
Arts-based social research（ABSR）	アートベースの社会研究（ABSR）
Arts-based qualitative inquiry	アートベースの質的探究
Arts in qualitative research	質的研究におけるアート（arts）
Arts-based educational research（ABER）	アートベースの教育研究（ABER）
Arts-based health research（ABHR）	アートベースの健康研究（ABHR）
Arts-based research practices	アートベースの研究実践
Arts-informed inquiry	アートを踏まえた探究
Arts-informed research	アートを踏まえた研究
Critical arts-based inquiry	アートベースの批判的探究
Living inquiry	生きる探究
Performative inquiry	パフォーマティブな探究
Performative Social Science	パフォーマティブ社会科学
Poetic science	詩による科学
Practice-based research	実践ベースの研究
Research-based art（RBA）	研究ベースのアート（RBA）
Research-based practice	研究ベースの実践
Scholartistry	学術的アート性
Transformative inquiry through art	アートを通した変容的探究

出所：Chilton & Leavy（2014）．Copyright © 2014 Oxford University Press. 許諾を得て加筆修正

を表す言葉を何か考えついたとしても，それは ABR ではなかっただろうと思います。とはいえ，実用的であることは重要です。ABR という言葉は最も広く使われており，世界中で受け入れられています。私たちは実践者のコミュニティであり，第 9 章で詳しく述べるように，この研究を進めていく上でまだまだ多くの課題を抱えています。ですから，戦略的にならなければならないのです。これらの課題は，私一人で解決していくものではありません。ABR の先駆者であるショーン・マクニフ（McNiff, 2018）は，ABR という用語を使う意義について，「学問分野や専門領域を超えたアートに基づく探究の重要性を主

第 1 章　│　社会調査とアート　　23

張し，今ある他の研究手法と区別するため。また単純に会話における必要性から」(p. 29) と説明しています。よって，本書では，ABR という用語を使うことにします[3]。

　本章では，ABR の実践が生まれた歴史的背景について概説します。ABR は，存在論的・認識論的・理論的・方法論的な問題に対して，どのような立場をとるのでしょうか。この新しい戦略は，研究の世界をどのように変えることになるでしょうか。ABR の主な強みとは何でしょうか。私たちが何を発掘し，明らかにし，提示するのに役立つのでしょうか。さらに，ABR のプロジェクトをデザインする方法と，実践するために必要なスキルについても説明し，最後に本書の構成について述べることにします。

パラダイムの境界を押し広げる
——アートベース・リサーチの歴史的背景

　本書の初版を執筆した当時，私は ABR を，質的研究パラダイムに基づく新しい方法論の一種だと考えていました。というのも，私は質的研究のコミュニティを通じて ABR に出会いましたが，その中には ABR を積極的に推進し，方法論について幅広く執筆していた研究者もいたからです。しかしながら，質的研究コミュニティの外の，たとえば美術教育などの分野でも，アートベースのアプローチを発展させ，使用している研究者やアーティストはたくさんいます。また，ABR を専門とする学会やジャーナルも，質的研究者のコミュニティとは独立して作られています。ジョイア・チルトンとの著書でも述べたように，ABR は，まったく新しい世界観を必要とし，広大な領域をカバーしています (Chilton & Leavy, 2014)[4]。ABR を，質的研究に使用するツール一式と理解している人がいることは知っていますが，本書では，ABR を独立したパラダイムとして記述します。同じ考えを提唱している研究者は，他にもいます。たとえば，ジェームズ・エイウッド・ローリング (Rolling, 2013) やナンシー・ガーバーら (Gerber et al., 2012) は，ABR は 1 つのパラダイムだと主張していますし，トム・バロンとエリオット・アイズナー (Barone & Eisner, 2012) は，アートと科学はひとつながりになっていると述べています。ロリ・ニールセン (Neilsen, 2004) は，質的研究が「グラウンデッド (grounded：データに基づく)・セオリー」アプローチに依拠するのに対し，ABR は「グラウンドレス (groundless：データに依

らない)・セオリー」アプローチをとると述べて，ABR と質的研究の違いを示唆しています。アートを，独創的かつ「学際的な知とコミュニケーションの方法」(p. 24) として捉えるショーン・マクニフ (McNiff, 2018) も，ABR を質的パラダイムと明確に区別し，「アート的探究は，社会科学のコミュニティで定義されている質的研究よりも広範囲にわたる。単に質的研究の長いリストに新たな版が加わっただけではない」(p. 26) と述べています。

　アートベースの研究方法は，知を生み出すアプローチをどのように変えることになるでしょうか。ここでは，量的パラダイムと質的パラダイム，特に後者が前者に取って代わるものとして登場してきた経緯について，簡単に説明します。質的研究を量的研究と比較し続けることに，抵抗を感じる質的研究者は少なくありません（それも当然のことです）。しかし，歴史的にみると，量的研究が長く優位に立ち，実証主義に基づく評価が「標準」とされてきました。ABR の位置づけと特徴を明確にするためにも比較は妥当であり，ABR が社会調査における 3 つの主要なアプローチの 1 つとして位置づけられることが理解しやすくなると思います。

量的研究パラダイム（実証主義・ポスト実証主義）

　実証主義（およびポスト実証主義）は，1800 年代後半に，ヨーロッパの合理主義運動から生まれました。「科学的方法」に基づくこのモデルは，最初に自然科学で確立され，社会科学における知識構築の考え方の基盤となりました。これに大きく貢献したのが，物理学をモデルにして社会学を打ち立てた社会学者のエミール・デュルケームです。デュルケーム (Durkheim, 1938/1965) は，『社会学的方法の規準 (The Rules of Sociological Method)』において，社会は普遍的な「社会的事実」からなり，社会的事実は客観的方法によって明らかにされると主張しました。この著書の出版を機に，実証主義的な科学の考え方は，分野を超えて，あらゆる科学研究のモデルになったのです。

　いわゆる「ハードサイエンス」を主導する科学的方法は，実証主義的な存在論と認識論から生まれました。実証主義には，知の本質に関する基本的な考え方がいくつかあり，それらがまとまって，**量的パラダイム**の基礎となる**実証主義的認識論**を形成しています (Hesse-Biber & Leavy, 2005, 2011)。実証主義では，現実は研究のプロセスから独立して存在し，それは知ることのできる「真実」

によって構成されていると考えます。価値中立的な研究者が客観的手段を用いることで、「真実」を発見し、測定し、制御することができるのです。歴史的に、量的研究は実証主義に基づいて行われてきましたが、今日では、ポスト実証主義という洗練された考え方も生まれています。ポスト実証主義は、実証主義とは異なり、絶対的な真理の主張を否定します。ポスト実証主義でも、仮説を立て、検定を行い、仮説を否定する（あるいは支持する）根拠を積み上げていきますが、最終的に仮説を証明しようとするわけではありません（Crotty, 1998; Philips & Burbules, 2000）。ポスト実証主義で用いられる**演繹的**方法の枠組みでは、研究者も方法論も「客観的」であることが前提となっています。自然界と同じように、社会にも法則やパターンがあり、変数間の因果関係を推定し、仮説が支持されるか、あるいは棄却されるかを検証して、因果関係を説明することができます。社会的現実を予測し、コントロールすることさえ可能かもしれません。量的研究パラダイムは、社会的現実についての実証主義的な見方（存在論）、研究者による客観的で権威に裏付けられた思考（認識論）、社会的世界を量的に測定・検証するためのツール（方法論）からなります（Hesse-Biber & Leavy, 2005, 2011）。トーマス・クーン（Kuhn, 1962）によれば、パラダイムとは、知識を選別する世界観のことです。

　それから半世紀以上にわたり、多くの研究者が、実証主義・ポスト実証主義の主張に疑問を投げかけてきました。たとえば、控えめに言っても、人間はもっと複雑だから自然科学の方法をそのまま社会科学に適用することに無理があるというローリング（Rolling, 2013）の考えに賛同する人は多いでしょう。実証主義・ポスト実証主義が、経験主義と混同されているという点も批判されています。実証主義的な科学は、経験科学（empirical science）と呼ばれることが多く、その結果として(1)すべての（ポスト）実証主義科学は経験主義であり、(2)経験主義とみなされる研究の方が優れていると仮定され、(3)それに対して質的研究とアートベースの研究は、実際にはその多くは経験主義であるにもかかわらず、そうではないとされてしまったのです。バロンとアイズナー（Barone & Eisner, 2012）の言うように、empirical という単語は「経験」を意味するギリシャ語の *empirikos* から来ているとすれば、何が経験主義で何がそうでないかという私たちの概念には、混乱があるように思われます。「数字の羅列を経験する難しさに比べれば、質の方がずっと経験しやすい」（p. xi）からです。

　実証主義・ポスト実証主義に対する批判から生まれたもう1つの世界観が、

質的研究パラダイムです。**質的研究**という用語は，さまざまな認識論的・理論的根拠に基づく幅広い手法と方法論を意味します。

　実証主義科学に重大な疑問を突きつけ，質的パラダイムへと結実するきっかけとなった社会的・学術的な世界の主要な要因について，部分的にはなりますが，振り返っておきましょう。この歴史的な転換を理解することは，ABR という新たなパラダイムの出現について考えることにつながります。というのも，ABR の方法への主な関心は，妥当性と信用性の問題に集中しているからです。ただし，妥当性と信用性という評価の観点は，実証主義的な知識構築の考え方，およびそれに対応した方法との関連で考えられてきました。質的研究者は数十年前にわかっていたことですが，妥当性と信頼性をチェックする従来のやり方には，信用性をクリアする新しい方法や，科学的な「成功」を測る基準となる新たな概念が求められました。ところが，質的研究がいまだに量的研究の基準で誤った評価を受けており，質的な評価方法の正当性に対して量的な方法以上に厳しい目が向けられていると主張する人は少なくありません。つまり，ABR に対する一部の人々の抵抗は，科学的基準や知識構築をめぐる，より大きな論争と結びついているのです。というわけで，次に質的研究がいかに発展してきたかを見ることにしましょう。

質的研究パラダイム

　質的研究の特徴は，**帰納的**に知識を構築するという点にあります。エスノグラフィーは，多様な文化圏の人々を自然な状況下で研究する人類学という専門分野において，長く方法論的な基礎となっていましたが，シカゴ大学を中心に，分野を超えてエスノグラフィーへの転換が起こりました。1920 年代に「シカゴ学派」の社会学者たちが，エスノグラフィーや関連する方法を用いて，地域の都市化の隠れた側面を明らかにする研究を始めたのです。これをきっかけに，アメリカ中の社会学部で質的な手法が用いられるようになり，革新をさらに推し進める新しい理論的視点も生まれました。エスノグラフィーによって，クリフォード・ギアツ（Geertz, 1973）が後に「厚い記述」と名づける，研究参加者の視点からみた社会生活の記述（フィールドで知りえたことについての研究者自身の解釈も含む）が生み出されていきました。また，エスノグラフィーでは，研究者が研究参加者と信頼関係を築いて互いに協力し，重要かつ予測不可能な感

第 1 章 ｜ 社会調査とアート

情や思考のプロセスにも踏み込むことが求められます。エスノグラフィーは，社会的現実とその研究に対する実証主義的な前提に挑戦するものであり，このような方法を用いる意義は人類学にとどまりません。1940年代には，社会学者や医療研究者が，当時，急成長中のマーケティング研究のツールとして開発されたフォーカスグループ・インタビューを取り入れ，他のさまざまなトピックに応用しました。

　1959年にはアーヴィング・ゴフマン（Erving Goffman）の『日常生活における自己呈示（The Presentation of Self in Everyday Life）』が出版され，質的研究のますますの発展につながりました。ゴフマンは，この著書の中で，シェイクスピアの有名な台詞「世界はすべて舞台である」を引用し，ドラマツルギーという用語を生み出しています。**ドラマツルギー**は，社会生活をひとつながりのパフォーマンスとして，すなわち「表舞台」と「裏舞台」での人々の行動や，「面子を保つ」などの「印象管理」の儀式，人生という舞台の上の**役者**としてのさまざまなふるまい方を備えた演技として，概念化するものです。ゴフマンの研究は，当時の質的研究を推し進めただけでなく，本書の第6章で演劇，ドラマ，映画について述べるように，近年のABRの急激な発展の基礎となりました。

　アカデミックな世界に大きな変化をもたらしたのは，1つの研究というより，1960年代から1970年代にかけて起こった公民権運動，女性運動（第二波フェミニズム），同性愛者権利運動のような社会正義運動でした。新たな研究課題が提起され，これまでの研究課題と理論的・方法論的アプローチの見直しにもつながりました。女性，有色人種，LGBTQA（レズビアン，ゲイ，バイセクシュアル，トランスジェンダー，クィア／クエスチョニング，アセクシュアル）の人々は，以前の研究ではまったく取り上げられないか，ステレオタイプを押しつけられ抑圧を正当化されるかのどちらかでした。しかし，彼らを意味のあるかたちで含めることが重要になってきたのです。こうした種々の進歩的な運動が残した共通の成果として，**知識構築プロセスの権力性**を徹底的に見直し，マイノリティグループへの抑圧に加担し続ける研究をしないようにすることが挙げられます。この目標は，これからたくさんの枝が伸びていく新しい木の幹のようなものと言えるでしょう。

　たとえば，フェミニストによるスタンドポイント認識論は，階層的な社会秩序が，異なる「立場」（経験および視点）を生み出していることを認め，そこ

から諸々のフェミニズムの方法論が生まれました（Harding, 1993; Hartsock, 1983; Hill-Collins, 1990; Smith, 1987 を参照）。またブラック・フェミニストたちは，インターセクショナリティ[i]（交差性）理論において，人種や階級，ジェンダーなどの社会的アイデンティティが，「連動する抑圧システム」（Collins, 1990, 2007）を形成していることを明らかにし，立場についての議論を精緻化しました。インターセクショナリティは，1960 年代から 1970 年代にかけてのブラック・フェミニストの活動から生まれた概念で（Collins & Bilge, 2016），1973 年に結成されたコンバヒーリバー・コレクティブ（Combahee River Collective）というブラック・フェミニストのグループが重要な役割を果たしました。なお，インターセクショナリティという用語は，キンバリー・ウィリアムズ・クレンショー（Crenshaw, 1989, 1991）による造語です。フェミニストたちは，研究プロセスにおける権力構造に着目し，声，権威，言説，表象，再帰性などの問題についても批判を始めました。また，フェミニズムは「部分的で状況的な真実」（Haraway, 1988 参照）を追求すべきであり，実証主義研究が重視する「正当化の文脈」だけでなく，「発見の文脈」にも注意を払う必要があると主張する声もありました（Harding, 1993 を参照）。フェミニストたちはさまざまな形で，実証主義が基盤とする主観−客観，理性−感情，具体−抽象などの二元論の解体を求め（Sprague & Zimmerman, 1993），実証主義の研究実践に浸透している「客観性」の概念にも異議を唱えました。実証主義的な客観性の考え方こそが，「科学的な抑圧」という負の遺産をもたらし，女性，有色人種，LGBTQA，障害者を「その他」のカテゴリーに追いやっているのだと主張してきたのです（Halpin, 1989）。こうした認識論的・理論的な発展に後押しされ，エスノグラフィーやオーラルヒストリー・インタビューなどの質的方法が，学問分野を超えて用いられるようになりました。

　フェミニズムや社会正義運動に加え，グローバリゼーションや，メディアと経済状況の変化は，ポストモダニズム，ポスト構造主義，ポストコロニアリズム，批判的人種理論，クィア研究，（身体化理論にもつながる）精神分析などの新たな理論に影響を与えました。これらの理論的視点は，いずれも権力の問題に注意を向けるものであり，質的研究パラダイムの再検討と精緻化につながりました。たとえば，多様な理論の総称であるポストモダン理論では，いわゆる

訳注 i　人種，エスニシティ，国籍，ジェンダー，階級，セクシュアリティなど，さまざまな差別の軸が組み合わさり，相互に作用することで独特の抑圧が生じている状況を指す。

グランドセオリー（「大」理論）が否定されます。ポストモダン理論は，「主体」の批判的再構築を求め，象徴の生産的な側面に着目し，個人の経験が社会政治的なものであると説明し，差異を消し去ろうとする本質主義的なアイデンティティを退けます。

これらの理論的・認識論的な主張は，方法論と質的研究パラダイムの拡大に直接結びついています。ポストモダンやポスト構造主義理論をベースとする研究者は，支配的な知識に揺さぶりをかけて「理論装置を停止させる」(Irigaray, 1985, p. 78) ことを目指し，質的方法を用いて抑圧的な力関係を暴き，覆そうと試みました。たとえば，ジャック・デリダ (Derrida, 1966) の影響を受けたポスト構造主義者は，質的内容分析に「脱構築」と「談話分析」のアプローチを取り入れ，ポストモダンの理論家は，方法論をめぐる議論の最前線に表象の問題を持ち込みました。表現の形式と内容は不可分に結びつき，変化する権力関係に巻き込まれている（Foucault, 1976 参照）と考えるポストモダン研究者は，アートに基づく表現方法の発展に重要な役割を果たしてきました。

このような理論の発展の結果，質的研究パラダイムは大きな広がりを見せることになりました。ABR は，ここ数十年の多様な政治的・理論的・方法論的パラダイムから生まれたもう 1 つのパラダイムなのです。

もう 1 つのパラダイムとしてのアートベース・リサーチ

学術研究の大きな転換は 1970 年代に始まり，1990 年代には，ABR が新たな方法論のジャンルとして確立されました (Sinner et al., 2006, p. 1226)。この変化は，アートセラピーの取り組みがもたらした結果です。治療や回復に役立ち，人々をエンパワーするアートに，ヘルスケアや特別支援教育の研究者，心理学者の目が向けられるようになりました。実践としてのセラピーと研究には違いもありますが，アートベースのセラピー，特に創造的アートセラピーの実践から得られた知見は，間違いなく ABR に影響を与えています。これについては後ほど詳しく述べますが，アートセラピーの実践は，本書のいたるところで引用されています。

ABR によって，従来の研究方法に重大な疑問が突きつけられた結果，研究や知識に関する多くの前提が揺らぐことになりました。インケリ・サヴァとカ

リ・ヌーティネン（Sava & Nuutinen, 2003）は，従来の研究方法が「自己，アート，方法に関する質的研究にとって厄介なモデルとなっている」（p. 517）と述べています。伝統的な研究手法への異議申し立ては，実証主義に挑んだ質的研究に対する初期の反応と同じように，懸念を生み，議論を喚起しました。歴史が示すように，このような議論は，専門家が学問分野の実践と標準について公的に交渉し直す場をひらくことになるため，科学の進歩にとって不可欠です。

　ABR の登場で，社会科学の本質についての批判的な議論が進み，方法論が拡大するというのが私の考えです。これは，エリオット・アイズナー（Eisner, 1997）の影響を受けています。アイズナーは，研究方法の限界が押し広げられ，アートによる表現の余地が生まれることで，一部の人々が感じる恐れについてはっきりと述べています。「私たちは，知るとは何を意味するのかについて，明確な考えをもってきた。確固たる知識と，信頼できるデータが好まれる。それによって，しっかりとした基盤が作られ，安全な場所に立つことができるからである。知識をプロセスすなわち一時的な状態として捉えることに，多くの人たちは不安を感じる」（p. 7）。この恐怖は，質的研究が登場し，正統性を求めて奮闘していたときに，量的研究の訓練を受けた研究者たちが抱いた恐れに似ています。キップ・ジョーンズ（Jones, 2006）によれば，「新しいということは常に不快なもの」（p. 12）です。ショーン・マクニフ（McNiff, 2018）は，パラダイムについての議論の中で，「当時も今も，知の方法としてのアートへの接近は，一般に広まっている制度的な考え方や価値観に逆行する。（中略）当時も今も，支配的なパラダイムを完全に受け入れ，アートをそれに合わせて補助的な関係に位置づけるのが，一般的な傾向である」（p. 22）と説明していますが，これもアイズナーやジョーンズの見解と重なります。

　アートベースの実践に向かう動きは，いくつかの関連する問題から生まれています。はじめに，アートと学びをめぐる状況について簡単に説明します。ただし，アートと学びというテーマについて書こうとすると，それだけで一冊の本になってしまうため，簡略化した限定的な議論にとどめます。第二に，創造的アートセラピーによる ABR への貢献について，第三に，アート実践と社会調査，特に質的研究との本質的な類似点について検討します。第四に，テクノロジーの役割について簡単に説明し，第五に，ABR の哲学的基盤と実践的な強みについて議論します。ABR を用いることで，どのような研究課題に答えられるのでしょうか。他の方法では捉えることができなかった何を明らかにし，

第 1 章 ｜ 社会調査とアート

表現することが可能になるのでしょうか。最後に，ABR を実践するために必要なスキルについて考えます。

アートと学び

　教育者が目指すのは，有意義で，持続する学びです。深い印象が残るようにするには，人々が学びのプロセスに積極的に関わる必要があります。アートの魅力は，感情に訴えかけ，私たちの見方や考え方を揺さぶる点にあります（Yorks & Kasl, 2006）。多くの人は，アートが深い学びの源であると直感的に気づいていますが，実はこのような仮定は，哲学や科学によっても裏付けられているのです。

　ジョージ・レイコフとマーク・ジョンソン（Lakoff & Johnson, 1980）は，メタファー（隠喩）は言語だけに特徴的なものではなく，人間の思考と行動のすべてに広がっていると示唆しています。私たちの概念システムは基本的に隠喩的であり，「私たちが経験すること，日々行っていることは，メタファーの問題」（p. 3）なのです。このことは，研究をオーディエンスにいかに届け，関心をもってもらえばよいかについて，明確な示唆を与えてくれます。

　マーク・ターナーは，名著『The Literary Mind: The Origins of Thought and Language（文学的な心：思考と言語の源）』（Turner, 1996）において，日常の心は非文学的であり，文学的な心は特別だという一般的な見方は誤りだと論じています。ターナーは，「文学的な心こそ基本的な心」であり，「物語は心の基本原理である。私たちの経験，私たちの知識，私たちの思考の大部分は，物語として組織化されている。物語が映し出す心の範囲は，投影によって広がる。ある物語が，別の物語を理解する手がかりになるのである。ある物語を別の物語に投影したものを，寓話という」（p. v）と述べています。

　著名な社会学者であるルイス・A・コーザーは 1963 年に，時代に先駆けて『Sociology through Literature: An Introductory Reader（文学から学ぶ社会学：入門読本）』（Coser, 1963）を出版しました。コーザーは当時，この本を「実験的」とみなしながらも，小説家は独自の方法で人間の経験に入り込み，記述することが可能であり，それは社会科学の教育にとって非常に価値があると考えていました。

　神経科学と文学の関係を扱う「文学的神経科学（literary neuroscience）」の研究

は増えており，なぜフィクションが効果的な教育ツールになりうるのかが示されています。読書が脳に与える影響について，ナタリー・フィリップスが行った研究は，大きな注目を集めました。フィリップスは，自身の経験や他者の観察を通じて，注意散漫の研究に興味をもつようになりました。フィリップスは，「私は読書が大好きで，小説に夢中になりすぎて，家が燃え落ちても気づかないのではないかと本気で思うくらいである。少なくとも 1 日に 3 回は鍵をなくすし，自分が車をどこに停めたか思い出せないこともよくある」（Thompson & Vedantam, 2012 より引用）と述べています。フィリップスは，読書が脳に与える影響について考えるために，ジェーン・オースティンの小説に目をつけました。フィリップスらの研究チームは，研究参加者がオースティンの小説を精読しているときと，気軽に読んでいるときの脳活動を測定しました。その結果，驚くべきことに，小説を精読すると，脳全体に変化が見られることがわかったのです。しかも，脳のさまざまな部位が広く活性化しており，中には運動や触覚に関係する領域など，意外な部位も含まれていました。この実験では，あたかも「読者は，物語の中に身を置いて分析している」かのようでした（Thompson & Vedantam, 2012）。この分野の研究は軌道に乗りつつあります。たとえば，『Brain Connectivity（脳の接続性）』誌に掲載されたグレゴリー・バーンズ率いるチームの研究では，小説を読んだ後の数日間は，脳内の接続性が高まることが確かめられました（Berns, Blaine, Prietula, & Pye, 2013）。

　興味深いことに，神経科学の歴史そのものがフィクションと結びついています。サイラス・ウェア・ミッチェル（1824-1914）はアメリカ神経学の父と呼ばれていますが（Todman, 2007），作家でもあり，19 冊の小説と 7 冊の詩集，そして多くの短編小説を出版しました。彼のフィクション作品の多くは，臨床での患者の観察と密接に関連しており，心理的・生理的な危機を中心的なテーマとしています。ミッチェルの膨大なフィクション作品を読めば，神経科学の歴史を学ぶことができるという声もあります（De Jong, 1982; Todman, 2007）。同様に，シャーロット・パーキンズ・ギルマンの 1892 年の短編小説『黄色い壁紙（The Yellow Wallpaper）』（Gilman, 1982）は，一部の神経学・神経科学の教育プログラムで，精神疾患や医師と患者の関係を歴史的・文化的なジェンダー理解に関連づけて説明するために利用されています（Todman, 2007）。

　また，アートセラピーと神経科学の間には重要な関係性があり，このことは ABR にとって大きな可能性を示唆しています（Franklin, 2010; Hass-Cohen, Kaplan,

& Carr, 2008; Malchiodi, 2012）。歴史的にみると，脳の左右 2 つの半球はそれぞれ異なる機能をもち，右脳は創造性と直感を，左脳は論理的な思考と言語を司ると考えられてきました（Malchiodi, 2012）。しかし，アート制作には左脳も関わっており，アートの表現には両方が必要です（Gardner, 1984; Malchiodi, 2012; Ramachandran & Blakeslee, 1999; Ramachandran, 2005）。『NeuroImage（ニューロイメージ）』誌に掲載されたレベッカ・チェンバレンらの研究（Chamberlain et al., 2014）は，ビジュアルアートの才能がある人やビジュアルアーティストを自称する人はどちらの脳にも灰白質と白質の増加が見られると主張し，右脳と左脳の考え方を否定しています。**神経美学（neuroaesthetics）**という新しい分野では，脳がビジュアルアートをどのように理解しているかが研究されています。ノーベル賞受賞者のエリック・カンデルは，ビジュアルアートが脳内でさまざまな，時に相反する感情信号を活性化し，それが深層記憶を引き起こすと説明しています（Kandel, 2012）。

　ダニエル・J・レヴィティンは，音楽の認知神経科学研究の第一人者であり（Levitin, 2007, 2008），心理学（進化心理学），音楽，神経科学を組み合わせて，音楽と人間の脳の進化について考察した研究で知られています。レヴィティンは，「音楽は単なる気晴らしや娯楽ではなく，ヒトとしての私たちのアイデンティティの核となる要素である」（Levitin, 2008, p. 3）と述べています。また，創造的アートセラピーや神経科学の研究者と同じように，音楽が脳全体に関わっていることを指摘し（Levitin, 2007），楽器は最古の人工物であり，音楽制作は人類の歴史と同じくらい古い営みであることを私たちに思い起こさせます。実際，レヴィティン（Levitin, 2007, 2008）は，音楽は本質的に私たちの脳に組み込まれていると考えており，脳損傷で新聞が読めなくなった患者が，楽譜を読むことはできたという例も挙げています。

　人間の認知についての理解が進むにつれ，ナラティブ（語り）や物語，アートが，多様なテーマを深いレベルで人々に伝える上で大きな役割を果たしていることが明らかになってきました。この可能性には，学界もメディアも注目しています。たとえば，2014 年 3 月 31 日付の『ニューヨーク・タイムズ』紙は，大学生に気候変動を教えるためにアートが活用されているという記事を掲載しました（Pérez-Peña, 2014）。フィンランドの新しい教育政策では，現象に基づく学習（Phenomenon-based learning）が義務づけられていますが，これにはアートも含まれています（Ansio, Seppälä, & Houni, 2017）。フィンランド政府は，アートが「ア

クティブ・シチズンシップ」を促進すると考えているのです（Ansio et al., 2017）。

創造的アートセラピー

　創造的アートセラピーは，アートと科学（心理学，精神医学，医学）を統合したハイブリッドな学問であり（Malchiodi, 2018），多くの場合，表現アートセラピーという大きなカテゴリーのもとで議論されます。この分野の発展の歴史的な流れを，アメリカの文献を中心に簡単にまとめ，治療的アプローチの主な利点と ABR との関係について述べることにしましょう。

　アートとセラピーの関係には，社会と同じくらい古い歴史があります。ここでは，専門分野としてのアートセラピーがどのように生まれてきたかをみることにしましょう。ランディ・ヴィックによれば，専門分野とは，長く続く伝統の形式化です（Vick, 2012, p. 6）。創造的アートセラピーでは，アートには独自の癒やしの力があるという前提のもと，ビジュアルアート，演劇，ダンス，音楽，詩，文学（総合芸術やマルチモーダル・アプローチも含む）が活用されます（Malchiodi, 2018）。初期の創造的アートセラピストは，アートがメンタルヘルス分野にもたらす可能性に触発されました（McNiff, 2011）。創造的アートセラピーは，1940 年代から 1970 年代にかけて登場し（Vick, 2012），1960 年代から 70 年代に急成長を遂げました（McNiff, 2005）。ショーン・マクニフは，当時について次のように説明しています。

　　（このような成長を）促したのは，アートにおける表現主義の価値観，あらゆる人の表現に美的意義を見出そうとする平等主義，創造的表現を人々や社会に役立てたいというアーティストの願い，人間の感情や経験を伝えるには話し言葉だけでは限界があるという気づき，そして，多様な象徴的表現が人間の基本的欲求を満たすという心理学的な理解であった。（pp. ix-x）

　当初この分野を牽引したのは，先駆的な女性たちでした。マーガレット・ナウムバーグは，アメリカで「アートセラピーの母」として知られており，1961年には，エリノア・ウルマンがこの分野初の雑誌『Bulletin of Art Therapy（アートセラピー学会誌）』を創刊しました（Vick, 2012, p. 9）。1980 年代初頭には，さらに 2 つの雑誌が創刊され，それ以来，この分野は飛躍的な発展を遂げてき

第 1 章 ｜ 社会調査とアート　　35

ました。

　現在，創造的アートセラピーは，心理療法，カウンセリング，リハビリテーション，ヘルスケアなどで活用されています（Malchiodi, 2005）。医療，健康，リハビリテーションの分野では，エイズ，喘息，火傷，がん，結核，外傷，薬物依存症などの患者に対して用いられています（Vick, 2012 参照，Malchiodi, 1999 を引用）。さらに，教育的文脈，結婚・家族カウンセリング（Riley, 1999 参照），関係的アプローチ（Dalley, Rifkind, & Terry, 1993 参照）やフェミニスト・アプローチ（Hogan, 1997 参照）でも使用されています（Malchiodi, 2012, pp. 7-12）。アートセラピーを専門とする実践家もいれば，その方法を医学，心理学，カウンセリング，ソーシャルワーク，看護，教育など，他の分野に統合している人もいます（McNiff, 2011）。今日「ヘルスケアにおけるアート」が新たな専門分野になっていることは，アートと科学の人為的な分断から，私たちがどれほど遠くまで来たかを示すものと言えるでしょう（Dileo & Bradt, 2009, Vick, 2012 による引用）。

　この分野の多くの著作があるキャシー・A・マルキオディは，創造的アートセラピーの特徴として，自己表現，積極的な参加，（癒やしをもたらす）想像力，心と体のつながりなどを挙げています（Malchiodi, 2005）。創造的アートセラピーの主なジャンルには，ビジュアル・アートセラピー，ドラマセラピー，ダンス・ムーブメントセラピー，詩療法・読書療法，音楽療法，統合芸術，マルチモーダル・アプローチ（2つ以上のアート形式を利用する）などがあります。どのジャンルもアートのもつ癒やしの力を活用するのは同じですが，それぞれ独自の強みを有しています（一覧は Malchiodi, 2012 参照）。創造的アートセラピーの各ジャンルの特徴的な強みは，本書で紹介する ABR のジャンルに対応しています。

　実際，創造的アートセラピーと ABR には，重要な関係があります。創造的アートセラピストも，後の ABR 研究者も，意味づけ，エンパワーメント，アイデンティティの探求，感情表現，多感覚のコミュニケーション，意識改革，癒やし，自己省察と個人の成長，関係性の構築，相互主観性，表現力など，さまざまな理由からアートのもつ力を活用してきました（G・チルトンとの私信，2013）。これらの文献は相互に参照されていないため，アートセラピーが ABR にどう貢献するか，まだ具体的に見えてはいません。一部の創造的アートセラピストが，今まさに，アートベースの実践の研究や創作，利用を進めているところであり，分野間の相乗効果は高まる一方です。たとえば，『Art Therapy

（アートセラピー）』という米国アートセラピー学会誌の特集では，ABR が取り上げられています。創造的アートセラピーには ABR の事例も多く含まれ，その研究がアートセラピーと質的研究のどちらの雑誌にも掲載されていることから，分野間の相乗効果が模索されていることがわかります。たとえば，創造的アートセラピーの参加型アクションリサーチと ABR のハイブリッドは，女性のエンパワーメントグループ（Huss & Cwikel, 2005）や，メンタルヘルスの専門家およびその利用者（Spaniol, 2005）と共同で行われています。また，コミュニティベースのアートセラピーと社会変革に関するニカラグアの研究（Kapitan, Litell, & Torres, 2011）もあります。

　創造的アートセラピストは，アートと科学を隔てる壁を崩していくことで，ABR コミュニティを進展させています。マクニフ（McNiff, 1998）が述べているように，創造的アートセラピーを見れば，アートと科学を「専門分野における探究プロセスの範囲内で」効果的に組み合わせることが可能だとわかります（p. 51）。さらに，創造的アートセラピーは，アートと科学の融合による癒やしの力を強調して人気を集めていますが，このような状況は，10 年前には誰も想像できませんでした。たとえば，カナダのモントリオールでは，モントリオール美術館と医師会の間で新しいプロジェクトが設立され，医師が患者のさまざまな身体的・精神的疾患に対処するために，「美術館に行く」というような処方箋を書くことができるようになりました（Livni, 2018）。イギリスでも，政府が新たなプロジェクトを創設し，2023 年までに医師が患者に対してさまざまなアート活動や見学を推奨できるようになっています（Richman-Abdou, 2018; Solly, 2018）。このような「社会的処方」には，美術教室，音楽レッスン，美術館や劇場の訪問などが含まれます（Richman-Abdou, 2018）。

アート的で質的な研究実践

　ABR と質的研究には，多くの共通点があります。どちらも私たちの思い込みに光を当て，理解を深め，疑問を投げかけようとします。たとえば，アーティストも質的研究者も，社会のある側面を解明し，人々や状況を繊細に描き出し，社会的・歴史的環境と私たちの生活の関係について新たな考え方を生み出し，支配的なナラティブを打ち破って偏見に挑むことを目指します。ただし，量的研究者も同様の目標をもちうるという点に留意する必要があります。私が

質的研究に焦点を当てるのは，認識論・方法論においてABRとの類似性が明確だからです。

ABRも質的研究も，**職人技のようなもの**です。質的研究者は，単に情報を収集して文章を書くだけでなく，いわば**曲をつくり，アレンジし，完成させます**。ヴァレリー・J・ジェネシック（Janesick, 2001）が述べているように，研究者は，いわば質的研究を生み出す楽器です。さらに言えば，アートも質的研究も，省察，記述，問題設定とその解決を含む全体的かつ動的な実践であり，プロセスの中で直観と創造性を発揮し，説明する力が求められます。そのため，ジェネシックは，質的研究者を「アーティスト－科学者」と呼び，自分たちがいかに創造性と直観を生かして研究を行っているかを理解し，開示できるようになれば，質的研究の機能についての理解がさらに深まるだろうとも述べています。このように，アートベースの実践を体系的に検討することで，質的研究者が**すでに行っている**活動を洗練させることにつながるでしょう。

アニタ・ハンターら（Hunter, Lusardi, Zucker, Jacelon, & Chandler, 2002）も，医療研究者としての立場から同様の主張を行っています。創造的なアートによって，研究者は，意味づけし，アイデアを広げていく複雑なプロセスに，より注意を払うようになります。ハンターらによれば，意味づけは，当然ながら研究プロセスの中心であり，質的研究の「孵化」の段階です。構造的な「知的カオス」が発生することでパターンが生じ，新たな結論が導き出されます。ただし，孵化期は単なる言葉にとどまっており，研究プロセスの1つの段階として明確に位置づけられてはいません。そのため，ざっとした説明で誤魔化されています（p. 389）。ハンターらは，正式の研究プロセスには(1)問題の特定，(2)文献調査，(3)方法，(4)結果，の4つの段階があると述べています（p. 389）。ただし，質的研究における意味づけのプロセスは，直線的ではなく反復的であり，(1)概念のラベリング，特定および分類，(2)概念の関連づけと仮説の検証，(3)パターンの発見，(4)理論の生成，を通して意味が浮かび上がってきます（p. 389）。また，解釈と分析はつながっており，そのプロセスは**全体論的**なものです（Hesse-Biber & Leavy, 2004, 2006, 2011; Hunter et al., 2002）。ビジュアルアートなどのアートベース・アプローチは，このプロセスを明確化し，意味づけを前面に押し出すため，質的研究者がすでに行っていることを達成しやすくなるとハンターらは主張しています。

質的研究者がアートの分野に進出したことは，演劇教育の研究者にとっては

特に驚きではありませんでした。彼らは，演劇と質的研究には深い類似点があることに気づいています。ジョー・ノリス（Norris, 2000）は，どちらにも新しい意味を創造するために繰り返し内容を再検討するプロセスが含まれており，演劇専攻の学生たちは「もしもの魔法（the magic of what if）」による仮説検証を常に行っていると述べています（p. 41）。ジョニー・サルダーニャ（Saldaña, 1999, 2011）は，演劇人と質的研究者には，鋭い観察力，分析力，ストーリーテリングのスキル，概念的・象徴的・隠喩的に思考する力など，共通する重要な特性が多く見られると主張しています。また，どちらの実践も，創造性，柔軟性，直感が必要であり，実践によって伝達された情報から，オーディエンス自身が意味を生成するということも示されています。

　マルヤッタ・サーニヴァーラ（Saarnivaara, 2003）は，社会調査とアート実践の間には大きな「断絶」があり，前者は抽象的，後者は経験的な領域とみなされている可能性を示唆しています。しかし，これは人為的な二元論であり，アートと調査は類似したプロセスを伴うため統合できるというのが，サーニヴァーラの主張です。サーニヴァーラはさらに，「私はユハ・ヴァルト（Varto, 2001）にならって，アーティストという言葉を厳密な意味ではなく，比喩的に使っている。アーティストとは，熟練した技を用いて，自覚的な概念を介入させることなく自らの経験的な世界に向き合い，そこから新たなものを創造する人のことである」（p. 582）と述べています。研究者が概念的枠組みを適用しないと考えるのは現実的でない，あるいは望ましくないという批判があるかもしれません。量的研究がはっきりと段階に分かれているのとは対照的に，〔社会調査もアート実践も〕技を通して経験的な現実を探究するプロセスであるという共通点について，サーニヴァーラは素晴らしい指摘をしています。

　研究についての文章も，アーティストの作品と同様に，究極的にはオーディエンスに意味を（再）提示するものです。ジーン・ディアス（Diaz, 2002）は，この点に関して次のように述べています。「文章を書くという行為の前提になるのは，読者を説得しようとする姿勢である。文学における説得力やレトリックは，視覚的な説得力と同じように芸術的である。作家も画家も，自分たちの目を通して世界を見るように読者や鑑賞者を説得しているのである」（p. 153）。アートは，研究者の調査方法やコミュニケーション手段の幅を広げ，多様な社会的意味を収集し，伝えることを可能にします。アーティストのパレットは，従来の質的研究に役立ち，その可能性を広げるツールになりうるのです。

テクノロジー

　テクノロジーの進歩は，ABR の発展と成長を支えてきました。簡単に言えば，新しいテクノロジーによって，多種多様な「テクスト」を作り出し，保存し，共有することができるようになったのです。インターネット，Photoshop などのデジタルアート作成用プログラム，デジタルカメラ，デジタル画像処理技術，音声ファイル，データ検索システム，オンデマンド印刷，ソーシャルメディアは，いずれも ABR を後押ししました。これらのテクノロジーによって，以前は難しかった方法でアートを利用することが可能になったのです。インターネットとソーシャルメディアは，ABR の普及に特に重要な役割を果たしました。本書で紹介する事例の一部は，オンラインで閲覧可能です。YouTube と Vimeo は，パフォーマティブでマルチモーダルな研究を共有できるプラットフォームとして，現在人気があります。また，スマートフォンなどのデジタル技術によって，かつては高価で実用的ではなかったデータの作成も可能になりました。たとえば，カメラやビデオ機能を使うことで，第 7 章で見るフォトボイスの事例のように，参加者がデータを作成（または共同作成）する参加型デザインが実現します。調査中に Twitter〔現在は X〕，Facebook，Instagram などのソーシャルメディアを利用して，参加者の位置を特定し，データの生成を行う研究者もいます。

アートベース・リサーチの哲学的基盤

　どの研究パラダイムにも，実践を導く哲学的基盤があります。これには，誰が，何を，どのようにして知ることができるか，という観点が含まれます。先述したように，量的研究パラダイムは実証主義に基づき，一般には演繹モデルに従います。一方，質的研究パラダイムは，社会正義運動の影響を受け，主観的知識を重視するさまざまな認識論的立場を基盤とし，帰納モデルに従います。ABR は，帰納モデルをさらに推し進めます。アートによる探究は，自然発生的な未知なるものに対してオープンであることが求められるからです。

　認識論的に言えば，ABR では，アートは意味を創造し，伝えることができると考えられています（Barone & Eisner, 2012）。ナンシー・ガーバーらは，ABR の哲学を次のように示しています（Gerber, Templeton, Chilton, Liebman, Manders, &

Shim, 2012, p. 41）。

- ABR は，アートが常に真実を伝え，気づき（自己についての知と他者についての知）をもたらしてきたことを認める。
- ABR は，アートの使用が，自己や他者を知る上できわめて重要であることを認める。
- ABR は，言語以前の知のあり方を大切にする。
- ABR には，感覚，運動感覚，想像など，多様な知のあり方が含まれる。

　これらの哲学的信念は，1つの「美学的間主観性パラダイム」（Chilton, Gerber, & Scotti, 2015）を形づくっています。もう少し説明しましょう。ABR が引き出す**美**，すなわち研究成果である作品の「美しさ」によって，鑑賞者（および研究者）の省察や共感が促進されることは明らかです（Dunlop, 2004）。美は，ケアの充実や深い思いやりにもつながります（McIntyre, 2004）。ダンロップは，次のように述べています。「この美しさは，他者との関係の中で自らの立場を常に見直し，問い直すことによって見出される。こうして心が他者にひらかれ，共感が生まれるのである」（Dunlop, 2004, p. 95）。ここから，ABR における美しさは，作品が人々に与える影響と関連していることがわかります。たとえば，強く胸を打つ演劇や小説は，他の作品に比べ，より深い影響を与えます。オーディエンスに強い衝撃を与えることで，研究者のねらいが達成しやすくなるのです。美学における知のあり方は，感覚的・情動的・知覚的・身体的，かつ想像的なものです（Chilton et al., 2015; Cooper, Lamarque, & Sartwell, 1997; Dewey, 1934; Harris-Williams, 2010; Langer, 1953; Whitfield, 2005）。ABR の哲学は，「身体」の哲学的理解，特に身体化理論や現象学の影響を強く受けています。身体性については，第5章で詳しく述べますが，一般には「感覚的な経験」を意味します（Malchiodi, 2018）。**間主観性**とは，他者や自然とともに意味づけを行うアートの知に備わった関係的な性質のことなのです（Conrad & Beck, 2015）。

アートベース・リサーチの強み

　アートベースの方法は進歩を遂げ，データの生成，分析，解釈，発表など，研究活動のあらゆる局面で活用できるようになりました。本書で紹介する研究

者たちも，ビジュアルアートやパフォーマンスなどのアートの手法は，研究方法論全体に活用できると指摘しています。さらに言えば，ABR によって，新たな形で研究課題を提起し，まったく新しい問いを投げかけ，社会調査の成果を新しいオーディエンスに届けることが可能になります。本項では，ABR の強みを詳しくみていきます。わかりやすくするために分けて示しますが，実際のプロジェクトではこれらの強みが相互に関連していることに注意してください。次章以降で紹介する研究事例は，ABR のもつ力を引き出す一助となると思います。

新しい洞察と学びを生み出す

研究は，新たな知見を生み出して学びを促進することを目指すものであり，その点において，ABR と他の研究パラダイムの間に違いはありません。しかし，ABR は，他の方法ではアクセスできなかったものに迫り，つながりや相互関係を築き，新たな問いとそれに対する答えを見出し，古い問いを新たな方法で探究し，研究の見せ方を変えて，幅広いオーディエンスや学界の外の関係者に効果的に伝えることができます。研究を実際に経験したり，研究発表に触れたりすることで，人々は衝撃を受け，違った見方や考え方をするようになります。また，感じ方が深まったり，新しいことを学んだり，共感的な理解を深めたりすることもあります（エリザベス・デ・フレイタスによるメモの簡単なまとめ）。要するに，ABR は，新たな洞察を生み出し，社会や人間の経験を明らかにするという点では量的研究や質的研究と同じなのですが，その方法が異なるのです。ABR は，**記述し**，**探索し**，**発見し**，**従来の見方を揺さぶる**ことをねらいとする研究プロジェクトに特に有効です。さらに，このような研究方法では，一般にプロセスに注意が払われます。プロセスを捉えるアートの力は，社会生活の本質を映し出すものであり，それゆえテーマと方法とが一致するのです。

問題中心のアプローチである

現実世界の問題の多くは，学問の枠組みに収まらないため，学際的なアプローチが必要になります。いじめや暴力であれ，トラウマ，人種差別，貧困，持続可能性，がん，摂食障害，そして数えきれないほどある他のどのトピックであれ，私たちが扱おうとする問題は多面的で，複数の分野の視点やツールを用いる必要があるのです。ABR は超学際的で，**問題中心あるいは課題中心の**

研究プロジェクトで採用されることが多く，何を問題にするかで方法論が決まります。

ABR は汎用性が高く，現実世界の重要な問題に取り組むために用いられることから，パラダイムとしてしっかりとした倫理的な基盤を有しています。問題中心の研究デザインと倫理的実践はつながっています。私たちの生きるこの時代は，多岐にわたる重要な問題を抱えており，研究コミュニティはそれらに注意を払う必要があります。研究者が利用可能な資源を活用して自らのコミュニティに貢献することは，道徳的・倫理的な義務であり，学際的な研究アプローチを新たに創り出すこともそこに含まれます（Leavy, 2011a）。ABR は，問題中心の研究プロジェクトに用いられ，場合によっては問題解決にも役立つため，倫理的な責任が伴う研究方法です。さらに，問題あるいは現象ベースの学びや研究は多くの国で増加しており，ABR の活用はますます広がりを見せています。

ミクロとマクロを結びつける

批判理論の立場に立つ社会学者やその他の研究者は，ミクロとマクロを結びつけること，すなわち一人ひとりの生活と，それを取り巻くより大きなコンテクストのつながりを探求し，記述し，説明（理論化）することに関心をもっています。ABR はこの点で特に有用です。たとえば，小説の登場人物による内面の対話は，ある状況や相互作用の中で，あるいはメディアを利用する際に，登場人物が何を考え，どう感じているのかを読者に示してくれます。このような具体例は，本書のいたるところで見られるでしょう。

全体論的なアプローチである

ABR は，学問分野の方法論的・理論的な境界が横断され，あいまいにされ，拡張された超学際的な環境で生まれました（Leavy, 2011a, 2017）。さらに，この研究戦略によって，既存の学問分野を統合・拡大することが可能になり，分野間や分野を超えた相乗効果も生まれます（Chilton & Leavy, 2014）。

ABR が，**全体論的**あるいは**統合的**な研究アプローチの一部になることもあります（Hunter et al., 2002; Leavy, 2009, 2017, 2018）。このアプローチはプロセスを重視する研究観であり，研究テーマを包括的に検討し，研究プロジェクトの異なる段階を明確に関連づけ，理論と実践を融合させようとします（Chilton &

Leavy, 2014; Hesse-Biber & Leavy, 2011; Leavy, 2009, 2011a)。ABR の形式と内容には，一方が他方をかたちづくるという相乗作用があります。このことは，知をかたちづくる私たち自身の役割について，考えを広げてくれます。[6] アルドラ・コールと J・ゲイリー・ノールズ（Cole & Knowles, 2008）は，全体論的アプローチを次のように説明しています。

> 目的から方法，解釈，表現に至るまで，アートによる研究は全体的なプロセスである。そのため，細かく段階を区切られ，決まった手順で直線的に進められ，研究者と協力者を切り離す従来の研究とは対立することになる。アートによる精密な「テクスト」には**内的一貫性**があり，目的と方法（プロセスとかたち）がしっかりとシームレスに結びついている。そのようなテクストはまた，研究参加者との関係，研究プロセス，解釈，表現の誠実さにおいて高いレベルの真正性を証明している。　　　　　　　(p. 67)

　このような研究アプローチの全体的な性質を最大化するため，アートベースの実践にマルチメソッドやミックスメソッドのデザインを取り入れる人もいます。マルチメソッド・デザインでは，複数のアートベースの手法が取り入れられるのに対し，ミックスメソッド・デザインでは，アートベースの手法が量的あるいは質的な研究方法と組み合わせて使用されます。

刺激的かつ挑発的である

　アートは本来，情動と政治的な関心を喚起し，力強い美を備え，人々を魅了し，感動を与えることで知られています。アートには，人々の注意を引きつける強い磁力があります。音楽であれ，パフォーマンスアートやビジュアルアートであれ，「優れた」アート，あるいは**共鳴する**アートのもつこの力は，アートの**直接性**と密接に関係しています（「優れた」アートという概念自体は，アートベースの実践に照らして修正する必要があります。これについては，後ほど説明します）。アートの上記の特性は，ABR の研究プロジェクトに生かされ，他の表現形式との違いを生み出しています。アートは，社会生活の情動的な側面を，非常に効果的に伝えることができる表現形式です。たとえば，ホームレスになる経験，深刻な病気とともに生きる経験，性暴力を乗り越える経験などを演劇にして表現することで，文章では捉えられない生きられた経験に触れることができます。

演劇的な表現はまた，より深い感情のレベルで観客に伝わり，理解だけでなく，同情，共感，思いやりを喚起することもあります。

批判的意識を高め，共感を促す

アートベースの実践は，**批判的意識**を生み出し，**関心を高める**手段にもなります。ABR を通して，人々は新しいアイデア，物語，イメージに触れることができ，結果として社会に対する意識が育まれます。これは，社会正義を目指して，特権階級には見えない権力関係を明らかにし，人種やジェンダーに対する批判的意識を高め，集団間の連携を可能にし，支配的なイデオロギーに挑む研究においては重要なことです。スーザン・フィンリー（Finley, 2008）は，ABR は道徳的かつ政治的な取り組みであると述べています。

ABR は，感情を揺さぶり，注意を引くような，通常とは異なる（時に対抗する）ストーリーやイメージ，パフォーマンスを提示することで，批判的意識を高めます。一方，ABR の目的や，ステレオタイプに揺さぶりをかけるなどの多数の効果を考えると，ABR の最大の強みは，**共感を醸成**することにあるのかもしれません。フィクションに基づく研究（ABR 全般にも言えます）が「共感的な関与」を促すことについては，エリザベス・デ・フレイタス（de Freitas, 2003, 2004, 2008）がさまざまなところで書いています。ABR の作品は，オーディエンスを否応なく魅了し，共感を引き出すのです。小説を読んだり，写真展を見たり，音楽を聴いたり，映画や演劇を見たりして，感情が高まったことがないか，考えてみてください。特に，劇中の人物を「かわいそう」に思った（感情移入した）ことはないでしょうか。ABR 研究者は，体験と結びついたこのようなアートの力を利用して，オーディエンスの共感を育むのです。

ステレオタイプを揺さぶり，支配的なイデオロギーに挑み，周縁化された声や視点を取り上げる

分野を問わず，多くの社会科学者は，ステレオタイプを揺さぶり，支配的なイデオロギーに挑戦することを目指しているかもしれません。先述したように，共感を生み出すことは，重要な要素になります。アートベースの実践が用いられることの多い**アイデンティティ**に関する研究では，違いや多様性，偏見に関連する経験をいかに伝えるかに焦点が当てられます。アイデンティティ研究はさらに，一部の人々の権利を奪い，人々を偏った「常識的」な考えに閉じ込め

るステレオタイプに立ち向かおうとします。

　ステレオタイプやイデオロギーに挑もうとするなら，人々の見方や考え方を揺さぶり，変化させることもきわめて重要です。「トレイヴォン・マーティン事件」が何をもたらしたかを考えてみましょう。この事件を簡単に説明すると，トレイヴォン・マーティンという10代の黒人男性が，雨をしのぐためにパーカーのフードをかぶって日没後に自宅の近所を歩いていたところ，ジョージ・ジマーマンに追われ，口論の末に射殺されたというものです。ジマーマンは無罪となりました。全米そして世界中の人々が，トレイヴォンは黒人であることを理由に人種差別を受け，殺されたのだと考えました。この事件を通して明らかになったのは，黒人男性に対する根深いステレオタイプが存在し，多くの人々の経験に影響を与えているということです。人々が知らないうちに内面化している人種差別的な根深いステレオタイプを，どうすれば打ち破ることができるでしょうか。たとえば，メディアの注目を集めた「パーカー」に目を向けてみましょう。対抗的なイメージを用いることは，1つの方法です。伝統的に黒人の多いハワード大学医学部の学生たちは，全員が黒っぽいパーカーを着た写真と，白衣を着た写真を撮り，2枚を並べて見せました。そのインパクトは大きく，人々の見方や考え方を大きく揺さぶりました。まさにそれこそが，意図していたことでした。このアプローチが機能することを示す，十分な実証研究があります。最近では，ブロードウェイの舞台『American Son（アメリカ人の息子）』（クリストファー・ディーモス＝ブラウン脚本，ケリー・ワシントン主演）で，黒人の母親が行方不明の息子を探すために人種差別的な警察官と闘うというありふれた体験談が劇になっています。

　米国公共ラジオ放送の記者であるシャンカル・ヴェダンタムは，2013年に「沈黙の人種バイアス[ii]」についての記事を書きました。社会科学研究のあるレビューには，マサチューセッツ州の大病院で，医師がそうと気づかずに，同じ症状の患者に対し人種によって異なる治療をしていたことを明らかにした研究が紹介されています。この調査結果を医師に伝えたところ，かなり動揺したそうです。これは，加害者自身が自覚していない「微妙な偏見（subtle bias）」と言えます。米国公共ラジオ放送の記事に引用されているヴァージニア大学の研究では，微妙な偏見をなくすために18の迅速な介入策が考案されました。これらの介入策を1万1000人以上の被験者に試行したところ，最も効果的だっ

訳注ii　無意識のうちにもっている人種的な偏見が，その人の行動や判断に影響を与えること。

たのは「カウンターイメージ」，つまり，明らかにステレオタイプに反する画像を見せることでした。先にアートと学びの議論のところで，ABR がいかに新しい洞察や学びを促すかについて述べました。アートがもつ本来の力を利用することで，他の方法では困難なステレオタイプの問題に取り組むことができるようになるのです。

　ステレオタイプを打ち破るには，研究に対する包括的なアプローチも必要になります。特に 1960 年代から 70 年代にかけての社会正義運動から生まれた理論の影響を受けた研究者たちは，抑圧された人々の視点に立ち，それを優先させることに関心をもっています。多くの研究者が，分野を超えて，人種，民族，性別，性的指向，国籍，宗教，障害などの要因（およびこれらのカテゴリー間の相互関係）によって周縁化された人々を見つけ出し，光を当てようとしています。アートベースのプロジェクトがこれらの視点を中心に据え，効果的なものになりうるのは，アートが現状に挑戦するのに何より適しているからです。

参加型のアプローチである

　一般の人々が参加する場合，ABR では彼らは対等な協力者として尊重されるため（Finley, 2008），従来の研究する者／される者という上下関係は崩れます。ABR で人々を研究プロセスに巻き込むもう 1 つの方法は，どの研究プロジェクトにも言えますが，オーディエンスになってもらうことです。オーディエンスは ABR を享受し，経験します。研究デザインの時点で，関係者にどうアクセスするかを含め，潜在的なオーディエンスの役割を考慮しておく必要があります（Finley, 2008; Leavy, 2017, 2018）。ABR のもつ参加型の特性，さらにアートは直感的・感情的に消費されうることから，熟慮すべき倫理的問題が生じるという点にも注意が必要です（これについては，第 8 章で議論します）。

対話を促進する

　アートベースの実践は，**対話も促進**します。対話は，理解を深めるために欠かせません。アートという形態がいかに対話を促すかも，非常に重要です。アートは情動的な反応を引き起こすため，アートベースの実践によって誘発される対話は，とても濃密なものになります。アートの表現形式によって，感情や本能のレベルで人々がつながり，共感が生まれます。共感は，有害なステレオタイプに立ち向かったり（アイデンティティ研究），違いを超えて連携やコミュ

第 1 章 ｜ 社会調査とアート　　　　47

ニティを構築したり（アクションリサーチや，活動家が絡むプロジェクト）するための前提条件です。これらの方法は，ポストモダンの変革の試みに生かされています。

多様な意味づけをひらく

アートベースの実践は，権威的な主張を押しつけることなく，**多様な意味づけ**の可能性を切りひらきます。たとえば，ビジュアルアートやダンスパフォーマンスは，見る人（その人の態度，価値観，過去の経験）や見る状況によって，さまざまな解釈が可能です。アート作品の理解の仕方は1つではありません。この意味で，研究で制作されたアート作品は，あらゆる人が平等にその意味を解釈する権利をもっており，「専門家」としての研究者の特権は分散されます。さらに，アート作品に触発された対話は，意味を提示するというよりむしろ意味を**喚起**します。このことは，参加者がアート制作のプロセスをどのように経験するか，オーディエンスがABRの作品をどのように消費するか，だけでなく，研究者が研究をどうデザインするかにも関わってくるのです。

研究のデザインによって，意味が閉じたものになってしまうことは珍しくありません。質的研究は概して帰納的だと主張されていますが，先入観にとらわれた言語やコードカテゴリー，思い込みが研究プロセスに入り込むと，私たちが思う以上に研究がうまくいかなくなることがあります。アートベースの実践がもつ力は，**帰納的**な研究デザインと意味の有機的な生成にこそ生きるのです。

パブリック・スカラシップ，有用性，社会正義

ABRの最大の強みと可能性は，人々に学問がひらかれていること（パブリック・スカラシップ）であり，そこから**有用な**研究の推進につながることだと考えます。研究は，高度な専門教育を受けた一部のエリートのものではありません。研究者が何を言おうとかまいませんが，伝統的な査読付き学術論文は，一般の人々には手が届かないのが実情です。アカデミックな同業者向けに専門用語を多用して書かれた論文は，大学図書館が収蔵する専門的な学術雑誌の中でのみ流通しています。そもそも，論文の文章は退屈で，一般的に面白いとは言えません。結果として，研究から得られる知見は，少数のエリート集団の内輪にとどまっています。道徳的・倫理的に考えて，それが望ましい状況でないことは明らかです。研究は役に立つものであり，社会正義の取り組みの一部でなけれ

ばなりません。「ろうそくは自らを照らすためにあるのではない」という，19
世紀のアフガニスタンの武将ノワブ・ヤン＝フィッシャン・カーンの有名な言
葉があります。現実的なレベルで言えば，研究にかなり多くの時間を費やして
いる研究者は，その成果をより多くの人たちに伝える義務があります。そうす
ることで，研究が利益をもたらす可能性が高まり，その**影響力**も増します。ま
た，時代は変わり，研究者には，自身が関わるコミュニティへの貢献が広く求
められるようになりました。歴史的にみると，学界には「**論文を出せないなら
去れ（publish or perish）**」という至上命令がありましたが，近年は，「**社会に
役立てないなら去れ（public or perish）**」という流れになってきています。パ
ブリック・スカラシップが増加傾向にある中，アートベースの実践は，その表
現の力強さによって，今後もますます増えていくでしょう。

研究デザイン――さあ，はじめよう[8]

　ABRの研究プロジェクトは，実に多様です。幅広いトピックやアプロー
チに対して，簡単に適用できるデザインのテンプレートはありません。また，
アート制作は自然発生的で「未知」のプロセスが中心となるため，多くの人に
役立つ具体的なデザインを教示することは非常に困難です。とはいえ，多くの
実践家がたどる基本的な初期ステップはいくつかあります。ここでは，トピッ
クの選択，文献調査，研究目的の明確化，リサーチ・クエスチョンについて簡
単に説明します。

トピックまたはテーマ

　まず，研究する主な事象またはテーマを選びます。自らの個人的な関心，
もっている特別な技能や知識，探究に必要なアートのスキル，資金調達の機会
やその他の利用可能な資源，そして，研究参加者にアクセスする上での自らの
立場（該当する場合）などを考慮に入れましょう。個人的・実用的な考慮事項
に加え，このテーマを研究する意義や価値についても考えてください。この研
究プロジェクトの根底にあるのは，どのような価値観でしょうか。社会正義や
政治的な要請はありますか。時事問題や政策提言につながるタイムリーな問題
でしょうか。

第1章｜社会調査とアート　　49

文献調査

トピックを選んだら，そのトピックに関する既存の文献を包括的に調べ，まとめておくことが大切です。文献調査は，研究プロジェクトのいくつかの段階で行いますが，この時点では，そのトピックについて詳しく知り，追究する価値があるかどうかを見極め，研究が進められるようにトピックを絞り込むのに役立ちます（Leavy, 2017）。キーワード検索を行い，ABR もそれ以外のアプローチも含めて，最新の研究と注目すべき重要な研究の両方を探します。ABR の文献調査では，あなたが使おうとしているジャンルのさまざまなアート実践が，自分が知りたいトピックにどのように貢献してきたかも調べましょう。関連する研究を見つけたら，読んで要約し，まとめておきます（Adler & Clark, 2011）。関連する理論や概念枠組みを含めてもよいでしょう（Leavy, 2017）。

研究目的またはゴールの表明

文献調査をすることで，興味のある一般的なトピックが，焦点を絞った研究可能なトピックに変わります。そのために，自らの焦点を明確にし，研究目的またはゴールを文章にして表明しましょう。この文章には概して，研究対象とする主な現象やテーマ，データやコンテンツを生成・分析するための研究あるいはアートのジャンルおよび方法，プロジェクトに着手する理由（たとえば，探究する，記述する，喚起する，揺さぶりをかけるなど）が含まれます。ABR における研究目的の例は，第 2 章から第 7 章で紹介します。

リサーチ・クエスチョン（任意）

研究目的に続いて，明らかにしようとする中心的なリサーチ・クエスチョン（問い）を列挙します（Leavy, 2017）。ABR のリサーチ・クエスチョンは通常，帰納的・創発的・生成的な問いになります（Leavy, 2017）。問いの書き方はさまざまですが，多くの場合，探索する，創出する，立ち現れる，表現する，生み出す，調べる，明らかにする，明るみに出す，もたらす，理解する，のように，方向性を限定しない言葉が用いられます（Leavy, 2017）。ABR のリサーチ・クエスチョンの例も，第 2 章から第 7 章で示します。

ABR 研究者に求められるスキル

さて，ABR にはどんな強みがあるのか，研究デザインをどこから始めれば
よいかがわかりました。次に必要なのは，ABR を実践する研究者に何が求め
られるかを考えることです。他の研究手法とは異なり，ABR では，研究者と
アーティストの両方の立場で考え，行動することが求められます。研究者は，
一人ひとり異なる資質，目標，ビジョン，スキルをもって研究に臨むため，以
下の説明は一般的な意味で捉えてください。

柔軟性，オープンであること，直観力

私は，2013 年にブダペストで開催された「Arts in Society（社会におけるアー
ト）」の学会で，ABR について基調講演を行いました。講演後に，参加者と
ざっくばらんに話をする機会があったのですが，あるアーティストから，「アー
トの仕事は，少なくともある程度の**自発性**が必要であり，それがないと始ま
らない」という，素晴らしい意見をもらいました。PowerPoint を使用した私
の基調講演は，すべてがあらかじめ決まっており，創造行為はすでに終わって
いて，自発性を閉ざしてしまっていると彼女は指摘しました。アートの実践は，
それと反対に，**創発**（予想外の発見や展開）を可能にするものでなければならな
いと言うのです。確かに，演劇，音楽，ダンスの指導では，即興の練習がよく
行われます。

多くの質的研究者がとる方法論も，まだ知りえないことを許容するものです。
グラウンデッド・セオリーには，往還的に新たな学びを生み出していくプロセ
スが含まれていますし，他の質的研究アプローチも，新たな洞察が生まれやす
い応答的あるいは再帰的なデザインをとっています。

ABR に取り組むには，柔軟性とオープンであることがきわめて重要です。
バロンとアイズナー（Barone & Eisner, 2012）は，ABR は発見のプロセスであり，
変化すること，教えられることをいとわない姿勢が必要だと指摘しています。

ABR では，あなたの研究者としての直感，感情，「勘」が尊重されます。実
際にやってみること，予想外の方向に進むこと，やりながら学んでいくことを
恐れないでください。すべてはプロセスの一部なのです。研究プロジェクトに
取り組んでいるとき，自分がどう感じているかを定期的に確認することで，進
むべき道が見定めやすくなります。研究者が未知のものに対してオープンであ

るとき，ABR によって革新的な思考と行動の限界を押し広げることが可能になるのです。

概念的・象徴的・比喩的・テーマ中心的な思考

ABR と質的研究の実践に求められるスキルの間には，相乗作用があります。質的研究者とアーティストが行う分析のプロセスには，大きな違いがある一方で，重なる点もあります。すでに述べたように，どちらも，概念的・象徴的・隠喩的 (Saldaña, 2011)，そしてテーマ中心的な思考が求められるのです。研究結果は，オーディエンスに「そのまま」のかたちで返されるのではなく，分析と解釈を通して意味づけられており，凝縮され，入念に練られた，一貫性のある形式で表現されます。研究者がすべてのデータをそのままのかたちで提示しないように，アーティストも，作品の中心的なアイデアのすべてを表現するわけではありません。研究もアートも，追求するのは本質なのです。

倫理的実践と価値観

アートベースの研究プロジェクトには，研究の指針となる価値観を含め，研究を行うその人自身が丸ごと含まれます。自らのありよう，正義感，社会的な動機や期待，そのすべてがプロジェクトに入り込んでくるのです。「現場の人間関係に想像力と創造性が持ち込まれることで，美的感覚が刺激され，他者をケアする力が向上する。研究倫理の範囲も，研究者の道徳的感受性を含むものに広がる」(p. 259) とマウラ・マッキンタイア (McIntyre, 2004) は述べています。ABR は，参加型で道徳的な活動であり，時に政治的なものにもなりえます。フィンリー (Finley, 2008) は，ABR について，「急進的・倫理的・革命的な研究の方法論として独特の位置にある。未来志向で，社会的責任を負い，不平等の是正に役立つ研究である」(p. 71) と説明しています。学問の枠をはみ出すことのない従来の研究と異なり，ABR は広く公開され，一般の関係者とともに取り組むことが可能です。また，感情に訴え，抵抗を引き起こして，人々の見方，考え方，感じ方に変化を生じさせます。このことは，アイデンティティ・ポリティクス (Holman Jones, Adams, & Ellis, 2013)，政治的正義 (Finley, 2008)，共感を高めることを目的とした研究 (Freeman, 2007) では，きわめて重要になってきます。要するに，ABR には変化を生み出す力があるのです。フィンリーは，それを「人々の教育学」(Finley, 2008, p. 73) と呼んでいます。

フィンリーは，道徳的な責任感と応答性を備えた ABR 研究では，(1) ABR が「公的で道徳的な研究活動」である点を強調すること，(2) 研究者，参加者，オーディエンスを対等な共同研究者とみなすこと，(3) 一般の評論家やストリートアーティストの意見を尊重すること，(4) 多様性や包括性に焦点を当てること，(5) 研究デザインの際に，オーディエンスの役割について慎重に検討すること，(6) あらゆるアート形式に対してひらかれていること，(7) アートとの関連で ABR を位置づけること（Finley, 2008, p. 75）が必要になると提唱しています。

アーティストのように思考する

アート思考は，研究のプロセスと結果としての作品の両方に当てはまります。アーティストは自分の仕事を，何かを「する」活動と捉えています。アート**制作**（art making）は行為です。アートは「見つけるものではなく，作るものだ」（Bochner & Ellis, 2003, p. 507）とアーサー・ボックナーとキャロリン・エリスは指摘しています。結果としてのアート作品は，それをつくり出すプロセスから切り離すことができません。そこには，アーティストの主観性も含まれます。そのプロセスでは，自然発生的なものを受け入れ，試すことを恐れず，自らの直感を信じることが必要になります。

アートベースのアプローチでは，最終的な作品の**芸術性**を念頭に置いて取り組むことが重要です。技法と美しさに注意を払う必要があります。自身が取り組んでいる，あるいは取り入れようとしている技法に留意しましょう（Faulkner, 2009; Saldaña, 2005, 2011; Salvatore, 2018）。ABR に関心をもつ実践者の背景はさまざまです。質的研究や社会科学のコミュニティに属する人もいれば，アートの世界から入ってくる人，幅広い分野でトレーニングを受けてきた人もいます。自分が ABR のプロジェクトにどこから参加するかを考えなければなりません。アートの正式なトレーニングを受けたり，作品をつくったりした経験がないなら，まずは使おうとしている技法について学ぶべきです。学び方としては，文献を調べる，その分野の作品例を鑑賞する（たとえば，演劇を見る，脚本を読むなど），授業を受ける，同じジャンルの他のアーティストと共同で取り組む，などがあります（これ以外の方法については，第 9 章を参照）。ABR も，アートとしての基準，すなわちアートの世界で培われてきた美的基準を満たす必要があり，ABR 研究者は自身のジャンルについてしっかりとしたトレーニングを受けるべきだという意見もあります（たとえば，Finley, 2008 参照）が，私はそうは思い

ません。ABR は，アートのためのアートではないからです。それはアートで
ありながらアートにとどまらない，別のものです。ですから，技法に注目する
ことは大切ですが，ABR は**有用性**をもとに評価した方がよいと私は思います。
美しさによって有用性が高まることは，もちろんありえます。たとえば，エス
ノドラマを作る目的が，観客と情動のレベルでつながり共感的な理解を深めて
もらうことにある場合，劇そのものが，目的の達成に十分な良質のものでなけ
ればなりません。美しさは，ABR の（実質的かつ情動的な）内容を効果的に伝
える動力源になります。「これは良いアート作品か」と問う代わりに，「この
作品は何にとって（どのような意味で）良いのか」と問うべきです（Leavy, 2010,
2011a）。どこから始めても，やりながら学んでいくことはできます。アート制
作は「する」活動ですから，学ぶには何より実践することが一番なのです。

公共的知識人のように思考する

　ABR のもつ最大の可能性は，学問を人々にひらくこと，社会に**役立てる**こ
とです。本章の冒頭で述べたように，ABR 研究者は，新しい「かたち」の作
品を生み出し，新しいオーディエンスにアプローチしようとします。公共的知
識人のように考えるとは，自分の研究に社会とのつながりをもたせ，人々がア
クセスできるようにすることです。どうすれば，研究を関係のある人々に届け
ることができるでしょうか。そこで重要になるのは，どのように作品を組み立
て，名づけ，普及させるかを考えることです。

　パブリック・スカラシップには，個人的なリスクが伴いうるという点に留意
する必要があります（Mitchell, 2008）。自分の研究やアイデアを外に出せば，反
対意見や悪い評価を受けたり，公に批判されたりするかもしれません。ジャン
ルをあいまいにし，正式にトレーニングを受けた方法以外で研究を行う場合に
は，特にそうなりがちです。しかし，そこで引き下がってはいけません。自分
の研究との間にしっかりとした関係を築くことを心がけ，その土台となってい
る価値観に忠実であり続けましょう。課題はありますが，このような研究に取
り組む人たちは，失うものより得られるものの方がはるかに大きいと述べてい
ます（Mitchell, 2008; Woo, 2019; Zinn, 2008）。私もそう思います。持てる時間とエ
ネルギーのすべてを費やして，一部のエリートにしか享受されないような作品
をつくり出すことが，はたしてあなたの望みなのでしょうか。その人たちも，
自分の研究課題を推進するためにあなたの研究を利用しているだけかもしれま

せん。答えはおのずと明らかでしょう。この問題，およびABRを実施する上での課題については，第9章で詳しくみていきます。

ABR研究者を目指す人へのアドバイス

理論的に作られた，ABRに必要なスキルのリストを読むときは，いくつかのことを念頭に置くようにしましょう。大事なのは学びのプロセスであり，私たちは実践を重ねることで上達していきます。すべてのスキルを身につけてからプロジェクトに参加するのではなく，時間をかけてスキルを高めていくのです。恐れてはいけません。「よくできているか」を気にするより，夢中になることを大事にしましょう。すべてのプロセスに立ち会ってください。それが私たちにできる精一杯のことです。いったん作品を世に送り出したら，折り合いをつけましょう。あなたの作品が，すべての人に受け入れられるとは限りません。考えるのはやめて，自分には自分の作品との関係があり，他人にはその人なりの関係があるということを受け入れましょう。そして最後に，楽しんでください。研究も学びと同じように，楽しいものであるべきです。もちろん，浮き沈みはありますし，大変なこともたくさん出てくるでしょう。でも，研究活動自体は，楽しく，やりがいがあり，夢中になれるものです。ABRは楽しいと言うのをためらう人もいますが，それは，ABRが厳密さを欠いたいいかげんなものだと思われることを恐れているためです。楽しいということは，真剣ではないということではなく，何かを摑みかけているのです。「創造性とは，楽しみながら学ぶ知性である」というアインシュタインの言葉を思い出しましょう。

本書の構成 —— 言葉からイメージへ

ABRの実践は，研究課題とテーマの幅を広げ，多様なオーディエンスの社会調査へのアクセスを可能にします。本書では，ナラティブ・インクワイアリー，フィクションベース研究，詩，音楽，ダンス，演劇，映画，ビジュアルアートという，新たな方法論が生まれた8つの新しい分野を，ジャンルごとに6つの章に分けて論じます。それぞれの分野について，ABRのジャンルがどのように発展してきたか，方法論のバリエーション，どのような研究課題に適

用できるか，そのアプローチを用いた研究事例などを概説します。また，ディスカッションのための問いやアクティビティなどの教育的な工夫に加え，考えを深めるためのチェックリストや，おすすめの雑誌，ウェブサイト，図書の注釈付きリストなど，研究者向けの工夫も含めました。

　また，本書には，さまざまな実践に取り組んできた研究者による見本事例も掲載しています。まず概略をまとめ，次に公表されている具体的な研究を紹介することで，ABR の方法論を理解し，それが実証的・理論的にどのように活用されているかがわかるようにしました。文章では伝えることが難しい ABR のジャンルもありますが，そのような例についてはオンラインで視聴できるようになっています。

　最後に，本書の構成は，ABR がたどってきた道のりと実践同士の結びつきについての１つの考え方を示すものになっています。第２章では，ナラティブ・インクワイアリーとフィクションベース研究を取り上げます。これらの実践は，程度の差こそありますが，文学的な文章形式を使用し，「書き言葉」に基づいているため，研究者が慣れ親しんでいる方法に最も近いと言えるでしょう。第３章では，詩的探究を取り上げます。詩は，言葉と「叙情的な訴え」の融合であり，伝統的な表現形式の延長と，そこからの出発を表しています。第４章では，詩の叙情性を取り上げながら，方法としての音楽について探求します。第５章では，最も抽象的なジャンルである（と言ってよいでしょう），ダンスとムーブメント（身体表現）について述べます。パフォーマンスをベースとするアプローチに引き続き，第６章では，演劇，ドラマ，映画という幅広い分野を取り上げます。第７章では，最後の実践としてビジュアルアートに焦点を当て，言葉からイメージへの流れを完成させます。第８章では，ABR の評価について述べます。本書の締めくくりとなる第９章では，アートと科学の分断，共同プロジェクト，ABR を行う上での個人的・構造的（専門的）な課題に対処するためのヒントについて考えます。

注 ···

1. アートグラフィー（A/r/tography）は，教育研究における ABR 実践の一カテゴリーで，A/r/t は，アーティスト－研究者－教師（artist-researcher-teacher）の頭文字です。アートグラフィーでは，３つの役割を統合して**第三の空間**が形成され，実践家は，「間」を占めることになります（Pinar, 2004, p. 9）。アートグラフィーは

「知ること，行うこと，作ること」(p. 9) を融合させます。アニタ・シナーらは，アートグラフィーを状況依存的に変化する方法論として位置づけ，「ハイブリッドで実践ベースの方法論」(Sinner et al., 2006, p. 1224) であり，必然的に自己と社会の両方に関わると記しています。

> アートグラフィーの作品は，連続性，生きた探究，開口部，隠喩／換喩，残響，過剰のような方法論的概念を通して表現される。アートとテクストの間，またアーティスト／研究者／教師という広義のアイデンティティの間の身体化された理解や相互作用が，関係的な美的探求を行う1つの条件であるとみなされるとき，これらの概念が生まれ，提示され，演じられる。　　(p. 1224)

　パフォーマティブな社会科学も，ABR の仲間に入ります。このアプローチの支持者は，自分たちがしているのは，**アートをベースにした研究**ではなく，**研究をベースにしたアート**だと主張しています (Gergen & Gergen, 2018)。アートを用いて社会科学の研究を行っているが，プロジェクトの種は社会科学にあるというわけです。私は，ABR にも同じことが言えると思います。本書を通して述べるように，科学主導のプロジェクトからアート主導のプロジェクトまで，ABR は1つの連続体をなしているからです。パフォーマティブな社会科学という用語は，一部の研究者に好んで使用され，さまざまな文献に見られます。このアプローチの先駆者であるケネス・ガーゲンとメアリー・ガーゲンは，「パフォーマティブ」という言葉を使う理由として，(1) 研究をいかに見せるか，すなわちオーディエンスに注意を払うため，(2) アートが世界に影響を与える可能性を認めるため，(3) 研究を行う研究者の役割を強調するため (Gergen & Gergen, 2018, p. 55)，の3点を挙げています。

2. この表の作成にあたっては，パットン (Patton, 2002, p. 85) による自己エスノグラフィーの語彙集を部分的に参考にしました。

3. バロンとアイズナー (Barone & Eisner, 2012) は，ABR という用語は 1993 年にスタンフォード大学で生まれたと主張しています。

4. アートはさまざまな分野の研究者によって長く活用されてきましたが，それが ABR というわけではありません。ここ数十年で，新たなパラダイムを生み出そうとする動きが広まってきました。アートが得意とすることにアートを使うのは，新しいアイデアではありません。分野の組織化と方法論ツールの開発が進み，対応する世界観があってはじめて，パラダイムシフトと言えるのです。

5. ランディ・M・ヴィック (Vick, 2012) は，ヨーロッパのアートセラピーの歴史を学ぶには，ウォーラー (Waller, 1991, 1998) とホーガン (Hogan, 2001) を参照することを提案しています。

6. ABR では，あらゆる知識が研究実践によってかたちづくられていることが強調さ

れます。これは，ABR のもう 1 つの強みと言ってよいでしょう。

7. 「微妙な偏見（subtle bias）」という用語には問題があり，誤解を招く恐れがありますが，文献にそう書かれているためそのまま用いています。

8. この項は，拙著『Research Design: Quantitative, Qualitative, Mixed Methods, Arts-Based, and Community-Based Participatory Research Approaches（研究デザイン：量的・質的研究，混合法，アートベース・リサーチ，およびコミュニティ・ベースの参加型アプローチ）』からの引用です（Leavy, 2017）。ABR の研究デザインの詳細なレビューについては，この本を参照してください。

■参考文献

Adler, E. S., & Clark, R. (2011). *An invitation to social research: How it's done* (4th ed.). Belmont, CA: Wadsworth.

Ansio, H., Seppälä, P., & Houni, P. (2017). Teachers' experiences and perceptions of a community music project: Impacts on community and new ways of working. *International Journal of Education and the Arts, 18*(37), 1–29. Retrieved from www.ijea.org/v18n37.

Barone, T., & Eisner, E. W. (2012). *Arts-based research*. Thousand Oaks, CA: SAGE.

Berns, G. S., Blaine, K., Prietula, M. J., & Pye, B. E. (2013). Short-and long-term effects of a novel on connectivity in the brain. *Brain Connectivity, 3*(6), 590–600.

Bochner, A. P., & Ellis, C. (2003). An introduction to the arts and narrative research: Art as inquiry. *Qualitative Inquiry, 9*(4), 506–514.

Chamberlain, R., McManus, I. C., Brunswick, N., Rankin, O., Riley, H., & Kanai, R. (2014). Drawing on the right side of the brain: A voxel-based morphometry analysis of observational drawing. *NeuroImage, 96*, 167–173.

Chilton, G., Gerber, N., & Scotti, V. (2015). Towards an aesthetic intersubjective paradigm for arts based research: An art therapy perspective. *UNESCO Observatory Multidisciplinary Journal in the Arts, 5*(1). Retrieved from www.unescomelb.org/volume-5-issue-1-1/2015/9/14/06-chilton-towards-an-aesthetic-intersubjective-paradigm-for-arts-based-research-an-art-therapy-perspective.

Chilton, G., & Leavy, P. (2014). Arts-based research practice: Merging social research and the creative arts. In P. Leavy (Ed.), *The Oxford handbook of qualitative research* (pp. 403–422). New York: Oxford University Press.

Cole, A. L., & Knowles, J. G. (2008). Arts-informed research. In J. G. Knowles & A. L. Cole (Eds.), *Handbook of the arts in qualitative research: Perspectives, methodologies, examples, and issues* (pp. 55–70). Thousand Oaks, CA: SAGE.

Collins, P. H. (1990). Black feminist thought in the matrix of domination. In P. Collins (Ed.), *Black feminist thought: Knowledge, consciousness, and the politics of empowerment* (pp. 221–238). London: HarperCollins.

Collins, P. H. (2007). Toward a new vision: Race, class, and gender as categories of analysis and connection. In S. M. Shaw & J. Lee (Eds.), *Women's voices, feminist visions: Classic and contemporary readings* (pp. 76–84). Corvallis: Oregon State University.

Collins, P. H., & Bilge, S. (2016). *Intersectionality*. Cambridge, UK: Polity Press. ［パトリシア・ヒル・コリンズ，スルマ・ビルゲ，小原理乃（訳）（2021）．インターセクショナリティ　人文書院］

Conrad, D., & Beck, J. (2015). Toward articulating an arts-based research paradigm: Growing deeper. *UNESCO Observatory Multidisciplinary Journal in the Arts, 5*(1). Retrieved from www.unescomelb. org/volume-5-issue-1-1/2015/9/14/05-conrad-towards-articulating-an-arts-based-research-paradigm-growing-deeper.

Cooper, D., Lamarque, P., & Sartwell, C. (1997). *Aesthetics: The classic readings*. New York: Wiley-Blackwell.

Coser, L. A. (1963). *Sociology through literature: An introductory reader*. Englewood Cliffs, NJ: Prentice Hall.

Crenshaw, K. W. (1989). Demarginalizing the intersection of race and sex: A black feminist critique of antidiscrimination doctrine, feminist theory and antiracist politics. *University of Chicago Legal Forum, 140*, 139–167.

Crenshaw, K. W. (1991). Mapping the margins: Intersectionality, identity politics, and violence against women of color. *Stanford Law Review, 43*, 1249–1299.

Crotty, M. (1998). *The foundations of social research: Meaning and perspective in the research process*. Thousand Oaks, CA: SAGE.

Dalley, T., Rifkind, G., & Terry, K. (1993). *Three voices of art therapy: Image, client, therapist*. London: Routledge.

de Freitas, E. (2003). Contested positions: How fiction informs empathetic research. *International Journal of Education and the Arts, 4*(7). Retrieved from www.ijea.org/v4n7.

de Freitas, E. (2004). Reclaiming rigour as trust: The playful process of writing fiction. In A. L. Cole, L. Neilsen, J. G. Knowles, & T. C. Luciani (Eds.), *Provoked by art: Theorizing arts-informed research* (pp. 262–272). Halifax, Nova Scotia, Canada: Backalong Books.

de Freitas, E. (2008). Bad intentions: Using fiction to interrogate research intentions. *Educational Insights, 12*(1). Retrieved from www/ccfi.educ.ubc.ca/publication/insights/v12n01/articles/defreitas/index.html.

De Jong, R. N. (1982). *A history of American neurology*. New York: Raven Press.

Derrida, J. (1966). The decentering event in social thought. In A. Bass (Trans.), *Writing the difference* (pp. 278–282). Chicago: University of Chicago Press.

Dewey, J. (1934). *Art as experience*. New York: Minton, Balch & Co. ［ジョン・デューイ，栗田修（訳）（2010）．経験としての芸術　晃洋書房］

Diaz, G. (2002). Artistic inquiry: On Lighthouse Hill. In C. Bagley & M. B. Cancienne (Eds.), *Dancing the data* (pp. 147–161). New York: Peter Lang.

Dileo, C., & Bradt, J. (2009). On creating the discipline, profession, and evidence in the field of arts and healthcare. *Arts and Health: An International Journal for Research, Policy, and Practice, 1*(20), 168–182.

Dunlop, R. (2004). Scar tissue, testimony, beauty: Notebooks on theory. In A. L. Cole, L. Neilsen, J. G. Knowles, & T. C. Luciani (Eds.), *Provoked by art: Theorizing arts-informed research* (pp. 84–99). Halifax, Nova Scotia, Canada: Backalong Books.

Durkheim, E. (1965). *The rules of sociological method* (8th ed.) (S. A. Solovay & J. H. Mueller, Trans.; G. E.

G. Catlin, Ed.). New York: Free Press. (Original work published 1938) ［エミール・デュルケーム，菊谷和宏（訳）（2018）．社会学的方法の規準　講談社学術文庫］

Eisner, E. W. (1997). The promise and perils of alternative forms of data representation. *Educational Researcher, 26*(6), 4–10.

Faulkner, S. (2009). *Poetry as method: Reporting research through verse.* Walnut Creek, CA: Left Coast Press.

Finley, S. (2008). Arts-based research. In J. G. Knowles & A. L. Cole (Eds.), *Handbook of the arts in qualitative research: Perspectives, methodologies, examples, and issues* (pp. 71–81). Thousand Oaks, CA: SAGE.

Finley, S. (2011). Critical arts-based inquiry. In N. K. Denzin & Y. S. Lincoln (Eds.), *The SAGE handbook of qualitative research* (4th ed., pp. 435–450). Thousand Oaks, CA: SAGE. ［N・K・デンジン，Y・S・リンカン（編），平山満義（監訳）（2006）．質的研究ハンドブック（全3巻）　北大路書房］

Foucault, M. (1976). Power as knowledge. In R. Hurley (Trans.), *The history of sexuality: Vol. 1. An introduction* (pp. 92–102). New York: Vintage Books.

Franklin, M. (2010). Affect regulation, mirror neurons, and the third hand: Formulating mindful empathetic art interventions. *Art Therapy: Journal of the American Art Therapy Association, 27*(4), 160–167.

Freeman, M. (2007). Autobiographical understanding and narrative inquiry. In D. J. Clandinin (Ed.), *Handbook of narrative inquiry: Mapping a methodology* (pp. 120–145). Thousand Oaks, CA: SAGE.

Gardner, H. (1984). *Art, mind, and brain.* New York: Basic Books. ［H・ガードナー，仲瀬律久・森島慧（訳）（1991）．芸術，精神そして頭脳——創造性はどこから生まれるか　黎明書房］

Geertz, C. (1973). *The interpretation of cultures.* New York: Basic Books. ［C・ギアーツ，吉田禎吾ほか（訳）（1987）．文化の解釈学　岩波現代選書］

Gerber, N., Templeton, E., Chilton, G., Cohen Liebman, M., Manders, E., & Shim, M. (2012). Art-based research as a pedagogical approach to studying intersubjectivity in the creative arts therapies. *Journal of Applied Arts and Health, 3*(1), 39–48.

Gergen, K. J., & Gergen, M. (2018). The performative movement in social science. In P. Leavy (Ed.), *Handbook of arts-based research* (pp. 54–67). New York: Guilford Press. ［パトリシア・リーヴィー（編著），岸磨貴子ほか（監訳）（2024）．アートベース・リサーチ・ハンドブック　福村出版，所収］

Goffman, E. (1959). *The presentation of self in everyday life.* Garden City, NY: Anchor. ［アーヴィング・ゴフマン，中河伸俊・小島奈名子（訳）（2023）．日常生活における自己呈示　ちくま学芸文庫］

Halpin, Z. (1989). Scientific objectivity and the concept of "the other." *Women's Studies International Forum, 12*(3), 285–294.

Haraway, D. (1988). Situated knowledges: The science question in feminism and the privilege of partial perspective. *Feminist Studies, 14*, 575–599.

Harding, S. (1993). Rethinking standpoint epistemology: What is "strong objectivity"? In L. Alcoff & E. Potter (Eds.), *Feminist epistemologies* (pp. 49–82). New York: Routledge.

Harris-Williams, M. (2010). *The aesthetic development: The poetic spirit of psychoanalysis.* London: Karnac Books.

Hartsock, N. (1983). The feminist standpoint: Developing the ground for a specifically feminist historical materialism. In S. Harding & M. Hintikka (Eds.), *Discovering reality* (pp. 283–305). Dordrecht, the Netherlands: Reidel.

Hass-Cohen, N., Kaplan, F., & Carr, R. (2008). *Art therapy and clinical neuroscience*. London: Jessica Kingsley.

Hesse-Biber, S. N., & Leavy, P. (2004). Distinguishing qualitative research. In S. N. Hesse-Biber & P. Leavy (Eds.), *Approaches to qualitative research: A reader on theory and practice* (pp. 1–15). New York: Oxford University Press.

Hesse-Biber, S. N., & Leavy, P. (2005). *The practice of qualitative research*. Thousand Oaks, CA: SAGE.

Hesse-Biber, S. N., & Leavy, P. (Eds.). (2006). *Emergent methods in social research*. Thousand Oaks, CA: SAGE.

Hesse-Biber, S. N., & Leavy, P. (2011). *The practice of qualitative research* (2nd ed.). Thousand Oaks, CA: SAGE.

Hill-Collins, P. (1990). Black feminist thought in the matrix of domination. In P. Hill-Collins, *Black feminist thought: Knowledge, consciousness, and the politics of empowerment* (pp. 221–238). Boston: Unwin Hyman.

Hogan, S. (Ed.). (1997). *Feminist approaches to art therapy*. London: Routledge.

Hogan, S. (2001). *Healing arts: The history of art therapy*. London: Jessica Kingsley.

Holman Jones, S., Adams, T. E., & Ellis, C. (2013). Introduction: Coming to know autoethnography as more than a method. In S. Holman Jones, T. E. Adams, & C. Ellis (Eds.), *Handbook of autoethnography* (pp. 17–47). Walnut Creek, CA: Left Coast Press.

Hunter, A., Lusardi, P., Zucker, D., Jacelon, C., & Chandler, G. (2002). Making meaning: The creative component in qualitative research. *Qualitative Health Research Journal, 12*(3), 388–398.

Huss, E., & Cwikel, J. (2005). Researching creations: Applying arts-based research to Bedouin women's drawings. *International Journal of Qualitative Methods, 4*(4), 44–62.

Irigaray, L. (1985). *This sex which is not one*. Ithaca, NY: Cornell University Press.

Janesick, V. J. (2001). Intuition and creativity: A pas de deux for qualitative researchers. *Qualitative Inquiry, 7*(5), 531–540.

Jones, K. (2006). A biographic researcher in pursuit of an aesthetic: The use of arts-based (re) presentations in "performative" dissemination of life stories. *Qualitative Sociology Review, 1*(2). Retrieved from www.qualitativesociologyreview.org/ENG/index_eng.php.

Kandel, E. (2012). *The age of insight: The quest to understand the unconscious in art, mind, and brain, from Vienna 1900 to the present*. New York: Random House.［エリック・R・カンデル，須田年生・須田ゆり（訳）（2017）．芸術・無意識・脳 —— 精神の深淵へ：世紀末ウィーンから現代まで　九夏社］

Kapitan, L., Litell, M., & Torres, A. (2011). Creative art therapy in a community's participatory research and social transformation. *Art Therapy, 28*(2), 64–73.

Kuhn, T. (1962). *The structure of scientific revolutions*. Chicago: University of Chicago Press.［トマス・S・クーン，青木薫（訳）（2023）．科学革命の構造　みすず書房］

Lakoff, G., & Johnson, M. (1980). *Metaphors we live by*. Chicago: University of Chicago Press.

Langer, S. (1953). *Feeling and form: A theory of art*. New York: Scribner.［S・K・ランガー，大久保直幹ほか（訳）（1987）．感情と形式 —— 続「シンボルの哲学」　太陽社］

Leavy, P. (2009). *Method meets art: Arts-based research practice*. New York: Guilford Press.

Leavy, P. (2010). Poetic bodies: Female body image: Sexual identity and arts-based research. *LEARNing Landscapes, 4*(1).

Leavy, P. (2011a). *Essentials of transdisciplinary research: Using problem-centered methodologies.* Walnut Creek, CA: Left Coast Press.

Leavy, P. (2011b). *Low-fat love.* Leiden, the Netherlands: Brill/Sense.

Leavy, P. (2017). *Research design: Quantitative, qualitative, mixed methods, arts-based, and community-based participatory research approaches.* New York: Guilford Press.

Leavy, P. (2018). Introduction to arts-based research. In P. Leavy (Ed.), *Handbook of arts-based research* (pp. 3–21). New York: Guilford Press.［前掲，アートベース・リサーチ・ハンドブック，所収］

Ledger, A., & Edwards, J. (2011). Arts-based research practices in music therapy research: Existing and potential developments. *The Arts in Psychotherapy, 38*(5), 312–317.

Levitin, D. J. (2007). *This is your brain on music: The science of a human obsession.* New York: Plume.［ダニエル・J・レヴィティン，西田美緒子（訳）（2021）．音楽好きな脳――人はなぜ音楽に夢中になるのか（新版）　ヤマハミュージックエンタテインメントホールディングス］

Levitin, D. J. (2008). *The world in six songs: How the musical brain created human nature.* New York: Dutton.［ダニエル・J・レヴィティン，山形浩生（訳）（2010）．「歌」を語る――神経科学から見た音楽・脳・思考・文化　ブルース・インターアクションズ］

Livni, E. (2018, October 23). Doctors in Montreal will start prescribing visits to the art museum. *Quartz.* Retrieved from https://qz.com/1433682/doctors-in-montreal-will-start-prescribing-visits-to-the-art-museum.

Malchiodi, C. A. (1999). *Medical art therapy with adults.* London: Jessica Kingsley.

Malchiodi, C. A. (2005). Expressive therapies: History, theory and practice. In C. A. Malchiodi (Ed.), *Expressive therapies* (pp. 1–15). New York: Guilford Press.

Malchiodi, C. A. (2012). Art therapy and the brain. In C. A. Malchiodi (Ed.), *Handbook of art therapy* (2nd ed., pp. 17–26). New York: Guilford Press.

Malchiodi, C. A. (2018). Creative arts therapies and arts-based research. In P. Leavy (Ed.), *Handbook of arts-based research* (pp. 68–87). New York: Guilford Press.［前掲，アートベース・リサーチ・ハンドブック，所収］

McIntyre, M. (2004). Ethics and aesthetics: The goodness of arts-informed research. In A. L. Cole, J. G. Knowles, & T. C. Luciani (Eds.), *Provoked by art: Theorizing arts-informed research* (pp. 251–261). Halifax, Nova Scotia, Canada: Backalong Books.

McNiff, S. (1998). *Art-based research.* London: Jessica Kingsley.

McNiff, S. (2005). Foreword. In C. A. Malchiodi (Ed.), *Expressive therapies* (pp. ix–xiii). New York: Guilford Press.

McNiff, S. (2011). Artistic expressions as primary modes of inquiry. *British Journal of Guidance and Counselling, 39*(5), 385–396.

McNiff, S. (2018). Philosophical and practical foundations of artistic inquiry: Creating paradigms, methods, and presentations based in art. In P. Leavy (Ed.), *Handbook of arts-based research* (pp. 22–36). New York: Guilford Press.［前掲，アートベース・リサーチ・ハンドブック，所収］

Mitchell, K. (2008). Introduction. In K. Mitchell (Ed.), *Practising public scholarship: Experiences and perspectives beyond the academy* (pp. 1–5). West Sussex, UK: Wiley-Blackwell.

Neilsen, L. (2004). Aesthetics and knowing: Ephemeral principles for a groundless theory. In A. L. Cole, L. Neilsen, J. G. Knowles, & T. C. Luciani (Eds.), *Provoked by art: Theorizing arts-informed research* (pp. 44–49). Halifax, Nova Scotia, Canada: Backalong Books.

Norris, J. (2000). Drama as research: Realizing the potential of drama in education as a research methodology. *Youth Theatre Journal, 14*, 40–51.

Patton, M. (2002). *Qualitative research and evaluation methods* (3rd ed.). Thousand Oaks, CA: SAGE.

Pelias, R. J. (2004). *A methodology of the heart: Evoking academic and daily life*. Walnut Creek, CA: AltaMira Press.

Pérez-Peña, R. (2014, March 31). College classes use arts to brace for climate change. *New York Times*. Retrieved from www.nytimes.com/2014/04/01/education/using-the-arts-to-teach-how-to-prepare-for-climate-crisis.html?_r=0.

Phillips, D. C., & Burbules, N. C. (2000). *Postpositivism and educational research*. Lanham, MD: Rowman & Littlefied.

Pinar, W. F. (2004). Foreword. In R. L. Irwin & A. de Cosson (Eds.), *A/r/tography: Rendering self through arts-based living inquiry* (pp. 9–25). Vancouver, British Columbia, Canada: Pacific Educational Press.

Ramachandran, V. , & Blakeslee, S. (1999). *Phantoms of the brain*. New York: Quill.〔Ｖ・Ｓ・ラマチャンドラン，サンドラ・ブレイクスリー，山下篤子（訳）（2011）．脳のなかの幽霊　角川文庫〕

Ramachandran, V. (2005). *A brief tour of human consciousness: From imposter poodles to purple numbers*. London: PI Press.

Richman-Abdou, K. (2018, November 14). UK doctors will prescribe arts & culture to help improve patients' physical and mental health. *My Modern Met*. Retrieved from https://mymodernmet.com/social-prescribing-nhs.

Riley, S. (1999). *Contemporary art therapy with adolescents*. London: Jessica Kingsley.

Rolling, J. H., Jr. (2013). *Arts-based research primer*. New York: Peter Lang.

Saarnivaara, M. (2003). Art as inquiry: The autopsy of an [art] experience. *Qualitative Inquiry, 9*(4), 580–602.

Saldaña, J. (1999). Playwriting with data: Ethnographic performance texts. *Youth Theatre Journal, 14*, 60–71.

Saldaña, J. (Ed.). (2005). *Ethnodrama: An anthology of reality theatre*. Walnut Creek, CA: AltaMira Press.

Saldaña, J. (2011). *Ethnotheatre: Research from page to stage*. Walnut Creek, CA: Left Coast Press.

Salvatore, J. (2018). Ethnodrama and ethnotheatre. In P. Leavy (Ed.), *Handbook of arts-based research* (pp. 267–287). New York: Guilford Press.〔前掲，アートベース・リサーチ・ハンドブック，所収〕

Sava, I., & Nuutinen, K. (2003). At the meeting place of word and picture: Between art and inquiry. *Qualitative Inquiry, 9*(4), 515–534.

Sinner, A., Leggo, C., Irwin, R., Gouzouasis, P., & Grauer, K. (2006). Arts-based education research dissertations: Reviewing the practices of new scholars. *Canadian Journal of Education, 29*(4), 1223–1270.

Smith, D. (1987). *The everyday world as problematic: A feminist sociology*. Boston: Northeastern University Press.

Solly, M. (2018, November, 8). British doctors may soon prescribe art, music, dance, singing lessons. Retrieved from www.smithsonianmag.com/smart-news/british-doctors-may-soon-prescribe-art-music-dance-singing-lessons-180970750.

Spaniol, S. (2005). "Learned hopefulness": An arts-based approach to participatory action research. *Art Therapy, 22*(2), 86–91.

Sprague, J., & Zimmerman, M. (1993). Overcoming dualisms: A feminist agenda for sociological method. In P. England (Ed.), *Theory on gender/feminism on theory* (pp. 255–279). New York: DeGruyter.

Thompson, H., & Vedantam, S. (2012). A lively mind: Your brain on Jane Austen [NPR Health Blog]. Retrieved from www.npr.org/blogs/health/2012/10/09/162401053/a-lively-mind-your-brain-on-jane-austen.html.

Todman, D. (2007). Letter to the editor: More on literature and the history of neuroscience: Using the writings of Silas Wier Mitchell (1829–1914) in teaching the history of neuroscience. *Journal of Undergraduate Neuroscience Education, 6*(1), L1.

Turner, M. (1996). *The literary mind: The origins of thought and language.* New York: Oxford University Press.

Varto, J. (2001). *Kauneuden taito* [The craft of beauty]. Tampere, Finland: Tampereen Yliopistopaino.

Vedantam, S. (2013, July 19). How to fight racial bias when it's silent and subtle. *NPR Code Switch: Race and Identity, Remixed.* Retrieved from www.npr.org/blogs/codeswitch/2013/07/19/203306999/how-to-fight-racial-basis-when-its-silent-and-subtle.

Vick, R. M. (2012). A brief history of art therapy. In C. A. Malchiodi (Ed.), *Handbook of art therapy* (2nd ed., pp. 5–16). New York: Guilford Press.

Waller, D. E. (1991). *Becoming a profession: The history of art therapy in Britain, 1940–1982.* London: Tavistock/Routledge.

Waller, D. E. (1998). *Towards a European art therapy.* Buckingham, UK: Open University Press.

Whitfield, T. W. A. (2005). Aesthetics as pre-linguistic knowledge: A psychological perspective. *Design Issues, 21*(1), 3–17.

Woo, Y. Y. (2019). Narrative film as public scholarship. In P. Leavy (Ed.), *The Oxford handbook of methods for public scholarship* (pp. 359–382). New York: Oxford University Press.

Yorks, L., & Kasl, E. (2006). I know more than I can say: A taxonomy for using expressive ways of knowing to foster transformative learning. *Journal of Transformative Education, 4*(1), 43–64.

Zinn, H. (2008). The making of a public intellectual. In K. Mitchell (Ed.), *Practising public scholarship: Experiences and perspectives beyond the academy* (pp. 138–141). West Sussex, UK: Wiley-Blackwell.

第 **2** 章

ナラティブ・インクワイアリーと
フィクションベース研究

声が聞こえるように，そして脳を通り抜けて
心に直接届くように，書くということです。
―― マヤ・アンジェロウ

　物語ること，書くことは，生きる上での基盤であり，私たちの研究にも欠かせません。ナラティブは単なる研究方法ではなく，生活や人生の一部です (Bochner, 2014; Bochner & Hermann, 2020; Bochner & Riggs, 2014; Clandinin & Connelly, 1989)。私たちは絶えず物語り，自らの人生を意味づけています。アーサー・ボックナーとニコラス・リグス (Bochner & Riggs, 2014) の見事な表現を借りるなら，物語ることは，空気と同じくらい不可欠な「生きるための装置」(p. 196) なのです。ローレル・リチャードソン (Richardson, 1997) は，ナラティブによって，個人や文化，社会，時代を丸ごと表現し，理解することが可能になると述べています (p. 27)。聞いたり読んだりした物語が，強く心に残ることがあります。物語は，私たちにつながりを感じさせ，新たな視野をひらき，共感を高め，自己認識や省察を促します。物語は，ロナルド・ペリアス (Pelias, 2004) のいう「『私も』と感じる瞬間」を生み出します。物語のおかげで，今「あるもの」，そして「あるかもしれないもの」を想像することができます。物語（ナラティブ）のもつ計り知れない力は，私たちの人間としてのありように深く刻み込まれているのです。

　多くの研究実践は，ナラティブの力を借りて，真実の物語を伝えようとします。それは，私たち自身の物語かもしれませんし，他の人のものかもしれません。「現実」か「空想」か，はっきりしないこともあります。いずれにしても，人間の経験に関わる真実を伝えるものであることに変わりはありません。本章では，ナラティブ・インクワイアリー，ナラティブ・メソッドに加え，フィク

ションベース研究やソーシャルフィクションを概観します。これらは，多様な研究実践の総称です。[1]このような議論の背景がわかるように，自己エスノグラフィーと創造的ノンフィクションについても簡単に紹介します。

　ナラティブに基づく研究は，科学とアートの連続体上に位置づけられます。ナラティブ・インクワイアリーには，伝統的な質的研究，とりわけインタビュー研究に近いものもあれば，アートの側面がより強く，文学の伝統に大きく依拠しているものもあります。マーク・フリーマン（Freeman, 2007）によれば，アートを用いたナラティブ・インクワイアリーは，共感や思いやりを高め，倫理的実践に貢献します（p. 142）。キャンディス・スタウト（Stout, 2014）は，物語の「中心」，つまり共鳴の核となるものを生み出す手段として，ナラティブ・アートとナラティブ・インクワイアリーにはどのようなつながりがあるかを探究してきました。アーサー・ボックナーとアンドリュー・ハーマン（Bochner & Hermann, 2020）は，ナラティブ・インクワイアリーが「アートと科学の中間領域に存在する」と考えています。フリーマンは「詩的科学」（Freeman, 2018, p. 133）という概念を好んで使っています。フィクションベース研究やソーシャルフィクションは，必然的にアートの側面が強くなります。ただし，その実践は，従来の研究手法で生成・分析されたデータに基づくもの，参加者が語ったままの言葉によるもの，よくある研究を他の形で再現したものなど，さまざまです。ナラティブ・インクワイアリーとフィクションベース研究は異なる方法ですが，本章でこの2つを取り上げるのは，どちらも，物語ること・書くことに依拠しているからです（紙幅の関係で，それぞれ別の章を立てることが難しかったという理由もあります）。

背景

🅠・ナラティブを使った研究はなぜ増えているのでしょうか

　書くことは，研究に欠かせない一部であり，これまでもずっとそうあり続けてきました。書くことは，当然ながら，知の構築と結びついています。言語または「言葉」は，コミュニケーション手段として，従来の社会科学的な知の構築に寄与してきました。質的・量的を問わず，どんな研究にも書くことが含まれます。質的研究パラダイムでは，語りという研究方法が伝統的に用いられて

おり，それらは，オーラルヒストリーやライフヒストリーのように口承で知識を伝える文化的実践に基づいています。このように，社会科学におけるナラティブへのアート的転回は，さまざまな意味で従来の研究（re-search＝再－探索）が進化したものであり，広がりをもってきた一連の研究を名づけて再定義したものとみなすことができます。

ナラティブ・インクワイアリーもフィクションベース研究もナラティブを用いますが，その使い方が異なります。ナラティブとは，要するに物語のことです。もっと言えば，ナラティブは必ず**「何かについて」**の物語です（Labov, 2006, p. 37, 強調は原文のまま）。私たちがナラティブについて論じるとき，実際には物語ることや物語を書くことについて話しています。日々の生活の中でナラティブが語られる（書かれる）のは，ある人が「何かについて」他者に伝えたいときであり，その「何か」が「出来事（起こったこと）」であるときです（Labov, 2006, p. 38）。

半世紀以上にわたり，ナラティブをベースにした研究が増え続けています。D・ジーン・クランディニンとジェリー・ロシェク（Clandinin & Rosiek, 2007）によれば，ナラティブ・インクワイアリーが分野を超えて一般的になったのは，1960年代後半からです。ボックナーとリグス（Bochner & Riggs, 2014）は，1980年代から20世紀末にかけてさまざまな学問領域でナラティブ・インクワイアリーが急増し，この時点でナラティブの使用が高まっていたと述べています。彼らは，ドナルド・スペンスの『Narrative Truth and Historical Truth（ナラティブの真実と歴史の真実）』（Spence, 1984）とテオドア・サービンの編著『Narrative Psychology（ナラティブ心理学）』（Sarbin, 1986）の出版を，ナラティブへの抵抗が社会科学の中で最も大きかった心理学で，ナラティブが台頭した瞬間と捉えています。21世紀に入ると，「ナラティブ・ターン」が起こりました（Bochner & Hermann, 2020; Bochner & Riggs, 2014; Denzin & Lincoln, 2000）。ボックナーとリグスは，個人的なナラティブ，ライフヒストリー，ライフストーリー，証言，回顧録の増加を，社会科学全体でナラティブの使用が広がった証拠として挙げています。文学的な文章とナラティブの原則を用いる研究方法としてのフィクションは，20年以上にわたり増加傾向にあります（Leavy, 2013b, 2018）。アンナ・バンクスとスティーブン・バンクスが編集した『Fiction and Social Research: By Fire or Ice（フィクションと社会科学研究：炎か氷か）』（Banks & Banks, 1998）は，この分野の初期の重要な著作です。2011年には，学術出版社 Sense 社から，

私が立ち上げ編集しているソーシャルフィクション・シリーズの出版が開始されました（現在は Brill 出版社の Brill/Sense imprint の一部門となっています）。これは，フィクションベース研究のみを掲載する初の学術書シリーズで，米国創造性協会から表彰されたこともあります。これまでにこのシリーズから，研究に基づく小説，戯曲，詩集や短編集が出版されています。

　研究者がナラティブを使用する理由やその方法はさまざまですが，自分の作品に人間らしさを取り入れ，（自らの，あるいは他者の）物語をより誠実かつ豊かに語り，つながりや省察が深まるような仕事をしたいという願いは共通です。研究者たちは，参加者ともっと協力し，多くの人に読んでもらえるような作品を生み出したいと願っています。ナラティブ研究者は，研究参加者を対象化することを避け，人間の経験の複雑さを表現することを目指します（Josselson, 2006）。ボックナーとハーマン（Bochner & Hermann, 2020）は，ナラティブ・インクワイアリーを「人間科学を人間らしくする」方法として捉えています。ナラティブ・ターンには，他の要因も関わっています。ステフィニー・ピネガーと J・ゲイリー・デインズ（Pinnegar & Daynes, 2007）は，（1）研究対象と研究者の関係，（2）数から言葉へのデータの移行，（3）一般性から個別性への転換，（4）新しい認識論の出現，の 4 つの現象の重なりが，ナラティブ・インクワイアリーへの転回に影響したと述べています。さらなる要因として，学界内外で自伝が増加したことと，創造的ノンフィクションの影響が挙げられます。これらについても後ほど詳しく説明します。

自伝的なデータの増殖

❓・自伝的なデータの増加は研究方法にどのような影響を与えたのでしょうか
　・自己エスノグラフィーとは何でしょうか

　かつては，エスノグラファーのような質的研究者であっても，社会的現実を「客観的に」描写することが求められていましたが，現在では，エスノグラファーが生み出すテクストにはその人自身が位置づけられているという理解が浸透しています。エスノグラファーは部分的かつ状況的な現実を伝える一方，自らも表現された現実の一部となります。エスノグラファーは伝統的に，テクストの中では「見えない」存在であるかのようにふるまってきました。しかし，他の研究者と同様，最終的に表現されたものに，暗黙のうちに織り込まれてい

るのです。カール・ローデス（Rhodes, 2000）は，ゴーストライティングという
メタファーを用いて，研究者がテクストの中に隠れていることを明らかにしま
した。たとえば，インタビューの書き起こしの抜粋からは，研究者がそのデー
タをどのように引き出し，文章にしたかが見えません。

　さらに，自伝的な文章は，他の人々や集団に関する描写と混ざり合います。
エスノグラフィーの場合，フィールドノート，フィールドメモ，理論メモ，分
析メモには，研究者がある社会的現実をどう理解し，どのように感じたかを書
くことが求められます（Hesse-Biber & Leavy, 2005, 2011）。そこには，研究者が世
界をどのように見ているかという前提に加え，その現実における研究者の経験
（情動的・心理的・身体的・知的・実践的な経験）が含まれます。再帰性という問題
を抱えるエスノグラファーは，立場や権力が認識に及ぼす影響だけでなく，経
験を生きながらそれをどう伝えるかに注意を向ける必要があります（Skinner,
2003, p. 527）。このプロセスから生まれる「厚い記述」（Geertz, 1973）は，出来
事の中立的な描写ではなく，むしろ研究者自身の主観的な経験，理想的には，
その経験に対する体系的な省察を反映するものなのです。

　また，多くの研究者は，自らの経験を一貫したナラティブにまとめてオー
ディエンスに伝えようとするとき，文学的な語りに類似したプロセスを踏みま
す。その際，文学的な語りの概念を引き合いに出す人もいれば，後ほどみるよ
うに実際にフィクションを用いる人もいます。

　第1章で，伝統的に研究の指針となってきた二元論を振り返り，主観－客
観，理性－感情という二分法に対して質的研究パラダイムの研究者が提起した
問いについて検討しました。研究者自身を明示的に調査対象とすることは，公
－私の分断という，もう1つの伝統的な二元論への挑戦です。このため，自
己エスノグラフィーに対する科学的な反発は強くなることが考えられます。自
己エスノグラフィーに関する研究は，公－私の二元論を退け，それが誤った二
分法であることを明らかにし，私的なものは公的なものであり，その逆もしか
りであることを示唆しています。こうしたさまざまな理由から，研究に「個人
的なもの」を使用することには議論も多く，複雑な問題となっています。一方，
ABRの世界では，こうした二元論が崩れてきました。

　すでに述べたように，従来のエスノグラフィーでは，主観的な記述と解釈
のプロセスを継続することが求められていました。近年のエスノグラファー
は，このプロセスにより注意深くなっています。同様にフェミニズム研究者

第2章　ナラティブ・インクワイアリーとフィクションベース研究　　69

は，誤った中立性の主張が，知のジェンダー化，人種差別化，性差別化，階級化をいかに覆い隠し，永続させてきたかを説得的に示しました（Halpin, 1989; Smith, 1987 を参照）。これに関連して，サンドラ・ハーディング（Harding, 1993）は，正当化の文脈だけでなく発見の文脈に注意を向けて，研究者自身を研究の中に再帰的に位置づける「強い客観性」を提唱しました。フリーマン（Freeman, 2007）は，自伝は必然的にナラティブ・インクワイアリーの 1 つの形であると述べています。

　過去 30 年ほどの間に，自己エスノグラフィーが有効な研究手法として発展し，爆発的に普及したことは，自伝的な語りが増えていることを示す最も強力な証拠かもしれません。自己エスノグラフィーは，研究者を有効なデータソースとみなし，自らの経験をより大きな文化的文脈に位置づける自己研究の 1 つの方法です。自己エスノグラフィーの執筆には，他とははっきりと異なる特徴があります。キャロリン・エリス（Ellis, 2004）は，「**自己エスノグラフィー**とは，個人的なものと文化との関係について書くことである。それは，意識の多層性を示す自伝的な記述あるいは研究の一ジャンルである」（p. 37, Dumont, 1978 を引用，強調は原文のまま）と述べています。ペリアス（Pelias, 2004）は，自己エスノグラフィーを執筆する目的が**共振**にあると考えています（p. 11）。さらに，この方法は，「自己を出発点として，証人として」（p. 11）利用し，「自己と文化の接点」にアクセスするものです。『Handbook of Autoethnography（自己エスノグラフィー・ハンドブック）』（Holman Jones, Adams, & Ellis, 2013a）の画期的な出版によって，こうした手法は正統性を増してきました。

創造的ノンフィクション

　❓ ・*創造的ノンフィクションとは何でしょうか*
　　・*創造的ノンフィクションと，ジャーナリズムや学術研究との違いはどこにあるのでしょうか*

　創造的ノンフィクションの手法が生まれ，ニュース報道へ，さらには学術研究報告へと広がったことも，ナラティブの方法論をめぐるこうした状況の一部です。創造的ノンフィクションは，1960 年代から 1970 年代にかけて，研究報告の真実性を保ちつつ，それをより魅力的なものにするために生まれました（Caulley, 2008; Goodall, 2008）。商業出版やジャーナリズムの世界でも，学術研究

の出版界でも，事実に基づいた文章に文学的手法を取り入れて優れたものにする方法が模索されてきました。『Creative Nonfiction（創造的ノンフィクション）』誌の創刊者であるリー・グットキントは，創造的ノンフィクションは出版界で最も急速に成長しているジャンルだと宣言し，その核心は「本当の話をうまく伝える」ことにあると述べています（Gutkind, 2012, p. 6）。彼はさらに，この形式を次のように定義しています。

> 「創造的」という言葉は，フィクション作家や劇作家，詩人の文学的技法を用いて，実在の人物や出来事に関する事実に基づいた正確な文章であるノンフィクションを，人の心を惹きつける，生き生きとした劇的な形で表現することを指している。そのねらいは，ノンフィクションをフィクションのように読ませ，ファンタジーがそうであるように読者を事実で魅了することである。ただし，これらの物語は真実なのだ。　　　　　　（p. 6）

　新聞報道の商業化によって，創造的ノンフィクションの考え方は当たり前になり，一般に広がってきました。その結果，学術的な文章の書き方の規範も変化しました。かつて「客観的」とみなされたジャーナリストが，積極的に文学的手法を取り入れて優れた物語を生み出そうとしているなら，研究者も同じことをしてもよいのではないでしょうか。読者も**報告**ではなく**物語**を読むことに慣れてきたため，学術研究に期待されるものが変わり，書き方の可能性が広がりました。創造的ノンフィクションの発展によって，うまく語ることが重視されるようになったのです。多くの人が研究の「報告」あるいは「記録」には満足せず，うまく表現されているべきだと考えています。物語はうまく表現されていればいるほど，読者により深く影響を与えます。セオドア・A・リース・チェイニー（Cheney, 2001）は，創造的ノンフィクションを次のように説明しています。

> 創造的ノンフィクションは，事実を使って物語を伝えるが，説得力や躍動感を高めるためにフィクションの技法を多用する。創造的ノンフィクションは，単に事実を報告するのではなく，読者がトピックをより深く理解できるような形で伝える。創造的ノンフィクションでは，語り手としてのスキルと，誠実な記者としてのリサーチ力が求められるのである。　　（p. 1）

ジャーナリズムの世界では，文学的な技法を駆使して物語を魅力的にすることが主流になっていますが，この分野の創造的ノンフィクションは，あくまで事実に即したものでなければなりません。最近，ドイツの一流ニュース雑誌『Der Spiegel』で，スター記者で編集者のクラース・レロティウスが記事を捏造し，事実や情報源をでっち上げていたことが発覚して，国際的に大きな話題となりました。レロティウスは結局，辞任に追い込まれました。使用する方法や，架空の人物の創作などのフィクション化の方法についてどこまで開示するかによって，学問の世界では受け入れられないことがあります。

　学術研究において，研究者は他者について学び，学んだことを伝える語り手です。エスノグラフィーに足を踏み入れるにせよ，オーラルヒストリーのインタビューをするにせよ，他者の物語を創造的かつ表現豊かに，力強く，ありのままに語ることが求められます。自らの自己エスノグラフィー的な体験をデータとして明示的に用いて，物語を創作することもできます。バド・グドールは，これを「新しいエスノグラフィー」と呼んでいます（Goodall, 2000, 2008）。私たちが研究を表現し，共有する目的は，ただ見せることではなく，読む人に影響を与えることです。研究プロジェクトには，教育する，意識を変える，虚偽を暴露する，批判意識を構築する，支配的イデオロギーやステレオタイプを打ち砕く，問題に人間性をもたせるなど，さまざまな目標がありますが，いずれにせよ，読者に影響を与えることが目指されます。素晴らしい授業を聞いたときと同じように，研究もインパクトのある書き方をしたいと私たちは願っています。良い文章は記憶に残るからです。

　創造的ノンフィクションはこのように幅広いジャンルであるため，全体をまとめたり，あらゆる例を網羅して詳細に記述したりすることは困難です。研究論文，エッセイ，論説，ブログ，書籍などすべてこの方法で書くことが可能であり，実際に見られます。ローレル・リチャードソンは，新しい「かたち」で書いている人たちに，長年インスピレーションを与えてきた人物です。彼女は自分の仕事を「物語を書くこと」あるいは書く実験と呼んでいますが，トム・バロン（Barone, 2008）は，彼女の画期的な著作『Fields of Play（遊びの場）』（Richardson, 1997）を創造的ノンフィクションとみなせると指摘しています。研究者の間でよく話題に上がるもう1つの例は，トルーマン・カポーティの『冷血（In Cold Blood）』（Capote, 1966）です。カポーティは膨大な調査を行ったことから，これを質的研究プロジェクトとみなす人もいます（Norris, 2009）。はっき

りしているのは，創造的ノンフィクションの登場によって，学界の内外で，学術的な文章に対する多くの人々の見方が変わり，文学的フィクションの道具が研究者の視野に入ってきたということです。

ナラティブ・インクワイアリーとナラティブ・メソッド

❓・ナラティブ・インクワイアリーおよびナラティブ・メソッドとは何でしょうか
　・このアプローチはどのように使えるでしょうか
　・どんな研究課題に向いているでしょうか

　ナラティブ・インクワイアリー（あるいはナラティブ・メソッド）では，エスノグラフィー，オーラルヒストリー，質的インタビューの考え方に基づき，参加者とともに彼らの人生経験に迫り，語りと語り直しのプロセスに関わります。それによって，データの多面的な意味を明らかにし，真正で説得力のある解釈を提示します。つまり，ナラティブは，再帰的・参加的・美的なプロセスを経て，データから作られるのです。ナラティブの視点をもつことで，従来のインタビューの仕方も変わります。なぜなら，ナラティブを作り変えること，ナラティブを共同で作り上げることに関心が向かうからです。ナラティブ・インクワイアリーでは，少数のサンプルから豊かな事例研究が行われることもあります[2]。

　ナラティブ・メソッドを用いる場合，**ナラティブ分析**または「ナラティブ配列（narrative configuration）」（Kim, 2006, p. 4）を用いてデータを分析します。キム・ジョンヒの説明によれば，ナラティブ分析とは「研究者が，データそのものにあらわれている豊かな生きられた経験からテーマを浮かび上がらせ，多様でバラバラな要素をまとめ，読者の理解と想像を促すような物語を形づくるプロセス」（Kim, 2006, p.5）のことです。

　ナラティブ・インクワイアリーにはさまざまなかたちがあり，リサーチ・クエスチョンも多様です。クランディニンとロシェク（Clandinin & Rosiek, 2007）によれば，ナラティブ・インクワイアリーは一般に**経験**に焦点を当てますが，その概念的な説明としてはさまざまなものがありえます。特定のトピックに関して，立場の異なる人々にアクセスし，その声を紹介するためにナラティブを使用する研究者もいます。ナラティブ・メソッドは，ミハイル・バフチンの理

第2章 ｜ ナラティブ・インクワイアリーとフィクションベース研究　　73

論的枠組みの影響を受けています。バフチン（Bakhtin, 1975/1981）は，「叙事詩」と「小説」のナラティブを比較し，叙事詩では１つの視点が明示されるのに対し，小説では多様な視点が表現されていると述べています。バフチンの枠組みに影響を受けた研究者たちは，複数の視点を取り入れ，（再）表現することを目的としたナラティブ・インクワイアリーの方法を開発してきました。教育分野のキムの研究は，その優れた一例です。

　キム（Kim, 2006）は，バフチンの理論的枠組みをナラティブ・インクワイアリーに当てはめ，異なる立場（権力的地位）の人々の声を取り入れることで，読者がそれぞれの視点に立って理解できるような方法を開発しました。キムがオルタナティブ・ハイスクールで行った調査は，生徒から管理職まで人々の見方に焦点を当てており，エスノグラフィー，オープンエンドな質問による半構造化インタビュー，ナラティブ・インクワイアリーを含むマルチメソッドなものでした。キムの研究は，５つの異なる声（ナラティブ）からなるアートベースのテクストに結実しました。この方法論によって，この特定の場で機能しているさまざまな視点についての理解を生み出したのです。ただし，この方法を使用する場合，必ずしもすべての視点が「相対的」，すなわち他より正統なものや説得力のあるものがないというわけではありません。たとえば，キムは，ナラティブの後に「エピローグ：研究者の声」というセクションを設け，ある寓話を伝えています。これは，読者が意味を捉え，さまざまなナラティブや視点を吟味できるようにするためのものです。このようにナラティブ・メソッドを用いることで，研究者は文献のレビューだけでなく，自身の考察をテクストに反映させることができるのです。キムは，この方法が「支配的な物語の本質に問いを投げかける」（Kim, 2006, p. 11）ために役立ち，さまざまな研究プロジェクトや理論的枠組みの中で応用できると示唆しています。

　ナラティブ研究は，教育研究などの幅広い分野で行われています。たとえば，教育における多文化の問題を理解するためにナラティブを活用した研究が多く見られます（Phillion, Fang He, & Connelly, 2005 を参照）。メタ・Y・ハリス（Harris, 2005）は，多様な背景をもつ生徒同士の交流を進めるために，生徒と教師が書いた自伝的な文章をどのように活用できるかを研究しました。ハリスの研究では，個人的な物語と教育経験が，現在の自分，これからなっていく自分，そして他者との関わりにどのような影響を与えるのかが考察されています。

　ナラティブ・インクワイアリーは，トラウマ研究の方法論として採用される

ことも増えています。トラウマ研究は広範かつ学際的な分野で，トラウマと
その回復のプロセスなどが含まれます。ハーヴェイら（Harvey, Mishler, Koenan
& Harney, 2000）は，ナラティブ・アプローチによって多くのリサーチ・クエス
チョンが新たに生み出されていると述べ，医療社会学や医療人類学におけるナ
ラティブ研究の例として，「病いの語り」「苦しみの語り」「希望の語り」「慢性
疾患の語り」などを挙げています。さらに，幅広いナラティブ・インクワイア
リーが引用されており，たとえば，ホロコーストの生存者，ベトナム帰還兵，
戦争による暴力の被害者，レイプや性的虐待の被害者，人種差別を受けたアフ
リカ系アメリカ人の体験が取り上げられています。

　ハーヴェイらがナラティブ・インクワイアリーにたどり着いたのは，ABR
に取り組む多くの研究者がそうであるように，性的トラウマの回復の研究にあ
たり，従来の研究手法では興味深いデータが得られないことに気づいたためで
す。彼らのマルチメソッド・アプローチでは，はじめに量的データを得るため
の構造化インタビュー，次に非構造化インタビューが行われました。最終的に
ナラティブ・アプローチが開発され，新たなリサーチ・クエスチョンにつな
がっていきました。研究チームが当初関心をもっていたのは，当事者が回復過
程の全体を通してどのように意味を（再）形成していったのかということでし
た（p. 292）が，さらに回復過程における当事者の物語の役割と機能にも目が
向けられるようになりました（p. 292）。ナラティブ・インクワイアリーに転換
したことで，さまざまな研究プロジェクトに応用できる一連の問いが浮かび上
がってきたのです。

　　トラウマを抱えた人々は，一貫性のあるライフストーリーを構築するとい
　　う課題にどのように向き合うのか。ライフストーリーの内容や形式は，時
　　間とともにどう変化していくのか。この変化には，通常のトラウマからの
　　回復過程が反映されているのか。何がサバイバー（生き延びた人）のナラ
　　ティブを再構築するきっかけになるのか。ナラティブの再構築には，性的
　　虐待によって歪められたアイデンティティ発達を修復する効果があるのか。
　　女性，性暴力，トラウマ，ジェンダー・アイデンティティをめぐる文化的
　　な「マスターナラティブ」と，個人的なナラティブの間にはどのような関
　　係があるのか。私たち臨床家や研究者が一貫性のある物語を期待すること
　　で，サバイバーが語ろうとしていることが聴けなくなっているのではない

か。最後に，私たちがサバイバーの物語をどのように聴きとることができ
れば，彼らが性的トラウマの経験を少しずつ理解し，意味づけようとする
努力を尊重することになるのか。 (p. 292)

　ハーヴェイら（Harvey et al., 2000）は研究に基づき，ナラティブの構成要素と
して，一貫性，転機，語りの再構成の3つを挙げています。
　一貫性とは，ナラティブがどのように伝達されるかを表す概念です。研究参
加者は一貫したナラティブを語ることが前提とされがちですが，ある種のサバ
イバーは自らの経験を「一貫した」ナラティブとして語らないため，語りが
聞き取りにくくなることがあります（Harvey et al., 2000, p. 295）。たとえば，ホロ
コーストの生存者は，ナラティブを自らのライフストーリーに位置づけて時系
列で語ることができないかもしれません。あまりにも深刻な恐怖を経験し，彼
らにとってその出来事が「時間から切り離されてしまっている」(p. 294) ため
です。パートナーを殺害したバタードウーマン症候群[i]の女性の語りは，時間
の経過とともにたびたび変化します。被害者の経験した深刻なトラウマのため，
通常，初期のナラティブは時間軸に沿った形では語られません。たとえ初期の
語りが整合性を欠いていても，後に語り直され，一貫したナラティブが生まれ
る可能性があるということを警察や検察が知らなければ，そのことが，取り調
べや裁判で女性にとって不利に働く場合があります。話し方，時制，抑揚，口
調など，どのようにナラティブを伝えるかもまたさまざまなデータとなるもの
であり，研究者は注意を払う必要があるのです。
　転機は，参加者がナラティブを構成する上でも，また彼らが語ろうとする経
験にとっても，重要な意味をもちます。転機とはたとえば，参加者のものの見
方が被害者から生存者としての見方になったとき，あるいはそれとは別の意味
で経験や解釈が変化したときなどです。
　語りの再構成（語り直し）はナラティブ研究の主要な側面です。これは，研
究参加者が（利用可能な）文化的枠組みと（時間とともに変化する）個人的な意味
づけの相互作用を通して，自分の物語を作り出していくプロセスです（Harvey
et al., 2000, p. 307）。さらに，再構成は，参加者が自らの人生経験を振り返り，
それを組み直す中で，時間をかけて行われます。ハーヴェイらは研究の中で，
参加者は過去のトラウマと現在，そして未来との関係を変えるために，語りの

訳注 i　DV被害を受けながら，暴力的な関係から逃げ出すことのできない心理状態。

再構成に取り組むのだと結論づけています。

伝記的ナラティブ解釈法

❓・伝記的ナラティブ解釈法とは何でしょうか
　　・この方法でどのような知が得られるのでしょうか

　キップ・ジョーンズは，ナラティブ・インクワイアリー，ABR，パフォーマティブな社会科学を最前線で推進してきた研究者です。ジョーンズは，アートスクールに通った経験があり，科学的実践とアートの実践の重要な共通点を理解しています。第1章で述べたように，私は，自然科学と社会科学，科学的探究とアート的探究の境界はあいまいだと考えています。ジョーンズは，インタビューのもつ視覚的側面について考えるため，アートスクールの経験を生かして質的インタビューに対する「視覚的視点」を開発しました。質的インタビューのプロセスは，データの生成から分析，執筆に至るまで，**すでに視覚的**なものであることを明らかにし，実践のこうした側面に研究者の目を向けさせています。

　この方法論は，理論的には，「言語的なものと非言語的なもの」の境界を重視するバフチンの影響を受けています。ジョーンズはこの枠組みを用いて，**視覚的視点**と**物語的視点**を交差させた一連の実践をつくり出し，それをインタビュー手法に変換しました。ジョーンズによれば，質的研究者は，参加者の物語を組み立てる際に，「視覚的印象」を用いて「物語を創造的に構築する」（Jones, 2001, p. 3）という視覚化のプロセスに携わっています。「イメージと非言語的手がかりのブリコラージュが積み重なることで，ナラティブを解き明かし，ライフストーリーを豊かにし，分析を強化する鍵が新たにつくり出された」（p. 3）とジョーンズは述べています。

　さらに，ジョーンズは自身の経歴を生かし，描きたい対象の周りにある余白がそれを際立たせる（美術の分野では基本的な事実）のと同様に，インタビューにも対話を取り囲む（あるいは枠づける）余白があると説明しています。「私は，ナラティブを用いた伝記作品で，視覚的なスキルをさらに高めようとしてきた。コツは，研究で出会う人々の姿を的確に捉えるために，よく見る努力をすることだ」（Jones, 2001, p. 2）とジョーンズは述べています。

　ジョーンズが，「言語による描写の試みは，身体的な感覚や雰囲気を表現す

るために語り手が使用する装置だと考えるようになった」（Jones, 2001, p. 5）の
は，視覚的視点の研究を進めてからでした。社会生活におけるこれらの（身体
的・感覚的な）側面，またエスノグラフィックな観察やインタビューでのそう
した側面との出会いは，他の研究手法ではほとんど踏み込むことができないも
のですが，そこにこそ，参加者の経験の本質が浮かび上がってくるのです。こ
の点で，革新的なアートベースのナラティブ研究の登場は，リアルで質感のあ
る複雑な感覚的・文脈的意味を捉えるという，質的研究の長年の目標に応える
ものとなっています。

　このような理解に基づき，ジョーンズが用いるのは，**伝記的ナラティブ解釈
法**です。この方法が依拠する**最小限の受動的インタビュー技法**では，研究者は
継続的な解釈のプロセスに関わります。最小限の受動的インタビュー技法と
は，「中断しない（口を挟まない）」を実践しながら行うインタビューのことで
す（Jones, 2003, p. 62）。たとえば，研究者は「物語を誘発する」オープンな質問
を 1 つ投げかけ，その後は，中断することなく参加者に自ら語ってもらいます
（p. 61）。ラポール（信頼関係）は，アイコンタクトやうなずきなど，適切な視覚
的手がかりによって維持します。このインタビュー法のもとになっているの
は，あらかじめ用意された質問や大まかな問いによって，他の何かに埋もれた
潜在的なデータが見えにくくなるという考えです（p. 61）。最初の「中断しな
い」インタビューは 45 〜 60 分ほどで，その後に分析を行います。2 回目のイ
ンタビューで追加の質問を行い，再び分析します。必要に応じて 3 回目のイン
タビューも行います。

　ジョーンズは，この方法の中心となっている理論的原理は**ゲシュタルト**であ
り，ゲシュタルトを「テーマ，モチーフ，および／またはさまざまな意図（隠
されている場合もある）によって構成された物語の形態」（Jones, 2003, p. 62）と定
義しています。中断しないというインタビュー技法を用いることで，参加者の
物語のゲシュタルトはその全体性を保つことができるのです。

　インタビューはすべて，研究者のメモを含め，逐語的に書き起こされます。
ジョーンズは，メモをとるプロセスが，メタファーをつくり出して問題を理解
する上で重要だと考えています。研究者にとって参考になりそうなメモには，
さまざまな種類があります。たとえば，「その場かぎり」のメモには，鍵とな
る概念やフレーズを書き留めます（Hesse-Biber & Leavy, 2005, p. 258）。「個人的な
事柄と振り返りのメモ」には，研究者が自分の感情や関心事，プロジェクトに

おける立場の変化などを記録します（Hesse-Biber & Leavy, 2005, p. 259）。通常の記述的フィールドノートとデータ分析のノートに加えて，このようなメモをとっておくことは，この研究方法では特に役に立つでしょう。

　また，ジョーンズは，**省察チーム**で分析を行います。チームで分析する場合，「生きられた人生」と「語られた物語」（Jones, 2003, p. 62）という，データの2つの側面に焦点を当てます。複数の柱を立ててチームで分析を行うことにより，この研究方法に適した科学的基準の確保が可能になります。ジョーンズは，「分析の段階を分けること，仮説を立てテーマを掘り下げるプロセスに異なる研究者チームが関わることで，客観性が保たれる」（p. 62）と書いています。このようにして，「生きられた人生」のミクロな分析と「語られた物語」のテーマ分析が行われます。ジョーンズは次のように述べています。

　　伝記の詳細とテーマの検証はテクストの綿密な分析に照らして行い，言い淀みや繰り返し，矛盾，沈黙を検討する。生きられた人生が語られた物語にどのような影響を与えるかという仮説を立てることで，「生きられた人生」と「語られた物語」の2つの独立した系から最終的な個人史が構成される。こうして，1つの構造がつくられ，それがインタビュー対象者の行為に基づく複数の出来事を意味づけるのである。　（Jones, 2003, p. 63）

　一般に，ナラティブ研究者は，使用する研究方法にかかわらず，研究目的を明らかにし，「データについて語るために適切だと思われる文脈を設定する」（Clandinin & Connelly, 1989, p. 19）ことで，信用性を高めることができます。

　ジョーンズは，従来のインタビューでは平板化して見えなくなってしまう「本質」に迫るために，この方法を開発しました。さらに，従来の方法では感覚的なもの，情動的なもの，運動感覚的なものを明らかにすることができない（Jones, 2006, Law & Urry, 2004を引用）と述べて，文脈的・感覚的・感覚運動的な知を獲得する方法として，伝記的ナラティブ・インタビューという厳密な方法を提案しています（Jones, 2006, p. 3）。

ナラティブによる自己エスノグラフィー

> ・なぜ自己エスノグラフィーを用いるのでしょうか
> ・この方法を使ってどのようなリサーチ・クエスチョンに取り組むことができ
> るのでしょうか

　自己エスノグラフィーにはさまざまなアプローチがありますが（Holman Jones et al., 2013b 参照），ここでは，ナラティブによる自己エスノグラフィー（以下，自己エスノグラフィー）に焦点を当てます。これは，ナラティブ（物語）として表現される伝統的な自己エスノグラフィーの文章です。自己エスノグラフィーは，研究者が個人的な経験を参加者と共有し，より大きな研究ナラティブの一部にすることから，完全に自伝的なプロジェクト，自伝的なデータとフィクションを組み合わせたものまで，連続体をなしています。いずれの場合も，この方法は，ただ自己について書くのではなく，自己を探究の出発点として文化について書くためのものです。

　自己エスノグラフィーの先駆者であるキャロリン・エリス（Ellis, 2004）は，この方法を次のように定義しています。

> 　「自己エスノグラフィーとは何ですか」と尋ねられたら，私はこう答える——自伝的で個人的なものを文化的・社会的・政治的なものに結びつける研究であり，書き方，物語，そして方法論のことである，と。自己エスノグラフィーという形式の特徴は，対話，場面，キャラクター，筋書きの中で，具体的な行為，感情，身体，自己意識，省察を描く点にある。このように，自己エスノグラフィーは，文学的な文章の約束事に従っているのである。
> (p. xix)

　この方法は，自伝的な文章と物語の慣習的な書き方を組み合わせたもので，フィクションを組み込むこともあります（いつもそうだというわけではありません）。自己エスノグラフィーは，短編小説，エッセイ，ブログ，Vlog（ビデオブログ），詩，小説，戯曲，パフォーマンス作品，その他の実験的なテクストとして発表されます。研究者は，作品を文化・歴史的文脈に位置づけ，雰囲気や心情を喚起し，筋立ての慣習に従うために，作品の一部をフィクションにして人物描写（合成の場合もある）を作り出すことがあります。自己エスノグラ

フィーでは，真実のある部分を強調し，社会的意味を明らかにし，個人の経験を文化的・制度的文脈に結びつける手段として，フィクションを活用します。このような書き方は，研究者が**分析のミクロとマクロのレベルを橋渡し**し，被支配者の声など研究のある側面を強調するのに役立ちます。

　この方法の第一の利点は，**自己意識が高まり**，結果として**省察が促される**ことです。とはいえ，自分を研究プロセスの中心に置こうとすると，それなりの配慮と負担が必要になります。自己エスノグラフィーでは，研究者はどうしても傷つきやすくなります。研究のプロセスでどんな感情を経験することになるかは予測できません。個人的な生活を一般に公開することで，プライバシーを手放し，批判にさらされる可能性もあります。自己エスノグラフィーを「セーフティネットのない，ギリギリのところで書くこと」（Vickers, 2002, p. 608）と捉える人もいます。これは，痛みを伴います。このような理由から，また妥当性を保証するためにも，研究全体を通じてフィードバックを行うサポートチームを適切に配置することが重要です（Tenni, Smyth, & Boucher, 2003）

　自己エスノグラフィーは，さまざまな研究課題に活用できます。たとえば，個人の，あるいは共有されたトラウマの探究，悲嘆のプロセス，スピリチュアリティ，ライフサイクル，結婚や離婚，妊娠，子育てなど人生の転機となる出来事，組織，病気，スティグマ，抑圧，服従などのトピックです。

　マーガレット・H・ヴィッカーズ（Vickers, 2002）は，自己エスノグラフィーを用いて，（自身と夫の進行性疾患をめぐる）悲嘆の経験と，（疾患のために）職場で受けた深刻ないじめについて探究しています。ヴィッカーズは短い物語の中で，多発性硬化症に関わる感情と経験，うつ病の苦しみ，夫の病い（慢性肺疾患は脳まで広がり，能力と人格に影響を与えたため，43歳で退職を余儀なくされた）からくる喪失感と悲嘆について考察し，夫はもう死んでしまったように感じると記しています。

　ヴィッカーズの印象的な作品は，新たなかたちで病気－健康という二分法を概念化し直し，深い喪失感，恐怖，絶望を伝えています。ヴィッカーズの言葉を借りれば，彼女の人生はただ「存在する」だけで，「何も楽しみがなく」（p. 611），状況は悪化する一方でした。ヴィッカーズは，職場で受けた不当な扱いと，自分がそれにどう立ち向かったか，さらに人生における他の重要な課題についても追究しています。自伝的な物語形式は読者の感情を呼び覚まし，カタルシスをもたらします。以下はその一部です。

憂鬱という暗い覆いが再び私を包み込み，動きを鈍らせ，束縛し，想像を絶する孤独をもたらす。自分の人生について考えてみると，うつろで，空っぽで，無感覚で……でも私は今存在している。何も楽しみがなく，虚しさしかない。私は，また別の不幸な一日を記録する。私の足を引っ張るまた別のもの。でも，どこへ連れて行こうとしているのだろう？　私は声を上げて泣く。考えが中断され，急いで涙を拭う。電話がかかってきた。研究の仲介者の一人からだ。シェリーの調子があまり良くないという。マイケルは，この涙は彼女のために流したものだと思っている。私は自分のために泣いている。私の痛み，恐れ，喪失感への涙だ。誰のものでもない，私のものだ！

(Vickers, 2002, p. 613)

　この例では，自伝的な書き方が，痛みや喪失，悲しみ，病気の**経験**についての新たな知識を生み出す上で重要な意味をもっています。他の方法とは異なり，自伝的短編小説では，感情的な経験を知そのものとして伝えることができます。その文章は無機質なものではなく，実際，読み進めるのが難しいことさえあります。研究者は，自身の感情や経験を探究することができ，自らの経験も，研究対象に選んだかもしれない他の人の経験と同様に正統なデータであるとわかります。さらに，このアプローチは，研究者を情報提供者兼書き手として位置づけるため，「内部者の立場」(Vickers, 2002, p. 609) についての理解を広げることになります。つまり，この実践は，質的研究の方向づけに関わる**内部者－外部者の二分法**に疑問を提起するのです。重要なのは，インタビューやフィールド調査では，口頭のコミュニケーションと視覚的な観察に重きが置かれるのに対し，自己エスノグラフィーでは，書くこと，つまり書かれた言葉が中心になるということです。自己エスノグラフィーの場合，研究者は物語を話すのではなく書くことで伝えます。これは，まったく異なるプロセスです。たとえば，ほとんどの人にとっては，書くより話す方が速いでしょう。一方，書いたものは修正することができます (Hesse-Biber & Leavy, 2005; Maines, 2001, p. 109)。

　他の研究者も，悲嘆のプロセスの探究にこの方法を使用してきました。ただし，そこには，他者とのつながりをつくり出すという明確な意図があります。たとえば，ジョナサン・ワイアット (Wyatt, 2005) は，父親の最期，死，葬儀についての（自己）エスノグラフィックな短編小説を執筆しました。彼のナラティブはまた，家族，喪失，父と息子の関係といったテーマについても探究し

ています。パフォーマンス作品として発信されたこのナラティブ（後に短編小説として出版するつもりでした）は，ワイアットがオーディエンスと人間的なつながりをつくり，人間の本質的な条件を他者とともに探究するために公表したものでした。また，物語という形式をとることで，直線的な説明ではなく，時間の問題に対する実験的な試みが可能になりました。

　自己エスノグラフィーは，アイデンティティ研究にも用いられます。そのきわめて優れた例が，トニー・E・アダムスによるものです。彼の 2011 年の著書で賞も獲得した『Narrating the Closet: An Autoethnography of Same-Sex Attraction（クローゼットを語る：同性の魅力に関する自己エスノグラフィー）』は，ゲイであることを自覚しはじめた頃のアダムス自身の葛藤をめぐる興味深い論考です。アダムスは個人的なナラティブに読者を見事に引き込み，カミングアウト後に自殺した可能性のある元交際相手のことを語っています（公式なナラティブでは糖尿病でしたが，アダムスは別の物語があると考えています）。アダムスは，元パートナーや他の人々についての個人的な物語と学術的な研究を織り交ぜながら，読者を「クローゼット」の世界，そしてより広いアイデンティティ構築の世界へといざないます。サラ・N・ガトソン（Gatson, 2003）もこの方法を用いて人種的アイデンティティについて探究し，自身の複数のアイデンティティと，アメリカにおける人種的アイデンティティの文脈との間に重要なつながりを見出しました。

　自己エスノグラフィーは，対人関係，コミュニケーション，アイデンティティの研究にも用いられます。ワイアットとアダムス（Wyatt & Adams, 2014）は，『On (Writing) Families Autoethnographies of Presence and Absence, Love and Loss（家族について（書くこと）：在と不在，愛と喪失をめぐる自己エスノグラフィー）』と題する見事な作品集を編み，家族関係の複雑なあり方を探究しました。寄稿者たちは，次のような問いに取り組んでいます――家族といる－いないときの私たちは何者か。子どもとして親と－親として子どもと，どのような関係を築くのか。親子関係，また家族関係一般は，どのようにつくられ，維持される－されないのか。共同的自己エスノグラフィーを用いて同様のテーマを探究したものもあります。アレクサンダーら（Alexander, Moreira, & kumar, 2012）は，3人で父親との関係を探究する自己エスノグラフィーを執筆しています。

訳注 ii　性的指向を明らかにしていない状態を表す言葉。

フィクションベース研究とソーシャルフィクション

❓・フィクションベース研究あるいはソーシャルフィクションとは何でしょうか
　　・このアプローチをどのように生かせるでしょうか
　　・フィクションはどのような要素で構成されているでしょうか

　小説などを読みはじめると夢中になり，物語の世界にどっぷりと浸かって，無性に続きが読みたくなることがあります。第1章でも紹介しましたが，文学的神経科学の立場からジェーン・オースティンの作品を研究している研究者は，優れた小説を読んでいるときには他のことがすべて頭から消えてしまい，家が火事になっても気がつかないほどだと述べています。共感できる人も多いのではないでしょうか。

　フィクションを用いた研究は，**フィクションベース研究**（アートベースという言葉の転用），または**ソーシャルフィクション**（私が2010年に提唱した，社会調査とフィクションの融合を表す言葉）とも呼ばれています。フィクションには，研究を新たに生み出し，広める独特な力があります。フィクションは人を惹きつけ，感情に訴え，幅広いオーディエンスに理解されやすいからです。フィクションでは，自由に自己を表現し，登場人物の内面を明らかにし，他者がリアリティを感じて入り込めるような世界をつくり出すことが可能になります。フィクションは，生きられた経験の複雑さを描き出すのに適しています。なぜなら，細部や微妙なニュアンス，具体性，文脈，質感を表現し，親しみやすい登場人物を通して共感や省察を促し，さらに，直接訴えるのではなく見せることによって，支配的なイデオロギーやステレオタイプを壊すことができるからです（それは批判意識を高め，自覚を促すことにつながるでしょう）。

　従来の社会科学研究が人々の意識にのぼることは，まずありません。高度に専門化した学術誌に掲載されていたり，専門用語だらけだったりして，あらゆる意味でとっつきにくいからです。一方，小説はとても身近な存在です。フィクションは基本的に楽しいものであり，特別な予備知識を必要としないため，ノンフィクションと称される作品とはまた別の感覚で読むことができます。読者は気負うことなく夢中になれます。フィクションは1つの書き方であると同時に，読み方でもあるのです（Cohn, 2000）。

　フィクションを用いた研究の良さは，まず読み手に**共感**が生まれるという

点です。これは，書くプロセスと読むプロセスのどちらにも関係しています。フィクションは，他にないかたちで「共感的関与」（de Freitas, 2003）を促進します。このことは，社会正義の研究にとって重要です。読者がフィクションを読み，登場人物と関わりをもつとき，実は「想像の他者」との親密な関係を構築しているのです（de Freitas, 2003, p. 5）。フィクションのナラティブには，共感を高める2つの特徴があります。第一に，フィクションでは内的な対話（登場人物が思ったり考えたりしていること）が表現されるため，読者は**内面性**，つまり登場人物の心の中に触れることができます。著名な文学研究者であり文芸評論家のウェイン・ブースは，1961年に，他者の内面にアクセスできることがフィクションの最も際立った特徴であると述べています。歴史家のインガ・クレンディネンも，「フィクションのおかげで，閉ざされた他者の内なる考えや秘密の行動に触れることができた。私が知っていることのほとんどは，フィクションから教わった」（Franklin, 2011, p. 15 より引用）と述べています。このように，考えたり感じたりしていることを知ることで，読者と登場人物の間に深いつながりが生まれます。第二に，フィクションのナラティブは未完成であり，読者の解釈と想像の余地を残しています。言い換えれば，フィクションには作者が意図的に組み込んだ**解釈の隙間**があるのです（Abbott, 2008; de Freitas, 2003）。読者はこの隙間を埋めることを通して，登場人物（および彼らが表現する人々）との共感的なつながりを積極的につくり出していきます。また，小説を読むとき，私たちは想像力を働かせます。フランクリンがホロコーストを描いたフィクションのレビューの中で書いているように，「想像する行為は，共感する行為」（Franklin, 2011, p. 15）なのです。このようにフィクションに共感をつくり出す際立った力があることは，科学的にも裏付けられています。社会心理学者のデイヴィッド・C・キッドとエマニュエル・カスターノ（Kidd & Castano, 2013）は，5つの実験を行い，文学小説を読んだ人は，何も読まなかった人や，ノンフィクションあるいはエンターテインメント小説を読んだ人に比べ，共感性，他者の人生の理解，感情的知性の検査で得点が高かったことを明らかにしました。この結果について，キッドらは，文学小説は想像力によって解釈の隙間を埋める必要があり，感情の複雑さにより敏感になることが一因であると考えています。

　歴史的事実とフィクションは二分されていますが，研究者と小説家の仕事には共通点が多く，重なりもあります（Franklin, 2011）。スティーブン・バンクス（Banks, 2008）は，「フィクション作家がやっていることとノンフィクション

作家がやっていることの境目はあいまいだ！（なぜならノンフィクションは）多かれ少なかれ『フィクション（虚構）』にすぎないからだ」(pp. 155-156) と述べています。フィクションとノンフィクションの関係について考えるとき，フィクションも「現実の人生」が素材であり，それゆえ，両者は必然的に重なり合うということを念頭に置いておかなければなりません。この点について，プリモ・レーヴィは，フィクションの登場人物は「完全な真実でも，完全な創作でもない」(Franklin, 2011, p. 16 より引用) と述べています。フィクション作家は，迫真性（verisimilitude）を追求するために，社会科学者と同じように大規模な調査を行います (Banks, 2008; Berger, 1977)。**迫真性**とは，写実的で信憑性のある，真に迫った描写を生み出すことを指し，フィクションでも，エスノグラフィーなどの社会科学でも目標とされています。より広い文学の世界では，歴史小説と政治小説のように，ジャンル間にあいまいさがあっても不思議ではありません。プラトン，ニーチェ，ボーヴォワール，サルトルなど著名な哲学者たちはみな，自らの哲学を伝えるために（議論の余地はありますが，自らの哲学を構築するためにも）フィクションを利用したのです。

　ヴォルフガング・イーザー (Iser, 1997) は，経験された現実が文学作品にどのように組み込まれるかを「踏み越え（overstepping）」という概念で記述しました。イーザーの説明は，フィクションベース研究にも当てはまります。イーザーは，フィクション化のプロセスを(1)選択，(2)組み合わせ，(3)自己開示の3つに分けて説明しました。選択とは，現実から「特定可能なもの」を取り出し，それを小説の世界に取り込み，「別の何かを表す記号に変換する」プロセスです (p. 2)。私たちはこの選択のプロセスを通して，言及しようとする経験された世界を「踏み越え」るのです。選択は，組み合わせと同時に起こります。組み合わせとは，さまざまな経験的要素や細部をまとめ上げるプロセスのことです。私たちが選択するデータ（経験的要素または細部）は，インタビューやフィールド調査などの従来の研究から得られることもあれば，より抽象的に，研究や授業，個人的な経験の積み重ねから生まれることもあります（デ・フレイタスも私もこの手法を採用しています）。フィクションベース研究の作品の記述も「データ」とみなすことが可能です。現実世界の詳細な描写を用いることで，読者を物語に引き込むと同時に，書き手は「現実世界」とは何かを再考することができます。最後の自己開示では，フィクションがフィクションであることを明らかにします（フィクションベース研究やソーシャルフィクションの場合，作品

に短編小説や小説というラベルを貼るだけですみます）。

　皮肉なことにフィクションは，「事実の表現」が隠しているものを，まさに
その暗示的な意味によって暴きます。ショーン・マクニフ（McNiff, 2018）は，
「書き手も読み手もわかっていることだが，フィクションは経験と現実を損な
うどころか，逆に高めることもありうる」（p. 30）と述べています。フィクショ
ンベース研究は，ナラティブ・インクワイアリーと同様に，「真実」よりも**真
実性**が重要です。フィクションは真実のように見える必要があり，そうあっ
てはじめて，単なる「事実」を超えて真実らしさに近づくのです。イーザーは，
フィクションにすることで，「そうでなければ隠されたままであったことを想
像できる」（Iser, 1997, p. 4）ようになると述べています。また，フィクションは
多様な意味の可能性をひらくため，読者は自身の経験や解釈を持ち込むことが
可能になります。

　どんな研究プロジェクトにも言えることですが，目的と最終目標を明確にし，
それらの達成に貢献できるプロジェクトを作り上げていくことが重要です。こ
のことは，短編，長編小説など適切な形式を決める上でも役立つでしょう。

　アートの形式を研究に取り入れる場合，その形式の中心となっている主な
考え方に加え，さらに構成要素にも注意を払う必要があります。文学的な物
語の場合，考慮すべき主な構成要素は以下の通りです（それぞれの詳細な説明は
Leavy, 2013b, 2019 を参照のこと）。

- 構造の設計
  - マスタープロット（物語のもとになる骨組み）
  - プロット（筋立て）とストーリー展開
  - シーン（場面）とナラティブ
  - エンディング／クロージングおよび期待感
- 内部の設計
  - ジャンル
  - テーマと主要な題材
  - 型とトーン
- 登場人物の設定
  - 登場人物のタイプとプロフィール
  - 対話と相互作用

－内的対話と内面性
- 文学的道具立て
　－描写と細部の説明
　－言語
　－明確さ
　－メタファー，直喩，象徴的意味
　－フィクションとしてのラベルの貼り方

フィクション形式のエスノグラフィー

❓ ・研究者はフィクション形式のエスノグラフィーをどのように活用してきたの
でしょうか

　エスノグラファー（および自己エスノグラファー）がフィクションに目を向け
る理由はさまざまかもしれませんが，フィクション形式のエスノグラフィーは，
従来のエスノグラフィーやフィクションとは異なります（Rinehart, 1998）。フィ
クションが学術研究に使用された例としては，アイデンティティと二重意識に
関するもの（Visweswaran, 1994），教育研究に関するもの（Clough, 2002; Cranston,
2016; de Freitas, 2003, 2008），性的アイデンティティに関するもの（Sumerau, 2017a,
2017b, 2018），学校経営に関するもの（Ketelle, 2004），人間関係とアイデンティ
ティ，自己肯定感に関するフェミニズム研究（Leavy, 2011, 2013a, 2015, 2016a,
2016b, 2020; Leavy & Scotti, 2017），学術研究におけるフィクションの活用につい
て考えるもの（Wyatt, 2007）などがあります。

　コミュニケーション学者のロビン・P・クレアは，企業の行きすぎた利益追
求に関するエスノグラフィーで賞を獲得しましたが，研究成果を多くの読者
に届け，学生にもより深く考えてもらうために，それをサスペンス小説に改変
しました。『Zombie Seed and the Butterfly Blues: A Case of Social Justice（ゾンビ
シードとバタフライブルース：社会正義の一事例）』（Clair, 2013）は，教養科目のク
ラスの学生が，デルタ・クイン教授と記者のカレブ・バルトに協力し，「ゾン
ビシード」の開発と実施の裏にある政治的・組織的な問題を暴いていく物語で
す。フィクションという形式によって，企業の貪欲さ，環境汚染，家庭内暴力
の問題を探究することが可能になりました。本書はまた，文化的な暴力と対人
間の暴力とのつながりについて，また，社会や政治に参加するか，それとも現

状を黙認するかを読者に考えさせるものとなっています。クレアはフィクションの形式を使って，学術研究を通じて学んできた「情報」を読者に伝え，自分自身や社会についてあらためて考えるよう促したのです。

　社会学者のジェシカ・スマート・ギヨンも同様に，公衆衛生に関する研究を小説として書き上げました。『October Birds: A Novel about Pandemic Influenza, Infection Control, and First Responders（10月の鳥：新型インフルエンザ，感染対策，救急対応をめぐる小説）』（Guillion, 2014）は，現実の公衆衛生活動，社会学研究，緊急事態管理を下敷きにした作品です。『October Birds』は，小説として成立すると同時に，健康上の脅威へのコミュニティレベルでの対応に関する社会学理論も提示し，読者に「もし」という避けられない問題について考えるよう働きかけています。もし，壊滅的なパンデミックが発生したら，私たちはどう対応するのでしょうか。

　私は最近，ザルツブルク・グローバルセミナー[iii]の「アートの神経科学」のセッションに参加し，そこでの気づきとこれまで考えてきたことを研究に取り入れて，『Spark（スパーク）』（Leavy, 2019）という小説を書きました。『Spark』は，分野も地域も異なる人たちが，アイスランドでの参加費全額支給のセミナーに招待され，ある不可解な問いに答えることを課されるという物語です。読者は，彼らがその問いを明らかにしていく様子を見守ります。この作品は，ハラハラする（そして願わくば感情を揺さぶられる）冒険物語を通して，研究のプロセスと学際性，協力の原則について理解を深めてもらうことを目的としています。

フィクション，アイデンティティ研究，批判理論の視点

❓・フィクションはアイデンティティ研究にどう生かせるのでしょうか

　フィクションベース研究（ソーシャルフィクション）はアイデンティティの研究に有用です。批判理論の視点に立つ研究者にとっては，特に魅力的かもしれません。フィクションは，権威ある方法で解釈のプロセスを閉じてしまうことなく，複雑で多層的な意味を「つかみ」，表現することができます。さらに，読むことで得られる喜びとその親しみやすさから，読者の意識の異なる側面に

訳注iii　より良い世界を形成するため，現在および将来の若手リーダーを支援する非営利団体。
　　　ヘルスケア，教育，文化，金融，技術，公共政策，メディア，人権，企業統治，慈善活動，
　　　環境に関するプログラムを開催している。

アプローチし，省察を促すことができるのも，フィクションの特徴です（Leavy,
2013b）。J・E・スメラウの『Cigarettes & Wine（たばことワイン）』(Sumerau,
2017b）と，続編の『Palmetto Rose（パルメット・ローズ）』(2018)（単独の作品と
しても読めます）を例にとって説明しましょう。

　スメラウは性的指向，ジェンダー，宗教，健康に関わる不平等を専門とする
社会学者です。『Cigarettes & Wine』と『Palmetto Rose』は，アメリカ南部で
育ち，バイセクシュアル，ノンバイナリー，トランスジェンダー，ポリアモ
リーの当事者であるスメラウの個人的な体験に基づいています。この2冊の
小説には，アメリカにおける性的指向，ジェンダー，宗教，健康が交錯すると
ころで長年にわたって行われてきたエスノグラフィー，自己エスノグラフィー，
歴史研究，統計学的研究が引用されています。また，バイセクシュアル，レズ
ビアン，ゲイ，アセクシャル，ヘテロセクシュアル，インターセックス，トラ
ンスジェンダー，ノンバイナリー，ポリアモリー，キンク，シスジェンダー，
クィア[iv]を自認する人々への公式・非公式なインタビューも，何百回となく行
われています。

　『Cigarettes & Wine』では，バイセクシュアルでノンバイナリーのティーン
エイジャーである主人公が，教会の小さな部屋で初めて性的体験をするところ
から始まり，語り手と友人たちがセクシュアリティ，愛，暴力，そして宗教と
向き合いながら，10代の日々を過ごすさまが描かれます。「1990年代の教会，
家族，南部の小さな町の陰で」（p. xv）アイデンティティと自己意識を確立し
ていくプロセスを描いた力強い物語です。『Palmetto Rose』では，その5年後，

訳注 iv　セクシュアリティは，生物学的な性（生まれもった身体の性別），性的指向（どの性を恋愛・
　　性愛の対象とするか），性自認（自分の性をどう捉えているか），性表現（性に関わる服装，髪型，
　　しぐさなどの表現の仕方）の4つの要素から構成される。
　　　レズビアンは，性自認が女性で性的指向も女性の人（女性同性愛者），ゲイは，性自認が
　　男性で性的指向も男性の人（男性同性愛者），バイセクシュアルは，性的指向が男女どちら
　　にも向く人，ヘテロセクシュアルは，性的指向が異性の人（異性愛者），アセクシュアルは，
　　他者に性的な関心をもたない人を指す。
　　　生物学的な性と性自認が一致していない人をトランスジェンダー，一致している人をシス
　　ジェンダーという。ジェンダーフルイドは，性自認が固定的ではなく流動的な人，ノンバイ
　　ナリーは，性自認を男女という枠組みに当てはめない人であり，クィアは，男女という性の
　　あり方や異性愛ではない人を包括的に指す概念である。
　　　インターセックスは，生物学的な性が男女どちらかに限定されない人であり，性分化疾患
　　の人を含む場合もある。性自認や性的指向に関係なく生物学的な身体の状態を指す。
　　　ポリアモリーは，関係者全員の合意に基づいて複数の人と同時に恋愛関係にあること，キン
　　クは，「ねじれた」という意味をもつ英語に由来する言葉で，一般的ではない性的嗜好を
　　もつことを指す。

初恋に破れた悲しみとそこから立ち直っていく語り手の姿が描かれています。私たちの過去がいかに未来を形づくるのか，どうすれば私たちの選んだ家族とともに痛みや心の傷を乗り越え，新しい人間関係を築き，新たな教育やキャリアに踏み出すことができるのか，考えるきっかけを与えてくれる小説です。

どちらの小説も一人称で書かれていますが，このスメラウの選択は戦略的で見事なものでした。ノンバイナリーやジェンダーフルイドの人々にメディアや社会全体の関心が集まる一方，そうした人々の平等な法的保護，認知（可視化），安全，尊厳に対する権利が脅かされています。そのような中で，スメラウの小説は，読者を若いノンバイナリーの語り手の視点に立たせるのです。これは，文化への介入とみなすことができるでしょう。

フェミニズム研究者も，研究参加者の声とフェミニズム理論の両方に耳を傾けようとする際に感じる溝を埋めるために，フィクションを使用します。よく指摘されるように，研究参加者の声と，私たち自身が関わるフェミニズムの原則やより大きなプロジェクトのどちらにも応えようとすると，困難が生じることがあります（Leavy, 2007; Leavy & Harris, 2018）。特にフェミニストにとって難しいのは，研究参加者が言説の中でつくり上げられた主体であることを明らかにしながら，同時に彼らの視点や経験を広げていくという点です（Saukko, 2000）。フィクションを媒介にすることで，フェミニズム研究者はこの2つを両立させ，参加者が共有してくれた情報と，大きな文脈やシステムによっていかに参加者（の態度や認識，経験）が形成されているかという考察の両方を書くことが可能になるのです。このことは，私が最初の小説『Low-Fat Love（やせ細る愛)』を書くきっかけになりました。

『Low-Fat Love』（Leavy, 2011, 2015）は，研究，教育，個人的な体験から着想を得ています。私はおよそ10年間にわたり，人間関係，身体イメージ，性的アイデンティティなどのトピックについて，女性（一部は男性）を対象に何百というインタビューを行ってきました。同じ時期に，私はジェンダーや大衆文化，親密な関係に関する社会学のコースを担当していたのですが，このコースでは授業の内外で親密な会話が交わされ，私自身，学生から限りなく多くのことを学びました。もどかしさを感じたのは，自身の経験や没頭していたフェミニズム文学から考えていることがあっても，自分がインタビューをする側かつ大学教授であるがゆえに自由に発言できないことでした。学生やインタビュー相手の肩を摑んで，「あなたの選択は間違っています。アドバイスしましょう」

と言いたくなったことも，数えきれないほどありました。研究成果の一部は学術誌に掲載されましたが，形式の制約があるため，聞いたことをきちんと共有し，自分の解釈をすべて表現することはできませんでした。学術雑誌は，研究者が「経験を通じて積み重ねてきた知識」を載せることにあまり関心をもたず，特定の研究を重視します。しかし，私の考えの多くは，研究だけでなく，授業内外での学生との出会い，また私自身や友人の経験を通して積み上げてきたものです。私は自分が学んできた多くのことを共有して誰かのために役立てたいと思い，フィクションベースの研究を行うようになったのです。

『Low-Fat Love』のテーマは，人間関係の不満，アイデンティティの確立，大衆文化の中で社会的につくられた女性らしさ，自己受容の重要性を心理学的に探究することです。この小説を際立たせているのは，女性がいかに限定的な自己像にとらわれているかについての批判的な解説です。女性向けメディアを指標として，女性が自分や周囲の他者について考える文脈を可視化し，大衆文化と社会的につくられた女性らしさについても解説しています。『Low-Fat Love』では，最終的に，アイデンティティをめぐる女性の苦闘を周囲の男性との関係において考察し，女性が羞恥心や自己評価の低さ，自分勝手な男性に惹かれることを隠し，「面目を保つ」戦略として近視眼的な自己像をつくり上げていることを明らかにしました。この小説では，女性が男性からの承認に左右されない新しい見方を探し，自分を大切にして，屈辱的な人間関係を拒否することを提案しています。この小説の主人公たちは，自分の尊厳を傷つけているのは自分自身であるということも学びます。男性の登場人物たちも，自分の声に気づけなければ苦しむことになると学んでいきます。

方法論的について言えば，私は第三者の語り（ナレーション）を用いて，大衆文化と人間関係についてのフェミニズム的な読みを物語に重ねていくという方法をとりました。また，登場人物の頭の中に入り込んで，その人の感情や動機，心理的プロセスを明らかにするために，内的モノローグ（独話）を使用しました。このプロセスを通じて，読者は登場人物の行動を他の方法では不可能なレベルまで深く理解することができ，共感や共鳴が生まれます。時には，登場人物が自らを不利な立場に追い込み，その結果苦しむ姿を見てイライラすることもあります。先に述べたように，**登場人物の内面を表現できることは**，フィクションの最も大きな特徴です。社会科学者にとっての魅力は，ミクロとマクロを結びつけ，環境が個人に与える影響を示し，心理的プロセスを明らか

にできる点です。こうした技法は，ノンフィクションでは絶対に不可能です。

　『Low-Fat Love』が出版されると，私のもとに，読者からの個人的なメールが殺到しました。学会や出版イベントでは，人々が廊下に列をなし，自分の物語を私にそっと打ち明けてくれました。私は，フィクションのもつ力に驚かされ，それ以来，小説を書き続けています。たとえば，『Blue（ブルー）』と『Film（フィルム）』という小説は，『Low-Fat Love』につながるものです。正式な3部作ではありませんが，私はこれらの小説をインスタレーションアートと考えています。『Blue』と『Film』では，『Low-Fat Love』では脇役だったタシュ・ダニエルズを中心に物語が展開します。『Blue』は，タシュとルームメイトたちが，大学卒業後にニューヨークで過ごす日々を描いたものです。『Film』ではその数年後に，タシュと新しい友人たちが，ジェンダー・バイアスやトラウマ，#MeTooに関わる問題，個人的な心配を抱えながら，ロサンゼルスで「成功」しようともがく姿を描いています。どちらの作品も，アイデンティティ，「自分の理解者」探し，夢の裏側にある影の部分，アートの力を探究するものです。また，『Low-Fat Love』と同様に大衆文化に関する隠れたテーマが織り込まれ，第三者の語りと内的モノローグなど，方法論も類似しています。ただし，物語の内容や雰囲気には違いもあります。『Low-Fat Love』では語り手による解説の声が強くなっているのに対し，『Blue』と『Film』では読者を巻き込むため，主に対話とフラッシュバックシーンによって物語が展開しています。

考慮すべき点

　研究方法には，それぞれ強みと可能性があります。ナラティブ・インクワイアリーへの関心の高まりも，フィクションベース研究の出現も，ある意味で，研究をより真実らしく，意味のあるものにし，有用でアクセスしやすく，人間らしいものにする動きでした。ボックナーとリグス（Bochner & Riggs, 2014）が指摘するように，従来の社会科学における人間研究には，人間らしさが欠けています。ここに，ナラティブ・インクワイアリーとフィクションベース研究の両方を貫く真実性の問題とのつながりが見えてきます。フィクションとノンフィクションは歴史的に二分されてきたため，「事実」よりフィクションの方がむしろ真実味があるというのは，奇妙に思えるかもしれません。フィクショ

ンは，真実を明らかにするのと同じくらい覆い隠すこともできそうだからです。自己エスノグラフィーに基づくナラティブ研究やフィクションベース研究に対しては，信頼に足るものではないとか，社会科学的な知識の基準を満たさない，要するに「主観的すぎる」という強い批判もあります。このような批判は，実証主義やポスト実証主義の基準で有効性と妥当性を評価しており，ABR の理解として適切なものとは言えません。

　ナラティブ・インクワイアリーでは，自伝的なデータやセンシティブなテーマに関する研究参加者のデータを扱うため，特別な配慮が求められます。この種のデータを使用する研究者は，感情的・身体的・心理的・知的な感覚を研ぎ澄ませておく必要があります。アートベースの実践において，このような感覚は，真正で信頼できる知識を構築するために欠かせないものです。コリーン・テニーら（Tenni, Smyth, & Boucher, 2003）はこのことを，「自分自身との**内的対話に参加する**」と表現しています。内的対話への参加は，不安や悲しみ，困惑など負の感情を経験する可能性のある自己エスノグラフィーや，センシティブなフィールドの調査において特に重要です（Ellis, 2004; Tenni et al., 2003）。日記をつけることは，自分がプロセスのどこにいるかに常に注意を向けておくための 1 つの方法になります（Tenni et al. 2003）。

　特にナラティブ・インクワイアリーや自己エスノグラフィーでは，データの生成と分析のプロセスを通して，**外部との対話**を行うことも提案されています。これによって，研究プロセスに以下の 2 つの特徴が加わります。1 つは，研究プロセスで予期しない感情を経験した場合に研究者をサポートするシステムが組み込まれること，もう 1 つは，結果として得られる知識に妥当性が備わることです。

　テニーら（Tenni et al., 2003）はまた，**データ分析に理論を明示的に活用する**ことで，データから新しい解釈や意味を生み出せると提案しています。理論を活用するコツは，どのレベルで分析が行われているのかを特定し，異なるレベルの理論を通してデータを眺めることです（Tenni et al., 2003）。ミクロレベルのデータをマクロレベルの理論的視点から捉え，その逆も行います。自身の病いと職場での虐待経験を取り上げたヴィッカーズ（Vickers, 2002）の自己エスノグラフィー研究に，このデータ分析方法を適用してみましょう。ヴィッカーズのデータは個人レベルのものですが，たとえば組織論などマクロな理論を当てはめてみることで，彼女の病いと職場で受けたいじめの経験について新たな解釈

が浮かび上がってくるかもしれません。あるいは，夫が病気になって経験した喪失感や「自分のために」泣く必要性を，フェミニズムのようなマクロな視点からみてみると，きわめて個人的な経験をジェンダー関係という大きな文脈に位置づけ，新しい洞察を得ることができるかもしれません。

　自分自身の解釈者としての役割と，それが研究参加者（および読者）にどのような期待をもたせることになるのかを考えることも重要です。参加者の言葉や視点と解釈者としての自分自身の声のどちらも尊重しようとすることで生まれる緊張関係について，多数の著作があるリュテルン・ジョセルソン（Josselson, 2011）は，「ナラティブ研究者としての課題は，参加者の主観を尊重しつつ，研究者自身の解釈の正当性を主張することであり，参加者をある意味で対象化することが常に必要とされる」（p. 46）と書いています。彼女が指摘しているのは，このような実践を行うために，研究者には「二重性」がなければならないということです。自分のことが書かれていても参加者が何の反応もなく受け流したり，傷つきや怒りの感情を自分にぶつけてきたりしたという経験を語った後，ジョセルソンは，参加者にも「二重性」が必要であり，それを促すのは研究者の責任だと述べています。ナラティブ研究者は参加者一人ひとりに対し，彼／彼女／彼らから学んだことを使って研究テーマについて書いているのであって，その意味で，彼／彼女／彼らのことを書いているとも書いていないとも言えるということを，多少なりとも詳しく説明する必要があります（Josselson, 2011）。同様に，作品を読む読者の期待値も設定しておくことが大切です。そのためには，研究者が，主観的な解釈者としての自らの役割を認めなければなりません。

　フィクションベース研究やソーシャルフィクションには，特別な配慮が求められます。なかでも重要なのは，**フィクションであることをどのように提示するか**です。作品のどの部分が観察やインタビューに基づくもので，どの部分が作者の個人的なアイデアや創作なのかを，明確にしておくことが賢明だとする意見もあります（Frank, 2000）。文献調査や発見された文書をもとに架空の物語を作った場合も，その旨をはっきりと説明する必要があります。たとえば，キャラクターを合成したり，型通りの筋書きを作ったりした場合と，特定の人物をもとにしたり，実際の経験について語ったりする場合とを，区別して記述することが推奨されます。第8章で評価について議論しますが，私を含め一部の研究者は，こうした開示によって，フィクションの表現のもつアート作品と

しての完全性と「魔法のような」側面が失われてしまうと考えています。完成したフィクションを文学作品として成立させたいなら，まえがきや序文，あるいはあとがきで作品がどのようにつくられたかを簡単に説明することもできます。少なくとも，フィクションである，実話に基づくフィクションである，のような表記をすることは可能です。このような開示は倫理的配慮の一部であり，同時にデータの信頼性を高めることにもなります。

チェックリスト

► ナラティブ・インクワイアリーの手法を用いて，研究デザインを考える際には，次のことを考慮に入れましょう。

  ✓ 私の研究目的は何か。ナラティブ・インクワイアリーは，私のリサーチ・クエスチョンにどのように答えることができるか。

  ✓ 自伝的データを使用する場合，生成したデータが飽和に達したことをどのようにして把握するのか。研究プロセスの早い段階からデータ分析を始めるか。私をサポートしてくれるチームはあるか，またどのようにしてデータの分析・解釈に参加してもらうか。

  ✓ 理論をどのように活用するか。さまざまなレベルの理論や，最初に考えていたものとは異なる理論をどのように取り入れるか。

► 研究方法としてフィクションの利用を検討する場合，以下の点について考えるとよいでしょう。

  ✓ 私の研究のオーディエンスは誰か。

  ✓ フィクションは，調査中のトピックを明らかにする上でどのように役立つか。

  ✓ 迫真性，信憑性，共鳴をいかに生み出せるか。登場人物やその状況を立体的かつ繊細に描写するにはどうするか。

おわりに

　本章では，ナラティブ・インクワイアリーとフィクションベース研究について紹介しました。本章の最後に取り上げる事例は，私の小説『Film』（Leavy,

2020）からの短い抜粋です。映画監督になるというタシュ・ダニエルズの夢を追いかけるために，タシュとボーイフレンドのエイダンは，ニューヨークからロサンゼルスに引っ越しました。しかし，タシュの努力はほとんど報われず，残されたのは短編映画祭の不採用通知の山と，スタジオでのインターンシップの挫折だけでした（上司のセクハラによって退職を余儀なくされたのです）。店員として働くようになっても，タシュの創作意欲は失われたままでしたが，DJとミュージシャンをしていたエイダンが突然スカウトされ，ブレイクを果たしたことで，タシュは創作と人間関係の葛藤に向き合わざるをえなくなります。この場面では，エイダンがツアーに出る前に，タシュのお気に入りの場所であるゲティセンターで一日を過ごす二人の姿が描かれています。

ディスカッションのための問いとアクティビティ

1. 自伝的作品が増加したことで，ABR 研究者にはどのような道が切りひらかれたでしょうか。

2. フィクションにはどんな特徴があるでしょうか。研究者はフィクションの力をどのように活用できるでしょうか。

3. あなたの社会的地位や立場（例：性別，人種，性的指向，宗教，年齢，健康状態）が重要な役割を果たした経験を 1 つ取り上げ，短い自己エスノグラフィーを書いてみましょう。自己エスノグラフィーの方法を用いて，設定，筋書き，文化的背景，経験する感情，知的プロセス，経験に対するあなたの考えなどの観点から，経験を探ってみてください。そして，経験の特定の側面を照らし出す上でこの方法がどのように役立ったか，この方法では明らかにできなかったことやオーディエンスに伝えられなかったことがあるか，振り返ってみてください。

4. （エスノグラフィーやインタビュー調査から）データのサンプルを集め，フィクションの考え方を取り入れて，短編小説の形で表現してみましょう。このプロセスであなたはどのような経験をしますか。どんな問題に取り組み，考えることができるでしょうか。出来上がった作品では，データの何が強調され，何が隠されているでしょうか。同僚にも読んでもらい，作品からデータについて理解したことを話し合いましょう。

おすすめの図書

- Abbott, H. P. (2008). *The Cambridge introduction to narrative* (2nd ed.). Cambridge, UK: Cambridge University Press.

  ナラティブについて包括的に紹介する本です。人生におけるナラティブ，ナラティブの定義，レトリック，構成要素，真実の問題などについて議論されています。

- Adams, T. E., Holman Jones, S., & Ellis, C. (2015). *Autoethnography: Understanding qualitative research*. New York: Oxford University Press.

  短いながらも包括的な自己エスノグラフィーのガイドブックです。方法論に関する詳細なレビューが，明確でわかりやすい説明とともに提供され，哲学，方法論，研究デザイン，研究の実施，評価，書くこと／表現，追加的なリソースまで網羅されています。自己エスノグラフィーに興味のある方には必読の一冊です。

- Bochner, A. P. (2014). *Coming to narrative: A personal history of paradigm change in the human sciences*. Oxon, UK: Routledge.

  ナラティブ・インクワイアリーの代表的な作品です。ボックナー自身の個人的な物語と，ナラティブ・ターンによって生じたアカデミズムの変化についての描写が，なめらかに織り交ぜられています。

- Clandinin, D. J. (Ed.). (2007). *Handbook of narrative inquiry: Mapping a methodology*. Thousand Oaks, CA: SAGE.

  ナラティブ・インクワイアリーのこれまでの歩みと今後の見通しを概観した包括的なハンドブックです。第一線の研究者によるオリジナル作品が収録されており，ナラティブ・インクワイアリーに携わるあらゆる分野の研究者にとって最適の参考書となっています。

- Ellis, C. (2004). *The ethnographic I: The methodological novel about autoethnography*. New York: AltaMira Press.

  自己エスノグラフィーの理論的・方法論的な問題を扱うとともに，豊かな実践例を多数提供する包括的な手引きです。文学的な技法を使って書かれています。

- Kim, J. (2015). *Understanding narrative inquiry: The crafting and analysis of stories as research*. Thousand Oaks, CA: SAGE.

ナラティブ研究の歴史的・哲学的背景，方法論の解説，豊富な実例を含む，ナラティブ・インクワイアリーの包括的な入門書です。アートベース，ビジュアルベースなどさまざまなジャンルのナラティブをレビューしています。

- Leavy, P. (2013). *Fiction as research practice: Short stories, novellas, and novels.* Oxon, UK: Routledge.

フィクションベース研究に関する初めての包括的な入門書です。学術的な文章と一般的な文章におけるフィクションとノンフィクションの結びつき，この方法論の強み，研究デザインの指導法，評価基準，研究としてのフィクションの実例，教育的関連性，研究を開始あるいは出版するための追加リソースについての議論が掲載されています。

- Leavy, P. (Editor, 2010-). *The Social Fictions* book series (various authors). Leiden, the Netherlands: Brill/Sense.

社会正義のトピックを幅広く取り上げて書かれた小説，短編集，詩集，戯曲など，ABR の文学的アプローチの事例がノーカットで紹介されています。https://brill.com/abstract/serial/SOC/

- Pelias, R. J. (2016). *If the truth be told: Accounts in literary forms.* Leiden, the Netherlands: Brill/Sense.

ノンフィクションとフィクション，事実とフィクションの分断を問う魅力的な一冊です。トピックの異なる 6 つの章で構成されています。各章には，それぞれのテーマを題材とする詩，物語，モノローグ，短編ドラマ，エッセイ，創造的ノンフィクション，混合ジャンルのフィクションおよびノンフィクションが含まれています。作品には，著者の個人的な体験や新聞の記事に基づくものと，純粋なフィクションがあります（すべて巻末の付録に掲載されています）。

- Raab, D., & Freeman, M. (2017). *Writing for bliss: A seven-step plan for telling your story and transforming your life.* Ann Arbor, MI: Loving Healing Press.

自分の人生をどのように振り返り，どのように書くかを教えてくれる本です。著者が提供する技法や助言は，経験豊富な書き手にも初めて書く人にも有用です。人生を変えるような経験が書くためのインスピレーションを与え，書くプロセスそれ自体が自己発見につながることについて，読者に考えるきっかけを与えてくれます。

💻 おすすめのウェブサイトやジャーナル

- *CTheory*

    https://journals.uvic.ca/index.php/ctheory/index

    大衆文化，政治，テクノロジー，理論，方法論の境界にある最先端の研究を掲載するオンラインジャーナルです。実験的な形式で書かれた作品が多く掲載されており，フィクションをはじめとする非伝統的な書き方を社会調査にどのように取り入れればよいかがよくわかります。

- *Narrative Works: Issues, Investigations &: Interventions*

    www.taosinstitute.net/narrative-works-journal

    ナラティブが人生や生活に果たす複雑な役割について探究する，ピアレビューによる学際的なオンラインジャーナルで，誰でも無料で利用できます。代表的な分野は，心理学，社会学，人類学，老年学，文学研究，ジェンダー研究，カルチュラル・スタディーズ，宗教学，ソーシャルワーク，教育，医療，倫理，神学，芸術ですが，これらに限定されるものではありません。

- *So Fi(zine)*

    https://sofizine.com

    社会学的なフィクションを扱う独立系のオンライン出版です。この ZINE は，創造的な翻訳，ABR，社会科学に触発されたアートのための空間です。短編小説，漫画，フォトエッセイ，詩，ミニ ZINE，スケッチ，その他の創造的な作品を出版しており，学生の作品も歓迎されます。

- *Qualitative Inquiry*

    www.sagepub.com/journalsProdDesc.nav?prodId=Journal200797

    質的な方法と方法論に関する最先端の論文が定期的に掲載されており，ABR も多く含まれています。革新的な質的アプローチによる社会調査を，最も包括的に集めて提供しているジャーナルです。

- *The Qualitative Report*

    https://nsuworks.nova.edu/tqr/

    非常にアクセスしやすいオンラインジャーナルです。実質的な内容と方法論の両方の記事が掲載されており，革新的な質的手法に関するものも含まれています。

- *Reed Magazine: A Journal of Poetry and Prose*

www.reedmag.org

サンホセ州立大学の文芸誌で，全米の創作詩や短編小説が掲載されています。

注

1. ナラティブ・インクワイアリーの歴史だけでも一章分の長さになるため，今回はかなり選択的なレビューとなっていることに留意してください。
2. 心理学におけるナラティブ・インクワイアリーの第一人者であるリュテルン・ジョセルソン（Josselson, 2006）は，ナラティブ研究による知識の積み重ねに目を向けることの難しさと可能性について論じています。これは，この分野にとって今後の重要な方向性の1つになるかもしれません。

■ 参考文献

Abbott, H. P. (2008). *The Cambridge introduction to narrative* (2nd ed.). Cambridge, UK: Cambridge University Press.

Adams, T. E. (2011). *Narrating the closet: An autoethnography of same-sex attraction*. Walnut Creek, CA: Left Coast Press.

Alexander, B. K., Moreira, C., & kumar, h. s. (2012). Resisting (resistance) stories: A tri-autoethnographic exploration of father narratives across shades of difference. *Qualitative Inquiry, 18*(2), 121–133.

Bakhtin, M. M. (1981). *The dialogic imagination: Four essays by M. M. Bakhtin*. Austin: University of Texas Press. (Original work published 1975)

Banks, S. P. (2008). Writing as theory: In defense of fiction. In J. G. Knowles & A. L. Cole (Eds.), *Handbook of the arts in qualitative research* (pp. 155–164). Thousand Oaks, CA: SAGE.

Banks, S. P., & Banks, A. (1998). The struggle over facts and fictions. In A. Banks & S. P. Banks (Eds.), *Fiction and social research: By fire or ice* (pp. 11–29). Walnut Creek, CA: AltaMira Press.

Barone, T. (2008). Creative nonfiction and social research. In J. G. Knowles & A. L. Cole (Eds.), *Handbook of the arts in qualitative research* (pp. 105–116). Thousand Oaks, CA: SAGE.

Berger, M. (1977). *Real and imagined worlds: The novel and social science*. Cambridge, MA: Harvard University Press.

Bochner, A. P. (2014). *Coming to narrative: A personal history of paradigm change in the human sciences*. Oxon, UK: Routledge.

Bochner, A. P., & Hermann, A. (2020). Practicing narrative inquiry: II. Making meanings move. In P. Leavy (Ed.), *The Oxford handbook of qualitative research* (2nd ed.). New York: Oxford University Press.

Bochner, A. P., & Riggs, N. (2014). Practicing narrative inquiry. In P. Leavy (Ed.), *The Oxford handbook of qualitative research* (pp. 195–222). New York: Oxford University Press.

Capote, T. (1966). *In cold blood*. New York: Signet Books.［トルーマン・カポーティ，佐々田雅子

（訳）（2006）．冷血　新潮文庫］

Caulley, D. N. (2008). Making qualitative research reports less boring: The techniques of writing creative nonfiction. *Qualitative Inquiry, 4*(3), 424–449.

Cheney, T. A. R. (2001). *Writing creative nonfiction: Fiction techniques for crafting great nonfiction.* Berkeley, CA: Ten Speed Press.

Clair, R. P. (2013). *Zombie seed and the butterfly blues: A case of social justice.* Rotterdam, the Netherlands: Sense.

Clandinin, D. J., & Connelly, F. M. (1989). Narrative and story in practice and research (ERIC Document Reproduction Service No. ED309681). Retrieved from https://eric.ed.gov/ERICDocs/data/ericdocs2sql/content_storage_01/00000/9b/80/1f/3d/1f.pdf.

Clandinin, D. J., & Rosiek, J. (2007). Mapping a landscape of narrative inquiry: Borderland spaces and tensions. In D. J. Clandinin (Ed.), *Handbook of narrative inquiry: Mapping a methodology* (pp. 35–75). Thousand Oaks, CA: SAGE.

Clough, P. (2002). *Narratives and fictions in educational research.* Buckingham, UK: Open University Press.

Cohn, D. (2000). *The distinction of fiction.* Baltimore: Johns Hopkins University Press.

Cranston, J. A. (2016). Questionable dismissal. Retrieved from www.lulu.com.

de Freitas, E. (2003). Contested positions: How fiction informs empathetic research. *International Journal of Education and the Arts, 4*(7). Retrieved from www.ijea.org/v4n7.

de Freitas, E. (2008). Bad intentions: Using fiction to interrogate research intentions. *Educational Insights, 12*(1). Retrieved from www.ccfi.educ.ubc.ca/publication/insights/v12n01/articles/defreitas/index.html.

Denzin, N. K., & Lincoln, Y. (Eds.). (2000). *The SAGE handbook of qualitative research.* Thousand Oaks, CA: SAGE. ［N・K・デンジン，Y・S・リンカン（編），平山満義（監訳）（2006）．質的研究ハンドブック（全3巻）　北大路書房］

Dumont, J. (1978). *The headman and I: Ambiguity and ambivalence in the fieldworking experience.* Austin: University of Texas Press.

Ellis, C. (2004). *The ethnographic I: The methodological novel about autoethnography.* New York: AltaMira Press.

Frank, K. (2000). The management of hunger: Using fiction in writing anthropology. *Qualitative Inquiry, 6*(4), 474–488.

Franklin, R. (2011). *A thousand darknesses: Lies and truth in Holocaust fiction.* New York: Oxford University Press.

Freeman, M. (2007). Autobiographical understanding and narrative inquiry. In D. J. Clandinin (Ed.), *Handbook of narrative inquiry: Mapping a methodology* (pp. 120–145). Thousand Oaks, CA: SAGE.

Freeman, M. (2018). Narrative inquiry. In P. Leavy (Ed.), *Handbook of arts-based research* (pp. 123–140). New York: Guilford Press. ［パトリシア・リーヴィー（編著），岸磨貴子ほか（監訳）（2024）．アートベース・リサーチ・ハンドブック　福村出版，所収］

Gatson, S. N. (2003). On being amorphous: Autoethnography, genealogy, and a multiracial identity. *Qualitative Inquiry, 9*(1), 20–48.

Geertz, C. (1973). *The interpretation of cultures.* New York: Basic Books. ［C・ギアーツ，吉田禎吾ほか（訳）（1987）．文化の解釈学　岩波現代選書］

Goodall, H. L. (2000). *Writing the new ethnography*. Walnut Creek, CA: AltaMira Press.

Goodall, H. L. (2008). *Writing qualitative inquiry: Self, stories, and academic life*. Walnut Creek, CA: Left Coast Press.

Guillion, J. S. (2014). *October birds: A novel about pandemic influenza, infection control, and first responders*. Rotterdam, the Netherlands: Sense.

Gutkind, L. (2012). *You can't make this stuff up: The complete guide to writing creative nonfiction—from memoir to literary journalism and everything in between*. Boston: Da Capo/Lifelong Books.

Halpin, T. (1989). Scientific objectivity and the concept of "the other." *Women's Studies International Forum, 12*(3), 285–294.

Harding, S. (1993). Rethinking standpoint epistemology: What is "strong objectivity"? In L. Alcoff & E. Potter (Eds.), *Feminist epistemologies* (pp. 49–82). New York: Routledge.

Harris, M. Y. (2005). Black women writing autobiography: Autobiography in multicultural education. In J. Phillion, M. Fang He, & F. M. Connelly (Eds.), *Narrative and experience in multicultural education* (pp. 36–52). Thousand Oaks, CA: SAGE.

Harvey, M. R., Mishler, E. G., Koenan, K., & Harney, P. A. (2000). In the aftermath of sexual abuse: Making and remaking meaning in narratives of trauma and recovery. *Narrative Inquiry, 10*(2), 291–311.

Hesse-Biber, S. N., & Leavy, P. (2005). *The practice of qualitative research*. Thousand Oaks, CA: SAGE.

Hesse-Biber, S. N., & Leavy, P. (2011). *The practice of qualitative research* (2nd ed.). Thousand Oaks, CA: SAGE.

Holman Jones, S., Adams, T. E., & Ellis, C. (Eds.). (2013a). *Handbook of autoethnography*. Walnut Creek, CA: Left Coast Press.

Holman Jones, S., Adams, T. E., & Ellis, C. (2013b). Introduction: Coming to know autoethnography as more than a method. In S. Holman Jones, T. E. Adams, & C. Ellis (Eds.), *Handbook of autoethnography* (pp. 17–47). Walnut Creek, CA: Left Coast Press.

Iser, W. (1997). The significance of fictionalizing. *Anthropoetics III*, 2, 1–9. Retrieved from www.anthropoetics.ucla.edu/ap0302/iser_fiction.htm.

Jones, K. (2001, May). Beyond the text: An Artaudian take on the nonverbal clues revealed within the biographical narrative process. Expanded version of a paper presented at the International Sociological Association International Conference, Kassel, Germany.

Jones, K. (2003). The turn to a narrative knowing of persons: One method explored. *Narrative Studies, 8*(1), 60–71.

Jones, K. (2006). A biographic researcher in pursuit of an aesthetic: The use of arts-based (re) presentations in "performative" dissemination of life stories. *Qualitative Sociology Review, 2*(1). Retrieved from www.qualitativesociologyreview.org/ENG/index_eng.php.

Josselson, R. (2006). Narrative research and the challenge of accumulating knowledge. *Narrative Inquiry, 16*(1), 3–10.

Josselson, R. (2011). "Bet you think this song is about you": Whose narrative is it in narrative research? *Narrative Works: Issues, Investigations, and Interventions, 1*(1), 33–51.

Ketelle, D. (2004). Writing truth as fiction: Administrators think about their work through a different lens. *Qualitative Report, 9*(3), 449–462.

Kidd, D. C., & Castano, E. (2013). Reading literary fiction improves theory of mind. *Science, 342*,

377–380.

Kim, J. (2006). For whom the school bell tolls: Conflicting voices inside an alternative high school. *International Journal of Education and the Arts, 7*(6), 1–19.

Labov, W. (2006). Narrative pre-construction. *Narrative Inquiry, 16*(1), 37–45.

Law, J., & Urry, J. (2004). Enacting the social. *Economy and Society, 33*(3), 390–410.

Leavy, P. (2007, August). Merging feminist principles and art-based methodologies. Paper presented at the annual conference of the American Sociological Association, New York.

Leavy, P. (2011). *Low-fat love*. Leiden, the Netherlands: Brill/Sense.

Leavy, P. (2013a). *American circumstance*. Leiden, the Netherlands: Brill/Sense.

Leavy, P. (2013b). *Fiction as research practice: Short stories, novellas, and novels*. Walnut Creek, CA: Left Coast Press.

Leavy, P. (2015). *Low-fat love: Expanded anniversary edition*. Leiden, the Netherlands: Brill/Sense.

Leavy, P. (2016a). *American circumstance: Anniversary edition*. Leiden, the Netherlands: Brill/Sense.

Leavy, P. (2016b). *Blue*. Leiden, the Netherlands: Brill/Sense.

Leavy, P. (2018). Introduction to arts-based research. In P. Leavy (Ed.), *Handbook of arts-based research* (pp. 3–21). New York: Guilford Press. ［前掲，アートベース・リサーチ・ハンドブック，所収］

Leavy, P. (2019). *Spark*. New York: Guilford Press.

Leavy, P. (2020). *Film*. Leiden, the Netherlands: Brill/Sense.

Leavy, P., & Harris, A. (2018). *Contemporary feminist research from theory to practice*. New York: Guilford Press.

Leavy, P., & Scotti, V. (2017). *Low-fat love stories*. Leiden, the Netherlands: Brill/Sense.

Maines, D. (2001). Writing the self versus writing the other: Comparing autobiographical and life history data. *Symbolic Interaction, 24*(1), 105–111.

McNiff, S. (2018). Philosophical and practical foundations of artistic inquiry. Creating paradigms, methods, and presentations based in art. In P. Leavy (Ed.), *Handbook of arts-based research* (pp. 22–36). New York: Guilford Press. ［前掲，アートベース・リサーチ・ハンドブック，所収］

Norris, J. (2009). *Playbuilding as qualitative research: A participatory arts-based approach*. Walnut Creek, CA: Left Coast Press.

Pelias, R. J. (2004). *A methodology of the heart: Evoking academic and daily life*. Walnut Creek, CA: AltaMira Press.

Phillion, J., Fang He, M., & Connelly, F. M. (2005). *Narrative and experience in multicultural education*. Thousand Oaks, CA: SAGE.

Pinnegar, S., & Daynes, J. G. (2007). Locating narrative inquiry historically: Thematics in the turn to narrative. In D. J. Clandinin (Ed.), *Handbook of narrative inquiry: Mapping a methodology* (pp. 3–34). Thousand Oaks, CA: SAGE.

Rhodes, C. (2000). Ghostwriting research: Positioning the researcher in the interview text. *Qualitative Inquiry, 6*(4), 511–525.

Richardson, L. (1997). *Fields of play: Constructing an academic life*. New Brunswick, NJ: Rutgers University Press.

Rinehart, R. E. (1998). Fictional methods in ethnography: Believability, specks of glass, and Chekhov.

Qualitative Inquiry, 4(2), 200–224.

Sarbin, T. R. (1986) *Narrative psychology: The storied nature of human conduct*. Westport, CT: Praeger.

Saukko, P. (2000). Between voice and discourse: Quilting interviews on anorexia. *Qualitative Inquiry, 6*(3), 299–317.

Skinner, J. (2003). Montserrat Place and Mons'rat Neaga: An example of impressionistic autoethnography. *Qualitative Report, 8*(3), 513–529.

Smith, D. (1987). *The everyday world as problematic: A feminist sociology*. Boston: Northeastern University Press.

Spence, D. P. (1984). *Narrative truth and historical truth: Meaning and interpretation in psychoanalysis*. New York: Norton.

Stout, C. (2014, April). Considering the bonds between narrative art and narrative inquiry. Paper presented at the annual conference of the American Educational Research Association, Philadelphia, PA.

Sumerau, J. E. (2017a). *Homecoming queens*. Leiden, the Netherlands: Brill/Sense.

Sumerau, J. E. (2017b). *Cigarettes and wine*. Leiden, the Netherlands: Brill/Sense.

Sumerau, J. E. (2018). *Palmetto rose*. Leiden, the Netherlands: Brill/Sense.

Tenni, C., Smyth, A., & Boucher, C. (2003). The researcher as autobiographer: Analyzing data written about oneself. *Qualitative Report, 8*(1), 1–12.

Vickers, M. H. (2002). Researchers as storytellers: Writing on the edge—and without a safety net. *Qualitative Inquiry, 8*(5), 608–621.

Visweswaran, K. (1994). *Fictions of feminist ethnography*. Minneapolis: University of Minnesota Press.

Wyatt, J. (2005, May). The telling of a tale: A reading of "A Gentle Going?" Symposium conducted at the First International Congress of Qualitative Inquiry, Urbana–Champaign, IL.

Wyatt, J. (2007). Research, narrative and fiction: Conference story. *Qualitative Report, 12*(2), 318–331. Retrieved from www.nova.edu/ssss/QR/QR12-2/wyatt.pdf.

Wyatt, J., & Adams, T. E. (2014). *On (writing) families autoethnographies of presence and absence, love and loss*. Rotterdam, the Netherlands: Sense.

『Film（フィルム）』抜粋

著：パトリシア・リーヴィー

　タシュとエイダンは，ゲティセンターに向かう混雑した路面電車に乗っていた。ゲティセンターは LA での二人のお気に入りの場所だった。この電車には何度も乗ったことがあったが，今日は人々が自分たちをじっと見ていることにタシュは気づいた。エイダンはヘッドフォンをつけ，自分の未来の曲のビートに没頭していた。タシュは，みるみるうちに赤々と染まっていく景色を眺めていた。彼女は，過去と未来，時間と空間について，ぐるぐる考えながらエイダンを見つめた。エイダンは彼女の手を強く握り，現実に引き戻した。二人は手をつないだまま電車を降りた。予報通り雲ひとつない土曜日で，センターは地元の人や観光客でごった返していた。

　「ガレージに駐車できてラッキーだったね」とエイダンが言った。

　「うん。いつも駐車の運はいいよね。お腹空いた。何か食べよう」とタシュが答えた。

　「実は，高級レストランに予約を入れてあるんだ」とエイダンはドヤ顔で言う。

　タシュは，驚いた顔をした。

　「今日ここに来るかなと思って，何週間か前に予約しておいたんだ。君がシャワーを浴びている間に，予約の時間を遅らせるよう電話もしておいた。窓際のテーブルを用意してもらっているけど，15 分くらい遅れているから急がないとね」と彼は言った。

　「いつもテイクアウトして芝生で食べるのに」とタシュは言った。

　「そうだけど，今日は特別な日にしたいと思ったんだ。それに，僕たちもやっといいものを買えるようになったしね。あとで外を散歩してもいいし。いい考えだろ？」

　タシュは肩をすくめて，「そうだね」と答えた。

　まもなく，二人はレストランの一番奥の席に座った。全面に窓があり，壮大な山々の景色が見えた。

「うわぁ，ほんとに一番いいテーブルを用意してくれたんだな」とエイダンが言った。

タシュは微笑んだ。「あなたはこういうことに慣れておいた方がいいね」

エイダンは口を開きかけたが，何かを言う前にウェイトレスが飲み物の注文をとりに来た。

「写真を撮ってもらえませんか？」と，彼は自分の携帯電話を渡しながら尋ねた。タシュに視線を戻して彼はささやいた。「今日の君の美しさを忘れたくないんだ」

「ったく，あなたってほんと大げさなんだから」と彼女は言った。

ウェイトレスは，何枚か写真を撮り，彼に携帯電話を返して言った。「お邪魔かもしれませんし，ミーハーだと思われるかもしれませんが，一緒に写真を撮ってもらえますか？ あなたの音楽が大好きなんです」

エイダンは顔を赤らめた。「ありがとう。もちろん大丈夫ですよ」

エイダンは立ち上がり，ウェイトレスはポケットから自分の携帯電話を取り出してタシュに渡した。タシュは二人の写真を何枚か撮って携帯電話を返し，「プロセッコ〔スパークリングワイン〕をください」と言い添えた。

「僕は炭酸水で」とエイダンが言った。

ウェイトレスが去っていくと，タシュはエイダンにニヤリと笑った。「少なくとも私は，あなたが H&M や NYU〔ニューヨーク大学〕のビアパーティーのライブで大活躍していた頃からずっと，すごい人だって知ってたよ」

エイダンは下を向いて笑った。「ほんと信じられないよ。カルヴィンみたいな人がたまたま僕のことを聞いて，雪だるま式にこうなっていくなんて，誰が想像できた？」

「もし CD が発売されたらどうなるかな。クラブのファンは別として，ほとんどの人はあなたのシングルしか聴いたことがないのに，もうスターテーブル〔成功を収めた有名なアーティストたちが集まる場所〕にいるんだから」

「幸い，リリースのときはツアー中で，忙しいから気を散らさずに取り組めるよ。カルヴィンが僕に全米ツアーのオープニングを頼むなんて，まだ信じられないけど」

「私はわかるよ。あなたの音楽は最高だから。歌も歌えるし，どんな楽器も弾けちゃうって知る前から，そう思ってたよ」彼女は水を一口飲んで続けた。

「それに，あなたはとにかく**何か**もってる。人にそばにいたいと思わせるようなものをね」

エイダンは手を伸ばして彼女の手を握った。「君がそばにいてくれれば，僕は幸せだよ」

「ほんとにバカね」とタシュは言った。

ウェイトレスが飲み物を運んできて料理の注文をとった。ウェイトレスが立ち去ると，タシュは言った。「もうお金に困らないっていいね。ど田舎の汚い家に住むのは超ユーウツだった。ヴェニスビーチの方がずっといい。マンションの頭金に前金を使ったのは天才的だったけど，それでお金がなくなっちゃったよね。もしツアーで CD が売れなかったら，報酬はもらえないし，今どき CD を買う人なんていないでしょ？ それに，クラブからのいつもの収入もなくなるよね」

「何が言いたいの？」エイダンが尋ねた。

「私たち，そんなに余裕があるわけじゃないでしょ」とタシュが答えた。

「ハニー，これはただのランチだ。僕がお金に興味なんてないことはわかっているだろ。僕は音楽を作って，自分の人生を生きたいんだ。生きていけるだけのお金があればいいし，今までもそうやってきた。もっと欲しがるのは，君の方だろ。僕たちは大きなチャンスを手に入れたんだよ。それに乗ればいい」

「あなたは大きなチャンスを手に入れたよね」とタシュがつぶやいた。

エイダンは「ねえ」と言いながら，再び手を伸ばした。「君は才能もあるし，情熱もある。きっと成功するよ。思うようにはいかないかもしれないけど，大事なのは，どんなかたちであれ，それを受け入れることだ。LA でのこの 3 年間，君は何もしていなかったわけじゃないだろ。どの授業も頑張ったし，短編映画も作って大成功を収めた。それは誰にも奪えないものなんだよ」

タシュが答える前に，料理が運ばれてきた。

エイダンは自分の料理に集中し，チキンを切り分けた。長い沈黙の後，彼は優しく言った。「君ならきっとできる。もう一度仕事に幸せを見つけなくちゃ。あとはそんなにたいしたことじゃないよ」

「言うのは簡単だけどね」と彼女はサラダを一口食べて言い返した。

「ねえ，僕がいつもそう思っているのは知ってるだろ。僕にとっては，音楽を作ることがすべてなんだ。昔みたいに大学のパーティーで DJ をやっている

だけでも幸せなんだ。他にもっと楽しいことがあるって，君は言うかもしれないけど」

「映画は違うのよ。お金もコネも必要なの。社交クラブのようにはいかないし，資金がなければ続けられない。親にはもう頼めない。できるかぎりのことはしたけど，返ってきたのは不採用通知の山だけ」

エイダンは顔をしかめた。

「その顔は何？　じゃあ，どうすればよかった？」

「インターンシップの後……」

「もうやめて！」と彼女は声を荒らげ，フォークを落とした。「あんないやらしいヤツの下で働くのがどんなものか，あなたにはきっとわからない」

「ハニー，わかってるよ。あいつは君をひどい立場に追い込んだんだから。今でもぶん殴ってやりたいくらい腹立たしい。辞めたのは正解だった。ただ，業界で何か別の仕事を見つけられたらよかったのに」と彼は言った。

「どんな仕事？　クソみたいなスタジオツアーでもする？　他には何もなかったのに」タシュはフォークを取り，サラダを一口食べた。「ドレッシングは横につけてって言ったのに。ウェイトレスさんはあなたを見つめるのに夢中で，私の言うことなんて聞く余裕がなかったみたいね」

「彼女に頼んで，新しいものを作ってもらおうか？」

タシュは「大丈夫」と首を振った。

二人はしばらく黙って座っていた。エイダンはまた食べはじめた。タシュは深呼吸をして，彼をじっと見つめた。「ごめんなさい。今日を台無しにしたくはないの。ただ……その……」

「話して」

「本当につらいの。『ポップキャンディー』の資金がほとんど集まらなくて。たった7分の作品なのに。どんな短編映画祭に応募しても，全部不採択になってしまったし。映画祭に採択されれば長編の脚本に助成金がもらえるけど，それも無理そう。それに……」

「うん？」

「それに，あなたは行ってしまうし」と彼女は嘆いた。

「夏の間だけだよ。たった数ヵ月だ。一緒に来るか，途中で落ち合わないかって僕は聞いたよね」

「無理だってわかってるよね。モンローは例のマジック・マナーがあって，

私はやることが山積みなの。夏は彼女にとって大きなイベントの季節だから」

「今朝，君はルーに言ってたよね，僕がルーのこと見捨てようとしているとは思わないでって。君のことだって見捨てるわけがないって，わかってる？」とエイダンが尋ねた。

「うん，わかってる。大丈夫，私は一人でやれるから。でも，私のために盛大な誕生日パーティーを計画しておいて，姿を見せないなんてことがあったら，あなたを殺すかもしれない」

「ショーがなければ飛んで帰るよ。すぐにね」

タシュは微笑んだ。「それはいいね。自分の誕生日パーティーに恋人がいないなんて，ちょっと悲しいから。それに，80 年代のテーマに合わせて，私たちジェムとリオのキャラクターになるんでしょ。絶対楽しいわ」

「心配いらないよ。クラブの仲間が全部やってくれる。細かいところまで計画したから，悲しくなんてないよ。実はかなり気合いが入っているんだ」と彼は満面の笑みで言った。「すっごく君らしいパーティーになるよ。ほんとに，ほんとにすごいから。きっと気に入るよ」

タシュは微笑んだ。

「それはすごいものになると思うけど，夏はひと晩だけじゃないから。モンローのことにかかりきりにならないようにして。映画を作る時間を確保するためにあの仕事を引き受けたこと，忘れるなよ」

タシュは目を丸くした。「断られたことも，あなたが思っているほど無駄じゃなかったみたいね」

「どんなかたちであろうと，チャンスが来たら受け入れて。あのギャラリーは，君の映画の上映に関心をもっていたよ。そういう道もあるかもしれない」

「確かに。でも，前は断ってしまった。今はほんとに後悔してる。あのときは，映画祭のことしか考えていなかったから。授業で一緒だった人たちはみんな，映画祭が成功の道だって言ってたし。そうしないかぎり，将来，長編作品の資金援助も得られないだろうって。でも，教授に気に入ってもらえないと，必要なサポートを受けられないし」

「街にはギャラリーなんていくつもあるじゃないか。ニューヨークのギャラリーに売り込んでもいい。ボストンでも，シカゴでも，メイン州の漁村だっていい。たとえばの話だけど」

タシュは眉間にしわを寄せた。

「わかったよ，ニューヨークならいいだろ。僕が言いたいのは，君の作品は，まさに芸術作品なんだってこと。スタイリッシュで，君のねらい通り，完璧なポップノワールなんだよ。白黒に80年代のポップな色彩が加わって，見事だと思う。そういう映画はアートシーンでも通用するんだ。君が一番よく知っているよね。何年も前，君が最初に，誰よりも早くそのアイデアを思いついたときに，そう言ってたじゃないか。それが何につながるかなんて気にしないで，ありのままを出せばいい。自分の道を切りひらくんだ」

「そうかも。ときどき，全部やめた方がいいんじゃないかって考えちゃうんだ。もう一度自分を出したいと思っているのかどうか，わからない」

「簡単じゃないってことはわかってる。でも，君がとても楽しそうに仕事をしていたのを僕は覚えてる。思い通りに進まないときも，どんなに過酷な編集の数ヵ月も，君は生き生きしてた。お願いだから，考えてみるって約束してくれないか」

「考えてみる」とタシュは言い，エイダンに向かって腕を伸ばした。エイダンは彼女の手を撫でた。

「愛してる」と彼は言った。

「わかってる」

第 **3** 章

詩的探究

詩とは，沈黙を中断することだと思います。
詩が意味をもつのは，その周りに余白があるからです。
詩は，空間の一部を占めながら，その周辺に余白を残します。
ですから，詩は沈黙の中断であり，科学の領有です。
それに対し，普段使いの言葉は，やまない喧噪なのです。
―― ビリー・コリンズ，アメリカの桂冠詩人[i]

（Stewart, 2004 に収録）

　余白に囲まれ，沈黙によって重みを与えられる詩は，喧噪を打ち破って核心を見せてくれます。巧みに配置された言葉と意図的な沈黙によって，感覚的な情景が生み出されます。詩は，感情を前面に押し出し，現実を，虫眼鏡で覗くように強調して見せるのです。詩的探究の草分け的存在であるカール・レゴは，「詩人は人間科学者である」（Leggo, 2008, p. 165）と言い，「詩は，言葉で実験し，創造し，知り，創造的・想像的に経験と関わるよう，私たちを誘う」（p. 165）と述べています。見えるようにするのが科学であり，見えなくするのが芸術だという科学の前提に対し，ロナルド・J・ペリアスが提案するのはその逆です。

　　一本の樹を見て材木が見えるのが科学であり，一本の樹を見て樹が見えるのが詩である。
　　頭と心を切り離す錬金術では，金を見つけることはできない。

（Pelias, 2004, p. 9）

　かの偉大なウィリアム・エラリー・チャニングは，こう宣言しています。

訳注 i　全米図書館が企画するプログラムやイベントなどで詩の普及の役目を負う人。1 年ごとに選出される。

詩人は最も喜びに満ちた存在であれ，

みなが彼を通して世界を見ているのだから。

　詩を戦略的に研究に用いることで，事実とフィクションの二分法に挑み，感情を喚起するようなデータの表現が可能になります。

　詩は，言葉と叙情的な訴えを中心とする表現形式であり，その2つが統合されたものです（Hirshfield, 1997）。一般に，詩では，「異質な要素やイメージが並置されるため，それぞれについて異なる視点で考えることが可能になり」（Rasberry, 2002, p. 106）ます。詩は余白（そこには呼吸と間も含まれます）に気を配り，言葉を控えめに使用することで，私が**フィーリング・ピクチャー**と呼ぶものを描きます。言い換えれば，詩は言葉，リズム，余白を使って感覚的な情景をつくり出し，注意深く構成された言葉とその不在から意味が立ち上がってくるのです。詩は，経験の断片を呼び覚まし，それを高められた状態で芸術的に表現するものとして理解することができるでしょう。

　ここ数十年の間に，社会科学的な知の生成に詩が用いられることがかなり増えてきました。言葉と音楽の間に位置する詩は，複数の意味やアイデンティティ・ワーク，抑圧されてきた人々の視点に配慮したかたちでデータを表現するための余白を広げます。他の表現形式とは異なり，詩は，言葉，音，余白を融合させ，このことが意味の構築と表現に重要な意味をもちます。詩は単なる表現形式ではなく，解釈し，理解する方法でもあるのです（Brady, 2003, 2004, 2007）。そのため，フィクションベース研究で書く行為が研究行為となるのと同様に，詩を書くという行為も研究や探究の方法になります。そう考えれば，詩とはまさに研究なのです。

背景

❓・*詩的探究とは何でしょうか*

　詩作は一種の技です。社会科学などのデータを詩で表現することは，ある意味で質的研究者がすでに行ってきたことの延長として理解できます。ただし，詩という形式は，人間の経験を解釈し表現するためのものであり，単なる書き方のテンプレートとみなすべきではありません。

研究の場合，詩は，綿密なインタビューデータやオーラルヒストリー記録を表現する方法の選択肢の1つとなります。詩的探究は，伝統的な詩作の技と約束事に，質的研究の理念を融合させたものです。データを詩のかたちで表現することで，研究者はそこから多くの意味を引き出し，さまざまな問題に取り組むことができます。一方，読者は，データに対する多様な理解が可能になります。研究プロセスに詩が加わることは，アートベースの実践の全体的な増加と関連しているだけでなく，ポストモダンやポスト構造主義が提起する広い認識論的・理論的見解とも結びついているのです。

理論的な展開

❓ ・研究方法として詩が用いられるようになった背景には，どのような理論的展開があったのでしょうか

「研究方法論の革新が生じるのは，研究パラダイムの転換が生じ，社会や研究実践に対する新たな考えが生まれ，理論が発展するときである」。これは，本書を通して繰り返し触れることになるテーマです。新しい研究方法やアプローチは，「方法のずれ」（Hesse-Biber & Leavy, 2006, 2008）から生まれます。「方法のずれ」とは，新たな理論的見解から生じた問題に取り組むために方法論の革新が必要となることを指します。詩を使った表現も，理論的な展開に応えるかたちで登場しました。

特に，ポストモダン理論，ポストコロニアル理論，フェミニスト・ポストモダニズム，フェミニスト・ポスト構造主義は，伝統的な知のあり方に疑問を投げかけてきました。（一般的に）これらの学派は，たとえば状況的・部分的な知識を生み出すこと，抑圧されてきた声に迫り，その声を拡大すること，権力を分散させることに関心をもち，人間の経験を形成し，表現する言説的な実践を重視します。また，第1章でみたように，これらの批判的アプローチは，理性－感情のような二元論的カテゴリーが人為的なものであることにも注意を促します。このような理論の進展が直接的な背景となり，詩が伝統的な散文に代わる新たな形式として発展してきました。あとで詳しく述べるように，詩という形式は，沈黙（詩人なら「余白」と言うかもしれません）を引き立たせ，感情を喚起して意味を生み出すと同時に，意味の流動性と複数性をあらわにします。

ノーマン・デンジン（Denzin, 2003）とローレル・リチャードソン（Richardson,

1997）は，新しい理論的洞察とパラダイムシフト，科学のアート表現への転回との関係について，幅広い著作があります。リチャードソンは，実験的な文章や詩的表現のもつ可能性を理論化した第一人者であり，インタビューデータを詩で表現する方法も提案しています。彼女は，「襞のある文章（pleated texts）」という言葉を用いて，そこにあるものとないものの間に生じる多層的な意味を概念化しました。リチャードソンは，**物語詩（narrative poetry）**と**叙情詩（lyric poetry）**を区別します。彼女の枠組みでは，前者は物語を語ることにより近く，インタビューで集めたデータを詩に変えて，参加者の物語をその人自身の言葉で伝えます。一方，後者の叙情詩では，瞬間的な感情が重視され，「ストーリー」を伝えることにあまり重きが置かれません。この書き方は，参加者の言葉だけでなく，会話を構成するリズムや音調，パターンを捉えることを推奨するものだとリチャードソンは説明しています。このように，詩は，研究プロセスの「声」に対する私たちの理解を広げるのです。

詩的探究か，研究方法としての詩か

❓・研究者が創作する詩には，どのような種類があるのでしょうか

　詩的探究は，ここ 30 年間で急速な成長を遂げ，それに伴って，文献にはこの活動を記述しようとする用語が溢れかえっています（表 3.1 を参照）。表 3.1 に示す用語に加えて，物語詩，あるいはそれに類似した**解釈詩**（Langer & Furman, 2004）や**民族誌的詩**（Brady, 2004, 2008; Denzin, 1997）という考え方もあります。アーサー・ボックナー（Bochner, 2000）のいう詩的社会科学も，これらの実践を取り上げています。

　モニカ・プレンダーガスト（Prendergast, 2009）は，詩的探究をカテゴリー化する有用な方法として，詩に含まれている声に着目することを提案しています。研究から生まれる詩には，よく使われるものから順に，⑴研究者の声によるもの，⑵参加者の声によるもの，⑶文学的な声によるもの（p. xxii），の 3 つのカテゴリーがあります。

　プレンダーガストも指摘していることですが，**研究者の声による詩**というカテゴリーにはやや問題があるかもしれません。考えようによっては，詩はすべてここに分類されるからです。とはいえ，これは詩的探究の約半分を占めるた

表 3.1　詩的探究を表すさまざまな用語

- Research poetry or research poems　研究詩（Cannon Poindexter, 2002; Faulkner, 2007; O'Connor, 2001）
- Data poetry or data poems　データ詩（Commeyras & Montsi, 2000; Ely et al., 1997; Neilsen, 2004）
- Poetic representation　詩的表現（MacNeil, 2000; L. Richardson, 1994, 1997; Waskul & van der Riet, 2002）
- Poetic transcription　詩的転記（Freeman, 2006; Glesne, 1997; Whitney, 2004）
- Poetic narrative　詩的ナラティブ（Glesne, 1997）
- Poetic resonance　詩的共鳴（Ward, 1986）
- Found poetry/found poems　ファウンド・ポエトリー，ファウンド・ポエム（Butler-Kisber, 2002; Prendergast, 2004b, 2006; Pryer, 2005, 2007; Sullivan, 2000; Walsh, 2006）
- Anthropological poetry　人類学的な詩（Brady, 2000; Brummans, 2003）
- Narrative poetry　物語詩（Finley, 2000; Norum, 2000; Patai, 1988; Tedlock, 1972, 1983）
- Aesthetic social science　美的社会科学（M. Richardson, 1998）
- Poetic, fictional narrative　詩的，フィクションのナラティブ（P. Smith, 1999）
- Ethno-poem　エスノポエム（W. N. Smith, 2002）
- Ethnopoetry（Kendall & Murray, 2005）／ethno-poetry（W. N. Smith, 2002）　エスノポエトリー
- Ethnopoetics　エスノポエティクス（Rothenberg, 1994）
- Transcript poems　トランスクリプト詩（Evelyn, 2004; Luce-Kapler, 2004; Santoro & Kamler, 2001）
- Interview poems　インタビュー詩（Santoro & Kamler, 2001）
- Mappoems　マップ詩（Hurren, 1998）
- Poetic condensation of oral narratives　ナラティブを凝縮した詩（Ohlen, 2003）
- Fieldnote poems　フィールドノート詩（Cahnmann, 2003）
- Field poetry　フィールド詩（Flores, 1982）
- Hybrid poem　ハイブリッド詩（Prendergast, 2007）
- Poetic portraits　詩的ポートレート（Hill, 2005）
- Poetic self-analysis　詩的自己分析（Black & Enos, 1981）
- Poetic analysis　詩的分析（Butler-Kisber et al., 2003）
- Poetic format　詩的フォーマット（Chesler, 2001）
- Prose poems　散文詩（Brady, 2004; Clarke et al., 2005; Saarnivaara, 2003）
- Poetic texts　詩的テクスト（Dunlop, 2003）
- Poetic monologue　詩的モノローグ（Durham, 2003）
- Autobiographical poems　自伝詩（Furman, 2004）
- Poetic forms　詩的形式（Furman, 2006）
- Collective poems　集団詩（Gannon, 2001）
- Poetic reflection/resistance　詩的省察／抵抗（Kinsella, 2006）
- Poetic rumination　詩的熟考（Leggo, 1999, 2002, 2004a, 2005a）
- Soliloquies/choral soliloquies　独白／合唱独白（Prendergast, 2001, 2003a）
- Research-generated poetry　研究によって生成された詩（Rath, 2001）
- Autoethnographic verse, autoethnographic poetry　自己エスノグラフィー詩（Davis, 2007; Ricci, 2003）
- Performance poem　パフォーマンス詩（M. Finley, 2003; L. Richardson, 1999）
- Verse　詩（Simonelli, 2000）
- Performative autoethnographic poetry　パフォーマティブ自己エスノグラフィー詩（Spry, 2001）
- Investigative poetry　調査詩（Hartnett, 2003）

出所：Prendergast（2009, pp. xx-xxi）．Copyright © 2009 Sense Publishers. 許可を得て転載。参考文献として Prendergast（2009）を参照。

め，区別しておいてもよいでしょう。これらの詩は，自己エスノグラフィーの観察，エスノグラフィーのフィールドノートや省察など，研究者が作成した資料をもとにつくられます。たとえば，**民族誌的詩**は，調査を通して収集，記録したデータ（フィールドノートやメモなど）について，フィールド研究者が通常行うようにじっくり考え，結果を詩の形で表現したものです（Denzin, 1997）。自己エスノグラフィーが詩の形式をとることもあります。たとえば，チャーリー・ホープ・ドーシー（Dorsey, 2018）は学会でスポークンワード[ii]を用いて，クィア黒人女性としての経験を表現しました。ドーシーは，先行文献を作品の中に巧みに織り込んだことについて，「この作品では，エミリー・ディキンソンのような白人詩人を引用し，有色人種の作家，芸術家，理論家へのさりげない言及を織り交ぜることで，学界に黒人文化のための空間（スペース）を作り出している」（p. 247）と説明しています。また。カカリ・バタチャリヤ（Bhattacharya, 2013）は，アメリカに留学して1年目のインド人留学生2名と協力し，内部者／外部者の立場に関わる自身の個人的な経験について研究しました。

　参加者の声による詩は，詩的探究全体のおよそ3分の1を占めており，参加者へのインタビューの書き起こしから作成される場合，参加者が書いたものを集める場合，研究者と参加者が共同で書く場合があります（Prendergast, 2009）。この形式のねらいは，参加者の言語，話し方，繰り返し，休止に敬意を払うことです（Prendergast, 2009; Sparkes, Nilges, Swan, & Downing, 2003）。**解釈詩**は，参加者の言葉と研究者の視点を融合させる1つの方法として理解されています（Langer & Furman, 2004）。つまり，研究者が参加者の「声」と，フェミニズムなど大きな研究プロジェクトから得られた自らの洞察を結びつける，新たな手立てとなるものです。これは一貫して難しい課題であり，フェミニストたちが幅広く書いていることでもあります。ここから，アートベースの実践が，研究方法をめぐる言説の長年の懸案事項に取り組む上でいかに役立っているかがわかるでしょう。一方，キャロル・L・ランガーとリッチ・ファーマンは，研究詩について，研究参加者の言葉や話し方から詩を創作し，ナラティブを抽出する方法であると紹介しています。また，参加者の声による詩は，データの信頼性を高めるための戦略として，分析の過程で用いられることもあります。ローズマリー・レイリー（Reilly, 2013）は，研究参加者にインタビューの書き起こし

訳注 ii　声や身体を用いた語りのパフォーマンス。

を渡し，そこから「ファウンド・ポエム[iii]」を作ってもらうという，メンバーチェック[iv]の革新的な方法を開発しました。レイリーは，これがメンバーチェックの方法として有効であるだけでなく，詩が質的データに情緒的な深みを加えることを見出しました。インタビュー記録からどのように詩を作成するかという詳しい事例は，あとの詩的書き起こしについての節で紹介します。

　最後に，**文献の声による詩**は，比較的新しく，まだあまり知られていません。研究者がオリジナルの詩を作るための資料として文献や理論を使ったり，詩や探究それ自体についての詩を書いたりすることが，ここに含まれます（Prendergast, 2009）。プレンダーガストは，この方法が「ファウンド・ポエトリー」（p. 76）の伝統に根差したものだと考えています。たとえば，あるプロジェクトの彼女の詩は，ハーバート・ブローの著書『The Audience（聴衆）』（Blau, 1990）に取り組む中から生まれたものでした。プレンダーガストは，「文献の声による詩」を用いて，「ブローの理論を統合し，検討し，それが自分の研究にどう役立つかを理解」（Prendergast, 2009, p. 75）しました。彼女の詩は研究者の発言によって裏付けと文脈を与えられています。その詩には聴衆やパフォーマンスについての彼女の理解の深まりがあらわれており，その理解は彼女のパフォーマーとしての，また教育者としてのキャリアの中核になっています。

研究として詩を書くこと

❓ ・研究として詩を書くにはどうすればよいのでしょうか
　　・詩はどのような構造になっているのでしょうか

　「優れた」詩とはどのようなものかを考えることで，詩を書く技（わざ）に目が向けられます。力強い詩は，社会生活に対する私たちの理解を深め，読者に衝撃を与え，現実を表現し，省察を促し，美的感覚を高めるとリチャードソンは指摘しています（Richardson, 2000, p. 254）。また，サンドラ・フォークナー（Faulkner, 2009, 2019）は，優れた詩には真正性があるため，読者は何度も読み返したくな

訳注 iii　ファウンド・ポエムまたはファウンド・ポエトリーとは，他の原典から単語，フレーズ，時には文章の一節を引用して，間隔や行を整えたり，テクストを足したり減らしたりすることで新たな意味を付け加えて再構成した詩のこと。
訳注 iv　データと暫定的な解釈を研究参加者に示し，その分析結果が妥当なものかどうかを尋ねる方法。

ると述べています。

このような基準を満たす研究詩を作ろうとするなら，「詩の構造的側面」（Sullivan, 2009, Butler-Kisber, 2010, p. 97 による引用）を理解することが重要です。アン・マクレアリー・サリヴァンによれば，詩には，具体性，感情，あいまいさ，そして連想（の論理），という 4 つの側面があります。

詩は，リズム，形式，メタファー，言葉の力を利用します。詩は，フィクションベース研究と同じか，おそらくそれ以上に言葉に依存するため，詩の言葉はカミソリのように鋭くなければなりません。言葉の重み，感情の起伏，響き，そしてもちろん意味にも十分注意を払いながら，言葉を慎重に選ぶ必要があります。詩では，具体性とメタファーの両方が重要です。プレンダーガスト（Prendergast, 2012）は，「方法としてのメタファー」が果たす重要な役割を指摘し，それは詩的に考えること，詩的探究を行うことに特有のものだと説明しています。研究詩がどのように作られるかは，詩のカテゴリー（どの声によるものか）に加え，プロジェクトの大きな目標や方法論によって決まります。研究者，参加者，文献のいずれの声から作られる詩の場合も，通常は，データをくまなく調べ，意味をつくり出すために使える言葉やフレーズを見つける過程が含まれます（Faulkner, 2009, 2019; Glesne, 1997; Prendergast, 2009）。

詩的書き起こし

❓・詩的書き起こしとは何でしょうか

詩的書き起こしは，グラウンデッド・セオリー・アプローチから派生した分析と執筆の方法であり（厳密には同じではありません），データからコードとカテゴリーを帰納的に生成します。たとえばインタビューデータの場合，研究者はまずインタビューの書き起こしを詳しく検討し，テーマや繰り返し出てくる言葉を探して，単語やフレーズを正確に抜き出します。ここで選ばれた言葉が，詩のベースになります。このアプローチでは，参加者の言葉を使うだけでなく，話し方のパターンも記録に残します（Faulkner, 2005, 2019; Glesne, 1997）。この技法は結局のところ，広範なテーマ・コーディングに基づいてデータを圧縮するものであり，1 つの単語がインタビュー記録の切片を表現することもあります。詩の骨組みとなるのは参加者の言葉ですが，研究者自身の言葉を詩に組み込んでもかまいません。たとえば，インタビューでの対話の一部を詩に挿入するこ

ともあります。コリンヌ・グレスン（Glesne, 1997）は，詩的書き起こしを，参加者と研究者の会話から生まれ，解釈を通して進化する「第三の声」を表すものとして位置づけています。文献調査や理論研究から得られる洞察も，この第三の声に含まれるかもしれません。ここでも，詩は，参加者の声に対する責任と，研究者自身の洞察や政治的動機との緊張関係に対処する1つの方法になりえます。この緊張関係について，先行研究では，**著者性**と**権威性**という言葉があてられています。

　D・ソイニ・マディソン（Madison, 2005）によれば，このようなアプローチは，語り手の声を浮かび上がらせたいというフェミニストや多文化主義者の関心から発展したものであり，フェミニズムのプロジェクトにおける中心的な問題意識でした。抑圧された声を増幅させることに熱心な研究者は，このような解釈のスタイルに魅力を感じるかもしれません。さらに，参加者の語りは発声に伴って生じるため，話し方を捉えることで，その人の声を保持するだけでなく，インタビューの劇的（表現的）な側面も伝えることにもなると考える批評家もいます（Calafell, 2004; Faulkner, 2005, 2019）。詩的書き起こしを使用する，しないにかかわらず，研究者がデータを解釈し，話し手の声やインタビューの会話そのものを表現しようとするなら，グラウンデッド・セオリーのさまざまな分析方法が役に立つでしょう。さらに，グラウンデッド・セオリー・アプローチに基づいて解釈することで，真正性の次元が加わります。

　次の事例では，分析と表現の進め方の一例を紹介します。このデータのもとになっているのは，大学生の性的アイデンティティと身体イメージの関係に関する私自身の研究です（この研究は，セクシュアリティ科学協会の財団からの助成を受けて行いました）。この例では，バイセクシュアル，異性愛者，同性愛者を自認する18名の女性に焦点を当てています。インタビューは，詳細かつオープンエンドな形で行いました。決められた一連の課題を探るため，どの参加者にも同じ質問をしましたが，参加者は自分にとって重要な問題について自由に話し，会話の流れを一緒につくっていきました。インタビューは逐語的に書き起こし，参加者全員に番号を振って（個人の特定につながる情報は削除し），信頼性を高めるために2名の分析者が体系的にコーディングを行いました。その結果，魅力，身体イメージ，家族，デートなどを含む上位コード（大きなカテゴリー）の長いリストが作られました。各上位コードの下にある，魅力的な理想の他人，魅力的な理想の自分，身体への満足，身体への不満，初デート，デート準備な

どのより具体的なコードカテゴリーは，さらに長いリストになりました。

　以下は，上位コードカテゴリーの「身体イメージ」に含まれるコード「胸」についてのデータです。特に質問されていないにもかかわらず，18名の参加者のうち5名がこのトピックについて話しはじめました。私は，書き起こしたデータに戻り，彼女たちが伝えようとしている要点を捉えた言葉を**太字**で強調しました。強調を加えた各参加者のデータは，最終的な詩的表現に使用しています。

13

それに私のおっぱい!!!　おっぱいがもっと大きかったらいいのに！

（インタビュアー）オーケー，それはなぜですか？

　わからない。[くすくす笑い] なんかさ……わからないんです。わからないけど，たぶん，いつも見てる映像のせいかな。たぶん，そういうこと。わかる？ 見ているのは私と同じような体格の女の人なんですけど，170cm ぐらいで，やせてて，**胸が大きい**んです，なんでかわからないけど。わかります？ やせてるのに**胸が大きい**って！ うーん，私にも**ちょっとでも谷間**があればいいなって……そうしたらシャツをもっと着こなせるのに。[くすくす笑い] それだけのことなんですけど……。

8

　うん，**私，ランジェリーが大好き**なんです。**胸が小さいから**，アンダーワイヤー入りとかプッシュアップブラとか，そういうのは**着けたことがなかった**。乳首を覆う布切れを着けていただけ [笑]。でも，いつから本格的なブラジャーを着けるようになったんだろう？ 大学3年のときかな。あれ，違う？ 大学2年のときからか，本格的なブラジャーを着けたのは。女の子にしては遅い方だと思います。ブラジャーを着けなかったのは，自分の体をありのままに見せたかったから。ありのままの形で見せたかったし，他の人みたいに自分を偽りたくなかった。そういうことをする子たちは，だいたい外見でわかるような気がしたんです。でも，ここ数年で，ランジェリーが好きになって，それで自分の良い部分を強調できることに気づきました。それに，ランジェリーで性格が決まるわけではないし，自分の性格は体の形とは関係ないってわかったんです。だから，私はランジェ

リーが大好きだし，自分の小さいおっぱいも大好き。このままでいい。

17

（インタビュアー）自分の体の良いところはどこだと思いますか？

えeと，そうですね……。ええと，私は，［笑］**胸**が素敵だと思います［笑］。だから，必ずタイトなシャツを着て，胸がきれいに見えるようにする。そうなんです！

私たちは，背が高くて，やせていて，おっぱいが大きくて，ジェシカ・シンプソンみたいな，広告の中のモデルみたいな完璧な体を，社会から押しつけられている**気がします**。

MTVをずっと見ていて，「リアルワールド」に出演している人たちはゴージャスで，みんな**おっぱいを大きくして**，すごくやせていて，**男の人たちはすごく筋肉質で**，だから，自分は問題を抱えていると気づいたとき，みんなはそんなことを気にしていないんだと思いました。

14

私は自分の胸が嫌い！

（インタビュアー）なぜ嫌いなんですか？

だって，**たるんでるし**，**離れすぎてる**から！［笑］豊胸手術がしたいです，もし……私は弁護士になりたいと思っているから，初めて大きな事件を担当することになったら，**偽物の胸を買おう**かな。

3

おっぱいがもう少し大きかったら，本当に楽しいと思うんです。Bカップがぴったりになったらそれで満足できると思うんですけど，でも私，Bカップの中でも小さい方だから。

（インタビュアー）だから，もっと大きな胸がいいんですね？

そうですね，少なくとも，いまは**理想のおっぱいではない**と思います。

（インタビュアー）理想はどんな胸？

そうですね，**形が良くて**，**乳首の大きさがちょうどよくて**……わからないけど［笑］。

（インタビュアー）その考えはどこから出てきたんですか？

第3章 ｜ 詩的探究　　　　123

うーん，そうだな，**男性が描く好みのタイプだからだと思う**。だって，女性はきっと小さい方が好きだから。**おっぱいが大きいと**，運動するときに**揺れたりして，何かと問題があるし**。だから，これは**間違いなく男性の願望**だと思う。

完成した詩は，次の通りです。

……それに私のおっぱい（... And My Boobs）

大きなおっぱい	bigger breasts
大きなおっぱい	bigger boobs
垂れている	too saggy
離れすぎていて，揺れやすい	too far apart all jiggly
社会が私たちに求めるのは，	tall and skinny with huge boobs
背が高くて，やせてて，大きなおっぱい	society pushes us
男が描く男の欲望	man's portrayal a male want
──男はがっちり	guys are bricks
私の胸は小さい	I have small breasts
でも，私は小さいおっぱいが好き	but I heart my small boobs
このままがいい	I like them the way they are
おっぱいを整形したい	I want to get a boob job
偽物のおっぱいを買うつもり	gonna buy fake boobs
もっとおっぱいが大きかったら	If I had bigger boobs
もっと大きなおっぱい	bigger boobs
──ちょうどいい乳首の大きさ	a certain nipple size that is perfect
理想のおっぱいを持っているなんて	I just don't feel like
そんなふうには思えない	I have the ideal boobs

この例で，最終的な表現に使われているのは，研究参加者が語った通りの言葉だけです。しかし，どのデータを使うかは研究者である私が選択しているため，解釈の主導権は私にあります。詩では，データがぐっと圧縮されると同時に，データのある側面が強調されます。その側面は，作品になったときに感情や個人的な経験を表し，それらが織り合わさって複合的な女性が表現されます。さらに，詩は短いながらも，女性が家父長制，マスメディア，美容整形産業などのマクロな文脈の中で，このような経験をしながら自己概念を育んでいることを明らかにし，ミクロレベルとマクロレベルの分析を結びつけているのです。

具象研究詩

？・*具象研究詩とは何でしょうか*
　　・*視覚的な表現によって何が加わるのでしょうか*

　具象研究詩（concrete research poetry）は，研究に基づく詩を，その詩としての内容を補完する具象的な形で表現する方法です。この方法は，詩的探究の比喩的な要素を具象化するもので，比喩の分析と合わせて使うことができます。マーシー・マイヤーはこれを「言葉 – イメージ化」と概念化し，「具象詩は，読者に読むテクストだけでなく，知覚する視覚対象を提供し，テクストの入れものとなる輪郭を作り出す。読者の解釈は，詩の輪郭によって形づくられる」（Meyer, 2017, p. 34）と説明しています。

　マイヤー（Meyer, 2017）は，具象研究詩を用いて，精神疾患の子どもを育てるシングルマザーの研究を行いました。この研究は，自身も精神疾患の息子をもつシングルマザーであるマイヤーの体験に基づいたものです。当初，マイヤーには共同研究者がいましたが，途中で抜けたため，一人で研究を完成させました。データ収集は 8 名の参加者への半構造化インタビューを通して行い，ネットワーク・サンプリング[v]と雪だるま式サンプリング[vi]で参加者を募りました。インタビューは可能なかぎり対面で，参加者のオフィスや地元の図書館など，お互いが合意した場所で実施されました。インタビュー時間は 35 分から

訳注 v　社会的ネットワークを活用したサンプリング手法の 1 つで，研究対象となるグループやコミュニティ内の社会的つながりや人間関係のパターンを利用してサンプル対象者を選定する。
訳注 vi　研究の初期段階で少数の対象者を選定し，その対象者から紹介を受けて次の研究参加者を徐々に追加していくサンプリング手法。

60分で、音声はすべて録音されました。直接会うことができない場合は、メールでインタビューが行われました。データ分析とコーディングは、オープン・コーディングからフォーカス・コーディングへと複数の段階を踏んで進められました。詩として構成する前のプロセスは、以下のようなものでした。まず、データを書き起こし、参加者にメールで送って確認してもらいます（メンバーチェック）。不明な点については明確化を求めます。次に、余白にメモをとり、元のテクストと追加したテクスト、分析のコメントとメモを色分けして、コードカテゴリー間の関係を検討します。さらに、データを再読してメタファーを探し、15のメタファーを特定します。

　マイヤーは最終的に、文献調査から数編の詩と、6名の参加者の声から7編の詩を創作しました。参加者の声から生まれた詩については、何度もメンバーチェックを行い、原稿を参加者に見せて詩に「共鳴」できるかを確かめました。さらに、地元のアーティストや詩人からもフィードバックをもらい、それをもとに修正を加えていきました。図3.1、図3.2はその一例です。

　これらの図から、視覚的なイメージは、詩の内容を伝えるのに役立つことがわかるでしょう。特に、詩のベースとなっているメタファーの説得力が増します。

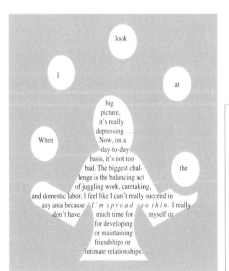

図3.1　具象研究詩「ジャグラー（Juggler）」
出所：Meyer（2017）より。Copyright © 2017 Marcy Meyer. 許可を得て転載

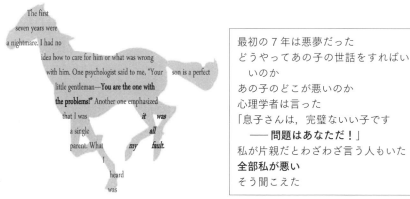

図 3.2 具象研究詩「悪夢（Nightmare）」
出所：Meyer（2017）より。Copyright © 2017 Marcy Meyer. 許可を得て転載

社会調査における詩の活用

> ・研究者はなぜ詩の活用を考えるのでしょうか
> ・詩はどのような研究目的を達成するのに役立つでしょうか

　詩は，感情を揺さぶり，人とのつながりと理解や深め，時に政治的な意味合いをもつ「関与型」の書き方です（Faulkner, 2005, 2019）。フォークナー（Faulkner, 2018）は，詩的探究が「社会問題への積極的な対応，政治的なコメント，行動への呼びかけ」に使われると指摘しています。研究プロジェクトと詩という形式の親和性が高ければ，この表現方法によって人間独自のありようを捉え，社会的現実に対する理解を広げることが可能になります。

　ナラティブ・インクワイアリーから生まれた短編小説と同じように，詩は，従来の学術的文章より幅広い読者にとって親しみやすく，社会科学の知識を一般の人々に公開することができます。アメリカの元桂冠詩人であるビリー・コリンズは，詩の楽しみとして，皮肉，感情，劇的な出来事，想像力，言葉遊びを挙げています（Collins, 2005, p. xviii）。詩は，読者の感情を喚起し，それが研究目的に役立つこともあります。

　フォークナーは，散文ではメッセージを伝えきれないときに，詩の使用を検討すること，特に「読み手や聞き手の感情を刺激し，何らかの共有体験を生み

出す」(Faulkner, 2005, p. 9) 手段として詩を用いることを提案しています。また，マイルズ・リチャードソン (Richardson, 1998) によれば，詩は，ある瞬間の真実を明らかにしようとする際にも役立ちます。詩が「瞬間」を捉えることができるのは，「詩の高い密度と強度によって，（瞬間の）鮮やかさが強調される」からです (Ely, Viz, Downing, & Anzul, 1999, p. 135)。同様に，ローレル・リチャードソンは，社会科学者の目では捉えられない人間性が詩の中では姿を現し，それによってオーディエンスは自分の奥深くにあるものとつながることができると説明しています (Richardson, 1997, p. 459)。詩が人間的なつながり，共感，感情を育むのは，他の方法とは異なるその固有の形式や形によるものです。詩は，読者からの経験の共有，あるいは新たな経験への扉となります。

　たとえば，ベル・フックス (hooks, 1990) はラングストン・ヒューズの詩について考察し，ヒューズの詩には，彼の人生を形づくった「官能的なあこがれ」と「満たされることの欠如」，そして痛みがあらわれており，ある歴史的・文化的空間における黒人ゲイ男性としての経験が見えてくると述べています。フックスの分析から，詩は，きわめて主観的な「真実」だけでなく，その真実がより大きな文脈とどのように関係しているかも捉えられることがわかります。詩は言語，リズム，余白を使って「ある情景」を描くことで，強いイメージと感情を呼び起こし，「出来事の本質」を表現します (Ely et al., 1999, p. 135)。詩は，社会生活の一面が見える窓というより，現実の前に置かれた拡大鏡であり，経験をくっきりと際立たせるのです。要するに，詩は，鮮明で感覚的な情景をつくり出し，読者の心を揺さぶり，経験のある様相を伝えます。詩人の仕事は，「経験」すなわち生きられ感じられた出来事の見えをつくり出し，それらを構造化して，純粋に経験された現実，バーチャルな人生の一部を構成することです (Langer, 1953, p. 212, Ely et al., 1999, p. 135 による引用)。データは詩の形式に凝縮されますが，だからといって，読者を社会的現実や経験に結びつける潜在的な力が弱くなるわけではありません。詩のもつコミュニケーション装置としての力は，ページにあらわれる（文字通りの）言葉だけでなく，言葉と言葉の間の余白に配慮し，感覚的な情景を劇的に設定することにあります。シンシア・キャノン・ポインデクスター (Poindexter, 2002) は，研究者−詩人がしていることを「ダイヤモンドの切削」にたとえ，言葉を削り，最高の透明性を達成することだと述べています。

詩とアイデンティティ研究

?・詩的探究はアイデンティティ研究に，どのように活用されているのでしょうか
・それにはどのような利点があるのでしょうか

　アイデンティティ研究者は，詩的表現が自分たちの目的に役立つと考えるかもしれません。詩的探究は，データを表現し，生成するために用いられることもあれば，研究プロセス全体が詩的探究となることもあります。まず，従来の研究方法で収集されたデータを詩的に表現するところから始めてみましょう。

　LGBTQ のユダヤ系アメリカ人によるアイデンティティ交渉に関するフォークナー（Faulkner, 2006）の研究から，見事な例を紹介します。フォークナーは，LGBTQ かつユダヤ人を自認する 31 名にオープンエンドのインタビューを行い，「自分が自分であるとはどういうことなのか」という問いを深めていきました。彼らが表出するアイデンティティは，対立や緊張を引き起こし，さまざまなステレオタイプや思い込みを生み，同性愛嫌悪や反ユダヤ主義のリスクにさらされることがあります。そして，どのアイデンティティが重視されるかは，時勢によって，また人々の自己概念によって異なります（Faulkner, 2006）。この集団が興味深いのは，調査対象とするどちらのアイデンティティ・カテゴリーも，人種のような他のカテゴリーに比べて隠しやすいという点です。したがって，彼らのアイデンティティ交渉（アイデンティティ管理）は，ユダヤ人のアイデンティティや LGBTQ のアイデンティティをどの程度隠すか，それとも公表するか，また，それは時と場合によってどのように変わるのか，が中心になります（Faulkner, 2006, 2009, 2019）。以下の抜粋からもわかるように，このことはインタビューをもとに創作された詩の主要なテーマとなっています。

> ラビ[vii]たちはため息をつき，あきらめて両手を上げる。
> ゲイの正統派ユダヤ教徒は，解決なのか，それとも問題なのか
> エイブは言う，私は**それほど**ユダヤ人じゃない
> 二重のクローゼットに閉じこもり，宗教を遠ざける
> 違う箱にアイデンティティを押し込め，両親のために
> **シナゴーグ**では，敬虔な（クィアではない）ユダヤ教徒のふりをする……

訳注 vii　ユダヤ教の指導者。

この「アイデンティティ」研究では，最終的な詩は，参加者のナラティブから直接作られました。そのプロセスは非常に協働的で，参加者は，詩として構成される前に自分のインタビュー記録を加筆修正することが可能でした。

すでに述べたように，詩は，単一の固定された意味ではなく，**複数の意味**を明らかにします。フォークナーの研究では，LGBTQのユダヤ人がアイデンティティ交渉をどのように行っているかに焦点が当てられていました。結果的に，データを詩で表現したことは，研究の目的にぴったり合致しています。フォークナー自身が説明しているように，「詩は，単一の定義や説明を退ける。詩はアイデンティティの捉えどころのなさ，つまり自分が誰であり，どうありたいかが，本質的に移り変わることを捉える難しさを映し出す。さらに詩は，ナラティブと相互作用を通してアイデンティティがつくられ，維持され，変化するさまと共鳴し合う」（Faulkner, 2006, p. 99）のです。またフォークナーは，詩によって，アイデンティティが伝統的にどのように表現されてきたかを見せること，複雑なアイデンティティの表現を関連分野に広げることが可能になったと説明しています。詩はまた，著者，参加者，読者の間に，感情的な関わりと人としてのつながりが生まれるきっかけにもなります。これは，社会的活動を意図したアイデンティティ研究の重要な側面です。このような関わりやつながりは，読者に，異質な集団に対する固定観念を打ち破るよう促すことになるため，社会正義の観点からも意義があります。また，この研究によって，「隠すことが可能なアイデンティティ」（Crocker, Major, & Steele, 1998）をめぐるアイデンティティ管理がどのように行われるか，アイデンティティの開示（部分的開示あるいは非開示）が，さまざまな時代や文脈で多少なりとも見られる同性愛嫌悪や反ユダヤ主義への恐怖とどのように結びついているかを理解できるようになるという点でも，詩の中にあらわれる「真実」は重要な役割を果たしています。

データの生成と表現の両方に詩的探究を用いた見事な例に，カメア・デイヴィス（Davis, 2018）によるポエトリースラムと思春期のアイデンティティに関する研究があります。ポエトリースラムは，スポークンワードの一形態で，多くの場合，「疎外された若者が，政策，慣行，黙殺によって自分たちを抑圧する政治的・社会的な力に挑むために書かれる」（Davis, 2018, p. 118, Gregory, 2008を引用）ものです。スポークンワードは，「疎外された人々の方言，文化的アイコン，および経験を用いて，彼らのコミュニティをヨーロッパ中心主義

的な視点で描くことに対抗するナラティブを用意」（Davis, 2018, p. 118）します。明らかにこれは，公民権活動家とヒップホップアーティストの精神で不正を暴くレジスタントアートです（Brown, 2011; Bruce & Davis, 2000; Davis, 2018）。デイヴィスは，ポエトリースラムを抗議運動の賛歌や行進曲にたとえています。

デイヴィスは，ポエトリースラムの解放的な力に着目して，次のようなリサーチ・クエスチョンを立てました。

> ポエトリースラムという空間は，中学生が社会的障壁を打ち破ることをいかに可能にするのか。中学生をアイデンティティ構築のプロセスにいかに巻き込めるのか。
> (Davis, 2018, p. 117)

2015年の秋，デイヴィスは，アメリカ中西部の中学校のポエトリースラムの選択授業を登録している生徒に研究への参加を呼びかけ，アフリカ系アメリカ人の男女，アンドリューとブリタニー（いずれも仮名）の2名が参加することになりました。データ生成と分析は2ヵ月にわたって行われ，生徒がそれぞれ自主的に創作した詩を，デイヴィスが2週間かけて分析しました。このプロセスを繰り返した結果，最終的に4篇の詩が完成しました。この4篇が，本研究のローデータとなっています。分析にあたりデイヴィスは，データを何度も読み返してコーディングと分析メモの作成を行い，そこから「リサーチ・クエスチョンに沿ったテーマを特定する」（Davis, 2018, p. 124）ためのコードリストを作りました。分析サイクルの間も詩に立ち戻り，「詩的な装置」（p. 124）を探しました。デイヴィスは分析したデータをもとに2篇の詩を作り，それぞれにアンドリューとブリタニーの声を取り入れました。この結果は既存の文献を裏付けるものであり，ポエトリースラムが，時に社会的規範に抵抗しながらアイデンティティを構築する若者の支えになっていることを示しています。さらに，詩作の過程は参加者との協働的な意味づけを促したとデイヴィスは述べています。

研究活動全体が，詩的探究となることもあります。チカーノ／チカーナ（メキシコ系アメリカ人）研究とクィア理論の先駆者であるグロリア・アンサルドゥアによる研究は，その最もよく知られた例です。アンサルドゥアは，1987年に出版した『Borderlands/La Frontera（国境地帯）』という画期的な著作において，詩と散文を融合させ，ハイブリッドなアイデンティティの経験を表現しま

した。このことから，インターセクショナリティ（交差性）理論のような新しい理論的アプローチが，詩的探究の発展に影響を与えたことがわかります。ここでは，「国境地帯に生きる（To Live in the Borderlands）」という彼女の詩の短い抜粋を紹介します。

> 国境地帯に生きる。それはつまり，あなたが
> "イスパーナ"でも，"インディア"でも，"ネグラ"でも，"エスパニョーラ"でも，"ガバチャ"でもなく，
> "メスチサ"であり，"ムラータ"であり，混血児であるということ。
> どちらの陣営でも板挟みになり，
> 5つの人種すべてを背負い，
> どちらに行くべきか，何から逃げるべきかわからない……。
> 国境地帯に生きる。それはつまり，
> ボルシチにチリ（唐辛子）を入れること
> 全粒粉のトルティーヤを食べること
> ブルックリン訛りのテクス・メクスを話すこと
> 国境検問所でミグラに止められること

　アイデンティティ・ワークにおいて，詩は研究であり，書き方のスタイルであり，文化的な介入であり，抵抗の行為なのです。

詩と被支配者の視点，抑圧，不当な特権

　アンサルドゥアの作品は，アイデンティティ研究について考えることと，周縁化された人々の経験に迫り，経験を広げることの間の橋渡しをしてくれます。研究者は詩を用いることで，抑圧された知や権利を奪われた人々の経験を理解し，表現することができます。周縁化された声を表現する上できわめて重要な

訳注 viii　ヒスパニックの人々を指すスペイン語。以下，同じくスペイン語で「インディア」＝中南米の先住民，「ネグラ」＝黒人，「エスパニョーラ」＝スペイン人，「ガバチャ」＝フランス人，「メスチサ」＝ヨーロッパ系白人とインディオの混血，「ムラータ」＝ヨーロッパ系白人と黒人の混血を指す。
訳注 ix　テキサスとメキシコの混合を意味する言葉。主として料理に使われる。
訳注 x　アメリカの移民局のこと。

のは，詩のもつ固有の形式あるいは形態です。詩という形式には「余白」が不可欠です。余白と呼吸は，意味生成と分かちがたく結びついています。このように，詩を構成する余白には，**重み**があります。リサ・マッツェイは，「沈黙を詩的に理解する」，つまり意図的に沈黙を「（何かが）宿る」ものとして概念化することを提案します（Mazzei, 2003, p. 356）。マッツェイが参照している解説では，「彼ら（人種について書く白人詩人）の詩において，人種と権力の関係は，沈黙や言外の意味として存在することがほとんどだ」（Rich & Lehman, 1996, p. 32）とあります。詩という形式は，従来の科学的な書き方では不可視にされてしまう階層的な社会の諸相に触れる手助けをしてくれます。詩によって，社会的な現実をめぐる私たちの経験，知覚，理解を形づくる言外の意味にアクセスすることが可能になるのです。このことは，多くの人が支配的秩序の周縁に追いやられ，それ以外の人々が支配的な地位に付随する「不当な特権」を享受しながらそれを自覚することのない社会において，特に顕著です。[1]

考慮すべき点

　本書で取り上げるすべてのアートベースの実践に言えることですが，社会科学などのデータを詩で表現する際に最も懸念されるのは，研究者や一般の人々が作品を判断する基準です。どのアートベースの実践の議論においても，妥当性や関連する問題は浮上しますが，詩の使用については，安易である，厳密さに欠けるという誤解から，研究として認められなかったり，厳しい目を向けられたりします。評価の問題について考えるとき，このような研究を実証主義や従来の質的な「解釈学的」基準で判断することはできないと理解しておく必要があります。評価については第 8 章で幅広く取り上げますが，ここでは詩的探究に関連する問題を簡単に整理しておきましょう。

　詩は複雑なアート作品であり，独自の標準的な方法と文学としての約束事があります。詩を用いた研究プロジェクトを始めるにあたって，研究者は詩の伝統について学び，その約束事を身につけることが推奨され（Faulkner, 2009, 2019; Percer, 2002），詩をつくり出す技の厳しさを理解していきます。フィクションベース研究と同様に，詩を研究に使用することは，解釈し書くプロセスをより厳密にするものではあっても，その逆ではありません。さらに，詩の形式に注

意を払うことで，作品の美的価値が高まり，結果としてオーディエンスの好意的な反応にもつながります。ABRでは，オーディエンスの反応それ自体が，妥当性のチェックポイントなのです。

　詩のもつ力は，いかに感情を喚起するか，つながりを生み出すか，真実と**感じられる**情景を描き出すか，政治的・社会的な行動を促すかに基づいて評価されます（Faulkner, 2005, 2009, 2019）。フォークナーは，リチャードソン（Richardson, 2000）とボックナー（Bochner, 2000）を引用しながら，詩を規定する情動的なトーンや，それが読者にもたらす感情に特に注意を払うことを提案しています。リチャードソンは読者の情動反応を重視するのに対し，ボックナーは，詩人−研究者が表現する感情の真実性について立ち止まって考えるよう読者に求めています。ある研究詩を読むとき，自分の内面の感知器は何を告げているか。情動レベル，生理的なレベルでの反応はどのようなものか。その詩は，社会正義の問題や差異の理解にどうつながるか。その詩を読むとき，経験から呼び起こされるものがあるか。あるいは，自分にとってあまり馴染みのない経験に光を当てることになったか。具体的な詩を評価する際には，このような問いを自分自身に投げかけることができるでしょう。

　詩を評価するもう1つの基準は，当の詩の分野に見出されます。意味の明瞭さに関して，詩はどれくらい「とっつきやすい」ものであるべきかという議論があります。ビリー・コリンズは，読者が詩の意味の世界に入り込めるよう，詩は「簡単に入れる」ものでなければならないと考えています。「近寄りやすい詩は入り口が明確であり，読者は正面玄関を通って詩の本体に入っていくことができる。詩全体の『とっつきやすさ』，すなわち意味のわかりやすさは未知数で，詩によって違いが大きいかもしれない」（Collins, 2005, p. xiv）とコリンズは述べています。この原則は，研究詩にも当てはまります。1つの方法は，具体的なものから始めることです。具体性は，読者が詩を解釈するための手がかりを与えてくれます。

　これまで検討した評価方法のほかに，サンドラ・フォークナー（Faulkner, 2005）は，以下のように科学的基準とアート的基準の一覧を作り，次いで「詩的基準」も示しています。ここでの科学的基準は，標準的な質的研究に基づくものです。

科学的基準（Scientific Criteria）

深み（Depth）

真正性（Authenticity）

信用性（Trustworthiness）

人間の経験に対する理解（Understanding of human experience）

省察性（Reflexivity）

有用性（Usefulness）

技巧／方法の明確化（Articulation of craft/method）

倫理観（Ethics）

アート的基準（Artistic Criteria）

データの圧縮（Compression of data）

技巧の理解（Understanding of craft）

社会正義（Social justice）

道徳的真理（Moral truth）

感情を揺さぶる迫真性（Emotional verisimilitude）

喚起（Evocation）

崇高さ（Sublime）

共感（Empathy）

詩的基準（Poetic Criteria）

アート的な濃縮（Artistic concentration）

経験の具体化（Embodied experience）

発見／驚き（Discovery/surprise）

条件付き（Conditional）

物語的真実（Narrative truth）

変容（Transformation）

私なら，フォークナーの科学的基準のリストに，**トライアンギュレーショ**
ン（あるいはそれに類するもの）を付け加えるでしょう。それは，科学研究に妥
当性をもたせるための戦略です。リチャードソン（Richardson, 1997）やペリア
ス（Pelias, 2011）は，トライアンギュレーションではなく**クリスタリゼーショ**

ン（結晶化）という用語を提案しています。別の言い方をすれば，研究者は言葉を厳密に使って意味を明確にし，複数の読者がその意味を確認できるように，いわば言葉で絵を描くのです。

　詩的基準では，質的研究の評価に用いられる信用性の尺度と，アート作品の質判断の尺度が重なり合っています。「詩的基準」は，「（複数の）真実」をつくり出し，知る方法としての特権を社会科学かアートのどちらかに与えるものではありません。むしろ，この2つを掛け合わせたり，融合させたりすることで，何が知識として認められるかを考えるための**第三の空間**をつくります。これは，詩的書き起こしによって生み出される「第三の声」に匹敵するものです。このように，研究詩の評価・比較のための基準を作るという取り組みは，社会科学者にとって，知識の標準的な定義に挑み，それを広げることも意味します。詩は，研究行為であり表現スタイルであると同時に，研究者コミュニティが社会調査の本質，真実，知識に関するより大きな問いに取り組むための手段でもあるのです。

チェックリスト

▶ データの表現に詩を使うことを考えているなら，次のように自問してみるとよいでしょう。

✓ 私の研究プロジェクトの目標は何か。詩的な分析や表現は，その目標の達成にどのように役立つのか。詩の形式は，従来の散文とは異なるどのような方法で，問題を捉え，明らかにするのか。

✓ 私は詩を通して，読者にどんな感情を喚起したいのか。

✓ 私の研究の土台には，知識の本質に関するどのような見方があるか。その見方は，詩を用いることと矛盾しないか。

✓ どのようにデータから詩を組み立てていくのか。たとえば，グラウンデッド・セオリー・アプローチを使うなら，どの程度使えばよいか。

✓ 私の研究方法論は，最終的な作品の評価に用いられる詩的基準を満たす上でいかに役立つか。

おわりに

　本章の後に掲載しているエイプリル・R・マンドローナの事例を読みながら，ここで取り上げてきた知識構築の本質，経験，自己および社会に関する知識，情動性の問題を考えてみてください。詩的探究は，現象あるいは経験の本質を理解し，表現するための強力なツールとなります。マンドローナがこの研究を行ったのは大学院生のときで，子どもたちのナラティブを使って詩を作りました。結果として生まれた力強い詩は，子どもたちの葛藤や視点について多くを語るものであり，著者自身も述べているように，子どもたちとのつながりだけでなく，自分自身とのつながりを深める手助けをしてくれます。本章の事例としてこの作品を選んだのは，大学院生がどれほど効果的に ABR を使っているかを紹介するためです。みなさんがこの事例に勇気をもらい，アートの技法を学ぶことは重要だが，気おくれする必要はないと思えるようになることを願っています。まずは身近なところから始めてみましょう。どんなキャリアを持つ人も，きわめて優れた示唆に富む活動をしているのですから。

ディスカッションのための問いとアクティビティ

1. 職場でのセクシュアルハラスメント，人種的あるいは性的な偏見，家庭内での同性愛嫌悪などの研究者が，詩を研究ツールとして使おうと考えるのはなぜでしょうか。詩は，これらの問題をどのように取り上げるのでしょうか。他の表現方法では歪められたり，あいまいにされたりすることの多いこれらのトピックに対し，詩を使うことでどのようなアプローチが可能になるでしょうか。

2. 外国ルーツの両親と暮らすアメリカ生まれの高校生が，学校，家族，仲間との関係において行っているアイデンティティ管理を研究する場合，詩はどのように役立つでしょうか。

3. 資料 3.1 のデータを詩的に分析し，詩として表現しましょう（このデータは，すでに使用した身体イメージと性的アイデンティティに関するインタビューをコード化したもののうち，「魅力的で理想的な自己」のコードカテゴリーに含まれるものです）。

4. すでに研究に取り組んでいる，あるいはもっと知りたいトピックを選び，詩的に探究してみましょう。小規模の文献調査（3，4点の資料）を行い，浮かび上がったテーマに基づいて詩を創作しましょう。

 おすすめの図書

- Faulkner, S. L. (2019). *Poetic inquiry: Craft, method, and practice* (2nd ed.). New York: Routledge.

  研究手法としての詩について詳細に解説した，初の総合的な入門書の全面改訂版です。この方法の歴史，利点，用途が網羅されているほか，技術と評価に関するしっかりとしたレビュー，詳細な研究例，初学者向けの練習問題や提案も含まれています。

- Faulkner, S. L. (Ed.).(2018). Poetry and social justice [Special issue]. *Art/Research International: A Transdisciplinary Journal, 3* (1). Retrieved from https://journals.library.ualberta.ca/ari/index.php/ari/issue/view/1941/show-Toc.

  さまざまな研究詩，研究論文，理論的思索，レビューなどが収録された特集号です。

- Leggo, C. (2012). *Sailing in a concrete boat: A teacher's journey*. Leiden, the Netherlands: Brill/Sense.

  短編小説と詩を織り交ぜて構成された，非常に見事な長編物語です。この物語では，カレブ・ロビンソンという学校教師の体験と感情が掘り下げられていきます。カレブは，モローズ・コーブというニューファンドランドの田舎町にある保守的な教会が管理する学校で教鞭をとっており，教師であること，夫，恋人，友人，父親，クリスチャンであること，そして人間であることの意味を理解しようと苦闘します。教育関係者は特にこの素晴らしい長編の実例に興味をもつでしょう。

- National Association for Poetry Therapy (2006). *The National Federation for Biblio/Poetry Therapy guide to training requirements*. Delray Beach, FL: Author.

  詩を用いたセラピーを行いたいと考えている人のための包括的なガイドブックです。

- Prendergast, M., Leggo, C., & Sameshima, P. (2009). *Poetic inquiry: Vibrant voices in the social sciences*. Leiden, the Netherlands: Brill/Sense.

非常に優れた詩的探究を紹介する，充実したアンソロジーです。29 の寄稿章，イヴァン・ブレイディによる序文，3 つの詳細なセクションの導入など，盛りだくさんの内容となっています。

📖 おすすめのウェブサイトや雑誌

• *Alba: A Journal of Short Poetry*

www.ravennapress.com/alba/submit.html

　年 2 回発行のジャーナルで，オリジナルの詩の投稿を受け付けています（E メールのみ）。興味のある方は，短い詩（12 行以内）を albaeditor@yahoo.com に投稿してみてください。あらゆるスタイルが考慮されますが，既成の形式とは異なる自由詩が好まれる傾向があります。

• *Art/Research International: A Transdisciplinary Journal*

https://journals.library.ualberta.ca/ari/index.php/ari/index

　年 2 回発行のオープンアクセス・オンラインジャーナルで，詩的探究やその他の ABR，アートに基づく研究を掲載しています。通常は，テーマ（特集）号，ゲストエディター号，一般号が交互に発行されます。

• *Journal of Poetry Therapy: The Interdisciplinary Journal of Practice, Theory, Research, and Education (JPT)*

https://www.tandfonline.com/journals/tjpt20

　詩セラピー協会（National Association for Poetry Therapy）による査読付きの学際的ジャーナルです。言葉によるアートを活用したセラピー実践に関する論文が掲載されています。論文の内容は，主に理論，歴史，文学，臨床，あるいは評価に関わるものです。また，詩や短報（short reports）（4 ～ 7 ページ）も掲載されます。

• *National Association for Poetry Therapy*

www.poetrytherapy.org

　本協会のウェブサイトには，会員情報，書籍，会議，イベントなど，興味深い情報が多く掲載されています。特に興味深いのは，年 3 回発行される団体の公式ニュースレター「The Museletter」です。ニュースレターには，書評，アートベースのセラピーに関する情報や詩セラピー関連の記事など，幅広いトピックが掲載されています。

注

1. ペギー・マッキントッシュ（McIntosh, 1989）は，「White Privilege: Unpacking the Invisible Backpack（白人特権：見えないリュックサックを開ける）」というよく知られたエッセイで，このことに触れています。

■ 参考文献

Anzaldua, G. (1987). *Borderlands/La Frontera*. San Francisco: Aunt Lute Books.

Bhattacharya, K. (2013). Voices, silences, and telling secrets: The role of qualitative methods in arts-based research. *International Review of Qualitative Research, 6*(4), 604–627.

Blau, H. (1990). The audience. Baltimore: Johns Hopkins University Press.

Bochner, A. P. (2000). Criteria against ourselves. *Qualitative Inquiry, 6*, 278–291.

Brady, I. (2003). Poetic. In M. Lewis-Beck, A. E. Bryman, & T. Futing Liao (Eds.), *The SAGE encyclopedia of social science research methods* (pp. 825–827). Thousand Oaks, CA: SAGE.

Brady, I. (2004). In defense of the sensual: Meaning construction in ethnography and poetics. *Qualitative Inquiry, 10*, 622–644.

Brady, I. (2007). Poetics, social science. In G. Ritzer (Ed.), *The Blackwell encyclopedia of sociology* (pp. 3424–3426). Oxford, UK: Blackwell.

Brady, I. (2008). Ethnopoetics. In L. M. Given (Ed.), *The SAGE encyclopedia of qualitative research methods* (pp. 296–298). Thousand Oaks, CA: SAGE.

Brown, R. (2011). Promoting cooperation and respect. *Pedagogy, 11*(3), 571–577.

Bruce, H. E., & Davis, B. D. (2000). Slam: Hip-hop meets poetry—A strategy for violence intervention. *English Journal, 89*(5), 119–127.

Butler-Kisber, L. (2010). *Qualitative inquiry: Thematic, narrative and arts-informed perspectives*. Thousand Oaks, CA: SAGE.

Calafell, B. M. (2004). Disrupting the dichotomy: 'Yo Soy Chicana/o?' in the new Latina/o south. *Communication Review, 7*, 175–204.

Collins, B. (2005). *180 more: Extraordinary poems for every day*. New York: Random House.

Crocker, J., Major, B., & Steele, C. (1998). Social stigma. In D. Gilbert, S. Fiske, & G. Lindzey (Eds.), *Handbook of social psychology* (pp. 504–553). Boston: McGraw-Hill.

Davis, C. (2018). Writing the self: Poetry, youth identity, and critical poetic inquiry. *Art/Research International: A Transdisciplinary Journal, 3*(1), 114–131.

Denzin, N. K. (1997). *Interpretive ethnography: Ethnographic practices for the 21st century*. Thousand Oaks, CA: SAGE.

Denzin, N. K. (2003). *Performance ethnography: Critical pedagogy and the politics of culture*. Thousand Oaks, CA: SAGE.

Dorsey, C. H. (2018). In the dark. *Art/Research International: A Transdisciplinary Journal, 3*(1), 247–253.

Ely, M., Viz, R., Downing, M., & Anzul, M. (1999). *On writing qualitative research: Living by words*. London: Falmer Press.

Faulkner, S. L. (2005, May). How do you know a good poem?: Poetic representation and the case for criteria. Symposium conducted at the First International Conference of Qualitative Inquiry,

Urbana–Champaign, IL.

Faulkner, S. L. (2006). Reconstruction: LGBTQ and Jewish. *International and Intercultural Communication Annual, 29*, 95–120.

Faulkner, S. L. (2009). *Poetry as method: Reporting research through verse.* Walnut Creek, CA: Left Coast Press.

Faulkner, S. L. (2018). Poetry and social justice: Using poetry and poetic inquiry as political response for social justice [Special issue]. *Art/Research International: A Transdisciplinary Journal, 3*(1), 1–6.

Faulkner, S. L. (2019). *Poetic inquiry: Craft, method, and practice* (2nd ed.). New York: Routledge.

Glesne, C. (1997). That rare feeling: Re-presenting research through poetic transcription. *Qualitative Inquiry, 3*, 202–222.

Gregory, H. (2008). The quiet revolution of poetry slam: The sustainability of cultural capital in the light of changing artistic conventions. *Ethnography and Education, 3*(1), 63–80.

Hesse-Biber, S. N., & Leavy, P. (2006). *Emergent methods in social research.* Thousand Oaks, CA: SAGE.

Hesse-Biber, S. N., & Leavy, P. (2008). Pushing on the methodological boundaries: The growing need for emergent methods within and across the disciplines. In S. N. Hesse-Biber & P. Leavy (Eds.), *Handbook of emergent methods* (pp. 1–15). New York: Guilford Press.

Hirshfield, J. (1997). *Nine gates: Entering the mind of poetry.* New York: HarperCollins.

hooks, b. (1990). *Yearning: Race, culture, and politics.* Boston: South End Press.

Langer, C. L., & Furman, R. (2004, March). Exploring identity and assimilation: Research and interpretive poems. *Forum Qualitative Sozialforschung/Forum: Qualitative Social Research [Online journal], 5*(2). Retrieved from www.qualitative-research.net/index.php/fqs/article/view/609/1320.

Langer, S. (1953). *Feeling and form.* New York: Scribner. ［Ｓ・Ｋ・ランガー，大久保直幹ほか（訳）（1987）．感情と形式――続「シンボルの哲学」　太陽社］

Leggo, C. (2008). Astonishing silence: Knowing in poetry. In A. L. Cole & J. G. Knowles (Eds.), *Handbook of the arts in qualitative social science research* (pp. 165–174). Thousand Oaks, CA: SAGE.

Madison, D. S. (2005). *Critical ethnography: Method, ethics, and performance.* Thousand Oaks, CA: SAGE.

Mazzei, L. A. (2003). Inhabited silences: In pursuit of a muffled subtext. *Qualitative Inquiry, 9*(3), 355–368.

McIntosh, P. (1989). *White privilege: Unpacking the invisible backpack.* Ann Arbor: University of Michigan. Retrieved from www.isr.umich.edu/home/diversity/resources/white-privilege.pdf.

Meyer, M. (2017). Concrete research poetry: A visual representation of metaphor. *Art/Research International: A Transdisciplinary Journal, 2*(1), 32–57.

Pelias, R. J. (2004). *A methodology of the heart: Evoking academic and daily life.* Walnut Creek, CA: AltaMira Press.

Pelias, R. J. (2011). *Leaning: A poetics of personal relations.* Walnut Creek, CA: Left Coast Press.

Percer, L. H. (2002, June). Going beyond the demonstrable range in educational scholarship: Exploring the intersections of poetry and research. *Qualitative Report, 7*(2). Retrieved from www.nova.edu/ssss/QR/QR7-2/hayespercer.html.

Poindexter, C. C. (2002). Research as poetry: A couple experiences HIV. *Qualitative Inquiry, 8*, 707–714.

Prendergast, M. (2009). Introduction: The phenomena of poetry in research. In M. Prendergast, C.

Leggo, & P. Sameshima (Eds.), *Poetic inquiry: Vibrant voices in the social sciences* (pp. xix–xlii). Rotterdam, the Netherlands: Sense.

Prendergast, M. (2012). Education and/as art: A found poetry suite. *International Journal of Education and the Arts, 13*(Interlude 2), 1–19. Retrieved from www.ijea.org/v13i2.

Rasberry, G. W. (2002). Imagine, inventing a data-dancer. In C. Bagley & M. B. Cancienne (Eds.), *Dancing the data* (pp. 106–120). New York: Peter Lang.

Reilly, R. (2013). Found poems, member checking and crises of representation. *Qualitative Report, 18*(30). Retrieved from www.nova.edu/ssss/QR/QR18/reilly30.pdf.

Rich, A., & Lehman, D. (1996). *The best American poetry*. New York: Scribner Paperback Poetry.

Richardson, L. (1997). Skirting a pleated text: De-disciplining an academic life. *Qualitative Inquiry, 3*, 295–304.

Richardson, L. (2000). Evaluating ethnography. *Qualitative Inquiry, 6*, 253–255.

Richardson, M. (1998). Poetics in the field and on the page. *Qualitative Inquiry, 4*, 451–462.

Sparkes, A. C., Nilges, L., Swan, P., & Downing, F. (2003). Poetic representations in sport and physical education: Insider perspectives. *Sport, Education and Society, 8*(2), 153–177.

Stewart, R. (2004). The end of boredom: An interview with Billy Collins. *New Letters: A Magazine of Writing and Art, 70*(2), 143–159.

Sullivan, A. (2009). Defining poetic occasion in inquiry: Concreteness, voice, ambiguity, tension, and associative logic. In M. Prendergast, C. Leggo, & P. Sameshima (Eds.), *Poetic inquiry: Vibrant voices in the social sciences* (pp. 111–126). Rotterdam, the Netherlands: Sense.

付録 3.1

5

—— なるほど。先ほどのお話で，あなたがそういうことをする理由としてまず思いつくのは，他の人にとって魅力的でありたいということですね。では，何をどうすれば魅力的になると思いますか？ あなたの目標は何ですか？ 魅力的でいるために，どうなりたいですか？

うーん，1つはやっぱりお腹かな。魅力に欠ける理由の1つは，お腹だと思います。お腹が出ているから。私くらい身長の低い人なら，お腹もへこんでないと。だから，それを目指して頑張っています。ジムに行くときも，お腹をすっきりさせることに集中します。

6

—— あなたが運動したり食事に気をつけたり，そういうことをするのは，他の人から魅力的に見られるためですか？

ああ，うーん，今のところは確かに，間違いなくそうですね，だって，そうじゃない人っています？ でも，長い目で見れば，健康のためだと思います。そういう習慣がないまま大人になると，身につけるのがますます難しくなっていくから，嫌なんです。でも，今はもちろん，自分のためにも人のためにも，きれいでいたいだけ。

引き締まった体でいたいから，体重を落とすというよりは，ボディイメージを維持したいんです。さっきも言ったように，今の見た目でかなり快適だから，変えたいとは思いません。それに，他の人にとってきれいに見えるということは，自信につながります。自分の見た目に満足できていれば，自信ももてます。

2

—— それはどこから来ると思いますか？

うーん，褒め言葉ですかね。いいところは，他の人に褒めてもらえますよね。たとえば誰かに「今日は髪がきれいだね」って言われたら，「ああ，私の髪は

きれいなんだ！」って気づく。誰かが笑顔を褒めてくれたら，「確かに笑顔が素敵なのかも」って気づけますよね。あと，一人だけじゃなくて，複数の人がいいって言ってくれたら，本当なんだと思えます。

13

―― なぜ，身長が低いのが嫌なんですか？

だって，身長が高い人の方が似合う服があると思うんです。私だったら絶対に着こなせないような。わかります？　カプリパンツをはいていると，ときどき「カプリパンツをはくには背が低すぎる」って思っちゃう。脚が長くて細かったらなって思います。

18

―― あなた個人について，健康的な食事をしたり，ジムに通ったりするのは，基本的に他の人にとって魅力的でありたいからだと思いますか？

うーん，それ〔他の人に魅力的に思われること〕は素敵なことだとは思う。でも私が思うのは，自分は楽しもうとして，楽しんでやっているから，あまりそういうふうには考えないかな。でもまあ，家に帰ったときに，もし雪が降っていてジムに行けないとしたら，運動はしない分，食事には気をつけるようにします。見た目も気にするけど，それだけじゃなくて，自分が健康でいるためにそうしたいんだと思います。私は細い方が好きなので，体型を維持して，かっこよく見えるためにしているけど，他の要因もあると思います。

10

―― 大学で，女の子は決まった服装をしなければならないというプレッシャーを感じますか？

新入生のこと？　うーん，ときどきね，みんな自分をかっこよく見せたいし，ほら，パーティーでは，みんないい感じに見られたいし，付き合いたいと思われたいんじゃないかな。でも，自分の見た目をあんまり気にしていない友達もけっこういます，そういうのを超えている。だから，どっちもあります，きっと。

8

―― かわいい女の子って，どういう子だと思いますか？

144

うーん，スタイルが良くて，他のかわいい女の子たちとグループで固まっているような，それがかっこいいっていう，若い子の現象みたいなものかな。

女の子にしては，私はすごく遅い方だったと思います。ブラを着けなかったのは，自分の体をそのまま，ありのままに見せようと思ったからで，他の人の真似をしたいと思ったことはないですね。

4

そうですね，服が着られて，自分に似合うと思えたらいいので，試着して似合わないと思ったら買わないですね。見た目は私にとって大事なので，ジムにも通っています。週に4，5回は行きたいのですが，実際はなかなか難しくて，3，4回くらいです。自分の体をコントロールして，あまり体重が増えないようにしたいから。

——魅力的であるためには平均体重を維持しなければならないと思うのは，
　　どうしてですか？

まあ，まずは健康的だから。それに，ボディイメージが良くないと，付き合う人を見つけるのも難しくなると思うんです。平均的で健康だと感じられて，健康的に見えたら，他の人にとっても魅力的だろうし，自分はちゃんとやっているし幸せだと思えたら，人間関係もうまくいくんじゃないかな。

15

——では，あなたはどうですか。あなたの身体が魅力的だと他の人に思われ
　　ることは，どれくらい重要ですか？

他の人から魅力的に見られたいと思う部分は確かにありますが，そのためにわざわざ特定のイメージを演じる必要はないという気持ちもあります。

14

——では，太ももを細くしたいんですね？

はい！

——どうしてですか？

うーん，どうでしょう。難しい質問ですね！［笑］　わかりませんが，たぶん，その方が男性にとって魅力的だからかな。誰だって男性から魅力的だと思われたいでしょう？

第3章 │ 詩的探究　　　　　　　　145

私は週に 5 日はジムに通って，エリプティカルマシンを 20 分，それからパワーヨガをしています。それくらいかな。あれ，パワーヨガっていうんだっけ？　あ，腹筋ヨガだ！　エリプティカルマシンで 20 分，それから腹筋ヨガを 15 分くらいします。あまり長くはしませんが，ちゃんと続けていることと，ジャンクな食事はしないように心がけていること，自分には体重を落とす力があること，これだけで，自分が望むイメージ，ボディイメージを手に入れるには十分だと思います。

—— ジムに通うのはなぜですか？

　やせたままでいたいからです。

—— いつも食べないのもそれが理由ですか？

　私にとっては，好きなものを食べるより，やせていること，きれいに見えることの方が大切だからです。

子どもたちの詩の声

著：エイプリル・R・マンドローナ

　詩は，現在，つまり，あらゆるものが展開していくこの瞬間をつなぎとめる
錨です。詩は，心の奥深くまで届いて，私たちの感情や記憶，意識を解き放
ちます。詩は，その本質において多義的であり，解釈されることを求める反面，
分析を拒みます。詩は，世界と私たち自身が互いに交わる場なのです。ここ数
十年で，詩的探究や詩を用いたデータの生成，収集，分析，検討は，従来の研
究手法では見落とされやすいつながりや細部を明らかにすることができる強力
なツールとして，注目されるようになりました。詩の形式は，省察や自己分析
の有効な技法であり，生きられた経験のもつ緊張感や複雑さをうまく表現しま
す。また，私たちに染みついた思考や表現の様式に挑み，直線的な知の方法と
いう殻を打ち破ります。「ファウンド・ポエトリー」は「参加者の声に基づく
詩」とも呼ばれ（Prendergast, 2003），書き起こしから参加者が語った単語や言い
回しを利用し，行や音の数，反復，休止などで遊びを取り入れながら，テクス
トを連に再構成します（Richardson, 1992）。ファウンド・ポエトリーを書くこと
は，没入的なプロセスです。他人の言葉に思いをめぐらしているうちに，一瞬
飲み込まれ，別の主観を垣間見ることになるのです。

　少し前から，私は仕事や研究で関わっている子どもたちへの理解を深めるた
めに，自分の専門とする実践に詩的探究を取り入れるようになりました。美術
教育の博士後期課程に在籍し，小学生に美術を教えていた私は，これまであ
まり目が向けられていなかった子どもたちの洞察力や知覚能力を解明する必要
があると考えていました。ただ，私の通常の還元主義的な表現方法や分析方法
では，子どもたちの経験の本来の輝きや強さが見えなくなってしまい，もはや
通用しないように思われました。この問題をどう乗り越えればよいかわかったの
は，2010 年の春にマギル大学のリン・バトラー＝キシュベル先生の質的研究
の授業で，ファウンド・ポエトリーの演習の一環として，自分の修士論文の録
画データを見返したときでした。その研究では，子どもの絵や彫刻に見られる
人の表現に焦点を当てていましたが，作品をつくる過程で子どもたちが私と交

わした会話については，深く検討していませんでした。彼らの話は，突発的でとりとめがなく，目の前の課題とは無関係に思えることが多かったため，聞き流してしまっていたのです。映像をあらためて見直して，すぐに私は，自分がこれまで見逃してきた，子どもたちの豊かで詩的な言葉の数々に驚かされることになりました。子どもたちが語っていた経験は，短くて断片的ではあるものの，その語りには遊び心のある鋭さが見られました。私の中で何かが揺り動かされ，再び目を覚ましたのです。まさに「エウレカ（ひらめきの瞬間）」（Butler-Kisber, 2010）でした。このデータから，私は「オリジナル（のテクスト）とほぼ同じ順序，構文，意味を保った」（Butler-Kisber, 2010, p. 84）「未加工」の詩を数篇作ってみました。1つ目の詩は，ある男の子が粘土を使った経験や，作品を家に飾っていることについて私に話してくれたときの語りから作ったものです。2つ目の詩は，5歳の男の子が粘土で人や車，ガレージを備えた環境を作りながら話していた言葉を使って作りました。どちらの詩も伝えている内容はシンプルですが，不思議な響きがあり，純粋な分析的思考を超えて，直感的で連想的な理解へとつながっています。

ビンの中の船（A ship in a jar）

ぼくは瓶の中に船を作った	I made a ship in a jar,
瓶の中の海賊船	a pirate ship in a jar,
粘土で作った船	a ship made with clay.
周りはぜんぶ青	With blue all around.
ぼくは小さな船を作った	I made a small ship,
ストローを柱にして	with straws for posts,
紙の帆を張った	that hold paper sails.
周りはぜんぶ青	With blue all around.

（6歳男児）

ガレージ（Garage）

ガレージ，車が	Garage, like a car
檻から出ようとしてるみたい	trying to get out of a cage
そしてそれが開くんだ	and then it opens.　　　（5歳男児）

　詩を作るにあたっては，「ストーンバンクス法」（Butler-Kisber, 2010, p. 87 で引用）の修正版を応用しました。そのプロセスは以下の通りです。

- 録音を何度か聞いてデータを書き起こし，書き起こしたものを精読してテーマを浮かび上がらせる。
- 「詩に命を吹き込む」フレーズや単語を抜き出して，詩の輪郭を作るのに役立ちそうな単語を目立たせる（図3.3 参照）。
- 優れた詩を読み，詩を作る経験や出来上がった詩の世界と言葉に浸る（この例で私が読んだのは，アドリエンヌ・リッチ，カール・レゴ，クリスティアン・ボク，マーガレット・アトウッド，ウィリアム・カルロス・ウィリアムズ，レオナルド・コーエンの詩です）。
- 改行やリズムなどを試行錯誤しながら，書き起こしの中のフレーズを組み合わせる。
- 書き起こしからのキーワードを使って，詩の意味が伝わるようなタイトルをつける。

　この演習を通して，すっかり忘れていた気持ちがよみがえってきました。幼い頃の私は，よく，周りの環境について見たことと想像したことを交ぜてお話を作っていました。私の母は，私が生まれてから数年，私が新しく身につけた行動や言語について日記をつけていました。私が文字を書くようになるまで，

17：まだ人は作っていない。車を作ってるの。ガレージがあるんだ（粘土をこぶ
　　　　しで
18：つぶしはじめる）。そうだ，**ガレージ**だ！　そう，**ガレージ**ってね，**車が檻か**
　　　　ら出ようとしてるみたいなんだよ。そして，**それが**
19：**開くんだ**（手のひらを広げて動かしてみせる）。

図3.3　単語やフレーズを強調した書き起こしからの抜粋

そしてその後も，発見したことや，成長の節目，増えた語彙を，母は私の記録係のように書き残してくれていました。私は母に話を聞いてもらいたくて自分から言葉を書き留めるように頼んだこともあり，そのおかげで，私だけでなく他の人もこの具体的な痕跡を検討することができます（図3.4のCを参照）。図3.4のAは，（母が言うには）私が読んだ最初の「俳句」で，野生の動物は人間のように服を着ていないことに気づいたときの発言です。図3.4のBは，小さな塵が太陽の光を受けて空中を浮遊しているのを見た驚きを表現しています。タイプライターで書かれた詩（D）は，周りの人がほとんど誰も妖精を信じなくなったことが心配になった私が，家にあった大型の手動タイプライターを使って書いたものです。

このような記録や詩を見つけたとき，私は，世界の不思議さを感じ，存在の偶然性に驚いていた自分を目の当たりにしたのです。小さな学

A	
ヨーロッパコマドリ	Robin
赤いお腹	Red Tummy
ポケットなし	No Pockets

B	
エイプリルが今日，太陽の光の中で浮遊する塵を見て，「ママ，見て，あれは神様？ ママが言ったように，神様は小さなかけらになっているんだね」と言うので，私は「そうだね，神様みたいだね」と答えた。	April saw some dust motes in the sun today and said "Mommy look, is that God? He's all in little pieces like you said." I said yes, it's like God.

訳注　本図版はグレーの網かけで示した部分のみが重要であり，著者の意向によりそれ以外の部分は訳出していない。

図3.4　保管されていた日記の項目と文書
Aは「俳句」で，コマドリについて説明している。Bは，太陽光に浮かぶ塵を見ているときのもの。次ページのCは，死をテーマにした詩で，Dは妖精の存在について，タイプライターで書いた詩である。

び手として経験した喜び，そしてそれを見ていた母の喜びが目に浮かびました。私は教育や訓練を受けることを大事だと思いますが，より深く理解していくためには，学んだことにとらわれず，そこから離れることも必要だと考えています。もう一度，経験の可能性と世界からの新たなインプットを進んで受け入れなければならないのです。省察の過程には，学びと経験の循環的な本質があらわれています。私たちは常に外へと向かい，新たな知識やスキルを習得しながら自分から遠ざかっていきますが，自己の基盤となるところに戻ってくる必要があるのです。

　しかし，子どもらしい考えはすぐに頭から追い出され，合理的で分別のある考えをすることが期待されるようになります。子どもたちの言葉，私たちがかつて使っていた言葉はもう通用せず，取るに足りない，あるいは中身がない，非現実的なものとみなされます。大人になり，子どもの世界の外に身を置くようになると，子どもと話すのではなく，子どもに代わって，あるいは子どもについて話すことが増えます。このようにつながりが切れることで，私たち

C
1993年6月30日
詩

あなたにこれをあげる
私はもういないから
逃げてもいないし，隠れてもいない
でも，私は見つからない

C

June 30 '93
Poem

I give you this gift
Because I will not be around
I didn't run, I didn't hide
But I cannot be found

D
枯葉，それは病気の妖精たちの船
別の国へ行く
妖精たちの愛する人はもう行ってしまった
なぜなら
彼らを
信じていなかったから
彼らは死んでいく
一人
もう一人と

エイプリル・マンドローナ作
7歳

Dried Leaves, Boats with Sick Fairies
Going to Another Land
Like their Beloveds Have Gone
Before Because we Have
Not Believed
In Them
They Are Dying One After
Another

By april mandrona
age 7

は往々にして，上から目線で説教ばかりしてしまうのです。ウェアリングが強く主張するように，「言語は権力を生み出すと同時に，権力が行使される場でもあり」（Wareing, 2003, p. 11）ます。ペッツェイは，この考え方を子どもに当てはめ，「子どもたちは，彼らが占める社会的・経済的・法的な地位だけでなく，彼らを記述し分類するために使われる言語によっても，社会の中で差異化される」（Peccei, 2003, p. 117）と述べています。この表現体系は子どもの置かれた社会的地位を反映するものであり，それによって知の生成のさまざまな領域にどこまで参加できるかが決まります。最近になってようやく，子どもの経験が伝統的な知の枠組みとは別のところから考えられるようになり，支配的な研究モデルに埋め込まれた権力構造が明らかにされつつあります。アートを取り入れた手法などの批判的で多様なアプローチは，これまで疎外され，沈黙させられてきた子どもの声に注意を向けるのに役立ちます。「声」という概念，すなわち「経験を声に出し，ただ話すだけでなく自分の声に耳を傾けてもらう権利を主張するという考え方は，政治的承認，自己決定，知における存在感を表す比喩となって」（Thorne, 2002, p. 251）います。ところが，パンチが主張するように，「大人の研究者にとって，子どもの視点から世界を完全に理解することは困難である。かつては子どもだったはずの大人は，すぐに子どもの文化を忘れ，捨て去ってしまう」（Punch, 2002, p. 235）のです。これが，子どもに研究に参加してもらう上で問題になっています。大人と子どもの間には埋められない距離があり，それは子ども時代の社会・文化的状況の急速な変化や，子ども一人ひとりの多様な経験から生じています（Dockett & Perry, 2007）。このことは，子どもと関わる人々に難しいジレンマをもたらしますが，子どもたちのリアリティにもっと触れることで，「大人中心主義」のバイアスを大きく軽減することができると私は考えています。

　「子ども」と「大人」というカテゴリーは固定的で，二項対立的なものだと主張するわけではありません。トムソン（Thomson, 2007）は，パウロ・フレイレなどの著作に基づいて，私たちはみな「すでにある（being）」存在ではなく，「なりつつある（becoming）」存在，つまり本質的に未完成であり，絶えず学び，成長し，広がっていくものだと述べています。私もその考えに賛同します。トムソンはさらに，「有能な大人というのは神話である。すべての人がなりつつある存在であって，年齢は関係ない。アイデンティティは複数あり，流動的で，空間（研究の空間も含む）の中で絶えず交渉される」（p. 214）と主張しています。

学びのプロセスは，あらかじめ描かれた直線的な経路をたどるものではなく，回り道をしながら一生続いていきます。私たちのアイデンティティは多層的かつ動的であり，一人ひとりにとっての現実は常に変化し，重なり合います。詩という空間では，存在が解体されてその核となるものがあらわれることで，子どもと共有できる場となります。詩は，言葉の限界を押し広げることで，支配的な現実に挑み，それを覆すことができるのです。レゴは，「真実は，アートによってひらかれた場で構成される。（中略）アートは未知のものを呼び起こす。だからこそ私は，詩を書くことは，言語と言説の創造性と柔軟性を維持するために，そして生きる中で真実をつくっていくために不可欠だと提言する」（Leggo, 2004, para. 23）と述べています。

　詩の世界に身を置くために新しい言語を学ぶ必要はないということを，付け加えておきたいと思います。必要なのは，記憶に深く刻まれた言語，かつて親しんだにもかかわらずあまり知られていない，コミュニケーションの基本形態に立ち返ることです。詩人のジョン・ステファーは，「詩は，言葉を力強く使うことで，人生の奇跡やその深遠な意味に対する私たちの根源的な感覚に接近する」（Steffer, 1995, p. 47）と述べていますが，子どもたちはこのことを直感的に知っています。サリヴァンは，「詩は具体的でなければならない。詩には，見えるもの，聞こえるもの，におうもの，味わうもの，触れるものがなければならない。（中略）具体性は，身体性に関わるものである。私たちは身体の感覚を通して，人生のあらゆる困難や喜びを経験する。（中略）人の声は，経験と共鳴する真正なものであり，それ自体が具体性をもつ」（Sullivan, 2009, pp. 112-114）と述べています。

　子どもたちの話には，何か残るものがあります。子どもたちは，私たち大人が真似できないような新鮮さ，気取りのなさ，斬新な考えを見せてくれます。彼らの物語は，具体的で直接的な世界に根差しながら，示唆に富む深い世界を指し示してもいるのです。

　新たな好奇心と方向性を手にして，地元の小学校の1年生と2年生の美術の授業に戻った私は，子どもたちが話してくれることにもっと注意を払う必要があると思っていました。しかし，子どもの数が多かったため，クラス担任としての通常の教師の仕事と，切り貼りや組み立て，デザインの補助を両立させるのは大変でした。そこで，クラスを少人数のセッションに分けたところ，子ども一人ひとりと向き合い，アイデアや経験についてじっくりと話ができるよう

になりました。子どもとの会話は録音して書き起こし，そのテクストから何篇かの詩を創作しました。ナラティブを詩の連にアレンジすることで，語りのリズムや独特の話し方が強調されました。

詩の「集まり」（poetry "cluster"），つまり与えられたテーマに沿って作られた一連の詩では，一般的なものと特殊なものが混ざり合います。バトラー＝キシュベルは次のように述べています。

> 詩の集まりによって，個々の解釈が暫定的なものであることが見えてくる。あるテーマ，トピック，コンセプトについてのそれぞれの理解は，それが書かれた時間，場所，状況，研究者のスタンスによって制限を受ける。異なる出来事，気分，話題などを表現する一連の詩は，それぞれの詩の「真実」を認めると同時に，それ以上の何かを明らかにする。この「それ以上の何か」は，詩の集まりを公開するときにしばしば生じる貴重な発見である。他の方法では明らかにできなかったテーマを，読者も作者自身も，初めて見ることができるのだ。　　　　　　　　　（Butler-Kisber, 2009, p. 4）

子どもたちは動物や，動物について自分たちが知っていることに焦点を当ててアートを制作し，議論しました。私は，こうした経験から生まれた詩を，詩の集まりという形で見せ，視点の多様性を表現することにしました。これらの詩を合わせて読むと，子どもたちの動物との特別な関係や，自然界のちょっとした，しかし驚くべき側面に対する理解を表現しているように見えます。子どもたちの言葉には，同じテーマのアート作品が添えられています。

狩りをする犬 （Huntin' dog）

ぼくの犬は特別だ	Mine's a special dog.
ドッグフードやビスケットを　食べるのが好き	He likes to eat dog food　and biscuits.
びくびくすると吠える	He howls when he's scared.
いつか狩りをする犬になるんだ	Someday he's gonna be a huntin' dog.
動物のにおいがすると吠える	He howls when he smells an animal.
そしてハンターが撃つ	And then the hunter shoots.　（7歳男児）

図 3.5　7 歳男児による犬の「スニッフィー」を描いた作品。A は「スニッフィー」の版画，B は「スニッフィー」の絵

ボクは知っている（I know）

どうやって	how
カエルが　跳ぶか	frogs　jump
ときどき	Sometimes
とても　遠くまで	very　far
カエルは	They are
緑	green
青	blue
赤	red
黒っぽい	blackish

（7 歳男児）

図 3.6　7 歳男児によるカエルの粘土細工

図3.7 7歳女児によるオタマジャクシの粘土細工

オタマジャクシ（Tadpoles）

大きくなったら	turn into frogs
カエルになる	when they are older
緑色の水の中で	they will live
生きている	in green water
わたしたちとは	there's a difference
ちがう	between us
わたしたちは	we can't breath
水の中では息ができない	inside water
オタマジャクシは	they can't breath
外では息ができない	outside
だからわたしたちは	so we have to be
べつべつの場所にいなきゃいけない	in different places
いっしょに	to be able　　to live
暮らしていくために	together　　　　　　　（7歳女児）

ブタの詩（Pig Poem）

あなたの夢を見て	I dream about you,
あなたの話をして	I talk about you,
あなたを愛しています	and I love you.
ブタより　あなたへ	From the pig to you girl.　（7歳女児）

図 3.8　7 歳女児の作品。A は彼女が日記に書いた詩，B は女児と，彼女が詩に書いた「ブタ」

　最後の詩は，私のクラスの子どもが書いたものです。私の美術の授業では，子どもに詩や物語を書くように勧めています（希望者のみ）。また，私自身が興味を引かれたり，感動したりした詩を，子どもと共有することもあります。子どもはそれぞれ自分用の日記帳を渡され，自分の思いや夢，考えたことなどを絵に描いたり，記録したりしました。

　以下に取り上げるのは，本当の意味での詩の集まりではありませんが，子ども一人ひとりの世界観がよくあらわれています。子どもたちの言葉はほろ苦く，人生の不思議さに目を向けると同時に，人生には限界があることも認めているようです。

田舎の家（A country house）

田舎の家に住んでいた	I had a country house
そして水辺に行った	and I went to the water
お母さんは小さいときから	My mother had it
そこに住んでいた	when she was tiny
それくらい長く住んでいた	She had it for such a long time
でも，もう売ってしまって	But now it's sold
フロリダのマンションに住んでいる	And I got a condo in Florida

(7 歳女児)

図3.9 「ハートと水玉模様に囲まれたエイプリル」。6歳女児が描いた絵

水玉模様（Polkadots）

水玉模様を描いている	I am drawing polkadots
あなたのまわりに	around you
いろんな色で	with different colours

それは特別でユニークだと思う	I think it's special and unique
ちょっと時間がかかる	It kinda takes long time
でも私はあきらめない	but I'm being patient （6歳女児）

わたしは違う（I am different）

クラスの	from the
他の人	other people
とは	in my class.

| わたしが作ったのは | I made |
| 想像の生き物 | a kind of creature |

ユニコーン・ジャガー	a unicorn-jaguar.
ツノが	It has
あって	a horn
足が速い	it's fast
そして飛ぶ	and flies. （6歳女児）

魔法を使い果たす（Running out of magic）

ぼくたちは魔法を	We are running out
使い果たした	of magic.
これはクレージー	This is crazy
サイエンスだ	science.

ぼくたちは魔法を	We are running out
使い果たした	of magic.
ぼくたちは間違った	We got the wrong
ものを手に入れた	one.

ぼくたちは魔法を	We are running out
使い果たした	of magic.
ぼくは	I want to go
帰りたい	back. （7歳男児）

詩を書くために子どもたちの言葉を抽出したことで，彼らの身体に埋め込まれこれまで気づかれることのなかったあいまいさ，二面性，複雑さを捉えることができるようになりました。子どもたちと彼らの世界が，私の前に姿を現しはじめたのです。それは，私にとって異質なものでもあり，よく知っているもののようでもありました。この小さな存在は，喜びと悲しみに満ちあふれ，賢く，素朴で，力強く，可能性を秘めています。私は彼らの柔らかなありようを取り入れて，境界のあいまいな空間に足を踏み入れます。私は教師になると同時に学び手になり，現実の世界と想像の世界を行き来します。私にとって詩の創作は，子どもたちと共有する多層的な教育的文脈を記録し，探究する方法と

なりました。子どもたちの言葉を作品と合わせて見ることで，単なる描写を超え，彼らの感情や知的なプロセスを見通すことができます。教室での体験的・対話的な活動についての理解も深まり，結果として，私の実践はさらに楽しく，より高い次元のものになりました。関わりの頻度と深さが増すにつれ，子どもたちの意思決定をより信頼し，尊重するようになったのです。

　インタビューの書き起こしから作るファウンド・ポエトリーについて，リチャードソンは次のように書いています。「他者の靴を履く[i]だけでなく，他者の身体や精神に入り込むこともできるようになった。他者が主観的に感じている生きられた経験にもより敏感になり，そのことが，自分と他者についてさまざまな方法を使って知りたいという意欲にもつながっている。他者について書くことで，自分自身についても（再び）書くことができるのである」（Richardson, 1992, pp. 135-136）。

　子どもたちとの詩的探究によって，会話，問い，学びへの扉が開かれます。子どもたちは，意識せずに話し，先入観なしに知ろうとしているように思われます。彼らの認識は，まるで存在の本質について語る神託のように想像力と創造力を呼び起こすものであり，「真実」の形により近いように見えます。彼らの言葉を詩にすることで，絶えず変化する対話的な空間が生まれ，その結果，外から押しつけられる「子ども」と「大人」の境界だけでなく，自分の中に存在する「子ども」と「大人」の境界もあいまいになっていきます。このような探究によって，子どもたちの物語に信頼と声が与えられ，たとえ一時的であっても，新たな理解におのずとたどり着くことができるのです。

著者による注釈

　本章で取り上げたプロジェクトは，私が現在，博士課程で取り組んでいる研究とは無関係であり，コンコルディア大学の人間研究倫理委員会およびイングリッシュ・モントリオール教育委員会によれば，どちらの機関からも倫理的な承認を得る必要はないとのことです。ただし，保護者の承諾と子どもの同意は得ており，小学校の管理者からも許可を得ています。匿名性と守秘義務の観点から，子どもの名前は記載していません。

訳注 i　他者の立場から物事を考えたり，他者の経験や気持ちを理解しようとすることを意味する英語特有のメタファー。

■ 参考文献

Butler-Kisber, L. (2009). The use of poetry clusters in poetic inquiry. In M. Prendergast, C. Leggo, & P. Sameshima (Eds.), *Poetic inquiry: Vibrant voices in the social sciences* (pp. 3-12). Boston: Sense Publishers.

Butler-Kisber, L. (2010). *Qualitative inquiry: Thematic, narrative and arts-informed perspectives.* Thousand Oaks, CA: Sage.

Dockett, S., & Perry, B. (2007). *Transitions to school: Perceptions, expectations, experiences.* Sydney, Australia: University of South Wales Press.

Leggo, C. (2004). Living poetry: 5 ruminations. *Language & Literacy, 6*(2), n.p. Retrieved September 20, 2010, from www.langandlit.ualberta.ca/archivesAuthor.html.

Peccei, J. S. (2003). Language and age. In L. Thomas, S. Wareing, I. Singh, J. S. Peccei, J. Thomborrow, & J. Jones (Eds.), *Language, society and power: An introduction* (2nd ed., pp. 114–132). London: Routledge.

Prendergast, M. (2003). Data poetry in qualitative research: An annotated bibliography. *Arts-Informed, 2*(1), 20–24. Retrieved September 20, 2010, from http://home.oise.utoronto.ca/~ aresearch/arts-informed.pdf.

Punch, S. (2002). Research with children: The same or different from research with adults? *Childhood, 9,* 321–341.

Richardson, L. (1992). The consequences of poetic representation: Writing the other, writing the self. In C. Ellis & M. G. Flaherty (Eds.), *Investigating subjectivity: Research on lived experience* (pp. 125–137). Newbury Park, CA: Sage.

Steffer, J. (1995). Language as matter. In T. Lilburn (Ed.), *Poetry and knowing: Speculative essays and interviews* (pp. 45–51). Kingston, Ontario, Canada: Quarry Press.

Sullivan, A. (2009). On poetic occasion in inquiry: Concreteness, voice, ambiguity, tension and associative logic. In M. Prendergast (Ed.), *Poetic inquiry: Vibrant voices in the social sciences* (pp. 111–126). Rotterdam, The Netherlands: Sense Publishers.

Thomson, F. (2007). Are methodologies for children keeping them in their place? *Children's Geographies, 5*(3), 207–218.

Thorne, B. (2002). From silence to voice: Bringing children more fully into knowledge. *Childhood, 9,* 251–254.

Wareing, S. (2003). What is language and what does it do? In L. Thomas, S. Wareing, I. Singh, J. S. Peccei, J. Thomborrow, & J. Jones (Eds.), *Language, society and power: An introduction* (2nd ed., pp. 1–16). London: Routledge.

第4章

音楽という研究方法

音楽は特定の言葉で話さない言語である。
それは感情で語り，そしてそれが身体の奥深いところにあるなら，
確かにそこに存在する。
—— キース・リチャーズ

「僕たちの演奏は人生そのものだ」はジャズミュージシャンのルイ・アームストロングの有名な言葉です。文豪レオ・トルストイも「音楽は感情の速記である」と明言しています。研究で音楽に目を向けることを疑わしく思う人もいるかもしれませんが，社会を生きた身体にたとえるなら，その血管には音楽が流れています。社会科学の研究方法論における音楽の活用は，実験的なものではなく，すでに**実践**されています。音楽を研究に用いることで，他の研究手法では不可視となっていたものに迫り，光を当て，それらを記述し，説明することができるようになります。オルダス・ハクスリーは，「沈黙の次に，言葉にならないものを表現できそうなものは，音楽だ」と述べています。

音楽を聴いたり，音楽創作に参加したりすることには，人を癒やし，エンパワーする独自の力があります。社会科学や創造的アートセラピーでは，音楽が心理的・身体的な癒やしにつながることを示した研究が数多くなされており（Daykin, 2004; Malchiodi, 2005, 2012; Trier-Bieniek, 2013; Vaillancourt, 2009; Vick, 2012 などを参照），たとえば「歌う」という現象について調べた野心的な研究プロジェクトがあります。この「歌唱に関する学際的研究の推進（Advancing Interdisciplinary Research in Singing：AIRS）」プロジェクトは，アナベル・コーエンの主導のもと7年間行われ，世界中から70人以上の研究者が参加しました。複数ある研究課題のテーマの1つが「歌うこととウェルビーイング」でした。音楽を聴くだけでなく一緒に歌うことは，心理的・社会的なウェルビーイングにとって有益です（Clift, Nicol, Raisbeck, Whitmore, & Morrison, 2010）。コーラ

163

スのようにコミュニティで歌うことは，個人と集団の両方にメリットがあります（Riley & Gridley, 2010; Slottje, 2010）。AIRSのある研究チームは，コミュニティでの歌唱の価値を認め，ソーシャルワークでの活用を提案しています（Dore, Gillett, & Pascal, 2010）。コミュニティミュージックの創作が有用であることを見出した研究者もいます。ジョアン・ハリソンは青少年オーケストラを設立し，週に一度，高齢者施設で活動しました。施設では，居住者に見学あるいは参加を呼びかけ，高齢者に対する若者の態度に関するデータを収集しました（私信, 2014）。

　音楽は本来，社会的なものであり，あらゆる文化に深く根づいています。今でこそ，学問分野を超えたアートベースの実践の一環として注目されていますが，音楽は長いあいだ人類学の民間伝承研究や音楽教育研究に起源をもつ社会調査の一部でした。社会科学の観点からみると，音楽は，創造的な表現であり，商品であり，イデオロギー的なテクスト，政治的道具，抵抗手段，文化的儀式や日々の社会生活に不可欠な要素でもあります。音楽教育者は，音楽は社会的活動であり，社会的な主体性（エージェンシー）の源であると指摘しています（Blaukopf, 1992; DeNora, 2000; Regelski, 2008）。音楽は社会を構成する不可欠な要素なのです（Regelski, 2008）。

　音楽は，特に異文化間で考えると，さまざまな定義が可能であるため，私が提案する定義や概念化は，限定されたものにならざるをえません。音楽は一般的に，リズムやメロディなどの次元をもつ連続的でまとまりのある音の構成であると考えられています（https://en.wikipedia.org/wiki/definition_of_music）。高さの異なる音を配列してメロディをつくり，リズムのパターンに編成したものが，音楽と呼ばれています。音楽を知るためには，調性，拍子，形式のいずれもが欠かせないと，ピーター・グズアシス（Gouzouasis, 2013）は述べています。大半のジャンルの曲には歌詞（音楽とテクストの組み合わせ）がついており，間奏とコーラス（曲の主要部）の繰り返しを含む物語として編成されています。歌は歴史を通してどの文化にも見出される「人類普遍の営み」（Bakan, 2013, p. 6）です。西洋文化には，和音をつくる基準があり，それは音楽をつくる上でも欠かせないものとなっています。また，音楽にはそれを書き記すための記号体系，あるいは言語があります。ロバート・ウォーカーは，視覚的で記号的な形式は，

訳注 i　音楽に用いられる旋律や和声が，1つの音（主音）を中心としてこれに従属的に関わっていること。

「音楽や話し言葉の音を生み出すために必要な身体動作の記憶術としての機能を果たす」（Walker, 1992, p. 344）と説明しています。他の学問分野と同じように，音楽教育には独自の認識論と構造，および専門用語があります（Richardson & Whitaker, 1992, p. 549）。

　歌や楽譜は，感情を喚起する，美を創造する，個々のアーティストの成長を促す，文化的儀式で役割を果たすなど，さまざまな目的で構想されます。音楽は，真理に接近する手段ともなります。グズアシス（Gouzouasis, 2006）は，音楽を聴いているときであれ，作曲や演奏をしているときであれ，洞察は生まれると述べています。また，音楽は社会正義運動とも長く関わっています（Bakan, 2013）。たとえば，ジャズ，ラップ，ヒップホップは，いずれも反人種主義から生まれたものです。音楽は，言語，経済，その他の社会的障壁を越えて感情を喚起し，それによって人々を**結びつけます**。詩人ロバート・ブラウニングの「音楽が聴こえると，ただちに寂しさが埋められていくように感じる」という言葉は，この感覚をよく表しています。

　音楽は，他のアートと同じように，それがつくられた場所の物質的・記号的側面に加え，その時代や場所で流行している音楽的慣習が刻み込まれた文化的産物です。音楽は文化・歴史的な文脈の中でつくられるため，時代や場所によって異なるものになります。音楽は普遍的なものと考えられていますが，音楽が人々を結びつけるのは特定の文脈の中だけです。また，音楽は，文化や民族による違いを明らかにし，その違いをテーマにすることもあります（Elliot, 1989; Jordan, 1992）。

背景

❓・*音楽は哲学的にどのように理解できるでしょうか*

　哲学者たちは，音楽は社会的に構成されたアートの形式であるにとどまらず，本質的に社会的なものであると考えてきました。哲学者のテオドール・アドルノと経済学者のジャック・アタリは，それぞれカール・マルクスによる資本主義の分析に影響を受け，音楽が社会科学で真剣に取り上げられるずっと以前から，音楽の社会的重要性について理論化してきました。

　マルクスの影響を受けて音楽の政治経済学を論じたアドルノは，音楽は人間

の経験の単なる添えものではなく，意識を形成する重要な力だと考えました。アドルノ（Adorno, 1984）によれば，すべての音楽が同じ価値を有しているわけではありません。市場経済の影響を大きく受けるポピュラー音楽は，同調性と受動性を生み出し，その結果，「虚偽意識」につながります。一方で，画一的で無関心な集団思考（虚偽意識）を覆し，それに抵抗できる音楽もその対極に存在します。音楽には，人々の意識の変革を促し，支配的秩序を超えていく力があるのです。たとえば，ジャズには政治的なルーツがありますが，コーネル・ウェストとアルトゥーロ・オファリルは，その「革命的で政治的」な歴史にもかかわらず，ジャズは今日の資本主義のもとで「商品化」され「無害化」されてしまったと主張しています（Norton, 2016）。

　アタリ（Attali, 1985）は，音楽と権力との深い関係，特に経済的・政治的権力について検討しました。アタリはアドルノと同様，音楽は社会的な権力の行使と維持に知らぬ間に作用する社会統制の代行者であり，娯楽の１つであるという一般的な認識とはかけ離れていると分析しています。

　アタリが示唆しているように，音は「ノイズ」も含めて，私たちの生活に常に存在し，私たちが思っている以上に日常的な体験の形成に深く関わっています。音楽はさまざまな目的に使われ，社会の多くの側面に組み込まれています。たとえば，宗教的あるいはスピリチュアルな儀式や実践，冠婚葬祭，卒業式などの教育行事，大衆娯楽，余暇活動などにも，たいてい音楽が含まれます。さらに，音楽は，幅広い情報を社会に伝える媒体であり，歴史上のある時代，権力関係，社会闘争・運動，社会的・政治的抵抗について，また，さまざまな属性や状況をめぐる個人的・集団的な経験（人種や性の不平等，戦争や暴力，セクシュアリティ，薬物使用，強いエクスタシーや快感などの経験）についての洞察を与えてくれます。

　歌詞にはナラティブとしての力があることから，多くの文化圏において，音楽は語りの主要な形態とみなされています。たとえば，韓国のパンソリは，歌と語りを組み合わせたパフォーマンス・アートですが，韓国文化の社会的・政治的側面を明らかにするものだと考えられています（Grossberg, 2005）。

訳注ii　マルクス哲学で示された概念の１つで，人々が社会的・経済的な現実を正確に理解できず，支配的なイデオロギーを無批判に受け入れる状態のこと。

訳注iii　唄い手（ソリクン）と鼓手（コス）の二人だけで綴られる伝統芸能。楽譜がなく，人の口から口へ歌い継がれてきた口承文芸の１つ。

多文化主義，ハイブリッド，民族音楽学

？・音楽教育と多文化主義にはどのような関係があるのでしょうか
・民族音楽学とは何でしょうか

音楽教育は多文化主義や多元主義に向かうアメリカの大きな運動の中で40年以上にわたり重視されてきました（Jordan, 1992, p. 735）。ただし，異文化の音楽に対する関心は，多文化主義の動きが始まる数十年も前から，音楽教育の一部となっていました（Anderson, 1974; Jordan, 1992）。音楽は，集団に属する社会的アクターが作り出すものであり，アイデンティティの問題や民族間の共通点と違いなど，それを生み出した人々と文化について多くの示唆を与えてくれます。異文化の音楽は，概してアメリカの音楽教育に取り入れられてきましたが，風変わりなものとみなされ，カリキュラムの中では周縁的な扱いを受けてきました。西洋の基準で音楽を評価して特別扱いするのではなく（多文化音楽教育という名のもとですでに起こっています），アメリカの文化多元主義の社会状況では，「世界観」を耕すことを目的として，多様な文化の音楽を含む音楽教育カリキュラムを考えた方がよいかもしれません（Jordan, 1992）。ワールドミュージックがアメリカの教育に果たしている役割，およびそれが多様性，声，文化的表象をめぐる大きな問題とどのような関わりをもつかを見ることで，社会的な現象についての洞察が得られる一方，次のような問いも浮かんできます。ワールドミュージックのカリキュラムには何が含まれ，どのように構成されるのでしょうか。またそのカリキュラムでは，人類学，グローバリゼーション，開発，民族性，多様性，民主主義，ナショナリズム，そしてもちろん，さまざまな音楽体系について，何を生徒に教えることができるのでしょうか。異なる音楽の伝統を共有するとき，文化的価値を認め合い，文化の盗用を避けるにはどうすればいいのでしょうか。

社会科学の視点からみると，音楽と多文化主義の関係について考察を広げる1つの方法は，音楽を，さまざまな文化，時代，ジャンルの多様な要素が混じり合って何か新しいものが生み出されるハイブリッドな空間として検討することです。研究者が「第三の空間」（Bhabha, 1993）と呼ぶこのような空間は，異なる文化が混じり合い，文化の生産と交渉のための新しい場がひらかれるときにあらわれます。「第三の空間」という言葉は，付加的という意味ではなく，何か新しいものが生まれる空間をひらくということに由来するものです。

第4章 ｜ 音楽という研究方法　　　167

グローバル化とそれがもたらした多方面的な文化交流によって，音楽のハイブリッドを研究する機会と必要性は，指数関数的に増大しました。グローバル化の文化的側面に関心のある研究者は，音楽を社会調査の対象として見ることで，ハイブリッド化のプロセスが埋め込まれたデータソースを得ることができます。ハイブリッド・ミュージックでは，常にサウンドやジャンル，文化が混じり合うことになるため，このメディアを通して集団的アイデンティティの葛藤や交渉について研究することには，大きな可能性があります[1]。

　音楽そのものを研究する学問の中で，**民族音楽学**は，人類学と音楽学の両方にルーツをもつハイブリッドです。民族音楽学には，文化における音楽，または文化としての音楽の研究，および「人間はなぜ，またどのように音楽的なのか」（Rice, 2014, p. 9）についての研究が含まれます。音楽学では，異なる文化の間で音楽体系を比較する研究が多く行われ（Bresler & Stake, 1992, p. 80），人類学の研究は，ある文化の音楽をその文化や人々の相互作用の中で捉えることを目指します（Bresler & Stake, 1992, p. 80）。これらの研究は通常，他のエスノグラフィーと同様に自然な（介入しない）環境で行われ，研究者は，その文化にどっぷりと浸かり，文化的文脈の中で音楽を理解しようとします（Bresler & Stake, 1992, p. 80）。ニコル・キャリガンは，この方法で研究を行い，研究者はある音楽文化から他の音楽文化に移動するとき，音楽が文化にいかに溶け込んでいるかを，概念，文脈，状況の3つの次元で考えなければならないと説明しています（Carrigan, 2003, p. 42）。さらに，異文化理解のための視点として，(1)音楽に対する考え方，(2)音楽に関わる社会組織，(3)音楽のレパートリー，(4)音楽の物質文化という4つのカテゴリーを提唱しています（Carrigan, 2003, Stobin & Titon, 1992 を参考）。

身体化と心身の二分法[2]

　❓・音楽が身体的な体験であるとはどういうことでしょうか

　音楽（およびダンス）を社会科学的に考察する研究プロジェクトの増加は，身体性，身体，身体的経験に関する研究の増加と関連しています（Grosz, 1994; Merleau-Ponty, 1962; Pillow, 2001; Spry, 2001 を参照）。これについては，ダンスとムーブメントを取り上げる第5章で詳しく論じます。また，第1章で実証主義について論じたように，こうした増加は，伝統的な社会科学が依拠する二元論を

解体してきたフェミニズムの動きによるものでもあります（Bordo, 1993; Butler, 1993; Hesse-Biber, 1996, 2006; Leavy, Gnong, & Sardi-Ross, 2009; Sprague & Zimmerman, 1993; Wolf, 1991 を参照）。音楽の創作は，演奏と不可分の関係にあり，練習であれ公演であれ，演奏者と聴き手の双方の身体が関わる場です。リオラ・ブレスラー（Bresler, 2005）は，次のように書いています。

> 身体の動きによって音楽は生み出される。声や楽器は身体の延長として機能し，演奏者は楽器と一体となって音を生み出す。（中略）演奏するとき，（中略）音楽は身体に与えられるものとしてではなく，身体を通して，身体とともに行われるものとして経験される。音は身体レベルで私たちに浸透し，私たちを惹きつけるが，そのあり方は，たとえば視覚とは根本的に異なっている。
> (pp. 176-177)

エレノア・V・スタブリー（Stubley, 1995）も同様に，聴き手は楽器と演奏者を区別せず，一体として経験すると述べています。

音楽の演奏や創作は身体的な経験であり，研究に結びついた形で心身二元論を暴き，挑み，解体します。スタブリーは続けて，音楽ならではの体験によって，私たちの「感覚と知覚の境界」はあいまいになり，演奏には「一体感」の経験というスピリチュアルな要素が含まれると主張しています（Stubley, 1995, p. 59）。ブレスラー（Bresler, 2005）は，音楽を知覚し解釈する際には，心と身体の両方が密接に関わっていると述べています。そして「心と身体がそこにあること」は，ボディランゲージや姿勢，身体的距離を通して，絶えずメッセージを送りながら参加者とともに研究を進める上で重要であると結論づけています。特に，異文化研究や，外部者の立場で研究を行う場合には，こうした要因が大きな意味をもちます（Bresler, 2005）。相互作用や会話が生まれる空間を作ろうと考える研究者は，音楽における心身の一体性に着目するとよいでしょう。音楽を通して研究を表現することによって，新たな形で聴き手に影響を与えることができるのです。

パフォーマンスとしての音楽

？・音楽を演奏するとき，何が起こるのでしょうか

　音楽は単なるテクストやモノではなく，**演奏され，聴かれる**ものです。音楽は，音として発せられた時点で，つまり演奏されることではじめて存在します（Rhodes, 1963）。音楽を，出来事または「ハプニング」として考えると，必然的に一回きりのものになります。同じ演奏は2つとありませんし，演奏者はそれぞれ独自の「音楽的声」をもっているため，特定の楽譜や曲を演奏しても同じにはならないからです。この意味で，演奏は，フォーカスグループ・インタビューに似ています。フォーカスグループ・インタビューも，どれほど構造化し，制限しても，決して同じにはならず「ハプニング」が起こるからです（Hesse-Biber & Leavy, 2005, 2012）。音楽家は音楽を**つくる**とき，楽譜を超えた何かを探し求めるとスタブリー（Stubley, 1998）は述べています。

　さらに，歌詞のある音楽は，詩と同じように，間と呼吸を利用して感情的な反応を呼び起こします。間は，演奏の中にあらわれます[3]。すべての音符は間の中にあり，歌手や音楽家は，それを操作します。たとえば，間を引き延ばすことで，聴衆に期待する反応を引き出し，それによって意味を伝えることができます。楽曲は，実際に演奏され聴こえる音になってはじめて感情を表現し，聴き手の感情的な反応を引き出すことができるのです。

　音楽のもつ抵抗，越境，変革の可能性もまた，演奏を通じてもたらされます。演奏には，理解やコミュニケーションの方法を変革する力があるのです（Bakan, 2013; Bresler, 2008; Gouzouasis, 2013）。

　その1つの例は，トーチソングを歌うことで感情と抵抗の場がひらかれるというステイシー・ホルマン・ジョーンズ（Holman Jones, 2002, 2007, 2009）の研究に見られます。**トーチソング（torch songs）**とは，女性アーティストが歌う片思いの歌のことで，バーブラ・ストライサンドが歌ったヒット曲「メモリー（Memory）」などがあります。このジャンルの歌は，社会システムにおけるジェンダー化された地位と人間関係の規範によって生じる，多くの（異性愛者の）女性に共通する経験（ただし，人種や階級による違いはあります）を物語っています。トーチソングは，演奏されることで深い関与と超越を可能にするということが，この研究では示されています。

　「関与」について，ホルマン・ジョーンズは，ポストコロニアル・フェミニ

ズムなどの批判的な視点に基づき，トーチソングを聴くことで，女性を型には
めたり，違いを否定したりすることなく，女性としての共通の経験に関与し，
絆を深め，コミュニティを形成することができると述べています。つまり，こ
れは暗に**政治的な**関与と言えます。「超越」については，演奏中に，個人的な
差異が（ある点において）一時的に保留あるいは棚上げされ，違いを乗り越えて
「共通の理解」を生み出す場がひらかれることがあります（Holman Jones, 2002,
p. 748）。このような場では，対話の機会，アイデアの交換，多声性も提供され
ます（Conquergood, 1985; Holman Jones, 2002, 2007, 2009）。演奏は，社会生活のさ
まざまな領域であらわれる「反対意識」のための手段を提供することになると，
ホルマン・ジョーンズは指摘しています（Holman Jones, 2002, p. 748）。

質的研究のモデルとしての音楽

❓・音楽のもつ側面を生かして，質的研究の方法論を強化することはできるので
しょうか
　・音楽は聴く力をどのように高めるのでしょうか
　・表現のためのコーディング方法や枠組みとして，音楽はどのように取り入れ
られるでしょうか

　リオラ・ブレスラー（Bresler, 2005）は，質的研究者が音楽を通して社会の変
化に敏感になり，すでに関心のある問題により注意を向けるようになることを，
最前線に立って理論化してきました。西洋文化は「視覚文化」だと言われま
す。ブレスラーによると，人間は視覚を重視するため，研究者は観察を通して
知識を構築するなど，視覚に基づく研究方法論をつくり出してきました。しか
し，エスノグラフィーやインタビュー調査では，聴覚が知識構築プロセスに不
可欠であり，音楽に関わるスキルは研究者がより深く繊細に聴くために役立ち
ます。ブレスラーは，質的研究に取り組む際に「音楽的なレンズ」や「音楽的
な感性」を取り入れることで，通常であれば手つかずであった研究対象やプロ
セスを捉えることができるようになると示唆しています（Bresler, 2005, pp. 170-
171）。さらに，ブライディ・リー・バートリートとキャロリン・エリス（Bartleet
& Ellis, 2009）が言うように，音楽によって研究成果の表現の幅は大きく広がり，
読者が私たちのテクストを通して経験できることも豊かになります。

第4章 音楽という研究方法 171

ブレスラー（Bresler, 2005）によるメタファーで構成されたモデルでは，音楽のあらゆる側面が，従来の質的研究では十分に目を向けることのできなかった社会経験を際立たせることになります。音楽には，形式，リズム，強弱，音色，メロディ，ポリフォニー（多声），ハーモニーという側面があり，これらの側面に着目することで，認知，概念化，コミュニケーションという質的研究の3つの主要な技術を高めることができるのです（Bresler, 2005, p. 172）。エスノグラフィーやインタビュー調査を行う研究者は，ブレスラーのカテゴリーを，コーディングの手法として，また調査結果を文章化するための枠組みとして，どのように組み込めるか考えるとよいでしょう。

　形式は，音楽の構成のことであり，部分と全体をどう考えるか，また，変化，統一性，繰り返しをどのように編成するかを意味します。ブレスラーは，形式は社会生活とその記述にも不可欠であると指摘し，ある人の物語のパーツをどのように組み合わせるか，意味をもたせるために変化と繰り返しをどこに置くか，データを始まり−中間−終わりのある物語に整理するなどの決まり事をどう取り入れるか，を取り決めなければならないと述べています（Bresler, 2005, p. 172）。音楽を用いることで，人生と研究における形式の重要性について考えることができるのです。音楽のこの卓越した特質は，新たな気づきを与え，研究者が全体の中での部分同士の関係について再考する手がかりになります。

　また，意味の伝達に関わる音楽的側面は，参加者がどのように意味をつくり出し，伝えるかを見るためのレンズを質的研究者に与えてくれます。これらの側面では，特にパターン，テンポ，音高，抑揚，質感が中心になります。**リズム**とは，時間的なパターンであり，複数のテンポの関係のことです（Bresler, 2005, p. 173）。リズムに注意を払えば，知識の伝え方を工夫できるということは，たとえば研究者が学会発表や講演をどのように構成するかを見れば明らかです。**強弱**は，「大きさ」と「柔らかさ」の知覚が，状況によってどのように変わるかに関わります。たとえば，同じ音でも，その後に続く音や，前の音の強弱によって，より大きく，あるいはより柔らかく感じられることがあります。ブレスラーは，「音楽が始まる直前と，クライマックスの直後，あるいは終了後で，静寂は異なって感じられる」と書いています（Bresler, 2005, p. 173）。強弱は，社会的な相互作用においても，「予期，緊張，対立，解決」を形成する役割をもっています（p. 173）。

　次に，**音色**は，音楽的な色彩，抑揚，音調のことで，意味の伝達に不可欠で

す。この音色という側面は，掘り下げたインタビューやフォーカスグループ・インタビュー，オーラルヒストリー，エスノグラフィーのような，双方向的な調査方法に取り組む研究者にとって特に重要かもしれません。これらの方法では，参加者が**何を**話したかだけでなく**どのように**話したかという，コミュニケーションスタイルに，細心の注意を払うことが求められます。権利や力を奪われた人々に関心のある研究者，フェミニズムなどの批判的視点に立つ者，女性や有色人種，LGBTQA などの社会の周縁に追いやられている人々の知にアクセスすることに関心のある研究者は，「音色」に目を向けることが特に有用であるということがわかるでしょう。音色は，ジェンダーや人種に加え，個人の違いを見るための窓を与えてくれるとブレスラーは指摘しています（Bresler, 2005, p. 173）。

　作曲における**ポリフォニー**は，同時に進行する複数の音の流れが相互に関係し合うことで質感を生み出します。社会生活は，「同時に発せられる複数の声からなる。それらの声は，沈黙するときもあるが常に存在しており，思考し，相互作用し，経験し，生活の質感をつくり出して」（Bresler, 2005, p. 174）います。ポリフォニーという概念は，この社会生活の流動的な性質に直接関わるものです。また，「質感はハーモニーを生み出し，それを可能」（p. 174）にします。これは，差異や多様性の研究にぴったりのメタファーであり，質感とハーモニーが生まれる社会生活の側面に研究者の関心を向けさせることにもなります。ブレスラーは，「私たちは研究者として，社会生活の不協和と協和に注意を払い，不協和とその解決が相互に影響し合うことを理解する」（Bresler, 2005, p. 174）と述べています。このアプローチは，インターセクショナル・フェミニズム研究者やその他の批判的な研究者にとって，特に魅力的なものと言えるでしょう。

　関連する重要な概念に，**対位法**があります。対位法とは，「個々のパートはリズムや輪郭が異なっているが，一緒に演奏すると相互に結びつき，ハーモニーを形成すること」（Bartleet & Ellis, 2009, p. 13）を意味します。音楽のこの側面に注目することで，研究者が複数の研究参加者について表現する方法が変わるかもしれません。たとえば，フォーカスグループのデータをどのように解釈し，表現できるかを考えてみましょう。

　最後の**メロディ**は，どのような感情やクライマックスが全体構想に組み込まれているかという「筋書き」のことです（Bresler & Stake, 1992, p. 84）。この概念

は，インタビューやフォーカスグループのデータを解釈・分析する際に適用することができます。また，調査結果をまとめる際に，文章の旋律構造に注意を払うことで，何をどのように強調するか，多様な聴衆が作品をどのように受け止めるかを考えることも可能になります。参加者の声（言葉もトーンも含めて）を残したい場合は，参加者自身の語りが反映された旋律構造で書けばよいのです。

　ブレスラーによるカテゴリーは，質的研究のデータ生成の段階（たとえば，聞き取りの技術）にも，分析と解釈（フィールドノートやインタビュー記録を整理し，コーディングする方法）にも適用できるほか，表現形式としても使えます。このアプローチは，伝統的な質的研究方法と組み合わせて使用することもできますし，自己エスノグラフィーや多声的自己エスノグラフィー（Davis & Ellis, 2008 を参照）などの比較的新しい手法を取り入れた研究プロジェクトに役立ちます。バートリートとエリスは，自己エスノグラフィーに「音楽の枠組み」を生かし，五感に働きかけ，感情のレベルで人々に訴えることについて，幅広く書いています（Bartleet & Ellis, 2009, p. 13）。

　音楽的な概念を用いて質的研究デザインを充実させたいと考えるなら，研究と音楽両方の実践の特性に配慮することも重要です。音楽家であり研究者でもあるピーター・グズアシスは，曲づくりの大部分が「有機的な」プロセスであることを指摘し，「研究が，まず方法ではなく研究目的と問いから始まるように，音楽を作っている間は，音楽的な感覚と音が批判的な分析より優先される」（Gouzouasis, 2018, p. 237）と述べています。

研究方法としての音楽

? ・*研究者はどのような音楽ベースの実践を開発しているのでしょうか*

　音楽は，専門的な訓練を要すること，瞬間的ですぐに消え去るものであること，学界で好まれる書き言葉中心の表現形式とは異なる言語を使用することなどから，ABR ではダンスと並んで最も活用が進んでいません。主に音楽を扱う研究のほとんどは，(1)内容分析（音楽コンテンツの研究），または(2)音楽を介入手段とするもの（先述した歌とウェルビーイングの事例など）のいずれかです。どちらも，社会調査への音楽の組み込み方は ABR とは言えませんが，アート

ベースの実践に示唆を与えてくれます。前者では音楽における意味の生成が，後者では音楽を聴いたり作ったりすることが聴衆や参加者に与える影響が中心となっており，いずれも音楽ベースの方法には欠かせないものです。

　上記のような困難にもかかわらず，近年，研究者が音楽ベースの研究実践に取り組むことが増えています。音楽は，ABR の他の方法では手の届かなかったものを表現する手段となるかもしれません。ノーマ・デイキン（Daykin, 2004）は次のように書いています。

　　　研究者にとって問題となるのは，複雑な議論を直線的な形式で描写することである。音楽では，この問題がオーケストレーション[iv]の原理によって解決されるため，他の表現形式よりいっそう複雑なものをカバーすることができる。音楽では，複数の声が互いを否定することなく，ともに語ることができるのである。

　音楽という方法によって，研究者は，他の形式では伝えることのできない多様な意味や重層的な意味を理解し，表現することができます。歌の場合，「音楽的なアイデアが言語的なアイデアと混じり合い，両方が充実」（Bakan, 2013, p. 6）したものになります。歌の「テクスト」である歌詞は，散文とは異なる伝わり方をします。歌詞では，言葉が時間とともに展開し，複数の比喩的な意味を帯びます（Bakan, 2013; Bresler, 2008; Neilsen, 2008）。ベーカンは多くの歌手の言葉を引用して，「もし言葉で言えるなら，歌う必要はない」（Bakan, 2013, p. 6）と述べています。

音楽的ポートレート，音分析，そしてパフォーマンス・コラージュ

　❓・音楽的ポートレートとは何でしょうか

　質的研究の 1 つのモデルとして音楽を拡張的に使用した刺激的な試みが，テリー・ジュヌール（Jenoure, 2002）の「Sweeping the Temple（神殿を掃く）」に見られます。この作品でジュヌールは，音楽をベースとする 2 つの研究実践を行いました。1 つは，彼女が**音楽的ポートレート（肖像画）**と呼ぶもので，音楽

訳注 iv　楽曲の演奏に必要な楽器の種類や，パート，音域，音量，演奏技法などを決定すること。ここでは，人々のさまざまな声を生かしながらハーモニーを生み出すという意味を重ねている。

第 4 章 ｜ 音楽という研究方法　　　175

的な構造を用いてデータをコード化し，「ジャズのリフ〔短いフレーズを反復演奏すること〕」にたとえられる**音のナラティブ**をつくり出します。もう1つの**パフォーマンス・コラージュ**は，データを音楽的にコード化し，書き表して，演奏するプロセスのことです。

　第一線で活躍する多くのABR研究者と同様に，ジュヌールが革新的な方法を開発するきっかけとなったのは，従来のやり方では研究プロジェクトが「完成しない」と感じられたことでした。この研究プロジェクトは，個人的な事柄と仕事が複雑に交差する中で生まれました。研究者であり音楽家でもあるジュヌールは，歴史的に白人の多い大学で教鞭をとるアフリカ系アメリカ人アーティストについての本を執筆していました。ちょうどそのとき，彼女の20年来の親友で，ともにアート活動をしてきたダンサーのパティが，乳がんと診断されたのです。パティはその本のインタビュー協力者の一人で，がん闘病の末期にインタビューセッションのビデオ撮影に同意してくれました。パティは2年間の闘病生活ののち，亡くなりました。ジュヌールは，インタビューデータから作成した4名の「ポートレート」のうちの1つとして，親友のパティについて取り上げた本を完成させました。

　ポートレートという手法は，分析，解釈，執筆への芸術的なアプローチから生まれたもので，ジュヌールの音楽的な技術と研究スキルが駆使されています。ジュヌールはデータを検討しながら，（彼女の記述によればほとんど「自動的に」）特定の種類のコメントを並べはじめました。質的研究者にとっては当たり前のことかもしれませんが，アーティストとしてのジュヌールは，このプロセスに音楽性を見出したのです。「私は，自分が手にしているのは短い会話の連続だと気づいた。私は，再び作曲していたのである。曲を作って，それを頭の中で聞き，完璧だと感じた。何より，自分らしいと感じられた」(Jenoure, 2002, p. 77)と彼女は書いています。

　ジュヌールは，この新たな方法論を使い，緊張，質感，色，リズム，明るさ，間，テンポなどに配慮して，インタビューデータから「キャラクター」を作り出しました（2002, p. 77）。音楽のこれらの側面は，ブレスラーによって記述された比喩や概念的な枠組みをはるかに超え，データを整理して音楽性のある文章にまとめる方法になりました。ジュヌールはこのプロセスを通じて，「静寂」「叫び」「ドラムロール」「シンバルクラッシュ」(2002, p. 77) などの作品をつくりました。

革新的な方法論に取り組もうとすると，その過程で予期せぬ問題が生じることがよくあります。ジュヌールは，自分の作品の倫理的な影響について熟考を重ねました。彼女の分析が生み出す音の形式によって，参加者はまるで会話に参加しているように感じました（実際にはそのような会話はありません）。彼女は，誰の言葉も変えていないことに安心して，インタビュアーという役割で自分の声を加えていきました。

　この分析プロセス全体から，いくつかの作品がつくられ，本に盛り込まれました。ジュヌールはこの作品を，ジャズの即興演奏の言葉を借りて「**リフ**」と名づけました。リフは「音楽的なアイデアを強調する」ために使われるものです。この概念的な枠組みに基づき，本全体に生き生きとしたリフが織り込まれました（Jenoure, 2002, p. 78）。

　作品に音楽性を組み込むことには成功したものの，研究プロジェクトの完成と友人の死という衝撃的な出来事が重なり，ジュヌールは物足りなさを覚えていました。パティの物語と二人の友情の物語が，モノグラフという形では十分に伝えられていないと感じていたからです。また，本の主題である，学問と芸術を両立させてきた人々へのインタビューでは，自分がこのプロジェクトの「部外者」であるように感じられました。特に，この本を完成させるために，演奏から2年間離れていた後ではなおさらでした。作品に音楽的な要素があってもジュヌールの「研究者」としての役割に変わりはなく，ABRを実践する多くの研究者と同様，アーティストとしてのアイデンティティが満たされないままだったのです。「長いあいだ音楽から離れていて，同僚のコンサートを聴きに行ったとき，アーティストとしての自分はいつも同じ気持ちになった。緊張して，硬くなり，ぎこちない私と，ステージの上で，精神，身体，翼，すべてが輝いている人たち。その瞬間，私は悲しみ，喜び，苛立ち，インスピレーション，落ち込み，高揚感，混乱のすべてを一気に経験することになる」（Jenoure, 2002, p. 76）と，ジュヌールは書いています。ここでの彼女の誠実さは，非常に奥深いものだと私は思います。アートベースの実践に取り組む研究者の多くは，全員ではないにせよ，アーティストとしてのアイデンティティを，身をもって表現しています。慣習的な質的研究アプローチを含む従来の社会科学の手法では，アーティスト−研究者は，出版可能な論文を作成し，在職期間，昇進，資金調達の基準を満たすために，自らのアイデンティティの一部を否定するよう強いられます。アートベースの実践によって正統な科学の境界が広が

第4章　│　音楽という研究方法　　　177

れば，学問とアートの両立に苦しんできた研究者たちは研究しやすくなるかもしれません。再び演奏したいというジュヌールの願望以前に，演奏という要素がないことで，作品のある側面が**実現されない**ままになっていました。ジュヌールは，自分の人生のさまざまな部分を統合してこの作品を完成させなければならないと感じており，パティの未完の物語がその素材となったのです。

ジュヌールは，パティのデータに戻って自己エスノグラフィーのデータを追加し，それらのデータはパティの物語と自分自身の詩という 2 つのカテゴリーに分類されることを見出しました。ジュヌールは，録音とライブの音源を併用し，データから音楽パフォーマンスを創作しました。2 つを混ぜ合わせたのは，「奥行き」と「余韻」を生み出すためであり，散文は録音で流し，詩はライブで歌いました。リズムをつくるために，繰り返しのフレーズも使われました。

ジュヌールの研究は，目標を達成し，大きな成功を収めました。彼女が開発した音楽ベースの方法は，テクスト（文字）ベースとパフォーマンス（演奏）ベースの 2 つがあります。前者の音楽的ポートレートの手法は，音楽をベースとする方法論の革新にとどまらず，ナラティブ分析の理解と実践を推し進める可能性があります。後者の手法は，身体化された表現方法について，私たちの理解を促すものとなっています。

音楽によるナラティブ・インクワイアリー

❓・*研究者はどのようにして音楽とナラティブ・インクワイアリーを組み合わせ，新しい方法を生み出しているのでしょうか*

ベンジャミン・ボールデンが開発した，「音楽によって強化されたナラティブ・インクワイアリー（musically enhanced narrative inquiry：MENI）」は，「音と音楽を用いてナラティブ・インクワイアリーの文学的形式を強化する」（Bolden, 2017, p. 4）研究方法です。ボールデンは，このアプローチについて次のように説明しています。

> MENI という概念は，音楽と音を通して，普段は見過ごされている意味を探り，明らかにし，伝えることができるのではないかというところから着想を得ている。音と音楽によって，物語のもつ共鳴と共感的理解の可能性が高まる。
> (p. 4)

ボールデンは，この方法論を教育研究に取り入れました。「経験豊かな教育者が，学校で子どもたちと接する中で培ってきた実践知とはどのようなものか」(p. 8) が，彼のリサーチ・クエスチョンでした。この課題を探るため，彼はベティとリンディという2名の参加者に60～90分のインタビューをそれぞれ複数回行い，二人同時のインタビューも2回実施しました。データ分析は，テクストの分析と音楽の分析の2段階に分けて行いました。ここでは，音楽分析について説明します。

> デジタル音声技術を使って，実際に録音した参加者の言葉を選び，音声ドキュメントに配置して，参加者自身の声で語られたオーディオ版の物語を作成した。さらに，この物語に込められた意味を探り，伝えるために，音楽的な骨組み（構想）とアンダースコア（背景音楽），解説を加えた。 (p. 8)

このプロセスには，音楽分析を行うために，テーマに基づいてインタビューデータのまとまりを選択することが含まれます。たとえばボールデンは，ベティの記録の「良い教師とは何か」という質問に対応する部分から始め，書き起こしからデータのまとまりを取り出すと，音声編集ソフトを使ってデータをナラティブにまとめました。次に，そのナラティブを分析して，より大きなテーマを表すインビボコード（データそのものから取り出した言葉やフレーズをコードとして使ったもの）を特定しました。残りのプロセスについては，次のように説明しています。

> 私は，ベティ自身の声と言葉で語られた音声ナラティブを音楽編集ソフトに取り込み，それを音楽的に表現する作業にとりかかった。まず，ベティがテーマを表す言葉（インビボコード）を話したときのリズムと音の高さ，抑揚から，テーマを表現するための音楽的モチーフを生成した。音楽的モチーフは話された言葉のすぐ下に配置して，言葉を音楽的にコード化し，強調し，重要という印を付けて，テクストから取り出した。 (p. 10)

インタビューデータから浮かび上がったテーマは，全部で4つありましたが，ボールデンはアートの観点から，3つのテーマについて音楽的モチーフを作ることにしました。作曲に関わる選択は，インタビューから浮かび上がった

第4章 │ 音楽という研究方法　　　179

テーマに合わせて行いました。たとえば「元気で子どもらしい」ものを作り出すという目的に沿って選択した例，語り直した言葉が曲に入らなかった例，さまざまな楽器やテンポを使った例などがあります（p. 12）。これは，ABR研究者が，研究と創作のバランスをとりながら芸術的な選択をしていることを示す好事例です。創作した曲はフィードバックをもらうために参加者に送られました。ボールデンは，このアプローチなしには研究は成り立たなかっただろうと振り返り，MENIや，より広い意味での音楽には，さまざまな現象を研究し表現する大きな可能性があると結論づけています。

　音楽とナラティブ分析を組み合わせるもう1つの方法は，ノーマ・デイキン（Daykin, 2004）によるマルチメソッドの研究に見られます。デイキンは創造性の捉え方とそれが音楽家の自己イメージに与える影響を検討しました。創造性には社会的な側面がありますが，個人的な言説の一部でもあります。この研究では，研究参加者が楽曲を創作しました。デイキンは，13名のフリーランスの音楽家にインタビューを行い，ナラティブ分析を用いて，病気などの深刻な混乱に応じた創造性の概念を検討しました。デイキンが見出したのは，混乱の中では，個人の創造的アイデンティティの意識に影響を与える「核となる創造性の物語」に深刻な問題が生じるということでした。また，ナラティブ分析を通して重要なメタファーが浮かび上がってきました。デイキン（Daykin, 2004）はこれらの発見に基づき，研究に第二段階を加えました。これについては，次のように説明しています。

　　物語が展開するにつれ，それぞれが固有の音の世界に存在していることがわかってきた。たとえば，困難な状況に追い込まれたときの演奏技術の変化について語る際，彼らは新しい演奏法や作曲法だけでなく，特定の音楽形式に対する美的な再評価にも取り組んでいた。この音の世界を正しく理解することは，これらの物語を聴くことの重要な一側面であるように思われる。そこで第二段階では，この音の世界に焦点を当て，表現を生み出す装置として，また新たな洞察をもたらす手段として，そこにどんな効果があるかを探っている。研究参加者は，インタビューから浮かび上がったテーマに即して，自分にとって意味のある音楽をつくるよう促された。その後インタビューは，これらの意味についての議論へと展開し，新たな聴衆が音という媒体の助けを借りながらテーマについて考える際にも続いて

いった。

　デイキンは最終的に，第二段階はただ表現的であるだけでなく，音楽家たち
が自分の作った音楽に基づいて新たな意味を生み出していたこと，その結果，
プロジェクトの音楽創作を通して，新しい洞察と理解が得られていたことを見
出しました。

コミュニティミュージック・プロジェクト

> **?**・コミュニティミュージックとは何でしょうか
> 　・研究者はコミュニティミュージックの創作プロジェクトをどのように進めて
> 　　いるのでしょうか

　本章ですでに触れたコミュニティミュージックは，研究への活用が進んでい
ます。コミュニティミュージックは，「社会的目標をもつ音楽創作」（Rimmer,
2009）と定義される，共同参加型の音楽創作の一形態です。近年，フィンラン
ドではコミュニティミュージックが増加しており，病院や難民申請者の一時
滞在施設など，さまざまな施設で行われています（Ansio, Seppälä, & Houni, 2017）。
2017年からは，コミュニティミュージックを専門的に学ぶプログラムも提供
されるようになりました（Ansio et al., 2017）。

　ヘリア・アンシオら（Ansio, Seppälä, & Houni, 2017）は，アートとウェルビー
イングを探究するフィンランドの大規模研究プロジェクトの一環として，障害
のある子どもに関わるコミュニティミュージック・プロジェクトを実施しまし
た。このプロジェクトは，教師と特別支援教育支援員を対象とするものであり，
「その目的は，学校でのコミュニティミュージック・プロジェクトが，教職員
の仕事，スキルと考え方，感情，コミュニティの捉え方にどのような影響を与
えたかを明らかにすること」（p. 5）と説明されています。調査の対象となった
のは，1～9年生（7～16歳）の特別支援学級4クラスの子どもたち，同学級
の担任4名，支援員12名でした。コミュニティミュージック・プロジェクト[v]
は，地元の文化センターの協力のもと，2016年4月の1ヵ月間行われ，音楽
家1名が各クラスに週1～2日入り，1日2～3時間ほど活動しました。楽器

訳注v　すべての人が音楽をつくり，創造し，楽しむ権利と能力をもつことを前提に，参加者が
　　個人や共同で芸術的・社会的・政治的・文化的な関心を表現できる機会を提供するもの。

は，手に入りやすいものが選ばれました。研究者は，この音楽活動について次のように説明しています。

> コミュニティミュージック・プロジェクトの普段の活動は，フィンランドのチター，ジャンベ，木琴，ウクレレ，ギター，ウィンドチャイムなどの楽器，発声と歌，環境や身体のさまざまな音の要素を使った実験からなっていた。プロジェクトには，音楽家，教職員，子どもが自分たちの興味に合わせて一緒に選んだクラスごとのテーマがあった。さまざまな楽器や音響素材を使った楽曲を作り，音楽家はこの楽曲を教職員や子どもと協力して企画し，録音した。作った音源は，学校行事で演奏され，一部には写真が付けられ，生徒による生演奏も披露された。 （Ansio et al., 2017, p. 6）

　研究方法には，教師と支援員をペアにして行った4回の半構造化インタビューが含まれていました（研究参加者全体のうち8名）。対話型アプローチで二人同時にインタビューを行ったのは，そうしなければ表に出てこないようなデータを引き出すためでした。インタビューは，音楽プロジェクトの2週間後，最終公演の前に実施されました。インタビュー時間は20〜40分で，録音され，文字に起こされました。音楽家にも60分のインタビューが行われ，音楽家がつけていた6ページ分の日記もデータとして提供されました。質的データは，「Atlas.ti」というソフトウェアを使って分析され，その結果，新しい視点と活動の進め方，ポジティブな感情，コミュニティ意識という，3つのテーマが浮かび上がってきました。「参加者全員が，ポジティブな感情の経験について語った」(p. 21) と報告されています。

　このような研究をうまく進めるには，深いレベルでの協力が必要です。この事例では，全員がプロジェクトに深く関与していました。アンシオらは，音楽家の役割を「ファシリテーター」と捉え，音楽家は，言葉を話さない子どもとのコミュニケーションに教師や支援員が果たした役割は非常に貴重なものだったと述べています (p. 8)。

歌やスポークンワードの創作と研究

? ・*研究者はどのようにして歌を創作しているのでしょうか*

　人種や人種差別に焦点を当てた社会正義の批判的研究において，音による表現の作品集を作ろうとしてきた研究者もいます。このような研究には音楽という形式が必要不可欠であり，実際，他の形式では実現できません。A・D・カーソン（Carson, 2017）は，学位論文として 34 曲のラップアルバムを制作しました。カーソンは，自身のプロジェクトを「黒人研究」と呼び，所属大学で隠蔽されてきた人種問題に取り組むなど，大学と学問領域の排他的なあり方やコミュニケーションの政治に立ち向かい，それを広げることを目指しました。『Owning My Masters: The Rhetorics of Rhymes and Revolutions（修士号を手に入れる：韻と革命の修辞学)』と題した彼のアルバムは，YouTube，Facebook，SoundCloud で数十万回再生またはダウンロードされ，世界中で報道されました。

　著名な研究者であるコーネル・ウェストも，批判的な人種研究で知られています。ウェストは，スポークンワードのアルバムをリリースしたり，他の音楽作品に自分のスポークンワードを登場させたりするなど，多様な方法で音楽を研究に取り入れてきました。ウェストとジャズ作曲家のアルトゥーロ・オファリルが，2016 年 5 月 21 日にニューヨークのアポロ劇場で初演した「The Cornel West Concerto（コーネル・ウェスト協奏曲)」は，創造的なアートの力を使って支配的なイデオロギーを破壊し，ジャズの反体制的なルーツを取り戻すことを意図して作られたものです（Norton, 2016）。

　重要なのは，スポークンワードは，研究者がテクストと音楽を融合させる方法の 1 つにすぎないということです。たとえば，ピーター・グズアシスとカール・レゴ（Gouzouasis & Leggo, 2016）は，音楽と詩を組み合わせています。

　では，個々の曲の構成をみてみましょう。ダニエル・ベーカン（Bakan, 2013）は，アートグラフィーによる研究の一環として，「The Beauty of Song（歌の美しさ)」というタイトルの歌をつくりました。この歌は，彼がアーティストから研究者へと転身するプロセスにおける「つかの間の循環する瞬間」を，時間を追って記録したものです（Bakan, 2013, p. 4）。それは，駆け出しの研究者として，また嘆き悲しむ息子（この歌は母親の死の直後に書かれました）としてのベーカンの旅を描いた個人的な歌であると同時に，理論についての歌でもあります。ベーカンのビデオには，研究過程におけるその曲の「誕生」の様子が記録され

第 4 章　│　音楽という研究方法　　　　　183

ていました。その時点では，まだ曲は完成しておらず，完璧な芸術作品ではありませんでしたが，彼はこのビデオを，彼の研究プロセスを支える「フィールドノート」として捉えています (p. 4)。ベーカンは曲作りのあいだ，聴き手となるアートグラファーの集団について2つのことを考えていました。まず，どのような言葉がそうした人々の心に響くかを考えて曲を作ること，そして聴き手が参加することを考え，一緒に歌えるようにサビをデザインすることです。この手法は，音楽をどのように使えば参加型の学びや参加者や聴衆の研究への関与を促すことができるかを考えるきっかけを与えてくれます。たとえば，聴き手が一緒に歌うことで知識として取り入れる可能性，またそれがキャッチーなサビのように頭から離れない場合の影響を考えてみてください。ABR研究者は，そのことのもつ倫理的な影響にも配慮する必要があることは明らかです。

自己エスノグラフィー研究における音楽

バートリートとエリス（Bartleet & Ellis, 2009）は，音楽と自己エスノグラフィーの関係，また音楽と方法の出会いがもつ方法論的な可能性について幅広く論じています。彼らは，音楽と自己エスノグラフィーの共通点として，「人を惹きつける個人的な物語を伝えたいという願望」を挙げ，「その願望に刺激を受けてオーディエンスは反応し，省察し，多くの場合，それは（作り手に）返ってくる」(p. 8) と述べています。また，音楽家と自己エスノグラファーの活動も，「想像し，振り返り，改良するサイクル」を伴い，さまざまなものからインスピレーションを得て，「異なる意識の層」(pp. 8-9) の間を行き来するという点で非常に似ていると指摘しています。

その優れた例の1つが，米国教育学会のアートベース教育研究部門で2013年の優秀論文賞を受賞したミロスラフ・パヴレ・マノフスキーの研究です。マノフスキーの研究は，彼が歌手–音楽教育者になるまでの道のりと，その裏で嘲笑され，社会的に排除され，いじめを受け，「ゲイ」と呼ばれた個人的な経験を綴ったマルチメディアの自己エスノグラフィーです。マノフスキーは，現在のボイスレッスンと，これまでの人生で歌ってきた歌の録音を書き起こして分析し，自身が書いた自伝的な物語と合わせてデータとしました。このプロセスを通じて彼は，歌手として，音楽家として，音楽学習者，音楽教育者，そして人間としての自分の人生の交錯する瞬間を解きほぐし，文脈に位置づけ，考察することができたのです。このプロジェクトは，多くの写真を含めて2014

年に書籍として出版されました。

考慮すべき点

　アートベースの実践としての音楽の新たな道を切りひらいている研究者は，訓練を積んだ音楽家であることを認める必要があります。本書で紹介する実践のほとんどは，初心者でも試すことができるものですが，音楽による探究はそうではありません。その理由は明らかでしょう。演奏や作曲には訓練が必要だからです。シャワーのときにも鼻歌が出るくらい，多くの人にとって歌うことは楽しみですが，「うまく」歌うには，経験や学校での勉強が必要になります。楽譜は独自の言語で書かれているため，指導を受けずに音楽を書き記したり読んだりすることはできません。音楽を習っている人，これから習おうと思っている人にとって，本章で取り上げた研究例が少しでも参考になれば幸いです。たとえ初心者であっても，音楽による探究という点で参考になることは多いと思います。

　音楽を専門としない人にとって音楽に取り組むのはハードルが高いことですが，**音楽を聴くという経験**は誰にでもあります。どんな人であれ，音楽をABRに取り入れる方法は，少なくともいくつかはあるのです。第一に，インタビューの書き起こしやエスノグラフィーのフィールドノートなど，テキストデータを含む研究プロジェクトにブレスラー（Bresler, 2005）のアイデアを適用することで，音楽的な考え方を学ぶことができます。第二に，音楽家と連携して共同研究を行うことも可能です。実際，ABR研究者の多くは，学際的なプロジェクトを立ち上げ，遂行する際に，他の専門家の知識を求めています（Leavy, 2011）。第三に，研究の一環として，参加者に音楽をつくってもらうこともできます。デイキン（Daykin, 2004）の研究のように，訓練を積んだ音楽家が関わる場合もありますが，創造的アートセラピストは，音楽家以外の人と音楽や音づくりに取り組むことも少なくありません。

　音楽は私たちの生活の一部になっており，少なくとも，音楽を思考に取り入れることはできるのです。音楽家もそうでない人も，考えてみてください。みなさんは今日，音楽を聴きましたか。聴いたのは，目覚まし時計，iPod，カーラジオ？　それとも？

第4章 ｜ 音楽という研究方法　　　　185

チェックリスト

► 研究に音楽を使うことを検討している人は，以下の質問について考えてみましょう。

✓ 研究の目的は何か。そのテーマについて明らかにする上で，音楽はどのような役割を果たすのか。

✓ 自分は音楽をどのように捉えているのか。この研究は，音楽をどのようなものとして位置づけているのか。テクストなのか，対象なのか，記号システムなのか，演奏なのか，あるいはこれらの組み合わせなのか。興味があるのは，音楽のテクストとしての形式なのか，音楽が演奏される瞬間なのか，それともその両方なのか。

✓ どのような形態の音楽データを扱うか。たとえば，楽曲，楽譜，歌詞という形式なのか，それとも実際に演奏され，聴こえる形になった音楽に関心があるのか。後者の場合，生演奏を録音するのか，それとも録音したものを使用するのか。また，音楽だけをデータにするか，身体的な側面も含めるか。

✓ 分析手法はどうするか。たとえば，音楽のみを分析するのか，それとも，インタビューなどの方法で演奏に関わる主観的な経験を聞き取り，それをデータに含めるのか。後者の場合，研究参加者からどんなことを学びたいのか（音楽から意味を生成するプロセス，アイデンティティ交渉，抵抗やコミュニティづくりの経験，卓越した演奏の質など）。

✓ 音楽をモデルとして質的研究を行うなら，観察やインタビューの最中の強弱やリズム，質感，ハーモニーに，どのように注意を払えばよいか。形式についての自身の理解のあり方は，書くプロセスにどう影響するか。これらの原則は，違いや多様性の問題に取り組む上でどのように生かせるか。書くもの，表現するものはどのような形式やかたちになるか。

おわりに

　音楽はまだ十分研究に活用されていませんが，本章で紹介した概要が，音楽をベースとする方法の独自の可能性を探りたいと考えている人々にとって，刺激になることを願っています。ここで取り上げる2つのオンライン実践の事例は，プロジェクトが及ぶ範囲の違いを示しています。重要なのは，どちらも大学院生が創作したものだということです。実践者は，キャリアの長さに関係なく，思いきってチャンスをつかめば，模範となるような作品を生み出すことができるのです。

ディスカッションのための問いとアクティビティ

1.　音楽が音として表現される瞬間には何が起こっているのでしょうか。演奏は，どのように音楽を創造し，また音楽と聴衆を変化させるのでしょうか。演奏を通して，どんな社会的抵抗の力が生まれるでしょうか。音楽を作ること，聴くことはどのような意味で身体的な活動なのでしょうか。

2.　音楽データの分析のための演習を紹介します。これは誰かと一緒でも，一人でもできます。まず，音楽のジャンル（ラップ，ヘビーメタル，民族音楽，バラードなど）を選択し，あらかじめ決めておいた数の曲（6～8曲）を選び出します。次に，分析の方針を立てます。選択したジャンルであなたが興味のあるテーマ（ジェンダー，権力，暴力，不公平，アイデンティティ，セクシュアリティ，愛情の表現など）は何でしょうか。特に興味のあるテーマがなければ，帰納的にテーマを設定してもいいでしょう。次に，すべての曲を聞きながら，印象，テーマ，キーワード，サウンドについてメモをとります。曲同士の共通点や違いもメモします。そうしたら，より体系的な分析に進み，分析の単位（曲の一部または曲全体）を決めて，コードカテゴリーを作成します。分析を続け，最後に，小さなカテゴリーを含むメタコードを作成しましょう。この過程では，音や歌詞だけでなく，間，呼吸，音色，感情などにも注目します。この演習は，注意深く聴く練習になるだけでなく，コーディングの手順を含む聴覚的

第4章 ｜ 音楽という研究方法　　187

なデータ分析の実践的な経験ができるようにデザインされています。

3. インタビューの書き起こしから，音色，メロディ，強弱，リズムなどの音楽的要素を特定してみましょう。このような書き起こしの「聴き方」によって，あなたの理解がどう変わるか，書き留めましょう。

おすすめの図書

- Bartleet, B., & Ellis, C. (Eds.). (2009). *Music autoethnographies: Making autoethnography sing/making music personal*. Samford Valley, Queensland: Australian Academic Press.

  音楽と自己エスノグラフィーの融合の可能性について書かれた論文集です。編集者による充実した序文に続き，作曲と即興，解釈と演奏，学習と教育，アイデンティティと異文化のコンテクスト，の 4 つのテーマで構成された寄稿者による 16 の章が収録されています。

- Benedict, C., Schmidt, P., Spruce, G., & Woodford, P. (Eds.). (2015). *The Oxford handbook of social justice in music education*. New York: Oxford University Press.

  音楽教育と社会正義のさまざまな関係を扱う国際的な研究者グループによる包括的な論文集です。幅広い社会的問題を軽減するために，音楽教育をどのように利用できるかを説明しています。

- Bowman, W., & Frega, A. L. (Eds.). (2012). *The Oxford handbook of philosophy in music education*. New York: Oxford University Press.

  国際的な研究者グループによる包括的な著作集で，音楽教育者が日常的に直面する悩みが取り上げられています。哲学が，音楽教育の日々の専門的実践の指針となること，批判的な探究が指導方法を改善し，より豊かにし，より良い方向へ変化させることが示されています。

- Manovski, M.P. (2014). *Arts-based research, autoethnography, and music education.: Singing through a culture of marginalization*. Leiden, the Netherlands: Brill/Sense.

  この作品の旧バージョンは，米国教育学会のアートベース教育研究部門で 2013 年の優秀論文賞を受賞しました。写真入りの本書は，アイデンティティ，音楽，セクシュアリティに関する長編の自己エスノグラフィーであり，アートベースの作品です。本書では，著者が「ゲイ」と揶揄された体験と，音楽家，音楽教育者としての変化のプロセスが描かれています。

- McPherson, G. E., & Welch, G. F. (Eds.). (2012). *The Oxford handbook of music education* (Vols. 1 & 2). New York: Oxford University Press.

　音楽に関わる経験，行動，発達のさまざまな側面について，多様な文脈に関連づけて概説した包括的なハンドブックです。音楽学習および音楽教育に関連する幅広い重要な問題や概念について，国際色豊かな寄稿者が論じています。

💻 おすすめのウェブサイトや雑誌

- *Ethnomusicology*

  www.press.uillinois.edu/journals/ethno.html

　『Ethnomusicology（民族音楽学）』は，民族音楽学会（Society for Ethnomusicology）の公式ジャーナルです。論文では，民族音楽学および関連分野の最新の理論的研究，実証的研究が扱われています。音楽家，音楽学者，民俗学者，大衆文化研究者，文化人類学者など多様な読者を対象としており，最新の文献リスト，ディスコグラフィー，フィルモグラフィー（映画作品目録），書籍，レコード，映画のレビューも掲載されています。

- *International Journal of Community Music*

  www.intljcm.com/index.html

　『The International Journal of Community Music（コミュニティミュージックの国際ジャーナル）』は，コミュニティミュージックのあらゆる側面に関する研究論文，実践的な議論，レビュー，読者ノート，特集号などを掲載する査読付きジャーナルです。

- *Journal of Aesthetic Education*

  www.press.uillinois.edu/journals/jae.html

　『Journal of Aesthetic Education（美学教育）』は，哲学的な美学教育，コミュニケーションメディア，環境美学など，さまざまな観点からの論文を掲載する査読付きジャーナルです。

- *Music Education Research*

  www.tandfonline.com/journals/cmue20

　『Music Education Research（音楽教育研究）』は，音楽教育のあらゆる分野の論文を掲載する査読付きジャーナルです。哲学研究や社会学研究，比較研

究，あるいは心理学的観点からみた分析研究および方法論の問題についての投稿が推奨されています。

- *Music Perception*

https://ucpressjournals.com/journal.asp?jIssn=0730-7829

　『Music Perception（音楽知覚）』は，実証的・理論的・方法論的な論文，およびレビューを掲載する査読付きジャーナルです。心理学，心理物理学，言語学，神経学，神経生理学，人工知能，コンピュータ技術，物理・建築音響学，音楽理論など，幅広い分野を扱っています。

- *Popular Music and Society*

www.tandfonline.com/journals/rpms20

　『Popular Music and Society（ポピュラー音楽と社会)』は，さまざまな音楽ジャンルに関する社会的・歴史的な観点からのレビューや論文を掲載する査読付きジャーナルです。理論的な記事もあれば，実証的な記事もあります。社会学者だけでなく，カルチュラルスタディーズを背景とする研究者にも最適な情報源です。

- *Research Studies in Music Education*

www.rsme.callaway.uwa.edu.au/home

　『Research Studies in Music Education（音楽教育の調査研究)』は，音楽教育で用いられる研究方法論に関する論文を掲載する査読付きジャーナルです。本誌は，特に音楽教育のバックグラウンドをもつ研究者や，方法論研究者に適しています。

- *Saving Our Lives Hear Our Truths (SOLHOT)*

http://solhot.weebly.com/

　音楽を通して黒人の少女らしさを讃えるコミュニティ。このサイトには，音声のクラウドファイルへのリンクがあります。

- *Studies in Musical Theatre*

https://intellectdiscover.com/content/journals/smt

　『Studies in Musical Theatre（音楽劇の研究)』は，声楽および器楽の生演奏と演劇の併用に関する論文を掲載する査読付きジャーナルです。オペラ，音楽劇，ミュージカル，俳優の音楽的才能，ミュージカル俳優のトレーニング，言葉と音楽の融合，「伝統的な」劇場における音楽と歌の使用，パラ言語学と歌の修辞表現，ミュージカルにおける芸術と娯楽の分断，ミュージカルに

ついての学術的研究など，この分野のさまざまな側面が考察されています。
書評も掲載されています。

• *UNESCO Multi-Disciplinary Research in the Arts*

www.web.education.unimelb.edu.au/UNESCO/ejournal/index.html

　『UNESCO Multi-Disciplinary Research in the Arts（ユネスコ・アートに関す
る学際的研究）』は，オープンアクセスの電子査読付きジャーナルで，音楽と，
アートグラフィーや ABR に関する幅広い論文が掲載されています。

注

1. たとえば，イギリスでは「ブリティッシュ・バングラ」と呼ばれる都市型音楽が
   登場し，人気を博しています。この音楽は，パキスタンとインドの広大な国境付
   近に住むパンジャブ人の民族音楽と，黒人音楽やイギリスのポップミュージック
   の要素を組み合わせたものです（Dudrah, 2002, p. 363）。ブリティッシュ・バングラ
   は，パンジャブ語の歌詞，インドの太鼓であるドール，黒人音楽，そしてイギリ
   スのポップサウンドを組み合わせて作られています（p. 363）。このハイブリッド
   な音楽ジャンルの登場と，主流のイギリス音楽（と社会）への受容は，芸術，文化
   のグローバル化，そしてイギリスに住む南アジア系の人々のアイデンティティ交
   渉に関わる，より大きな問題を示唆しています。ラジンダー・ドゥドラー（Dudrah,
   2002）によれば，この音楽形式は，ジェンダーや階級，カーストを含むさまざま
   なアイデンティティの問題を扱う一方で，聴き手が自分自身の意味を創造できる
   場を提供しています。
2. 重要なのは，どの ABR でも，創造と鑑賞の両方のプロセスに身体性が伴うという
   ことです。たとえば，小説を読んだり演劇を見たりするときに感じるのは，感覚
   的な経験です。次章で扱うダンスやムーブメントでは，身体が実践の道具となる
   ため，身体性が特に強調されますが，ABR という分野全体が身体性と結びついて
   いることを理解しておく必要があります。
3. ABR や詩的探究の実践者の中に，スポークンワードを演じる人がいるということ
   は注目に値します。
4. ベンジャミン・ボールデン（Bolden, 2017）は，訓練を受けた音楽家でも，作曲の
   経験が不足していることを指摘しています。
5. どの ABR でもトレーニングが必要です。たとえば，詩を上手に書くのは簡単なこ
   とではありません。時間をかけて技術を学ぶ必要があり，一生かけて上達してい
   くのです。フォークナーも述べているように，最初のうちは，本当にひどい詩を
   たくさん書くことになるでしょう。音楽にはトレーニングが必要であると強調す
   るのは，非公式な形で始めることが難しいからです。しかし研究者であれば誰で

も，文章を書いた経験はあるはずです。最初から特定のジャンルの創作に長けて
いなくても，少なくとも小説や詩，エスノドラマから始めることはできるでしょ
う。

■ 参考文献

Adorno, T. (1984). *Aesthetic theory* (C. Lendhardt, Trans; G. Adorno & R. Tiedemann, Eds.). London: Routledge. ［テオドール・W・アドルノ，大久保健治（訳）（2019）．美の理論（新装版）河出書房新社］

Anderson, W. M., Jr. (1974, Autumn). World music in American education. *Contributions to Music Education*, pp. 23–42.

Ansio, H., Seppälä, P., & Houni, P. (2017). Teachers' experiences and perceptions of a community music project: Impacts on a community and new ways of working. *International Journal of Education and the Arts, 18*(37), 1–29.

Attali, J. (1985). *Noise: The political economy of music* (B. Massumi, Trans.). Minneapolis: University of Minnesota Press. ［ジャック・アタリ，金塚貞文（訳）（2012）．ノイズ──音楽／貨幣／雑音　みすず書房］

Bakan, D. (2013). This is the beauty: Song as a/r/tographical exploration. *UNESCO Observatory Multi-Disciplinary Journal in the Arts, 3*(2). Retrieved from http://web.education.unimelb.edu.au/UNESCO/pdfs/ejournals/vol3iss2_2013/003_BAKAN_PAPER.pdf.

Bartleet, B., & Ellis, C. (2009). Introduction. In B. Bartleet & C. Ellis (Eds.), *Music autoethnographies: Making autoethnography sing/making music personal* (pp. 1–20). Samford Valley, Queensland: Australian Academic Press.

Bhabha, H. (1993). Culture's in between. *Artform International, 32*(1), 167–171.

Blaukopf, K. (1992). *Musical life in a changing society* (rev. ed.) (D. Marinelli, Trans.). Portland, OR: Amadeus Press.

Bolden, B. (2017). Music as method: Musically enhanced narrative inquiry. *International Journal of Education and the Arts, 18*(9).

Bordo, S. (1993). *Unbearable weight: Feminism, Western culture, and the body*. Berkeley: University of California Press.

Bresler, L. (2005). What musicianship can teach educational research. *Music Education Research, 7*(2), 169–183.

Bresler, L. (2008). The music lesson. In J. G. Knowles & A. L. Cole (Eds.), *Handbook of the arts in qualitative social science research* (pp. 225–238). Thousand Oaks, CA: SAGE.

Bresler, L., & Stake, R. E. (1992). Qualitative research methodology in music education. In R. Colwell (Ed.), *Handbook of research on music teaching and learning* (pp. 75–90). New York: Schirmer Books.

Butler, J. (1993). *Bodies that matter: On the discursive limits of sex*. London: Routledge. ［ジュディス・バトラー，佐藤嘉幸（監訳）（2021）．問題＝物質となる身体──「セックス」の言説的境界について　以文社］

Carrigan, N. (2003). Musicianship in the 21st century: Issues, trends and possibilities. In S. Leong (Ed.), *Thinking about music: For a construction of meaning* (pp. 39–50). Sydney: Australian Music Centre.

Carson, A. D. (2017). Owning my masters: The rhetorics of rhymes and revolutions. Doctoral dissertation, Graduate School of Clemson University, Clemson, SC. Retrieved from https://soundcloud.com/adcarson/sets/owning-my-masters-the.

Clift, S., Nicol, J., Raisbeck, M., Whitmore, C., & Morrison, I. (2010). Group singing, wellbeing and health: A systematic mapping of research evidence. *Multi-Disciplinary Research in the Arts: e-JOURNAL, 2*(1). Retrieved from http://web.education.unimelb.edu.au/UNESCO/pdfs/ejournals/clift-paper.pdf.

Conquergood, D. (1985). Performing as a moral act: Ethical dimensions of the ethnography of performance. *Text and Performance Quarterly, 5*(2), 1–13.

Davis, C. S., & Ellis, C. (2008). Emergent methods in autoethnographic research: Autoethnographic narrative and the multiethnographic turn. In S. N. Hesse-Biber & P. Leavy (Eds.), *Handbook of emergent methods* (pp. 283–302). New York: Guilford Press.

Daykin, N. (2004). The role of music in arts-based qualitative inquiry. *International Journal of Qualitative Methods, 3*(2), Article 3, 36–44. Retrieved from www.ualberta.ca/~iiqm/backissues/3_2/pdf/daykin.pdf.

DeNora, T. (2000). *Music in everyday life*. Cambridge, UK: Cambridge University Press.

Dore, C., Gillett, S., & Pascal, J. (2010). Community singing and social work: A new partnership. *Multi-Disciplinary Research in the Arts: e-JOURNAL, 2*(1). Retrieved from http://web.education.unimelb.edu.au/UNESCO/pdfs/ejournals/dore-paper.pdf.

Dudrah, R. K. (2002). British bhangra music and diasporic South Asian identity information. *European Journal of Cultural Studies, 5*(3), 363–383.

Elliot, D. J. (1989). Key concepts in multicultural music education. *International Journal of Music Education, 13*, 11–18.

Gouzouasis, P. (2006). A/r/t/ography in music research: A reunification of musician, researcher, and teacher. *Arts and Learning Research Journal, 22*(1), 23–42.

Gouzouasis, P. (2013). Tonality as metaphor in music. *UNESCO Observatory E-Journal, 3*(2). Retrieved from http://web.education.unimelb.edu.au/UNESCO/pdfs/ejournals/vol3iss2_2013/009_GOUZOUASIS_PAPER.pdf.

Gouzouasis, P. (2018). A/r/tographic inquiry in a new tonality: The relationality of music and poetry. In P. Leavy (Ed.), *Handbook of arts-based research* (pp. 233–246). New York: Guilford Press. ［パトリシア・リーヴィー（編著），岸磨貴子ほか（監訳）(2024). アートベース・リサーチ・ハンドブック　福村出版，所収］

Gouzouasis, P., & Leggo, C. (2016). Performative research in music and poetry: A pedagogy of listening. In P. Burnard, L. Mackinlay, & K. Powell (Eds.), *The Routledge international handbook of intercultural arts research* (pp. 454–466). London: Routledge.

Grossberg, M. (2005). Professor to present Korean narrative singing. *Columbus Dispatch*, p. 3.

Grosz, E. (1994). *Volatile bodies: Toward a corporeal feminism*. Bloomington: Indiana University Press.

Hesse-Biber, S. N. (1996). *Am I thin enough yet?: The cult of thinness and the commercialization of identity*. New York: Oxford University Press. ［シャーリーン・ヘス＝バイバー，宇田川拓雄（訳）(2005). 誰が摂食障害をつくるのか──女性の身体イメージとからだビジネス　新曜社］

Hesse-Biber, S. N. (2006). *The cult of thinness*. New York: Oxford University Press.

Hesse-Biber, S., N. & Leavy, P. (2005). *The practice of qualitative research*. Thousand Oaks, CA: SAGE.

Hesse-Biber, S. N., & Leavy, P. (2012). *The practice of qualitative research* (2nd ed.). Thousand Oaks, CA: SAGE.

Holman Jones, S. (2002). Emotional space: Performing the resistive possibilities of torch singing. *Qualitative Inquiry, 8*(6), 738–759.

Holman Jones, S. (2007). *Torch singing: Performing resistance and desire from Billie Holiday to Edith Piaf*. Walnut Creek, CA: AltaMira Press.

Holman Jones, S. (2009). Bye bye love. In B. Bartleet & C. Ellis (Eds.), *Music autoethnographies: Making autoethnography sing/making music personal* (pp. 87–100). Samford Valley, Queensland: Australian Academic Press.

Jenoure, T. (2002). "Sweeping the Temple": A performance collage. In C. Bagley & M. B. Cancienne (Eds.), *Dancing the data* (pp. 73–89). New York: Peter Lang.

Jordan, J. (1992). Multicultural music education in a pluralistic society. In R. Colwell (Ed.), *Handbook of research on music teaching and learning* (pp. 735–748). New York: Schirmer Books.

Leavy, P. (2011). *Essentials of transdisciplinary research: Using problem-centered methodologies*. Walnut Creek, CA: Left Coast Press.

Leavy, P., Gnong, A., & Sardi-Ross, L. (2009). Femininity, masculinity, and body image issues among college-age women: A multi-method interview study of mind–body dichotomy. *Qualitative Report, 14*(2), 261–292.

Malchiodi, C. A. (2005). Expressive therapies: History, theory and practice. In C. A. Malchiodi (Ed.), *Expressive therapies* (pp. 1–15). New York: Guilford Press.

Malchiodi, C. A. (2012). Art therapy and the brain. In C. A. Malchiodi (Ed.), *Handbook of art therapy* (2nd ed., pp. 17–26). New York: Guilford Press.

Manovski, M. P. (2014). *Arts-based research, autoethnography, and music education: Singing through a culture of marginalization*. Rotterdam, the Netherlands: Sense.

Merleau-Ponty, M. (1962). *Phenomenology of perception* (C. Smith, Trans.). London: Routledge & Kegan Paul.［モーリス・メルロ゠ポンティ，中島盛夫（訳）（2015）．知覚の現象学　法政大学出版局］

Neilsen, L. (2008). Lyric inquiry. In J. G. Knowles & A. L. Cole (Eds.), *Handbook of the arts in qualitative social science research* (pp. 93–102). Thousand Oaks, CA: SAGE.

Norton, B. (2016). Music with a message: Cornel West on injustice in the "age of Ferguson," during the horrific rise of Trump. *Salon*. Retrieved from www.salon.com/2016/05/25/cornel_west_concerto_the_legendary_activist_blasts_injustice_in_the_age_of_ferguson_through_music.

Pillow, W. S. (2001). Exposed methodology: The body as a deconstructive practice. *International Journal of Qualitative Studies in Education, 10*(3), 349–363.

Regelski, T. A. (2008). Music education for a changing society. Published in German in *Diskussion Musikpadagogik, 38*(8), 34–42.

Rhodes, W. (1963). Musicology and musical performance (comments on Hood, "Musical Significance"). *Ethnomusicology, 7*(3), 198–200.

Rice, T. (2014). *Ethnomusicology: A very short introduction*. New York: Oxford University Press.

Richardson, C. P., & Whitaker, N. L. (1992). Critical thinking and music education. In R. Colwell (Ed.), *Handbook of research on music teaching and learning* (pp. 546–560). New York: Schirmer Books.

Riley, K., & Gridley, H. (2010). Harmony in the community: Group perspectives on the health benefits of singing. *Multi-Disciplinary Research in the Arts: e-JOURNAL, 2*(1). Retrieved from http://web.education.unimelb.edu.au/UNESCO/pdfs/ejournals/riley-paper.pdf.

Rimmer, M. (2009). "Instrumental" playing?: Cultural policy and young people's community music participation. *International Journal of Cultural Policy, 15,* 71–90.

Slottje, E. (2010). The community choir. *Multi-Disciplinary Research in the Arts: e-JOURNAL, 2*(1). Retrieved from http://web.education.unimelb.edu.au/UNESCO/pdfs/ejournals/slottje-paper.pdf.

Sprague, J., & Zimmerman, M. (1993). Overcoming dualisms: A feminist agenda for sociological method. In P. England (Ed.), *Theory on gender/feminism on theory* (pp. 225–280). New York: DeGruyter.

Spry, T. (2001). Performing autoethnography: An embodied methodological praxis. *Qualitative Inquiry, 7*(6), 706–732.

Stobin, M., & Titon, J. T. (1992). The music culture as a world of music. In J. T. Titon (Ed.), *Worlds of music: An introduction to the music of the world's peoples* (pp. 1–30). New York: Schirmer Books.

Stubley, E. V. (1995). The performer, the score, the work: Musical performance and transactional reading. *Journal of Aesthetic Education, 29*(3), 55–69.

Stubley, E. V. (1998). Being in the body, being in the sound: A tale of modulating identities and lost potential. *Journal of Aesthetic Education, 32*(4), 93–105.

Trier-Bieniek, A. (2013). *Sing us a song piano woman: Female fans and the music of Tori Amos.* Lanham, MD: Scarecrow Press.

Vaillancourt, G. (2009). Mentoring apprentice music therapists for peace and social justice through community music therapy: An arts-based study. Unpublished doctoral dissertation, Antioch University, Keene, NH.

Vick, R. M. (2012). A brief history of art therapy. In C. A. Malchiodi (Ed.), *Handbook of art therapy* (2nd ed., pp. 5–16). New York: Guilford Press.

Walker, R. (1992). Auditory–visual perception and musical behavior. In R. Colwell (Ed.), *Handbook of research on music teaching and learning* (pp. 344–359). New York: Schirmer Books.

Wolf, N. (1991). *The beauty myth.* New York: William Morrow.［ナオミ・ウルフ，曽田和子（訳）（1994）．美の陰謀──女たちの見えない敵　TBSブリタニカ］

　本章で紹介したダニエル・ベーカンの「The Beauty of Song: Gonna Sing My Way to a PhD（歌の美しさ：博士への道のりを歌う）」を聴いてみてください。大学院生のお手本として，ちょっとした刺激になると思います。オンラインでは，https://www.youtube.com/watch?v=OMe0dbWXGYk で視聴可能です。また，A・D・カーソンによる34曲のラップアルバム『Owning My Masters: The Rhetorics of Rhymes and Revolutions（修士号を手に入れる：韻と革命の修辞学）』も，オンラインで聴くことができます（https://soundcloud.com/adcarson/sets/owning-my-masters-the）。

第5章

研究としてのダンスとムーブメント

> ダンスとは発見，発見，発見です。
> ── マーサ・グレアム

　著名な写真家であるアニー・リーボヴィッツは，ダンスを写真に撮ろうと何度も試みた後で，それは不可能だと気づいたと述べています。彼女の言葉を借りれば，「ダンスは空中に漂う気配のようなもの」だからです。ダンスはその瞬間だけのものであり，パフォーマンスの中にのみ存在する（そしてまったく同じパフォーマンスは存在しない）ため，説明しようとすると困難が伴います。エレイン・クラーク＝ラプリーは，ダンスは「生きることの『動』の面を表す」（Clark-Rapley, 1999, p. 89）ものであり，行為の言葉によって表現するのが一番だと強く主張しています。ダンスは，人間の身体を道具とする，身体的・感覚的・感性的なアート形式です（Snowber, 2016, 2018; Wiebe & Snowber, 2011）。ダンサーは芸術的な意図をもって動きを操ります（Blumenfeld-Jones, 2008）。ダンスは動的なものですが，儀式と規律がダンスの目的とダンサーの身体を形づくっています。ダンサーの身体という高度に統制された道具は，ダンスとジェンダーに関する研究の焦点にもなってきました。

　ダンサーは，フォーム，シェイプ，リズムを巧みに扱います（Snowber, 2018）。ダンスは本書で扱う最も抽象的なアート形式であり，ダンスの抽象性は，他のアート形式を再構築することにつながります。ダンスには，音楽，パフォーマンス，ビジュアルアート，詩，自己語り，物語など，本書に登場するすべてのアート形式の要素が含まれています。とはいえ，もちろんどのアートにも還元されませんし，それらを単に足し合わせたものでもありません。ダンスは抽象的なアートであり，あるいはそれゆえに，「普遍的な言語」「あらゆる言語の

母」「魂を映し出す鏡」(Warren, 1993) と呼ばれてきました。ただし，第4章で音楽についてみたように，ダンスにも歴史的・文化的な制約があり，文脈によって異なります。

　ダンスは，**パフォーマンスのジャンル**の1つです。次章でみるように，パフォーマンス研究の分野は拡大しています。パフォーマンス研究の中で生まれ，洗練されてきた技法は，ダンスベースの研究方法を発展させる上で役立つかもしれません。ダンスは，演劇と同様に，共感的なつながりを生み出し，意識を高め，啓発し，社会正義を推進するために活用することが可能です。

　ダンスは，言葉を組み込んだり，台本に基づいて構成したりすることもでき，「ロミオとジュリエット」や「白鳥の湖」などのバレエ公演では，台本の要約が文章の形で観客に提供される場合もあります。つまり，ダンスは物語を伝えることができるのです。データをダンスで表現しようと考えている研究者は，ビジュアルアーティストが作品にメッセージを添えるように，表現に文章を付けてパフォーマンスの文脈を説明することを検討してもよいかもしれません。

　新たに登場した理論ではダンスをマルクス主義の見方で探究し，歴史的時間を超越するものとして捉えています。クラーク＝ラプリー (Clark-Rapley, 1999) は，カール・マルクスの人間活動の分析では，物質的な目的を伴う人間の道具的な行為が中心となっていると指摘した上で，ダンスは，特定の物質的な**目的を追求することなく**，個人の存在のありようを表現し，共同体の関係を支え，自己実現を助ける変革的な行為であると述べています。また，即興的なダンスは，パターン化された動きを中断して発見を促すものであり，マルクスの労働と社会統制に対する見方とは大きく異なっています。クラーク＝ラプリーは，学部生24名が受講する大学のダンスの授業で，エスノグラフィックな調査を行いました。この調査には，フィールドノート，録音，ビデオ撮影，ダンサーの日記が含まれており，クラーク＝ラプリーは，これらのデータをもとに，即興的なダンスについて第三者の立場から考察を行いました。

　　即興活動は，「主体」であるダンサーと「客体」であるダンスの一体的な
　　関係に終始するという意味で，実用的な活動とは一線を画す。ダンサーと
　　ダンスの関係は一体的なものであり，主体／客体の区別はあいまいである。
　　つまり，ダンサー自身が活動であり，ダンスなのだ。

　　　　　　　　　　　　　　　　　　　　　　　(Clark-Rapley, 1999, p. 92)

この研究では，ダンスには**意識を高める超越的な力**があることが示唆されています。これは，ダンス研究において繰り返し扱われるテーマです。

　研究者は，ダンスのこの力を活用することができます。たとえば，ソーシャルアクションの研究者は，多様性を尊重し，社会的・文化的・経済的な障壁を乗り越えるために，ダンスパフォーマンスを使うかもしれません。クィア研究，フェミニズム研究，批判的人種理論に取り組む研究者であれば，ダンスを，意識を高めるための表現手段と捉えるでしょう。研究参加者は，詳細なインタビューやフォーカスグループ・インタビューに加え，クリエイティブ・ムーブメントのエクササイズに参加するように求められる場合があります。データ分析の際に意識を高め，省察を深めるためです。自己や社会についての省察を促し，当たり前の前提を問い直すことで，人々の感じ方や見方を揺さぶり，変化させるために，ダンスが利用されることもあります。後述するジャック・ミグダレクの作品は，このことを顕著に表しています。彼は，探究と介入の1つの形として，またジェンダーに関する基本的な前提を覆す方法として，ダンスベースの研究を採用しています。

背景

❓・ダンスやムーブメントの研究はどうして増えているのでしょうか

　ダンスおよびムーブメントは，依然として，ABR の中で最も研究が少ない分野ですが，本書の初版の執筆以降，実践は増加傾向にあります。ABR が正統性と人気を得るにつれて，ほとんど活用されていなかった形式についても検討が進み，これらのアプローチに取り組む先駆的な研究者や学生は，自分たちの作品を文章化するために，ともに努力を続けています。たとえば，この分野をリードするセレステ・スノーバーはここ数年，自身のライブパフォーマンスに加え，ダンスベースの研究に関する論文を数多く発表してきました。ジョン・ボハノンが創設した「Dance Your PhD（博士号を踊ろう）」コンテスト（Myers, 2012）が 2008 年に始まり，科学や研究に関する公の議論にダンスが参入してきたことも，大きな出来事でした。このコンテストは，簡単に言えば，自然科学者と社会科学者がダンスを使って複雑な問題を説明するというものです。このような協働は，科学者が，研究対象とする現象のモデルづくりのため

にダンサーを活用するというケースにまで発展しました。ボハノンがブラック・ラベル・ムーブメント・ダンスチームの協力を得て行った 2011 年の有名な TED トークは 50 万回以上再生されており，ダンスには PowerPoint よりも人々を惹きつけ，伝える力があることが証明されています。方法論的道具としてのダンスの使用の広がりは，パフォーマンス研究の全体的な増加（第 6 章で検討），身体化研究と現象学の大きなうねり，また，ダンスをセラピーの道具として，またポジティブな社会的特性を構築する手段として捉える健康科学や教育研究の増加によるものです。

　ダンスパフォーマンスの研究が増加する中で登場してきた**ムーブメント分析**は，研究者が身振りや他の非言語コミュニケーションを体系的にみることを可能にし，エスノグラフィーやインタビューなどの伝統的な質的方法の拡張につながる重要な研究方法です（Daly, 1988 を参照）。

人類学におけるダンス研究

　❓・人類学では，ダンスはどのように研究されてきたのでしょうか

　ダンスが複数の分野にまたがる研究や表現の方法として探究されるようになったのはごく最近のことですが，民間伝承や人々の生活を研究する人類学では，何十年にもわたってダンスを対象としてきました（ダンス教育も同様です）。『Australian Journal of Anthropology（オーストラリア人類学会誌）』の 2000 年 12 月の特集号で，ロジータ・ヘンリーは，ダンスの人類学的研究がとりうる新たな方向性について概説しています。ヘンリーによれば，1980 年代以降，ダンスとムーブメントに関する人類学的研究が急増しました（以前はごく限られた分野での研究でした）。これは，ダンスが社会生活において動的で生産的な力になっているという新たな理解によるものです。ヘンリー（Henry, 2000）は特集の寄稿者を代表して，次のように述べています。

　　私たちは，ダンスを生きられた経験の領域として理論化し，ムーブメントを人々が交流するパフォーマティブな瞬間として位置づける。その動きは，単に政治的・個人的・社会的・コスモロジカルな関係を反映しているだけでなく，それらを関連づけるものである。ダンスと人類学の関係を見直し，ダンスが人間の生活における能動的でダイナミックな力であるとい

う認識を十分に浸透させる必要がある。(中略) 私たちは，政治的・美的・儀式的・文化的な言説形式を生み出すパフォーマティブな行為の弁証法的空間に焦点を当てることで，従来のダンスの概念に異議を唱える。ムーブメントがいかにして空間を宗教的・政治的な意味で満たすかを研究するには，ダンスを，歴史的に具現化され，文脈的・言説的で，相互に結びついた生きられた経験の領域としてみる必要がある。　　　　　　　　　(p. 1)

　ディードラ・スカラーは2000年の「Reprise: On Dance Ethnography（再び：ダンスエスノグラフィーについて）」(Sklar, 2000) という自身の論文の中で，1991年に「On Dance Ethnography（ダンスエスノグラフィーについて）」というエッセイを発表した当時，このテーマに関する文献はほとんどなかったと振り返っています。しかし，その10年後には，ダンスと身体動作の研究が盛んになり，「ダンスの文化研究」「パフォーマンス研究」「ダンスの人類学」「身体動作の人類学」「ダンス民族学」「民族舞踏学」などのカテゴリーのもとで，さまざまな理論と方法，事例研究が生み出されてきました。
　学術研究におけるダンスの地位の低さは，おそらくダンスが他の芸術に比べて社会的に低く位置づけられていることを反映するものと考えられます。このことは，たとえばダンサーは，同程度のキャリアの段階にいる他のアーティストと比べて報酬が低いなど，多くの点で明らかです。スーザン・W・スティンソン (Stinson, 1995, 1998, 2004) は，ダンスの地位の低さは，それが女性や女性の身体を連想させることと無縁ではないだろうと解説しています[1]。とはいえ，文化人類学におけるダンス研究は，ダンスとムーブメントが多くの文化的儀式の中心であり，生産的な役割を果たしてきたことを示しています。ダンスには，文化の多様な側面への洞察を生み出す可能性があるのです。

身体化研究と現象学

　❓・身体化研究の進展は，研究におけるダンスの使用にどのように貢献したのでしょうか
　　・あらゆる経験は身体的なものであり，身体は主たるデータの源かつ表現手段であるという私たちの理解に，現象学はいかに貢献しているのでしょうか
　ダンスが身体化されたアート形式であるという事実に目を向けずに，それを

理解することはできません。スノーバー（Snowber, 2012, 2016, 2018）は，「私たちは身体を持っているのではなく，身体そのものである」ことに注意を促します。前章で簡単に触れましたが，身体化について理解を深めることは，すべてのアートベースの実践に関わります。チャールズ・R・ガロイアンは，「身体がアート作品をつくるように，アート作品も身体をつくるのだ」（Garoian, 2013, p. 21）と述べています。ダンスのもつ固有の特性のため，本章では，身体化について深く掘り下げていきます。20 世紀初頭の振付師テッド・ショーンは，「ダンスは，私たち自身が素材となる唯一のアートである」と宣言しました。過去数十年にわたり，「身体」は学術研究において大きな注目を集めてきましたが，その主な理由は，フェミニズム，ポストモダン，ポスト構造主義，精神分析における身体化理論の進展にあります。このように理論的伝統は多岐にわたりますが，これらの批判的な見方に共通するのは，社会権力への注目と，すべての行為者は身体を持つがゆえに，経験は必ず身体化されているという立場です。社会的現実は，身体を伴う視点から経験されます。これらの伝統に身を置き，社会正義を志向する研究者は，身体がどのように人種化，性別化，ジェンダー化されるのかに興味をもっています。ピエール・ブルデュー（Bourdieu, 1971）が理論化したように，文化は身体に浸透するのです。

　著名な研究者であるエリザベス・グロス（Grosz, 1994）は，身体性へのアプローチとして，「刻印された身体」と「生きられた身体」の 2 つを区別します。刻印された身体は，文化的な意味の創出と抵抗の場となり，植民地化されてきた身体です（Snowber, 2018）。ミシェル・フーコー（Foucault, 1976）やスーザン・ボルドー（Bordo, 1989）の研究に影響を受けたグロスは，「身体は歴史の外にはない。というのも，身体は歴史を通じて，歴史の中で生み出されるからだ」（Grosz, 1994, p. 148）と述べています。刻印には，「かすかな」ものも「強烈な」ものもありますが，それらが積み重なって影響を及ぼします（p. 141）。身体にどのような性やジェンダー，人種の印が刻み込まれるかは，既存の権力関係と密接に関わっています（pp. 141-142）。身体それ自体を，複数の領域にまたがる（あるいは領域を超えた）ものとして概念化することも可能です。ベアトリス・アレグランティは，「身体はきわめて学際的であり，私たちは社会的かつ生物学的に構築されている。その上，身体は中立的なものではない。ジェンダー，セクシュアリティ，民族性，階級は，社会政治的な側面であり，私たちの心的・感情的・身体的自己を形成し，倫理的価値観に影響を与える」（Allegranti,

2011, p. 487）と述べています。人間の身体のもつ領域横断的な性質は，超学際的な ABR の手段としてまだ活用されていない力があることを示唆しています。

「生きられた身体」の理論には，身体化研究と現象学の結びつきがはっきりと示されています。「生きられた身体」とは，人々の経験的な知識を指します。グロスは，精神と身体の「相互関連性」に目を向けるべきだと提唱したモーリス・メルロ＝ポンティ（Merleau-Ponty, 1962）の影響を受けています（Grosz, 1994, p. 86）。メルロ＝ポンティは，経験は精神と身体の間に存在すると主張し，「肉体（flesh）」としての身体（body）について記述しました。身体は単なる対象ではなく，行為者が対象に関わり，情報をやりとりするための「条件であり文脈」として捉えられます（Grosz, 1994, p. 86）。スノーバーは，身体性を「身体，精神，心，想像力などの相互連関」（Snowber, 2018, p. 249）として概念化することで，二元論を打ち破ります。このような連関は，スピリチュアルなものと捉えることもできるでしょう。ステファニー・スプリンゲイとデブラ・フリードマンは，フェミニスト哲学者モイラ・ゲイテンス（Gatens, 1996）の著作を引用して，「身体を，意味を入れたり蓄えたりする容器ではなく意味そのものとして理解することで，内と外の関係が問題化される」（Springgay & Freedman, 2007, p. xx）と述べています。さらに，身体化の経験は，常に他者（の身体）との相互作用に媒介されます（Springgay & Freedman, 2007; Weiss, 1999）。ショーン・ウィーブとセレステ・スノーバーが指摘するように，あらゆる経験は身体化されており，「私たちは感覚を通して知識を得る」（Wiebe & Snowber, 2011, p. 111）のです。ゲイテンスも同じように，「身体化された理解は，個別の身体の中で，また身体を通して生じる」（Gatens, 1996, p. 57）と考えています。これには，研究の経験も含まれます。

ウィーブとスノーバー（Wiebe & Snowber, 2011）は，**身体化された知性（embodied intellectuals）**という用語を使って，私たちの感覚が理解に欠かせない役割をもつことを説明しています。質的研究者の草分けであるタミー・スプライ（Spry, 2006）は，経験的知識に迫るためには，「肉体化された知（enfleshed knowledge）」を捉える方法を見つけなければならないと言います。スノーバーも，「身体知という贈り物こそ，最大の秘密なのではないかと私は考えてきた。私たちは身体を所有しているのではなく，身体そのものである。身体は深い学びの場であり，身体的な知も知恵も，いつでも利用可能である」（Snowber, 2012, p. 119）と書いています。

第 5 章 ｜ 研究としてのダンスとムーブメント　　　203

スノーバーは GPS のメタファーを用いて，身体知は私たちにとって利用可能で，ダンスやムーブメントを通してアクセスできるにもかかわらず，そうしないということは，体内に GPS システムがあるのにそれを使わないのと同じだと述べています（Snowber, 2012, p. 121）。これは，経験を身体化されたものとして，また精神と身体を相互に関連するものとして捉える包括的な見方です。理論研究において身体化や経験の身体性に対する理解が深まると，「肉体化された知」にどうアクセスするかという問いが生じます。このような理論的背景が，ダンスやムーブメントを研究手段として探究するなどの方法論的革新につながっていったのです。

たとえば，スティンソンによれば，ダンスは，内側から感じるとはどういうことか，また知の源泉と意味の拠りどころとしての身体の使い方を教えてくれます（Stinson, 2004, p. 163）。スティンソンは身体化理論に基づいて，ダンスとムーブメントを探究の正統な方法として考察し，身体は世界の縮図であり，その意味を理解する場であるという見方を提案します（p. 160）。さらに，知識構築の現象学的アプローチの影響を受けて，身体は丸ごと「知っている」ことの経験的な貯蔵庫としてみることが可能であり，それはダンスを通じて予期せぬ形であらわれるかもしれないとも述べています（p. 160）。ウィーブとスノーバーも，「私たちの記憶は感覚の中にある」（Wiebe & Snowber, 2011, p. 111）と主張します。たとえば，愛する人の香水，子どもの頃に食べたお菓子，休日の食事の支度など，においが記憶を呼び起こす力について考えてみてください。

セラピーの道具としてのダンス —— 健康科学と教育研究

> ❓・ダンスが健康にもたらす効果について，研究者はどのように探究しているのでしょうか

創造的アートセラピーにおけるダンスの増加は確かに，研究者に道をひらいてきました。しかしそれ以上に，ダンスとムーブメントがもたらす心身の健康への効果を探ろうとする健康科学の研究者や実践家が，ここ数十年で急増しています。ダンスは，古くから先住民族に親しまれており，東洋では医療や日常生活のケアにも含まれていました。その意味では，特に新しい知見ではありませんが，西洋の研究者たちは今ようやく少しずつ受け入れはじめているところです。たとえば，イヴェット・キム（Kim, 2004）は，古代の「多次元療法」の

実践がもたらすプラスの効果について書いています。キムの研究は，ダンスや音楽など，その土地に根差した方法を用いたワークショップに焦点を当てたものです。エブル・ヤーマン（Yaman, 2003）をはじめ，この分野の最先端の研究者は，ダンスのようなアートベースの「表現療法」によって，**癒やしと有用性**の両方がもたらされることを示唆しており，なぜ医療や教育の実践者がアートベースの療法に興味をもつかがわかります。後者の有用性に関して，フェイ・バースティン（Burstin, 2004）は，教育にムーブメントと音楽を用いることで，コミュニケーションや読み書きの能力を伸ばすことができると提案しています。バーニー・ウォーレン（Warren, 1993）は，ダンスは内向的な人たちにとって創造性を発揮できる場になると主張し[2]，ジェニファー・キングマ（Kingma, 2004）は，自信などのポジティブな自己肯定感とダンスとの関連性を探っています。

研究方法論を刷新するダンス

?・研究者はダンスをどのように活用しているのでしょうか
　　・研究プロセスは振付にどのように反映されるのでしょうか

　ダンスと従来の研究手法に共通点などまったくないように思われるかもしれませんが，実際には，特に振付のプロセスや即興の活用という点が似ています。メアリー・ベス・カンシエンとセレステ・スノーバーは，「振付は，分類，取捨選択，編集，構成，制作，修正のプロセスであり，本質的に発見の行為である」（Cancienne & Snowber, 2009, p. 198）と述べています。ドナルド・ブルーメンフェルト＝ジョーンズによれば，振付のプロセスは，テーマの研究（文献調査や観察），テーマづくり，ムーブメントの構成からなります。振付師は，ダンスを頭の中で構想し，ダンサーを観察して，実際に何が可能かを確認します。「振付師は世界を観察・分析し，動作で反応し，動作を通して世界を解釈し，再編成し」（Blumenfeld-Jones, 2008, p. 177），さらに変更を加えていきます。動作を言葉に置き換えれば，このプロセスはエスノグラフィーと同じです。ダンスやムーブメントのもう1つの要素である即興性も，研究プロセスにおける試行錯誤と，ひらめきの瞬間に似ています。

　ダンスとムーブメントを研究に用いることで，問いを投げかけ，感情に訴え，理論的概念を理解し，意識を高め，研究結果を（多くのオーディエンスに届

くように）表現すること，また，自己を発見の場とすることが可能になります（Cancienne & Snowber, 2009）。後者について言えば，身体化理論と現象学も，探究の場としての自己への転換と一致します。第2章でみたように，ここ数十年の自己エスノグラフィーの急成長は，知の源泉としての自己に目が向けられていることを示しており，このこともまた，ダンスに基づく研究方法論の革新の背景となっています。ダンスベースの実践によって，他の方法では難しい身体的知識へのアクセスが可能になります。ブルーメンフェルト゠ジョーンズは，ダンスから得られる洞察は，ダンス以外の方法では得られないものだと述べ，それは動作，また「動作を通した思考」の結果として生じると説明しています（Blumenfeld-Jones, 2008, p. 175）。つまり，ダンサーは，「分析のための道具であり，かつ分析する者」（p. 176）でもあるのです。ダンスそれ自体を，探究の行為とすることもできます（Blumenfeld-Jones, 2014）。ダンスは公−私の弁証法に基づいて私たちが理解する上でも役立つ可能性があります。ダンサーの身体は常に環境の中で動いているため，公と私，ダンス教育の用語で言えば，内的な世界と外的な世界を融合させます。このような最先端の方法が用いられ，洗練されていくにつれて，この関係を探究する学問が（ダンス教育以外でも）もっと出てくるでしょう。

　先にも述べたように，他のアート形式に比べればまだ少ないものの，ダンスを取り入れた研究は，ここ数年で劇的に増加しました。次項で取り上げる新しい研究に加え，ムーブメントやダンスベースの実践を部分的に用いた学位論文も増えており，ABR研究者たちが，こうしたアプローチを次の世代に伝えていることがわかります。たとえば，シェリル・アネッタ・ケイ（Kay, 2012）は，博士論文で「フォトポエティクス」という用語を使い，生徒がダンスを通してどのように成長したかを明らかにするためにABRを行いました。ライサ・フォスター（Foster, 2012）は，博士論文で**エラグラフィー（eragraphy: education, research, animateuring）**という用語を作り出し，アイデンティティと相互性に関する研究データの収集および表現の方法としてダンスを取り入れました。カレン・マッキナリー・クルナディの2013年の論文（Kurnaedy, 2013）では，ダンスの最中に生成される身体的知覚と，教育や学習におけるダンスの意義について詳細に調べています。先に触れた「Dance Your PhD」コンテストも，人気を博しています。

探究および表現としてのダンス — 個人による研究

❓・振付師－研究者は，ダンスをどのように使って社会調査を行っているので
しょうか

ダンスのトレーニングを積んだ研究者は，どんなトピックについてもダンス
ベースの研究プロジェクトを進めることができます。既存の文章や先行研究，
自己エスノグラフィー的な記録，フィールドワークやインタビューのデータに
基づいて，ダンスを振り付けることもあります。

熟練した振付師であり，ダンスの専門家，研究者でもあるメアリー・ベス・
カンシエンは，共同のプロジェクトでも単独の研究でも，研究の表現にダンス
を用いてきました。彼女は，家事，ジェンダー，文化的アイデンティティの交
差するところに関心をもち，「Women's Work（女の仕事）」（Cancienne & Snowber,
2009）というダンスを創作して，自身のケイジャン[i]としてのアイデンティティ
が家事にどんな影響を及ぼしたかを表現しています。このダンスは，「家庭に
入った女性」という理想化されたイメージをずらし，疑問を投げかけるもので，
音楽の選択を含め，意味を伝えることを意図した構成となっていました。音楽
にウォータードラム[ii]が選ばれたのは，水で洗うという女性の身体的経験から
の連想であり，その音が，働いているときの心拍や呼吸の音に似ているためで
す。また，ダンスのスタイルも，研究目的やテーマに合ったものが選ばれまし
た。ムーブメントは日常の家事を比喩的に表現したもので，小道具は使用せず，
ジェンダー，女性同士の関係，個人主義，コミュニティなどのテーマが取り上
げられました。彼女は，「身体は本質的に，ただの肉と骨ではなく，文化と社
会的信念の生きた再現なのだ」（Cancienne & Snowber, 2009, p. 205）と書いていま
す。この意味で，ダンスパフォーマンスは，ケイジャン女性の家事をめぐる経
験の痕跡を明らかにする彼女なりの方法だったのです。観客からは，ダンスに
対する感情的反応と身体的反応の両方が報告されています。

ジャック・ミグダレク（Migdalek, 2012）も，博士論文でダンスベースの方法

訳注 i 北米東部のアカディア地方（現在のノヴァスコシア地方）に入植したフランス人の子孫で，
18世紀初めの同地方の英領化に伴い追放されたのち，最終的に現在のアメリカ・ルイジアナ
州南部に永住した人々を指す。
訳注 ii もともとアフリカやアメリカの先住民の文化で見られる楽器で，水を入れた容器にドラム
ヘッドを張ったもの。独特の視覚効果と音響効果をもち，近年のライブパフォーマンスや
現代音楽で使われることもある。

を用いてジェンダー研究を行い，ダンスと日常生活の両方に見られる男性的／女性的な身体化の規範について，自己省察的に検討しました。ミグダレクは，ジェンダー・パフォーマティビティ[iii]の観点からみた自らの「身体化されたハビトゥス（私たちにとって自然になっている習慣）」，つまり私たちが日常生活（とダンス）において男性性と女性性をどのように提示しているかを，詳しく調査しました。彼の研究は，理論，自己エスノグラフィー，同僚との能力開発セッション，ダンスパフォーマンス（聴衆からのフィードバックを含む）を組み合わせたものでした。

　データ生成の一環として，ミグダレクは，パフォーマンスアートの教育者や実践者29名とともに「サウンド・コラージュ」を用いた専門能力開発セッションを行いました。力強いビートの音楽は男性的な動きを，繊細な音楽は女性的な動きを引き出しました。11分間の即興の間に，参加者はいつの間にかよくある男性的／女性的なムーブメントをとるようになってきました。ミグダレクは，音楽に触発された動作になると意図的に抵抗を始め，その瞬間（たとえば，典型的な女性らしい動きをしたときや見せたとき）に自分がなぜ，またどのような不快感をもつのかを注意深く探りました。「つまり，身体化された男性性と女性性に対する自分自身の快・不快の感じ方を探索する装置として，ダンスを使ったのだ」とミグダレク（Migdalek, 2012）は述べています。

　彼はこれらのデータをすべて取り込み，「Gender Icons（ジェンダー・アイコン）」というダンス（舞台演劇パフォーマンス）を振り付けました。この作品には，小道具，音楽の変化，話し言葉，そしてさまざまなダンススタイルが含まれており，これらの要素が組み合わさって，性別二元論やジェンダー規範に関する考え方に疑問を投げかけています。たとえば，香水瓶の形に切り抜かれた紙の小道具が2つあり，それぞれ形が異なるとき，一方が女性的で，もう一方が男性的とみなされるのはなぜかとミグダレクは問うのです。音楽スタイルとそれに合わせたムーブメントについても同じことを行い，音楽によって特定の動きが促されるかどうか，観客に問いかけました。

　「Gender Icons」は，身体化され，「あまりにも深く埋め込まれているために

訳注 iii　セックスやジェンダーは，「自然な事実」あるいは生物学的・本質的な属性ではなく，社会的に構築されたもの（文化のパフォーマンス）であるという考え方。ジュディス・バトラーの『ジェンダー・トラブル――フェミニズムとアイデンティティの攪乱（Gender Trouble: Feminism and the Subversion of Identity）』（Butler, 1990/2018）の中で論じられている（本書の第6章 p. 230 にも説明がある）。

見えなくなっている」規範に対して疑問を投げかけます。**身体を通してはじめて，自分自身と観客に対して，これらの習慣への見方や経験の仕方を変えるように促すことができます**。この点こそが重要であり，ダンスやムーブメントによる研究の必要性を裏付けています。ミグダレクはこうした作品を，人々の意識を高めることを目的とする**一種の介入**として捉えており，彼自身も，ダンスを通して視点が変わり，ジェンダーと身体化に対する理解が深まったと述べています。この公演は，観客にも大きな影響をもたらしました。

　最初の公演は，仲間や学術関係者に向けたものであったため，文脈が十分に共有されていましたが，その後，高校生に向けて「Gender Icons」を上演することになり，ミグダレクは強い不安を感じました。高校生の反応が心配だったのです。しかし，勇気を出してやってみたところ，生徒や教育関係者から，意識の高まりを示すようなポジティブな感想が多く届きました。一方，予想した通り，パフォーマーをゲイだ，あるいは「本物の男」だからこんなことをする勇気があるのだと信じているようなコメントも残念ながらありました。これらのコメントはすべて，ジェンダーに対する生徒の思い込みを反映しています。こうした思い込みこそ，このパフォーマンスが挑戦しようとしているものなのです。

　ミグダレク（Migdalek, 2012）は，この経験が個人的にはとても有意義である一方，感情面では困難なものであったと報告し，ダンスベースの研究には，他の方法では理解し表現することのできない身体性の問題に迫る独自の力があることを示しました。彼は次のように書いています。

> 私は，身体化されたジェンダー不平等に対する批判的探究および調査を推進するために，（中略）ダンスを活用することを提唱している。より広く言えば，これらの方法は，私たちの習慣的なふるまいを規制する文化的な境界，影響，パラメータ，プロトコルに挑戦するための，効果的な手段となりうるのである。

　ミグダレクの研究には，こうしたトピックを追究する無限の可能性があります。彼は現在，「民族誌的なダンスベースのフィールドワーク」を拡大し，400人の生徒と160人の教育関係者とともに同様のテーマについて研究しています。

探究および表現としてのダンス —— 学際的な共同研究

?・*分野の異なる振付師と研究者がダンスベースの研究をデザインするには，どうすればよいでしょうか*

　学際的な共同研究を行うことで，まったく共通点がないように見える分野間の相乗効果を探ったり，従来の方法では理解の難しい概念について考えたりすることができるようになります。この場合，ダンスは，探究の形態であると同時に表現の形態でもあります。セレステ・スノーバーとスーザン・ジェロフスキー（Snowber ＆ Gerofsky, 1998）の共同研究は，このような背景のもとに行われました。

　スノーバーは研究者，ダンサー，ダンスの専門家であり，ジェロフスキーは数学の教師です。彼らは，極限と無限という概念について，協力して探究を行うことになりました。この2つの概念は，数学では相互に関連があり，身体を通して探究することが可能です。共同研究の結果として生まれたのは，「Beyond the Span of My Limbs（私の手足の長さを超えて）」と題した45分間のミックスメディア・パフォーマンスで，モダンダンス，クリエイティブ・ムーブメント，即興，音楽，詩，自身の著作の朗読，そして観客の参加を組み合わせたものでした。この作品はさまざまな場所で上演され，高校生も観劇してパフォーマンスの感想を書き残しました。

　スノーバーは，この共同研究から，数学とダンスには多くの共通点があることを学んだと述べ，「数学に形式，規則，パターンがあるように，振付にも構成，デザイン，パターン，繰り返し，シェイプ，スペース，ムーブメントがある」（Cancienne & Snowber, 2009, p. 207）と述べています。数学的概念をダンスにうまく取り入れたことで，スノーバーの理解は深まりました。「自分の身体で幾何学的な形を作ることで，それらの形を，身体を通して『理解』することができた。こうして私は，角度，曲線，螺旋，円などを自分のデザインに取り入れるようになった」（p. 207）と彼女は説明しています。これは，探究の行為そのものが学びにつながるという一例であり，「女性的な」動きと「男性的な」動きを身体で表現することで，ジェンダーに関する暗黙の前提について理解を深めようとしたミグダレクの実践によく似ています。

　また，ある形式のデータをダンスで表現することを目的とした研究にも，学際的な相互作用が生かされています。カール・バグリーとメアリー・ベス・カ

ンシエン（Bagley & Cancienne, 2002）の研究は，ダンスを教育研究の表現形式として用いた画期的な事例であり，「データを踊る（dancing the data）」と呼ばれてきました。バグリーは教育研究者で，カンシエンは前述の通り，振付師，ダンスの専門家，研究者です。ある学会に参加していたカンシエンは，データをダンスで表現してほしいと依頼されました。その急な試みは結局うまくいきませんでしたが，カンシエンは，ダンスは社会的な知に貢献できる表現形式であると確信し，最適な状況で再挑戦したいと考えたのです。

　バグリーは，この共同プロジェクトのために，「特別な教育的ニーズをもつ子どもの家庭に学校選択が与える影響」に関するデータを集めました。バグリーは自分が行ったインタビューのうち10件を，共同プロジェクトのデータとして選んでカンシエンに渡し，カンシエンは，そのデータを表現するダンスを作りました。子どもの親たちの声を大切にしつつデータを十分に伝えるため，カンシエンは言葉を使った解釈的なダンスを構成しました。親の声は抽象的に描かれていたにもかかわらず，その意味するところは明確でした。たとえば，親がこの子は字が書けないと語ったところで，ダンサーは足で床に子どもの名前を描くのです。

　バグリーによれば，この共同研究が成功したのは，人々とデータをつなげることができたからです。データ（または情報）そのものは従来のテクスト形式と変わりません。ダンスパフォーマンスを通して，そこに新たな洞察が生まれたのです。ダンスがもたらしたのは，新たな理解ではなく，**新たな次元**だったと彼らは結論づけています（Bagley & Cancienne, 2002, p. 15）。

　最後に，データをダンスという形式で表現することで，テーマという枠内ではありますが，多様な意味が浮かび上がる場がひらかれることになりました。バグリーとカンシエンは，次のように述べています。

　　「データを踊る」ことで，紙に印刷された声のもつ単声性と独自性から離
　　れ，それを打破することが可能になった。パフォーマンスの振付を通して，
　　多声性，対話性が取り込まれ，複数の意味，解釈，見方を耕す機会が与え
　　られたのである。これによって，テクストの多様性と複雑さにオーディエ
　　ンスの目が向けられることになった。　　　　　　（Bagley & Cancienne, 2002, p. 16）

ダンスという表現手段には，従来の研究実践で生み出される知見に深みと質

感を加える力があるのです。

　別の優れた事例として，アレクシア・ブオノとチャールズ・H・ゴンザレス（Buono & Gonzalez, 2017）による共同研究プロジェクトがあります。ゴンザレスは，教師教育を専門とする 12 名にインタビューを行いましたが，その分析と解釈に問題を抱えていました。特に，ティファニーという参加者の事例は，「豊かなデータ」だと感じながらも，理解に苦労していました（pp. 9-10）。すると，院生仲間のブオノが，自身のダンス教育の経験を生かし，「データを踊る」という形での協力を申し出てくれたのです。このプロセスは 12 週間に及びました。ブオノは手はじめに，書面と口頭で収集されたインタビューの書き起こしを読み，注釈をつけ，主要なテーマをもとに「ムーブメントの語彙」を作成しました（p. 10）。続く「身体で書く」セッションは映像で記録して振り返り，ゴンザレスとアイデアを出し合って，何度もダンスの台本の作成と改良を行いました。このダンスは最終的に，あるシンポジウムで上演されました。上演後，観客は簡単な感想を書く機会がありました。公演を見たゴンザレスは，次のように書いています。

　　彼女はもはや私の協力者ではなく，参加者になっていた。その場にいた他の人たちはいつの間にかいなくなり，私だけを前にして彼女は動き，身振りをし，踊っていた。まるで自分の観察記録の凝縮版を見ているようだった。このパフォーマンスによる探究を通して，私は，ティファニーが学期中に経験したすべてを見ることができた。挫折を感じていた時期，彼女を成長させたきっかけ，彼女が乗り越えてきた見えない障壁と明らかな障壁，そして彼女がどのように成長してきたのか。ついに，ティファニーのことが見えるようになったのである。

　　　　　　　　　　　　　　　　　　　　　　　　　　　　　　　　　　（p. 2）

　もちろん，学際的な共同研究は容易にできるものではありません。言葉からダンス（ムーブメント）のように，ある形式のデータを別の形式に置き換える翻訳の問題がある場合，いっそう難しくなります。エリザベス・シャープ（Sharp, 2013）が挙げている以下の例は，そのような作業がどれほど複雑であるかを示しています。

　シャープは，25 ～ 40 歳の独身女性を対象とした社会科学的なインタビュー調査と，結婚式および新婚生活に関する調査を行いました。これらの調査をも

とに，一夜限りのダンスパフォーマンスが行われました。シャープは，通常はあまりオープンにされない女性のイデオロギーや経験を公にしたいと考え，3名の振付師にデータを検討してもらいました。女性の生活に関する公的な研究に貢献するという目的から，ダンスに目を向けたのです。「このプロジェクトでは，社会科学の質的データを眺め，解釈し，再提示するレンズとして，身体知と生きられた経験を強調した」（Sharp, 2013, n. p.）とシャープは述べています。こうして，「Ordinary Wars（普通の戦争）」と題されたダンスが，プロのダンスカンパニーによって，200人以上の観客の前で披露されました。インタビュー記録は，このパフォーマンスの一部として用いられました。

　観客の評価は好意的でしたが，シャープは研究者として経験した困難や「もやもや」に触れ，それは学際的なプロジェクトにつきものだと述べています。シャープは，この困難の原因が，社会科学者と振付師のデータに対する関わり方の違いにあることを突き止めました。社会科学者はデータにどっぷりと浸かり，その中に身を置くように訓練されます。対照的に，彼女が一緒に仕事をした振付師は，データを出発点として使っていました。シャープが指摘しているように，確かにアートベースの共同研究では，この種の問題に直面することがよくあります。自然科学や社会科学の研究者は，実証的なデータに基づき，そこから離れないように訓練されますが，アートの分野で訓練を受けた人たちは，テクストや他の素材を発想の刺激として利用することに長けています。このことは共同研究に取り組む際の課題になることもありますが，ABR研究者として飛躍的に成長するきっかけにもなります。自分がどのような専門的トレーニングを受けてきたかに気づき，それを手放し，データに対して異なる**見方**や**経験**をする術を学ぶことは，結局のところ大きな財産になるのです。

ダンスとマルチメソッド研究[3]

?・マルチメソッド研究にダンスはどのように活用できるでしょうか

　ダンスやムーブメントは，マルチメソッドの研究デザインにおけるデータ収集の手段として取り入れることができます。どのマルチメソッド（または混合メソッド）研究も同じですが，単に方法を「追加する」ことが目的ではなく，複数の方法が互いに影響を与え合うようにすることが重要です（Hesse-Biber & Leavy, 2005, 2012）。

キャロル・ピカード（Picard, 2000）は，ヘルスケア研究にダンスを取り入れて，マルチメソッド研究を行いました。この研究では，ナラティブとムーブメントという2つの異なる表現手段によって，中年期の女性の意識がどのように変わっていくかを考察しています。対象者は17名で，(1)詳細なインタビュー，(2)クリエイティブ・ムーブメントのグループセッション，(3)フォローアップ・インタビュー，の3段階でデータ生成を行いました（各対象者に，この3つを5週間以内に実施しました）。

　第1段階のインタビューの所要時間は50分から2時間で，平均75分でした。インタビューでは，自分の人生で最も意味のあることについて語ってもらいました。第2段階のクリエイティブ・ムーブメントのセッションは，グループで行われました。女性たちは2つのグループに分かれ，それぞれ3時間半の時間が割り当てられました。クリエイティブ・ムーブメントのグループセッションに参加したことがある人は誰もおらず，みな初めての経験でした。最初に信頼関係づくりのエクササイズを行うことで，参加者はグループの中で心地よく体を動かせるようになりました。次に，自分にとって人生で最も意味のあることをムーブメントで表現し，そのムーブメントがどのような意味をもつのかを説明した後，その動作を他の参加者に繰り返してもらいました。最後に，グループ・クロージングと，呼吸法のエクササイズを行いました。クリエイティブ・ムーブメントのセッションは映像で記録され，「空間の使い方，表現の複雑さ，長さ・短さのような，意味と身体動作の特性」の観点から研究者が分析を行いました（Picard, 2000, p. 152）。記録された言語データについても，書き起こしと分析が行われました。研究者は，それぞれの研究参加者のパターンを図式化し，解釈プロセスに視覚的要素を加えました。2回目のインタビューセッションでは，その図を参加者に提示し，修正してもらいました。また，参加者は，研究者とともに自分のムーブメントを映像で見て，その動作や研究プロセス全体について振り返るよう求められました。

　この研究では複数の手法が「互いに影響し合い」，知識構築に向けた**統合的アプローチ**をなしています。つまり，研究手法が相乗効果を発揮していると言えます。伝統的な質的インタビューとクリエイティブ・ムーブメントのセッションは，どちらも「自分の人生にとって最も意味のあること」についての洞察を得ることを目的とするものです。2回目のインタビューは，データから導き出された意味を参加者が明確化するだけでなく，その経験が自分にとってど

のようなものであったかを振り返る，省察的で共同的な機会となっていました。参加した女性たちは，この経験を通して**自己発見**が促されたと振り返っており，またグループで取り組んだことで他者から尊重され，受け入れられていると感じていたとピカードは報告しています。さらに，1名を除く参加者たちは，ビデオで見たクリエイティブ・ムーブメントには自分たちのナラティブが正確に反映されていると報告しました。残る1名も，自分の実際の人生とイメージした人生との不一致に気づいており，そのことは彼女のナラティブと身体表現にあらわれています。例外的な経験を通して重要なデータが収集されたと言えるでしょう。

　自身のナラティブを言葉で共有したあと，公の場で身体を使って創造的に表現したことは，研究プロジェクトという枠を超え，女性が自らの人生を振り返る機会となりました。研究に参加した後も，家でクリエイティブ・ムーブメントを使っていると報告した人もいます。ピカードは，女性の意識形成の研究にクリエイティブ・ムーブメントの活用を加えたところ，参加者自身もこの表現形式の妥当性を認めたと結論づけ，複数の表現方法を用いることで社会調査に深みと奥行きが加わると述べています。

考慮すべき点

　ダンスベースの研究に取り組む際に考慮すべき主な問題として，翻訳，意味の複数性，身体動作研究のトレーニングと方法，の3つが挙げられます。これらの問題は他のABRのジャンルにも見られますが，ダンスベースの研究ではより顕著です。

翻訳について

　あるデータを別の形式で表現しようとすると，その翻訳プロセスは複雑なものになります。ダンスは抽象度が高いため，この問題がいっそう大きくなります。
　創造的アートセラピストのエリザベス・マンダースとジョイア・チルトン（Manders & Chilton, 2013）は，このような翻訳プロセスへの理解を深めるため，1年間研究を行いました。二人がこの研究に着手したのは，セラピーのアート

的側面で何が起こっているのかを明確に説明できるようにすることが，創造的アートセラピストにとって重要だからです。研究では，アート的探究を用いて創造的アートセラピーのスタジオにおける間主観性について検討しました。2名の教授と4名の大学院生のグループが参加し，マンダースとチルトンを含む6名の参加者がさまざまなメディアを使ってアート的探究に取り組んだ後，30分で振り返りを書き，グループディスカッションを30分行いました。

　グループが発見したのは，ダンスからテクストや言語表現（または視覚表現）に意味を変換する翻訳プロセスは，特に複雑で困難なものになるということでした。マンダースとチルトンはパンホーファーとペイン（Panhofer & Payne, 2011）の研究を引用し，熟練したダンスやムーブメントのセラピストでさえ，動作を記述する専門用語のトレーニングを受けているにもかかわらず，翻訳に苦労することを明らかにしました。セラピストは，専門用語よりも，メタファーや詩を使って表現することを好みました。これは，研究に1年間参加したマンダース自身の経験とも重なるものでした。マンダースは，経験を言葉で捉えることは難しいため，ダンスから記録への変換はきわめて大きな挑戦であるということに気づきました。このグループは，翻訳を何度も行うことで，プロセスが円滑に進む場合もあるということを発見しました。あるときマンダースは，ダンスの経験を描写するおとぎ話を書き，ダンスからフィクションという別のアート形式にしたのですが，このフィクションはアートと言語的解釈の橋渡しをすることになりました。マンダースとチルトン（Manders & Chilton, 2013）が指摘するように，アートを別のアートに翻訳することは，解釈の1つの方法であり，ABRに特有のものです。マンダースとチルトンはこの研究に基づいてABRにおける創造的な翻訳についての表をまとめており，参考になります（この表は，解釈方法および評価基準を検討する第8章で，許可を得て掲載しています）。

複数の意味

　マンダースとチルトン（Manders & Chilton, 2013）が論じた翻訳プロセスや間主観性は，意味の複数性という問題にも結びついています。ダンスパフォーマンスを見るとき，私たちはそれをどのように理解しているのでしょうか。私たち研究者が意図したメッセージを観客に受け取ってもらえるどうか，どうすれ

ばわかるのでしょうか。

　もちろん，量的・質的を問わず，どんな研究でも，このように問うことができます。私たちの仕事がデータを表現することである以上，誤解や思いがけない解釈が生じる可能性はあります。ゴンザレスは，「ティファニー」の共同プロジェクトを振り返り，「私は〔ダンスを〕見ている間，認識論的な問題を感じていた。（中略）相手が作り話をしているのではないと，どうすればわかるのだろうか。（中略）『テクスト』を使っているからといって，私たちが作り話をしているのではないとわかるだろうか」（Buono & Gonzalez, 2017, p. 16）と書いています。

　ブルーメンフェルト＝ジョーンズ（Blumenfeld-Jones, 2002）は，バグリーとカンシエンが編集した『Dancing the Data（データを踊る）』という画期的な本の中で，ダンスが表現の媒体として使われるときに生まれるアートと研究の結びつきについて考察しています。ダンスは**意味を伝える**ために用いられますが，その意味は研究者が意図したものです。ただし，ブルーメンフェルト＝ジョーンズによれば，アートは複数の解釈を同時に呼び起こすのであり，このことは，アートと社会調査に関するより大きな課題と一致しています。どの解釈も正しいという意味ではありません（ABR や質的研究に対する批判の多くは，すべてが相対的で何でもありなのではないかという懸念によるものです）。ダンスを表現の手段として用いる場合，研究者は自分（たち）の伝えたいテーマに合った意味のみが伝わるムーブメントを使うように注意しなければならないと，ブルーメンフェルト＝ジョーンズは主張しています。私は，研究に外部審査を導入するのがよいと考えています。具体的には，振付を作成した後，同僚や専門家の前で「パイロット公演」を行い，印象や，さまざまな動きに対する解釈，ダンスから浮かび上がるテーマについてフィードバックをもらうのです。そうすれば，自分が求める解釈が引き出せるように，必要な修正を行うことができるでしょう。

ムーブメントを研究するためのトレーニングと方法

　本書で繰り返し述べているように，創造的なアーティストは幅広くトレーニングを受けています。みなさんも受けているかもしれません。本章でもいくつかの例をみてきましたが，たとえダンスを習ったことがなくても，他の人と協力して，研究からダンス（振付のパフォーマンス）をつくり出すことは可能で

す。トレーニングを受けていないダンサーでも身につけられるムーブメントを研究する方法もあります。たとえば，ダイアン・C・フリードマン（Freedman, 1991）は，ムーブメントを組織的に研究する**ラバン・ムーブメント分析**（**Laban movement analysis：LMA**）法を用いた研究プロジェクトをデザインしました。LMA では，ダンスと動きの分析に，「エネルギーと型」アプローチを取り入れています。フリードマンによれば，このアプローチでは，(1)身体の使い方，(2)空間の使い方，(3)エネルギーの使い方の3つを検討します。さらに，空間の中で身体のどの部分がどのように動くのか，その動作を生じさせるエネルギーはどのようなものかという観点もあります（Freedman, 1991）。身体と空間についてはさらにカテゴリー化され，身体は，高さ，重さ，奥行きの3つの次元，空間は水平（X 軸），垂直（Y 軸），奥行き（Z 軸）の3つの軸で捉えます。

チェックリスト

► ダンスやムーブメントを用いて研究や発表を行う場合，以下のことを考慮しましょう。

✓ 捉えようとしているのは，身体化された知識（あるいは身体知）か。もしそうなら，ダンスやムーブメントはどのように役立つのか。

✓ この研究プロジェクトをデザインするために必要なトレーニングを受けているか。共同研究にするべきか。

✓ 共同研究の場合，データの使用や進め方に関して，共同研究者とどのような見通しを立てるか。翻訳プロセスはどのようなものになるか。

✓ 複数の意味づけや，観客によるダンスの解釈の問題に対応するために，研究デザインに組み込めるものがあるとすれば，それは何か。パイロット公演は実施するか。実施する場合，誰に向けて行うのか。観客からのフィードバックはどのように集めるか。観客からのフィードバックに基づいて，その後の公演をどのように修正するか。

おわりに

　本章の目的は，ダンスとムーブメントの研究への主な使用法を検討することであり，特に，探究と表現としてのダンスに近年見られる革新と，その実践に至った経緯に着目してきました。本章の議論を通して，身体化と身体知の可能性に光を当てることができればと願っています。

ディスカッションのための問いとアクティビティ

1. 身体化研究の理論的発展と，ダンスやムーブメントの方法論的な革新には，どのような関係がありますか。
2. 身体性に注目することで，どんなテーマに取り組めるようになるでしょうか。
3. 研究者は，方法論的装置として，ダンスをどのように取り入れることができるでしょうか。ダンスを通して探究したり表現したりするには，どのような方法があるのでしょうか。マルチメソッドや混合研究法で，ダンスやムーブメントはどのように用いられるでしょうか。このアプローチの潜在的な利点と欠点は何ですか。
4. アクティビティとして LMA をやってみましょう。LMA のねらいは，ムーブメントを体系的に研究することです。プロのダンスの動画（ジャンルは問いません）を入手し，本章で紹介した LMA をベースに手順を考えて，データをコーディングしましょう。どんなことに気づきましたか。このプロセスから何を学びましたか。

おすすめの図書

- Bagley, C., & Cancienne, M. B. (Eds.). (2002). *Dancing the data*. New York: Peter Lang.
  アートと研究に関わるさまざまなトピックを網羅した古典的な編著です。ダンスに関する読み物や，著名な研究者による研究が掲載されています。
- Blumenfeld-Jones, D.S. (2012). *Curriculum and the aesthetic life: Hermeneutics, body,*

democracy, and ethics in curriculum theory and practice. New York: Peter Lang.

　ダンスと教育に関わる著者の豊富な経験が集められた本です。特に興味深いのは，身体知とダンス教育，ダンスカリキュラムについての文献調査，研究方法としてのダンス，社会科学研究におけるダンスと振付に関する章です。また，全体を通して美学と倫理学が関連づけられており，カリキュラム論や教育哲学の理論的な基盤にも貢献しています。

• Migdalek, J. (2014). *The embodied performance of gender.* Oxon, UK: Routledge.

　本書は，ジェンダーを身体化されたもの，パフォーマティブなものとして捉え，性別二元論を暴き，それに異議を唱えるものです。著者自身のパフォーマンス・アーティスト，教育者，生活者としての葛藤に加え，教育者，パフォーマンス・アートの実践者，高校生を対象とする実証的なフィールドワークから得た知見に基づいて執筆されています。

• Snowber, C. (2016). *Embodied inquiry: Writing, living and being through the body.* Leiden, the Netherlands: Brill/Sense.

　教育者，ダンサー，身体化の研究者である著者自身の豊富な経験を生かし，読者が身体とのつながりを深めることを目的として執筆された本です。身体が探究，学習，理解，知覚の場として提示され，身体に注意を向けることでどのような知を得られるかが示唆されています。

• Springgay, S., & Freedman, D. (Eds.). (2007). *Curriculum and the cultural body.* New York: Peter Lang.

　身体化，身体知，間身体性，教育における身体化の役割などのテーマについての丁寧な紹介の後，身体が学習や知識に果たす役割について，第一線で活躍する研究者が各章を執筆しています。特に教育学，カリキュラム研究，アートグラフィーに携わる人々，さらに身体化と身体知に関心をもつ人々にとって重要な本です。

💻 おすすめのウェブサイトや雑誌

• *Journal of Dance Education*

www.tandfonline.com/loi/ujod20#.UfBg2Y21GSo

　乳幼児期，幼稚園から高校まで，高等教育，民間スタジオ，特別支援教育，障害のある人，リスクのある子どもなど，あらゆる場におけるダンス教育

に関する記事が掲載されています。教育方法と実践，カリキュラムと学習の連続性，美的・創造的プロセス，高次の思考スキルと問題解決の活用，国・州・地域レベルの基準，評価，専門職としての準備と教員養成，学際的教育などが取り上げられています。

• *Research in Dance Education*

https://www.tandfonline.com/journals/crid20

　世界中の学習者と教師を対象とするダンス教育研究の雑誌です。就学前教育から高等教育，さらにその先まで含むあらゆる教育段階の，ダンスの教授と学習，理論と実践，新しい方法論と技術，プロのダンスアーティストの教育への関わりなどのトピックが扱われ，特別なセクションも用意されています。Perspective（パースペクティブ）セクションは，入手困難になっている重要な研究の再出版版を目的とするものであり，Dance lines（ダンスライン）セクションでは，学生の優れた文章が紹介されています。

• *Electronic Journal of Folklore*

www.folklore.ee/folklore

　民俗学，比較神話学，文化人類学およびその関連分野の学術的な原著論文が掲載され，印刷版と無料のオンライン版が発行されています。電子ジャーナルには，動画や音声のサンプルも含まれています。

注

1. 歴史的に，デカルト的な心身二元論は，女性や女性らしさを身体と同一視するために用いられてきました。フェミニストの議論（Bordo, 1993; Butler, 1990, 1993; Classen, 1993; Grumet, 1988; Springgay & Freedman, 2007; Weitz, 2003; Wolf, 1991）によれば，心身二元論は，男性と女性，男性らしさと女性らしさを対立するものとして位置づけ，男性らしさは精神的な資質に，女性らしさは肉体に宿るものであり（Hesse-Biber, 1996, 2006），精神は身体より優位にあると捉えてきました。つまり，女性を低く評価し，女性らしさを男性らしさよりも劣ったものとして扱うための方法だったのです。身体化と現象学の項で述べたように，ダンスとムーブメントに基づく研究は，必然的に，人為的な心身二元論に挑戦することになります。ダンスベースの研究はまた，非常に限定的な性別二元論にも挑みます。多くの研究で，ジェンダーの問題が中心的に扱われています。

2. ウォーレン（Warren, 1993）も，ダンスが病気を抱えた人々にとって有益である理由を挙げています。社会科学や行動科学でシンボリック相互作用論者が論じてき

たように，哲学的に見ると身体は思考や感情，さまざまな情報を伝えるための道
具として機能します（p. 58）。子どもは世界の中で体を動かし，環境と相互作用す
ることによって，世界について学んでいきます（p. 58）。つまり，ダンスやムーブ
メントを試すことは，自己を知るための方法なのです。ウォーレンはさらに，病
気や障害のある人々は自己表現の手段を必要としており，それが広い意味での彼
らのウェルビーイングに効果的であると主張しています。身体的な利点もあり，
ダンスや身体動作は脳性麻痺の人たちが筋肉の痙攣をコントロールするのに役立
つほか，微細運動や粗大運動のスキル，神経機能，循環調節の強化にもつながる
ことが示唆されています（p. 59）。

3. ABR をどのように概念化するか，つまり 1 つのパラダイムとしてみるか，質的研
究のパラダイムの道具としてみるかによって，混合研究法に分類されたり，マル
チメソッド研究に分類されたりします。

■ 参考文献

Allegranti, B. (2011). Ethics and body politics: Interdisciplinary possibilities for embodied psychotherapeutic practice and research. *British Journal of Guidance and Counseling, 39*(5), 487–500.

Bagley, C., & Cancienne, M. B. (2002). Educational research and intertextual forms of (re) presentation. In C. Bagley & M. B. Cancienne (Eds.), *Dancing the data* (pp. 3–32). New York: Peter Lang.

Blumenfeld-Jones, D. S. (2002). If I could have said it, I would have. In C. Bagley & M. B. Cancienne (Eds.), *Dancing the data* (pp. 90–104). New York: Peter Lang.

Blumenfeld-Jones, D. (2008). Dance, choreography, and social science research. In J. G. Knowles & A. L. Cole (Eds.), *Handbook of the arts in qualitative social science research* (pp. 175–184). Thousand Oaks, CA: SAGE.

Blumenfeld-Jones, D. (2014, April). Aesthetics and analysis in arts-based educational research: View of a dancer/poet. Paper presented at the annual conference of the American Educational Research Association, Philadelphia, PA.

Bordo, S. (1989). Feminism, postmodernism, and gender skepticism. In L. Nicholson (Ed.), *Feminism/postmodernism* (pp. 133–156). New York: Routledge.

Bordo, S. (1993). *Unbearable weight: Feminism, western culture, and the body.* Berkeley: University of California Press.

Bourdieu, P. (1971). *Outline of a theory of practice.* Cambridge, UK: University of Cambridge Press.

Buono, A., & Gonzalez, C. H. (2017). Bodily writing and performative inquiry: Inviting and arts-based research methodology into collaborative doctoral research vocabularies. *International Journal of Education and the Arts, 18*(36).

Burstin, F. (2004, September 4). New beat to speech skills. *Courier Mail* (Brisbane, Australia), p. L13.

Butler, J. (1990). *Gender trouble: Feminism and the subversion of identity.* New York: Routledge. ［ジュディス・バトラー，竹村和子（訳）（2018）．ジェンダー・トラブル——フェミニズムとアイデンティティの攪乱（新装版）　青土社］

Butler, J. (1993). *Bodies that matter: On the discursive limits of sex*. London: Routledge. ［ジュディス・バトラー，佐藤嘉幸（監訳）（2021）．問題＝物質となる身体──「セックス」の言説的境界について　以文社］

Cancienne, M. B., & Snowber, C. N. (2009). Writing rhythm: Movement as method. In P. Leavy, *Method meets art: Arts-based research practice* (pp. 198–214). New York: Guilford Press.

Clark-Rapley, E. (1999). Dancing bodies: Moving beyond Marxian views of human activity, relations and consciousness. *Journal for the Theory of Social Behavior, 29*(2), 89–108.

Classen, C. (1993). *Worlds of sense: Exploring the senses in history and across cultures*. New York: Routledge. ［コンスタンス・クラッセン，陽美保子（訳）（1998）．感覚の力──バラの香りにはじまる　工作舎］

Daly, A. (1988). Movement analysis: Piecing together the puzzle. *Drama Review, 32*(4), 40–52.

Foster, R. (2012). *The pedagogy of recognition: Dancing, identity and mutuality*. Tampere, Finland: University of Tampere Press.

Foucault, M. (1976). Power as knowledge. In R. Hurley (Trans.), *The history of sexuality: Vol. 1. An introduction* (pp. 92–102). New York: Vintage Books.

Freedman, D. C. (1991). Gender signs: An effort/shape analysis of Romanian couple dances. *Studia Musicologica Academiae Scientiarum Hungaricae, 33*(1), 335–345.

Garoian, C. R. (2013). *The prosthetic pedagogy of art: Embodied research and practice*. Albany: State University of New York Press.

Gatens, M. (1996). *Imaginary bodies: Ethics, power and corporeality*. New York: Routledge.

Grosz, E. (1994). *Volatile bodies: Toward a corporeal feminism*. Bloomington: Indiana University Press.

Grumet, M. (1988). *Bitter milk: Women and teaching*. Amherst: University of Massachusetts Press.

Henry, R. (2000). Introduction—anthropology of dance. *Australian Journal of Anthropology, 11*(3), 253–260.

Hesse-Biber, S. N. (1996). *Am I thin enough yet?: The cult of thinness and the commercialization of identity*. New York: Oxford University Press. ［シャーリーン・ヘス＝バイバー，宇田川拓雄（訳）（2005）．誰が摂食障害をつくるのか──女性の身体イメージとからだビジネス　新曜社］

Hesse-Biber, S. N. (2006). *The cult of thinness*. New York: Oxford University Press.

Hesse-Biber, S. N., & Leavy, P. (2005). *The practice of qualitative research*. Thousand Oaks, CA: SAGE.

Hesse-Biber, S. N., & Leavy, P. (2012). *The practice of qualitative research* (2nd ed.). Thousand Oaks, CA: SAGE.

Kay, C. A. (2012). Photopoetic moments of wonder: Photography as an artistic reflective practice in secondary dance education. Unpublished doctoral dissertation, Simon Fraser University, Burnaby, British Columbia, Canada.

Kim, Y. (2004, September 12). Exploring ancient multi-dimensional healing methods. *Sarasota Herald-Tribune*, p. BS4.

Kingma, J. (2004, April 7). Using dance to help boys find out who they are. *Canberra Times*, p. A25.

Kurnaedy, K. M. (2013). Uncovering the essence of what animates us beneath the dance: Investigating the lived experiences of bodily perceptions generated while dancing. Unpublished doctoral dissertation, Simon Fraser University, Burnaby, British Columbia, Canada.

Manders, E., & Chilton, G. (2013). Translating the essence of dance: Rendering meaning in artistic inquiry of the creative arts therapies. *International Journal of Education and the Arts, 14*(16).

Merleau-Ponty, M. (1962). *Phenomenology of perception* (C. Smith, Trans.). London: Routledge & Kegan Paul. ［モーリス・メルロ＝ポンティ，中島盛夫（訳）（2015）．知覚の現象学　法政大学出版局］

Migdalek, J. (2012). Dance as intervention: Disrupting gendered norms of embodiment. Unpublished manuscript.

Myers, N. (2012). Dance your PhD: Embodied animations, body experiments, and the affective entanglements of life science research. *Body and Society, 18*(1), 151–189.

Panhofer, H., & Payne, H. (2011). Languaging the embodied experience. *Body, Movement and Dance in Psychotherapy, 6*(3), 215–232.

Picard, C. (2000). Patterns of expanding consciousness in midlife women. *Nursing Science Quarterly, 13*(2), 150–157.

Sharp, E. (2013, May 30). Live dance performance as a means to re-analyze and re-present social science exposes differing relationships to data [Blog post]. Retrieved from www.tandfonline.com/doi/full/10.1080/03069885.2011.621712#.U-ALrvldWSo.

Sklar, D. (2000). Reprise: On dance ethnography. *Dance Research Journal, 32*(1), 70–77.

Snowber, C. N. (2012). Dancing a curriculum of hope: Cultivating passion as an embodied inquiry. *Journal of Curriculum Theorizing, 28*(2), 118–125.

Snowber, C. (2016). *Embodied inquiry: Writing, living and being through the body.* Leiden, the Netherlands: Brill/Sense.

Snowber, C. (2018). Living, moving, and dancing: Embodied ways of inquiry. In P. Leavy (Ed.), *Handbook of arts-based research* (pp. 247–266). New York: Guilford Press. ［パトリシア・リーヴィー（編著），岸磨貴子ほか（監訳）（2024）．アートベース・リサーチ・ハンドブック　福村出版，所収］

Snowber, C., & Gerofsky, S. (1998). Beyond the span of my limbs: Gesture, number and infinity. *Journal of Curriculum Theorizing, 15*(2), 39–48.

Springgay, S., & Freedman, D. (2007). Introduction: On touching and bodied curriculum. In S. Springgay & D. Freedman (Eds.), *Curriculum and the cultural body* (pp. xvii–xxvii). New York: Peter Lang.

Spry, T. (2006). Performing autoethnography: An embodied methodological praxis. In S. N. Hesse-Biber & P. Leavy (Eds.), *Emergent methods in social research* (pp. 706–732). Thousand Oaks, CA: SAGE.

Stinson, S. W. (1995). Body of knowledge. *Educational Theory, 45*(1), 43–54.

Stinson, S. W. (1998). Seeking a feminist pedagogy for children's dance. In S. Shapiro (Ed.), *Dance, power, and difference: Critical and feminist perspectives in dance education* (pp. 23–48). Champaign, IL: Human Kinetics.

Stinson, S. W. (2004). My body/myself: Lessons from dance education. In L. Bresler (Ed.), *Knowing bodies, moving minds: Towards embodied teaching and learning* (pp. 153–167). London: Kluwer Academic.

Warren, B. (Ed.). (1993). *Using the creative arts in therapy: A practical introduction.* New York: Routledge.

Weiss, G. (1999). *Body image: Embodiment as intercorporeality.* New York: Routledge.

Weitz, R. (Ed.). (2003). *The politics of women's bodies: Sexuality, appearance, and behavior.* New York:

Oxford University Press.

Wiebe, S., & Snowber, C. (2011). The visceral imagination: A fertile space for non-textual knowing. *Journal of Curriculum Theorizing, 27*(2), 101–113.

Wolf, N. (1991). *The beauty myth.* New York: Morrow.［ナオミ・ウルフ，曽田和子（訳）（1994）．美の陰謀――女たちの見えない敵　TBS ブリタニカ］

Yaman, E. (2003, September 6). Music as medicine reaches a crescendo. *Weekend Australian*, p. B55.

本章で取り上げる代表例は，先述したジャック・ミグダレクの「Gender Icons（ジェンダー・アイコン）」です。このパフォーマンスは，オンラインで視聴可能です。
https://vimeo.com/336932377

第**6**章

演劇・ドラマ・映画

> この世はすべて舞台。
> ── ウィリアム・シェークスピア

　舞台や映画のためのドラマ化は、私たちの経験や社会生活を比類のない仕方で描き出します。ジュディス・アクロイドとジョン・オトゥール（Ackroyd & O'Toole, 2010）によれば、ドラマ[i]は、研究者が研究プロセスでわかったことを完全な形で再現する1つの方法です。ジョニー・サルダーニャ（Saldaña, 2011）は、逆説的ではあるが、演技は物事をより「リアル」に見せるという鋭い指摘をしています。演劇、ドラマ、映画はいずれも強力なコミュニケーションのメディアであり、人間の経験を深く掘り下げ表現する方法として用いれば、大きな影響力があります。これらは、**パフォーマティブな**ジャンルに分類されます。すでにみてきた音楽やダンスも、**パフォーマンス研究**あるいは**パフォーマティブなジャンル**に含まれます。

　これらのメディアは、幅広い人々にとって利用しやすく、パブリック・スカラシップを高めようという動きと一致します。重要なのは、パフォーマンスによって、観客と演者の間に「やりとり」（映画や脚本の場合は間接的なやりとり）が生まれることです。このやりとりは、複雑な意味の交渉が伴う場合があります。さらに演者と観客の相互作用も、環境や雰囲気によって変化します（Langellier & Peterson, 2006）。

　パフォーマンスは、啓発、エンパワーメント、解放、政治的課題の解決、発

訳注 i　本章では基本的に、theatre を「演劇」、drama を「ドラマ」と訳している。どちらも「劇」を意味するが、theatre は劇を演じる側面に重心があり、その場で即興で作られるものも含むのに対し、drama は完成された脚本や作品としての劇を指す。

見，探究，教育など，さまざまな目的に役立ちます。パフォーマンスは表現形式とみなされがちですが，実際にはデータ生成，分析，発表（表現）など，研究のどの段階でも，また研究全体の方法論としても使えます。つまり，パフォーマンスは探究であり，**かつ**表現でもあるのです（Worthen, 1998）。他の方法で得られたデータを，さまざまな形でパフォーマンスのテクストや映画に翻訳したり，応用したりすることもできます。

　パフォーマンスは，単なる方法や表現形式にとどまらず，研究に対する新たな考え方や進め方を提示します。パフォーマンスは従来の知の方法に挑み，それを打破するとロス・E・グレイは述べています（Gray, 2003, p. 254）。ヘレナ・オイカリネン＝ジャバイ（Oikarinen-Jabai, 2003）は，パフォーマンスベースの方法論は，研究者が研究参加者とともに境界を越え，自分たちの力を発揮できる場を見つけ，矛盾を明らかにし，共感を築く手段になると述べた上で（p. 578），「関係や文化的言説の中に隠された欲望や情熱，両面価値，無力感，不安，恥，愛，恐怖などの感情を発見し，経験し，表現する助けになる」（p. 578）とまとめています。この方法論には，大きな可能性があるのです。

背景

❓・パフォーマティブなアプローチは，どのように発展してきたのでしょうか

　演劇，ドラマ，映画などのパフォーマティブなアプローチは，この数十年で一気に広がりました。質的研究や ABR の学会では，演劇による発表や，演劇ワークショップ，研究をもとにした映画の上映などの特別企画が定期的に組まれています。メアリー・ガーゲンとケネス・ガーゲン（Gergen & Gergen, 2011）によれば，学問的な文脈においても**パフォーマンス・エスノグラフィー**が発展し，脚本を書くだけでなく，パフォーマンスによるコミュニケーションも増えてきました。心理学のように，歴史的にアートベースの探究に否定的だった分野でも，パフォーマンス研究が大きく発展しています。

　キップ・ジョーンズ（Jones, 2006, 2010, 2012a, 2012b, 2013）は，メアリー・ガーゲンとケネス・ガーゲンにならい，アートと科学を融合させた研究について，**パフォーマティブな社会科学**という言葉で説明しています。それは，「アートと人文科学の道具が，社会科学の研究方法および発表の方法を豊かにする上

でいかに有用かを探る，新しいモデルをつくり出そうとするもの」(Jones, 2010, para. 12) です。パフォーマティブな社会科学は，より広い意味の ABR に適用できる用語で，パフォーマティブな研究がますます一般的になっていることを示すものでもあります。

理論的な展開

❓・どのような理論的展開が，パフォーマンスへの動きにつながったのでしょうか

パフォーマンスへと向かう動き，あるいはヴィクター・ターナー (Turner, 1974) のいう「パフォーマンス・パラダイム」は，身体化研究や心身の結びつきに関する研究の発展（前章を参照），ポストモダン理論の展開，そして分野横断的・学際的な学問への大きなうねりと結びついています（デンジン［Denzin, 1997］は，「卓越した」ポストモダンのパフォーマンステクストに言及しています）。また，それは理論や認識論，方法論の革新に合わせて，研究者が質的研究およびアートベースのパラダイムを拡張し，洗練させてきた結果でもあります。

ジョアン・マクロード (McLeod, 1988) は，学校のカリキュラムについて，言葉と数という 2 つの主要な形式に加えて，視覚イメージ，ジェスチャー，音を含めるべきだと主張しています。これは，従来の質的・量的アプローチの枠を超えようとする研究にも言えることです。演劇には知の方法のすべてが集約されているとジョー・ノリス (Norris, 2000) は述べています。パフォーマンスの方法は，研究プロセスを全体論的に捉えます。こうしたアプローチは，心身の分離を否定する身体化研究の進歩と，学問領域の境界を横断したりあいまいにしたりしようとする動き（研究される側の視点に近づこうとする試み）とも軌を一にしているのです。

クリスティン・M・ランジェリエとエリック・E・ピーターソンによれば，パフォーマンス研究は越境し，「学問領域の境界にある亀裂」を暴き出します (Langellier & Peterson, 2006, p. 153)。個人的な語りを演じる中で，「私」と「あなた」は，自分たちが共生関係にあることに気づくかもしれません (p. 156)。ランジェリエとピーターソンはこの点について，「個人的な語りを演じることで，身体と声の両方を取り戻し，その重要性を宣言することになる。個人的なものが語りに身体を与え，語りが経験に声を与える」と述べています。さらに，パフォーマンスには，他の方法では明らかにできないことを見えるようにする力

があります。この力は，ランジェリエとピーターソンがフレーム化，再帰的，創発的と定義するパフォーマンスの3つの主な性質から生じるものです。W・B・ウォーゼン（Worthen, 1998）も，元に戻すこと（unmade）も作り直すことも（remade）できるのがパフォーマンスの方法論的な強みだと説明しています（p. 1101）。

　近年の認識論，理論，方法論の発展により，パフォーマティブなジャンルは拡大していますが，社会学者は早くから，演技が社会生活から切り離せない側面であることを認識していました。アーヴィング・ゴフマン（Goffman, 1959）は，人々が日常生活の中で行っている自己呈示を，**ドラマツルギー**という言葉で表現しました。「この世はすべて舞台，男も女もみな役者にすぎない」というシェークスピアの有名な考えに基づき，ゴフマンは社会生活には「表舞台」と「裏舞台」が存在すると仮定したのです。表舞台は，他者に見えるもの（演劇で言えば本番）であり，裏舞台は，他者には見えない人生の舞台裏（演劇で言えば，劇作，リハーサル，ヘアメイクなど）です。この理論的枠組みでは，ゴフマンが「面子を保つ」方略と呼んだものも含め，人生のすべてにパフォーマンスが関わることになります。ウォーゼン（Worthen, 1998）も同様に，ストリート・パフォーマンス，アイデンティティ・パフォーマンス，日常生活のドラマなど，社会生活はパフォーマンスに満ちていると指摘しています。

　社会構成主義やポストモダン理論も，日常生活におけるパフォーマンスの複雑さに対する私たちの理解に貢献してきました。たとえば，ジュディス・バトラー（Butler, 1990, 1993）は，言説的に構築され，かつ構築する主体によるジェンダー・パフォーマンスについて理論化しています。つまり，バトラーは，ジェンダーそのものがパフォーマンスであると説明するのです。フェミニズム研究者は，セクシュアリティや身体化，権力，女性の健康問題を探究するために，パフォーマティブな方法を用いてきました（Gergen & Gergen, 2011）。パフォーマンスは，アイデンティティ・カテゴリーについて交渉し，格闘し，異議を申し立てる場にもなります。

　ハイブリッド性に関する研究は，ポストモダン理論と結びつき，パフォーマンスやアイデンティティ・ワークについての私たちの理解に影響を与えています。ホミ・バーバ（Bhabha, 1993）は，2つの文化が融合するときに生じる，伝統的な枠組みでは理解できないハイブリッドな「第三の空間」について述べています。バーバの研究に影響を受けたヘレナ・オイカリネン＝ジャバイ

230

（Oikarinen-Jabai, 2003）は，ガンビアの女性のパフォーマンスについて研究を行い，言説的に構築されたアイデンティティに挑む上でパフォーマンスがどのような機能を果たしていたかを記述しました。「ガンビア女性のパフォーマンスを見た私は，文化的アイデンティティおよびジェンダー・アイデンティティに挑戦する力，伝統的なものも外から取り入れたものも含め，さまざまなジャンルを駆使して文化的慣習やヒエラルキーを批判し，疑問を投げかける力に感心した。彼女たちは，アートを日常の経験に結びつけている」（p. 576）。パフォーマンスの人類学的研究も，日常生活におけるドラマの概念と同様に，パフォーマンスをベースとする研究に影響を与えていますが，本章では取り上げません。

質的研究とドラマの相乗効果

❓・ドラマやパフォーマンスと質的研究は，どのような点が似ているでしょうか

音楽の章で述べたように，質的研究者は，質的研究とアート実践の相乗効果を解明し，活用しようとしています。演劇に携わる者からすると，パフォーマンスの力を活用する研究者が近年急速に増加していることに不思議はありません。劇作や上演と質的研究には親和性があります。ジョー・サルヴァトーレ（Salvatore, 2018）は，演劇作品の創作過程は，研究を行う過程と非常に似ているといいます。ジョニー・サルダーニャ（Saldaña, 1999）によれば，質的研究者と劇作家は，どちらも「人間の条件について，独創的で魅力的で洞察に満ちたテクストを生み出す」（p. 60）ことを目指す点で似ています。サルダーニャは，演劇に携わる人々は，以下に挙げる質的研究の基本的なスキルをもっていると述べています。

1. 鋭い感覚や観察力をもち，フィールドワークの環境に対して敏感である。
2. 登場人物や脚本を分析する力がある。このことは，インタビュー記録やフィールドノートから参加者の行動や関係性を分析することにつながる。
3. 参加者の言語や非言語行動から目的や言外の意味を推測する力がある。このことは，社会に対する豊かな洞察につながる。
4. 舞台芸術リテラシーがあり，フィールドの環境や空間，人工物，参加者の服装などを視覚的に分析できる。
5. 概念的・象徴的・隠喩的に思考することができる。これらは，質的デー

タ分析に不可欠である。

6. 広い意味でのストーリーテリングの適性がある。このことは，人を惹き
つけるようなナラティブ研究報告の執筆につながる。 (p. 68)

サルヴァトーレ（Salvatore, 2018）はさらに，アンナ・ディーヴァー・スミス，
モイセス・カウフマン，エミリー・マンなど多くの有名な舞台芸術家が，演劇
作品の資料としてインタビュー記録やフィールドノート，写真や動画による記
録を使用していることを指摘しています。

ジョー・ノリス（Norris, 2000）によれば，演劇教育に携わる人々には，表現
形式としてだけでなく**意味生成の方法**として演劇に取り組んできた豊富な経験
があります。たとえば，演劇の授業では，生徒が「もしもの魔法」[ii]を使って仮
説を検証します（p. 41）。ノリスは，教育演劇の実践は1つの研究方法論であ
ると主張し，キャスト全員が一連の場面として舞台を作り上げる**集団創作**に言
及しています（Norris, 2000, Berry & Reinbold, 1984 を引用）。キャロル・ターリン
トンとウェンディ・マイケルズ（Tarlington & Michaels, 1995）が「プレイビルディ
ング」と呼ぶ方法では，質的研究者による意味生成と同じ技法が用いられてい
ます。「劇づくりで私たちが行うことの多くは，内容を見直して洞察と新たな
意味を生み出す手がかりになる。つまり，研究の1つの道具として捉えること
ができる」（Norris, 2000, p. 44）とノリスは説明しています。

ノリスは，ドラマづくりのプロセスを，質的研究のフォーカスグループに
なぞらえます。演劇でもフォーカスグループと同じように，出演者が集まっ
て特定のトピックや問いについて検討します。ただし，フォーカスグループで
は研究者が「モデレーター」の役割を担うのに対し，ドラマの**集団創作**では研
究者と参加者の間の区別はありません。出演者（質的研究では研究参加者）がも
とになるデータを提供し，それを演じることによって分析・表現したものが
パフォーマンスになります。ノリスは，自身の即興の経験を意味生成の活動
として描き，「即興において，研究者－役者は自分が何を知っているかをはっ
きりさせ（データ収集），それを即興で組み立て（分析），他者にそれを提示する
（普及）。即興は，たとえ初歩的な形であっても，研究行為なのである」（Norris,

訳注 ii 「What if（もし～だったら）」と問いかけながら演じることで，演劇を通して想像力を高め，
学習を深める方法。

2000, p. 44) と述べています。リーダーズ・シアター (Readers' Theatre)[iii] では，た とえば引用符をつけるなど，データを構造化することが分析になります。リー ダーズ・シアターと「ステージド・リーディング (staged readings)」[iv] は，学会の 発表スタイルとしてよく見られるようになりました (Norris, 2000, p. 43)。ロバー ト・ドンモイヤーとジューン・イェニー＝ドンモイヤーはリーダーズ・シア ターについて，「1つのテクスト，またはテーマにつながりのある複数のテク ストを選んで舞台で表現する。選ばれたテクストは，個人で演じることもあれ ば，アンサンブルやアンサンブルのメンバーのサブグループ[v]が声を合わせて 読むこともある」(Donmoyer & Yennie-Donmoyer, 1995, p. 406) と定義しています。 リーダーズ・シアターやそれに類するドラマベースの協働実践では，質的方法 あるいは他の方法で得られたデータを利用することも可能です。

個人的成長，意識向上，抵抗の手段としてのドラマ

❓・ドラマは批判的教育学としてどのように用いられるのでしょうか
・ドラマを用いて既存の権力関係を覆すことは可能でしょうか

　これまでみてきた認識論的および理論的な展開は，研究する側と研究される 側との交流を促すものです。そのような交流は，単により協力的で対等という だけでなく，参加者にとって積極的な意義をもっています。この意味で，ド ラマのもつ啓発とエンパワーメントの力は，パフォーマンスベースの方法論 の発展を促してきました。一般的な意味で，ドラマは個人的な成長を促すコ ミュニケーションの一形態です (Warren, 1993)。ドラマは想像力を刺激するた め，人々が自分の今の生活とこれからの人生について考える上で役立ちます (Warren, 1993)。創造的アートセラピーでも，個人の役割を観察する力を高める (Malchiodi, 2005)，個人的な探究や成長を促す (Malchiodi, 2012) などのさまざま な目的でドラマが使われています。ドラマは想像力に加え，柔軟性や表現，さ らに社会性も養います (Malchiodi, 2005; Warren, 1993)。

　ノーマン・K・デンジン (Denzin, 2006) は，批判的教育学としてパフォーマ

訳注 iii　役者が台詞を暗記するのではなく，台本を持って音読するスタイルで上演される劇。主 に声による劇的演出によって観客にイメージを伝える。

訳注 iv　セットや衣装のない劇場の一形態。台本を読む俳優は，ステージ上で座っているか固定 された位置に立っており，最小限の動きだけを行う。

訳注 v　アンサンブルに参加せず，待機している人たちのこと。

第6章 ｜ 演劇・ドラマ・映画　　　233

ンスを取り入れるにあたり，教育的側面として，⑴批判的・歴史的・社会学的に考えるための手引きとなる，⑵抑圧の教育学を暴く手段となる，⑶倫理的な自覚を高め，人種問題への批判的意識を形成する（p. 332）の3つを挙げています。また，**パフォーマンス教育学**は「社会学的想像力」を育むため，参加者は，歴史的プロセスと自らの個人的な経歴とのつながりを明らかにし，それについて探究することができるようになります（p. 332）。デンジンは，このように批判的な自己省察と意識向上を促すことは，慣習化された見方に挑戦する可能性を秘めた政治的行為であると主張します。デンジンはこの点について，パフォーマンス教育学によって「批判意識が呼び起こされる」（p. 330）と述べ，さらに，「批判的教育学としての演劇は，現状を打破し，抑圧への服従をやめる力を人々に与えることができる」（p. 331）と示唆しています。

　クリスティン・バーヴィグ・ヴァレンタイン（Valentine, 2006）による，服役中の女性に関する研究では，女性受刑者のためのパフォーマンスの場が用意され，普段ではできない表現が可能になりました。たとえば，パフォーマンスでは，「看守なんてクソ食らえ」というような発言も許されます（p. 315）。ヴァレンタインは，このプログラムによって再犯が減少することを示し（p. 313），次のように述べています。

　　　パフォーマンスやクリエイティブ・ライティングのプログラムを通して，
　　　女性受刑者の心が解放され，実践的なコミュニケーションスキルが高まり，
　　　自分や他者を傷つける行為がなくなるというのが私の仮説である。こうし
　　　たスキルを獲得すれば，出所後に再び刑務所に戻ってくることを回避でき
　　　る。このことは，女性自身やその家族，地域社会にとっても有益である。

　　　　　　　　　　　　　　　　　　　　　　　　　　　　　　　　　　　　（p. 321）

　もう1つの例は，クラウディオ・モレイラ（Moreira, 2005）の研究です。モレイラはドラマを用いて，ブラジルの被抑圧階級の人々の経験，特に彼らが何を学ぶかを支配階級によって決められていることで，抑圧の連鎖が生み出されていることを明らかにしました。モレイラの論文は，パフォーマンステクスト[vi]として構成されています。座っていた人たちが，それぞれ立ち上がって話し出

訳注 vi　演劇やパフォーマンスに使われる脚本の一種で，伝えたいテーマやメッセージが，演技
　　　　や動作，音，ビジュアルなどのさまざまな表現手段を組み合わせて作られている。

し，観客もそこに参加していることが明らかになります。人々の話す声は合わさって，ブラジルの貧しい地域に住む一人の少年のストーリーを語りはじめます。この少年は，黒人の女の子は「セックスのために生まれてきた」という性差別的で人種差別的な考えを，地元の少年たちから学んでいきます。観客は，他の少年たちと共謀して黒人の少女をレイプしようとする少年の考えをたどります。「支配的なナラティブ」が構築され広まることで，抑圧された人々は自分たちの「常識」のもとになっているものが何かを考えなくなり，互いを犠牲にし合うのです。このような無知と抑圧の連鎖はいかに続いていくのでしょうか。このおぞましい物語には，支配的なナラティブをめぐるそうしたメッセージが織り込まれています。

人々と公共政策

> ❓ ・*演劇ベースの実践には，どのような政治的な力があるでしょうか*
> ・*これらの方法は，どのように人々を巻き込み，知識構築を民主化し，公共政策に影響を与えることができるでしょうか*

　意識向上と抵抗の次の段階は，社会的・政治的行動を促すことです。ABRに共通する利点として，学問が人々にとって手の届きやすいものになることが挙げられます。社会的・政治的行動を引き起こすような省察と教育を推進する力は，ABRの中でもパフォーマティブな方法に固有のものです。パフォーマティブなジャンルの研究は，人々を政治的な会話に巻き込み，公共政策に影響を与えるために広く用いられてきました。

　アウグスト・ボアールは，演劇のもつ政治的な力についての理解を進める上で，中心的な役割を果たしてきました。ボアールは，『Theatre of the Oppressed（虐げられた人々の劇場）』（Boal, 1985）および『Legislative Theatre: Using Performance to Make Politics（立法劇場：パフォーマンスで政治を作る）』（1998）という先駆的な作品の中で，演劇は政治的武器として非常に効果的であり，人々を教育し，人々に情報を提供し，行動を起こさせることができると主張しています。

　公共政策に影響を与えるパフォーマティブなアプローチには，さまざまな方法が考えられます。最も大きいのは，政策立案のプロセスに一般の人々を参加させることでしょう。地域の利害関係者の多くが，政策立案プロセスから切り

離されていることは珍しくありません。ある集団が政策議論に利用されるだけで，実際にはそこから締め出されていることもあります。このような例は尽きません。

アメリカの移民問題は，政策の影響を最も受ける人々が，自分たちのニーズを表明することを阻まれているわかりやすい例です。リカルド・カストロ＝サラザールとカール・バグリー（Castro-Salazar & Bagley, 2012）は，成人する前に渡米したメキシコ系アメリカ人を対象に，人種差別やその他の差別の経験，および「不法滞在者」であることの意味について大規模な調査を実施し，アーティストや地域の団体と協力して参加者の体験を生き生きと描き出しました。この作品は，アメリカのトゥーソンにある地元のコミュニティ劇場で上演され，110席の劇場が満席になり，さらに60人が床に座って鑑賞しました。

ヘルスケアの分野でも，政策決定に関係者を巻き込むためにパフォーマンスが用いられています。ジェフ・ニスカーは，ヘルスケアや医療倫理の重要な問題に人々の参加を促す手段として，ヘルスシアターに取り組んできました。ニスカー（Nisker, 2008）によれば，市民を政策立案に参加させる有効な戦略を開発することは，政策研究の課題の1つです。政策研究者は，議題の設定（McTeer, 2005）を含め，プロセスに市民を巻き込むための新たなツールを必要としています（Leavy, 2011; Nisker, 2008）。「演劇は，そのような道具となりうる。なぜなら演劇は，さまざまな視点をもつ市民を認知的・感情的に巻き込み，情報を提供し，市民が政策研究に意見を述べ，議論できる場を提供するからだ」（Nisker, 2008, p. 614）というのがニスカーの考えです。

研究者たちは，演劇のもつ人々を巻き込む力，情報を伝える力を積極的に活用し，健康に関する政策づくりに多様な関係者を引き入れようとしています（Nisker, 2008）。ニスカーは次のように書いています。

> ヘルスケア問題の中心にいる人物に焦点を当てた演劇作品を通して，患者とその家族，一般市民，医療の専門家など，政策立案に責任を負うはずのすべての人々が，新しい科学の可能性，倫理的な問題，そして渦中にいる人々についての理解を深めることができる。　　　　　　（Nisker, 2008, p. 615）

ヘルスケアに限らず，科学と技術の交わるところでは，今日的な倫理問題が多く浮上し，一般の人々に深く影響を及ぼしています（McTeer, 2005）。多様な

コミュニティが十分な情報をもって議論に参加できる方法を開発することは，研究者にとってきわめて重要です。このヘルスシアターの具体例は，本章の後半で紹介します。

演劇やドラマに基づく実践

エスノドラマとエスノシアター

❓ ・エスノドラマとは何でしょうか
・エスノシアターとは何でしょうか
・研究者はどのようにエスノドラマを書けばいいのでしょうか
・エスノグラフィーやインタビューなどの従来の質的データを分析・解釈し，エスノドラマの脚本を作る方法には，どのようなものがあるでしょうか。コーディングではどのような問題が生じるでしょうか。どのような倫理的問題があるでしょうか
・研究者がエスノドラマを書く際に考慮すべき脚本の構成要素にはどのようなものがあるでしょうか。そのプロセスは，アートとしての脚本づくりとどこが似ているでしょうか

　最も広く行われているパフォーマンスベースの研究は，おそらくエスノドラマとエスノシアターでしょう。ジュディス・アクロイドとジョン・オトゥール（Ackroyd & O'Toole, 2010）によれば，エスノドラマを最初に用いたのは人類学者で，その後，多くのエスノグラファーが調査で観察したことの全体を「再構成」するために，ドラマ的な手法に目を向けるようになりました。**エスノドラマ**とは，調査結果をドラマ，または脚本の形式で書き上げることを意味し，上演される場合もあれば，されない場合もあります。質的研究は，エスノドラマの「素材」です（Salvatore, 2018）。サルダーニャは，「**エスノドラマ**は，インタビュー，参与観察のフィールドノート，日誌や日記，テレビ放送，新聞記事，裁判記録などの印刷物やメディアを通して収集した語りの中から重要なものを選び，ドラマ化したもの，すなわちデータのドラマ化である」（Saldaña, 2005, p. 2）と述べています。エスノドラマは記述の一ジャンルであり，一般的に使われるリアリズムに加え，ミュージカル，パフォーマンス・コラージュ，あるい

はレビューなどのスタイルが含まれます（Saldaña, 2011, p. 146）。エスノドラマは，映画脚本のような形式で書かれることもあります（Saldaña, 2011）。

　エスノシアターは，エスノドラマのライブ公演などドラマ的な出来事を含むパフォーマンスベースの実践です。エスノシアターと**パフォーマンス・エスノグラフィー**は同じ意味で使われることが多く，パフォーマンス研究の一部の実践を指します。この実践グループでは，エスノグラフィー，インタビュー，公文書調査などの伝統的な質的調査法で収集したデータを使用し，そのデータをドラマ的な脚本を通して分析し，解釈し，表現します。サルダーニャは次のように記しています。

> **エスノシアター**は，（中略）伝統的なメディアと演劇やメディア作品の芸術的な技を用いて，研究参加者の経験や研究者によるデータの解釈についてのパフォーマンスをライブで，あるいはメディアを通じて観客に提供する。人間のある側面を掘り下げることを目指し，観察し洞察したことをパフォーマンスの媒体に合わせて作り替えるものである。
>
> （Saldaña, 2011, pp. 12-13）

　重要なのは，エスノシアターは観客に向けた表現だけでなく，研究者と参加者の間での解釈の行為として使われるという点です（Cranston & Kusanovich, 2017）。たとえば，ジェローム・A・クランストンとクリスティン・クサノヴィッチ（Cranston & Kusanovich, 2017）の研究では，教育的リーダーシップの授業を履修する大学院生の視点について検討しました。クランストンとクサノヴィッチは，毎週の講義でエスノシアター・ワークショップを行い，その活動を記録しました。授業で一幕劇を作り，それを演じることで，教育行政の課題に対する学生の意識は高まりました。

　研究者がエスノドラマに魅力を感じるのは，ドラマ的パフォーマンスには，状況・文脈に根差した経験の豊かさや質感，現場の人々の視点からみた複数の意味を捉え，提示する力があるからです。エスノドラマのパフォーマンスと質的研究者が指針とするエスノグラフィーの原則には，共通点があります。さらに，演劇によって，従来のテクストによる表現では難しかった次元，色調，多感覚的な経験を探究することが可能になります。観客は台詞を通して生データにより深くアクセスできるのです。エスノドラマの研究者は，**社会的文脈**と

研究データをできるかぎり再現することで，新たな洞察を生み出そうとします（Ackroyd & O'Toole, 2010）。アクロイドとオトゥールは，「人の行動の移ろいやすさとはかなさを記録し伝えようとする」「エスノドラマのパラドックス」（p. 77）こそが，演劇とエスノグラフィーの共通点であると述べています。

　エスノドラマの実践に関する幅広い著書があるジョニー・サルダーニャ（Saldaña, 1998, 1999, 2003, 2005, 2011）は，どんな研究プロジェクトでも，研究者はその目的にかなうならばエスノドラマを採用し，自分が語ろうとする物語をどうすれば「効果的に，生き生きと，説得力をもって語ることができるか」（Saldaña, 1999, p. 61）を自問すべきだと提案しています。サルダーニャは，研究者がデータを分析し，解釈し，エスノグラフィックなパフォーマンスとして表現していくプロセスに焦点を当てました。

　生データを整理して凝縮するプロセスはどの研究にもありますが，パフォーマンス研究の場合，このプロセスが特定の文脈で起こります。研究者がデータを「興味をそそる題材」に絞り込んで劇的な効果を達成しようとするからです（Saldaña, 1999, p. 61）。サルダーニャ（Saldaña, 1998）はこの点に関わって，倫理的に配慮すべき事柄がいくつもあることに気づきました。たとえば，バリーという名の俳優志望の青年についての研究の最中に彼と彼の両親が予期せぬ衝突をした際，サルダーニャは倫理的ジレンマに直面することになりました。キャスティングに問題があった上，プライベートな取材で明らかになった「興味をそそる題材」を取り上げてしまうと，参加者のプライバシーを危険にさらす可能性があったのです。サルヴァトーレは，「パフォーマンスの中で登場人物になってみる」ことは，さまざまな感情を呼び起こすだろうと注意を促しています（Salvatore, 2018, p. 273）。

　サルダーニャ（Saldaña, 1999）は脚本のさまざまな構成要素を見直し，研究者がエスノグラフィックなパフォーマンステクストを作成しようとする際に直面する問題を段階に分けたリストを作成しました。コーディングの手順はテクストの構成に不可欠ですが，パフォーマンステクストでは分析と表現は互いに影響し合いながら進められるため，その精度が向上します。サルダーニャは，分析過程で参加者自身の言葉をコーディングラベルとして用いるインビボコーディング[vii]を推奨しています。なぜなら，それらは後で研究者が対話やモノローグにどの文章を使うかを決めるのに役立つからです。グラウンデッド・セオ

訳注 vii　インタビュー対象者が使った言葉をそのままコードとして用いる手法。

リーや他の帰納的アプローチも同じ目的を果たします。**グラウンデッド・セオ**リーでは多くの場合，一行ずつデータを分析し，コードカテゴリーを生成する帰納的なコーディングが含まれます（生成的グラウンデッド・セオリーに関する議論は，Charmaz, 2008 を参照）。このプロセスで生成されたカテゴリーやテーマが，最終的に劇中のシーンになることもあります（Saldaña, 1999, p. 61）。

　ジョー・サルヴァトーレ（Salvatore, 2020）は，「話し言葉の抑揚」「リズミカルな話し方」を保持したエスノドラマを制作するため，インタビューを書き起こす特別な方法を開発しました。この方法では，「『うーん』や『ああ』などの間をつなぐ表現，リズミカルな間，言葉のつまずき，とつとつとした話し方などをすべて記録して残して」おきます。インタビューのこうした側面を取り除くと，データが「平坦化」され，「テクストの伝達」に必要な情報を提供できないからです。テクストのこれらの側面に注目するだけでなく，サルヴァトーレは，インタビュー対象者の話が明確に途切れるたびに（キーボードの）改行キーを押し，新しい行から書きはじめます。書き起こされたテクストは最終的に詩のようなものになるため，「総譜化された書き起こし」[viii]と呼ばれ，上演の段階まで影響を与えます。サルヴァトーレは，「このようなスタイルのパフォーマンスを行う役者は，書き起こしをミュージカルとして捉えるとよいだろう。**何を**話したかだけでなく，**どう**話したかという情報が得られるからである。総譜化された書き起こしから，その瞬間の参加者の考え方について，説得力のある洞察が得られる」と述べています。

　どのような方法で収集，分析されるデータであれ，劇には，登場人物，対話とモノローグ，筋書き，構造，舞台美術（ライブ劇の場合は，さらに演出，大道具，衣装，演技などもある）など，主要な構成要素があり，考慮が必要です。

　まず，**人物造形**からみていきましょう。サルダーニャ（Saldaña, 1999, 2003）は，データを見直した際にストーリーが際立っていた研究参加者の数を，脚本の登場人物の数にすることを提案しています。脚本中の登場人物を合成してつくることも可能なため，それによって，データの収集中に浮かび上がった（インタビューであれば複数のインタビューで出てきた）テーマをもとに登場人物の「典型」を創作することができます。登場人物の数と関係は，劇の筋書きや構成にも影響を与えます。たとえば，中心人物（主人公）の視点から劇が展開されるもの，

訳注 viii　登場人物の台詞だけでなく，パフォーマンスのための追加の指示や注釈が含まれている台本。音楽や音，動作や表情，感情や雰囲気などの要素が含まれる。

二人の人物（主人公と敵役）が対立するもの，欠点のある二人が互いに助け合って理解を深めていくもの，複数の人物が登場する短い場面で構成されたもの，それ以外の一般的な形式などがあります（Saldaña, 1999）。サルダーニャは，研究者が誠実で立体的な描写を生み出すために，次のようなガイドラインを示しています（p. 62）。

1. インタビューの場合：参加者が彼ら自身の認識について明らかにしていることをもとに
2. フィールドノート，日記，メモの場合：参加者の行動から研究者が観察し，推測し，解釈していることをもとに
3. 主要事例に関連のある他の参加者の観察またはインタビューの場合：主要事例の参加者に対する見方をもとに
4. 文献研究の場合：研究対象となる現象について，他の研究者や理論家が提供しているものをもとに

対話と**モノローグ**は，人物造形と密接なつながりがあります。エスノドラマでは，対話やモノローグが生データ（たとえばインタビュー記録からの抜粋）から直接抽出されることもあれば，解釈の過程で研究者がテクストを構成することもあります。対話では，登場人物が互いにどのように反応するかが明らかになります（これは，シンボリック相互作用論の枠組みで研究する者にとって特に魅力的かもしれません）（Saldaña, 1999, 2011）。一方モノローグは，社会的な洞察（研究者自身の声，あるいは文献調査や理論からの声が含まれることもあります）を提供し，観客の情動的な反応を喚起することが可能です（Saldaña, 1999）。サルダーニャは，登場人物の動機や困難などの本質的な要素を明らかにする「細密画」としてモノローグを捉えることを提案しています（Saldaña, 2011, p. 66）。登場人物と対話の関係は弁証法的です。たとえば，複数の参加者の物語から作られた登場人物の場合，そのことを考慮しながら対話を構成していきます。サルダーニャ（Saldaña, 1999, p. 64）は，複数のインタビューの参加者の声を織り交ぜる際のガイドラインを以下のように示しています。

1. 声の裏付けとなる発言によって，トライアンギュレーションを提示する。
2. 声を対比したり並置したりすることで，反証となるものを強調する。

3. 複数の視点から物語の集団創作を行う。

　さらに，研究者は脚本内の自身の役割も考えなければなりません。これは，多くの研究者の関心事ですが，パフォーマンステクストの場合，それが顕著にあらわれます。エスノドラマでは，脚本づくりのプロセスにおける研究者の立ち位置は1つの認識論的決定であり，研究者はどのように自分を脚本に書き込むかを決めなければなりません。サルダーニャ（Saldaña, 1999）は，エスノドラマのテクストへの研究者の登場の仕方について，「(1) 主役，(2) コメントせず反応するだけのエキストラ，(3) 使用人，(4) 主役の親友，(5) スピーカーから聞こえる舞台袖の声，(6) 草案の段階でカットされた人物」(p. 66) という選択肢を提示しています。これらは例であり，すべてを網羅しているわけではありません。結局のところ，どのレベルまで分析と解釈を行うかは，観客の理解を促すために何が必要とされるかによって決まるとサルダーニャは述べています。エスノドラマの脚本における研究者の立ち位置は，その研究の認識論的・理論的基盤と表裏一体になっています。たとえば，批判理論，クィア・スタディーズ，フェミニズム，批判的人種理論，ポストコロニアリズム，ポスト構造主義，ポストモダニズムなど，「権力について省察的」あるいは「権力に敏感」な視点（Haraway, 1991; Pfohl, 1994）で考える研究者は，開示と権限をめぐる研究者の選択によって権力がどのように作用するかに特に注意を払うかもしれません。解釈学的伝統やフェミニスト認識論の立場に立つ研究者は，研究者と参加者がどのような地平の上で動いているか，またそのことを正確かつ真正な形で観客に伝えるにはどうすればよいかに関心をもつでしょう。

　次に，脚本づくりのもう1つの重要な要素である物語について考えましょう。どのようなナラティブを伝えようとしているのでしょうか。エスノドラマは脚本化された物語で，プロット，ストーリーライン，構造という慣例に従っています。サルダーニャ（Saldaña, 2003）の定義によれば，プロットとは劇全体の構造であり，ストーリーラインとはプロット内の出来事の進行や順序のことです。従来の劇作とは異なり，エスノドラマの構成では，プロットとストーリーラインの制作は別々のプロセスとして始まりますが，やがて相互に結びつきます（p. 220）。プロットの制作は，「エスノドラマの構想的枠組み」(Saldaña, 2005, p. 15) なのです。

　プロットやストーリーラインだけでなく，劇の構造も意味を伝えます。演技，

シーン，ビネット（直線的なあるいは一連のエピソードとして配置されたもの）など，演劇では一般に「ユニット」と呼ばれる伝統的な構造があります（Saldaña, 2003）。物語がどう展開するかは，データ分析の過程と，研究者が伝えようとする意味の範囲によって決まります。

　エスノドラマを上演するエスノシアターにも，視覚的な側面があります。上演作品を通じて，研究者は人間的な経験およびその研究と不可分の社会生活の視覚的要素を捉え，伝えることができます。特に，舞台美術は時間，場所，社会的環境などの情報を伝え，衣装や化粧は登場人物やショーの「見た目」を作り上げるのに役立ちます（Saldaña, 2003, p. 228）。舞台美術や衣装に加えて，公演会場，照明，テクノロジー，音響や音楽も重要です（Saldaña, 2011）。エスノシアターの実践者は，脚本づくり，演出，ライブパフォーマンス，観客への対応など，この方法の「美的な要求」に注意を払う必要があるとサルヴァトーレ（Salvatore, 2018）は指摘しています。

　1つの例をもとにプロセスの全段階をみてみましょう。ミシェル・ルーデック（Ludecke, 2016）は，新任教師の「アイデンティティが変容する啓示的な瞬間」（p. 1）に関する1年間の研究プロジェクトを実施しました。**脚本づくりの段階**では，まず質的データを生成しました。ルーデックは12名の参加者を募り，一人につき3回以上の半構造化インタビューと，電子メールでのやりとりを行いました。インタビューを書き起こす際には，会話をすべて脚本の形にし，インタビューでのやりとりと参加者の表情などのメモも含めてト書きとして読めるようにしました。ルーデックは，発話をそのまま書き起こしたテクストをもとに，「修辞的戦略」を用いて脚本を作りました（Ludecke, 2016, p. 6）。ルーデックは分析過程で，書き起こしの中にある演劇的な要素を見つけていきました。たとえば，厚い描写はモノローグを連想させ，声に出して考えることは独り言に似ているなどです。**配役の決定**も慎重に行われました。経験に真実味をもたせるために，ドラマの経験のある教師がキャスティングされました。**リハーサルの段階**では，キャストが参加者に向けて脚本を読み上げる「検証リハーサル」が行われ，修正が加えられました。最後にこの劇は，研究者とアート関係者に向けて**上演**されました。ルーデックは，脚本に間を設けることで，観客は自分の経験に照らして意味づけることができたと述べ，パフォーマンスが「共感的理解」（Ludecke, 2016, p. 14）を促したと結論づけています。

今日の出来事と歴史的出来事

?・研究者はエスノドラマやエスノシアターを不平等の分析にどのように用いて
きたのでしょうか

・これらの手法は，どのような今日の出来事や歴史的出来事の探究に使われ
てきたのでしょうか

エスノドラマは，不平等，社会正義，アイデンティティ，偏見など重要な問
題を扱うためにつくることができます。ドラマ芸術に携わった経験があり，こ
れらのテーマに関心を寄せる研究者は，エスノドラマを特に魅力的だと感じ
るかもしれません。なぜなら，ドラマを書いたり上演したりすることでもたら
される感情的なインパクトは，ステレオタイプや抑圧的な環境を明るみに出し，
壊し，違いを超えて関係を築き，共感を育む手助けをしてくれるからです。タ
ラ・ゴールドスタインがエスノドラマの書き方を用いてきたのは，こうした理
由からです（ただし，彼女はパフォームド・エスノグラフィーという言葉を好んで使っ
ています）。

ゴールドスタインの作品集『Zero Tolerance and Other Plays: Disrupting
Xenophobia, Racism and Homophobia in School（ゼロトレランスとその他の劇：学
校における排外主義，人種差別，同性愛嫌悪を打破する）』(Goldstein, 2013) には，人
種差別，排外主義，同性愛嫌悪をテーマとする 3 つの脚本が収録されています。
そのうちの 1 つ，「Zero Tolerance」をゴールドスタインが書いたのは 2008 年
で，カナダで起きたある校内暴力事件を受けてのことでした。2007 年 5 月，
15 歳の高校生ジョーダン・マナーズがトロントの学校の廊下で射殺されまし
た。トロント地区教育委員会は，この事件を受けて学校の安全に関する調査を
実施し，『The Road to Health（健全化への道）』と題する全 4 巻，総計 595 ペー
ジに及ぶ報告書を作成しました。この報告書は，2008 年 1 月 10 日の記者会見
で一般公開され，その 1 ヵ月後にゴールドスタインは，報告書のあるテーマに
焦点を絞って 30 分の上演用の脚本を仕上げました。この脚本は，トロントの
教員志望者や教員養成関係者の間で調査報告書についての議論を呼び起こすこ
とになりました。脚本を作るにあたってゴールドスタインが決めたことの 1 つ
は，彼女自身の声を語り手として含めることでした。この選択が重要だった理
由はいくつかありますが，特に上演される際，問題解決や本で描かれているよ
うな事件を防ぐための支援に向けて，観客の省察と議論を促すような結末を設
定できることが挙げられています。ゴールドスタインはこの 3 つの脚本集を通

して，従来の演劇関係者や研究者だけでなく，学校で若者に関わる教師やその他の人々にも研究を届けることを目指しています。

ジョー・サルヴァトーレとマリア・グアダルーペも，エスノドラマを通して今日的な出来事を取り上げ，偏見を明るみに出し，覆してきました。彼らが共同制作した『Her Opponent（彼女の対戦相手）』（Salvatore & Guadalupe, 2017）（サルヴァトーレは演出も務めています）は，2016年大統領選に向けたヒラリー・クリントンとドナルド・トランプの討論会の一部を再演したものです。このエスノドラマでは，ジェンダーを逆転させた配役にすることで，討論におけるジェンダーの側面に光を当てました。『Her Opponent』は，全米のテレビニュースで放送され，『ニューヨーク・タイムズ』や『ガーディアン』など有名メディアからも高い評価を得ました。www.heropponent.com でこの映像の全編を視聴できます。

ここまでは今日的な出来事について考えてきましたが，次に，歴史研究からどのようにしてエスノドラマが生み出されるかをみてみましょう。ロホ・シモンズとアニタ・サイモンが書いた『Heartland: A Historical Drama about the Internment of German-Americans in the United States during World War II（ハートランド：第二次世界大戦中のアメリカにおけるドイツ系アメリカ人抑留の歴史ドラマ）』（Simons & Simon, 2014）は，アメリカの歴史の中であまり知られていない第二次世界大戦中のドイツ系アメリカ人の強制収容を題材にしています。アメリカ政府は，何千人もの日系，ドイツ系，イタリア系のアメリカ人を収容所に閉じ込めて隔離するとともに，外国の戦争捕虜をアメリカに移送し，収容していました。『Heartland』では，夫を亡くしたドイツ生まれの女性とその家族が2人のドイツ人捕虜を農場の働き手として受け入れる物語を通して，2つの歴史的な出来事がどのように交差していたかが描かれています。ドイツ系アメリカ人家族と捕虜の絆は町の人々にはとうてい受け入れられず，この女性は逮捕，抑留され，やがて精神を病み，家族は引き裂かれてしまいます。この作品は，忘れられたアメリカ史の一部について教えてくれる強力な物語です。より広く言えば，この作品には恐怖と偏見のもつ力が描かれています。

『Heartland』は，実証的な調査に基づいていますが，そこで描かれるのは架空の人物です。シモンズとサイモン（Simons & Simon, 2014）は，彼らの研究プロセスを次のように説明しています。

アメリカ国内のドイツ兵捕虜収容所に関する調査を開始するにあたり，私たちはオンライン上や現地の図書館にある一次資料をできるかぎり利用した。初期の調査段階の資料には，敵性外国人法（the Alien Enemies Act）に関するアメリカ政府の文書や，戦時中の大統領布告などが含まれていた。私たちは，ミネソタ州ニューウルムやミシシッピ州クリントンなどさまざまな場所に捕虜収容所があったことを確認し，州の歴史を保存するウェブサイトで収容所に関する有益な写真や文書を発見した。ネブラスカ州フォート・ロビンソンでは関係者に追加の調査を行い，現在は州立公園と博物館になっているこの場所に，かつてドイツ兵捕虜収容所があったことを突き止めた。初期調査を終えると年表を作成し，愛国心や外国人排斥など，劇に織り込めそうなテーマについて検討した。ウィスコンシン州を劇の舞台に選んだのは，捕虜収容所の近くに酪農場がたくさんあったからである。背景がわかったところで，私たちは酪農場の生活についてさらに調査を行い，リアン・R・ラルフの「Give Me a Home Where the Dairy Cows Roam（乳牛のいる家をください）」やヨハネス・ギルホフの「Letters of a German-American Farmer（あるドイツ系アメリカ人農民の手紙）」などのテクストを活用した。

(p. 12)

彼らは『Heartland』の初稿を 2006 年に書き上げ，2007 年に脚本制作チームに持ち込みました。脚本は俳優たちによって約 40 人の観客を前に読み上げられ，観客からのフィードバックをもとに手直しされました。新しいバージョンは 2008 年に別の観衆に向けて読み上げられ，その後さらに修正が加えられました。この劇は 2008 年に正式に初演を迎え，脚本は 2014 年に出版されました。

ヘルスシアター

 ❓ ・エスノドラマは，健康関連のトピックにまつわる気づきや議論を生み出す手段として，また従属させられている人々の視点を理解する手段として，研究にどのように活用できるでしょうか

エスノドラマあるいはエスノシアターは，健康研究でも広く用いられており（Cox & Belliveau, 2019），ドラマは病人およびその介護者の経験や医療倫理の複雑さについて学び，伝えるための手段となっています。ジム・ミエンチャコフスキー，リン・スミス，スティーヴ・モーガン（Mienczakowski, Lynn Smith, &

Morgan, 2002）は，健康に関わる問題に焦点を当てたエスノドラマを上演する取り組みに，**ヘルスシアター**という言葉をあてています。

「Collective Disruptions（集団破壊）」というカナダの研究グループは，『Cracked: New Light on Dementia（ひび割れ：認知症に新たな光を当てる）』を制作し，認知症の人たちとの暮らしや介護について探求しました（Gray, 2017）。劇作家で演出家のジュリア・グレイ（Gray, 2017）は，次のように書いています。

> 『Cracked』は，健康の問題に関わる研究者とアーティストたちのグループが，認知症の人々やその家族と定期的に協力しながら開発したものである。『Cracked』では，認知症の人々のケアにおいて関係や人間性が最も重要であること，彼らは身体を通して生き生きと思い出し，自己表現しているのだという理解が必要であることが強調されている。　　　　　　　　　　　（p. 2）

『Cracked』は，2014 年 3 月 25 日にトロントで開催された学会で初演され，その後，長期滞在型介護施設，専門家や研究者の学会，芸術祭でも上演されました。上演は現在まで続いており，カナダツアーも予定されています。

ジェフ・ニスカー（Nisker, 2008, 2012）は，ヘルスケアに関わる差し迫った倫理的・道徳的な問題に，演劇を使って取り組むことを提唱しています。上演は，一般の人々を含むさまざまな立場の関係者を結びつけ，新しい科学の人間的な側面を深く考えるのに役立ちます。たとえばニスカー（Nisker, 2008）は，カナダ保健研究機構とカナダ保健省の財政的支援を受けて，予測的遺伝子診断を扱った『Sarah's Daughters（サラの娘たち）』と，体外受精卵の遺伝子マーカー検査に関する『Orchids（蘭の花）』を書きました。『Orchids』は英語とフランス語で 16 回上演され，研究ベースの演劇は比較的多くの観客に届く可能性を示しています。

ヘルスシアターを主導するミエンチャコフスキーは，統合失調症に関する自身の共同研究に見られるように，特に弱い立場の人々が関わる場合に表面化しうる倫理的問題に注意を払ってきました。エスノドラマには，社会正義につながるポジティブな可能性があるとはいえ，落とし穴も潜んでいるのです。ミエンチャコフスキーら（Mienczakowski et al., 2002）は，ヘルスシアターの倫理的実践に関するガイドラインの必要性を訴えました。ヘルスシアターは**人々にひらかれた上演**であるため，研究者は，観客のウェルビーイングへの影響に関し

て責任を負うことになります。エスノドラマに特化したガイドラインを作成する必要性が生じたのは，あるエスノドラマのパフォーマンスを見たことで観客が危険にさらされるという事件があったためです。ミエンチャコフスキーら（Mienczakowski et al., 2002）は，『Tears in the Shadow（影の中の涙）』の上演後に観客2人が自殺未遂をした例を挙げています。彼らが提案する対処法は，研究トピックに詳しい観客に向けてプレビュー公演を行うこと，「上演後のフォーラムセッション」を利用して観客の反応を分析し上演のインパクトを評価することの2つです（p. 49）。これらの方法は，研究に妥当性の次元を加えることにもなり，二重の目的を果たしています。こうして研究者は，この形式の研究を行う際に生じる倫理的な問題に対処しながら，妥当性と信頼性を最大限まで高める方法をつくり上げてきたのです。

プレイビルディング

？・プレイビルディングとは何でしょうか

ドラマは，演劇とは違い「戯曲文学と即興的なスタジオワーク」を指します（Saldaña, 2011, p. 15）。この即興的なスタジオワークから，ノリスはプレイビルディングと呼ばれる手法を開発しました。**プレイビルディング**とは，感情に訴える上演テクストの制作実践です（Barone, 1990; Norris, 2000, 2009）。これはトピックや問題中心の研究実践で，グループを作り，互いが関心をもつトピックについてブレーンストーミングを行います（Norris, 2009）。グループでは，個人的な記録（自己エスノグラフィー）のほか，文献レビュー，新聞，雑誌，フィクションなどの情報源もデータとして活用されます（Norris, 2009）。ノリスは，参加者を「A/R/Tors（アーターズ）」と呼んで，俳優（Actors）かつ研究者（Researchers）かつ教師（Teachers）であることを示しています。参加者全員が，研究プロセスの利害関係者であり，共同研究者，パートナー，共同制作者，共著者なのです（Norris, 2009）。

プレイビルディングのプロセスは通常，次のようになります。

まずデータを収集し（生成），次にデータの分析を行い（解釈），最後に普及する（上演）。エスノドラマでは，従来の方法でデータを収集・分析した後，「別の」形式の表現として普及させる。一方，プレイビルディング

では，データの生成や解釈も別の方法で行われ，3つのフェーズが同時に進行する。 (Norris, 2009, p. 22)

　ノリス (Norris, 2000) は記録のしくみを作り，これを質的研究の「コーディング」プロセスになぞらえました。ノリスは「記録」あるいは「コーディング」を「創発的なプロセス」と捉え，出演者やチームのメンバーがプロセスを通じて考えたことやアイデア，印象などをメモし，ファイルに仕分けして保存することを推奨しています。彼が使っているファイルの一部を挙げると，「あとでファイルへ」「テーマ」「メタファー」「シーンのアイデア」「稽古済みシーン」「クイッキーズ（短いシーンやフレーズ）」「キーパーズ（保存するもの）」「小道具，衣装，音楽に必要なもの」「外部リサーチ・データ」「タイトル候補」などです (p. 47)。上演が近づくと，「私たちはこの劇をどうしたいのか」(2000, p. 47) という問いに導かれて，収集から編集へとシフトしていくことに，ノリスは気づきます。プレイビルディングでは，データを表現する際に，ドラマ芸術の信条を意味ある形で活用しなければなりません。ノリス (Norris, 2009) は，**データからドラマへ**のこのプロセスの一部について，「A/R/Tors（アーターズ）は生成されたデータをもとに，アートの特性をうまく生かして，隠喩や合成，生きられた経験の真実味をつくり出す演劇的様式を駆使し，会話を喚起するテクスト（演劇的なビネット）を創作する」(p. 35) と説明しています。
　プレイビルディングの成果はライブパフォーマンスであり，観客がプロセスに関わることで，さらなるデータや新たな解釈が生まれることがあります (Norris, 2009)。たとえば，上演後のディスカッションやフォーカスグループは，混合法やマルチメソッド研究における，次の段階に向けたデータを生成するために用いることができます。ノリスは，「Mirror Theatre（ミラーシアター）」の出演者や地域の人々と連携して，90を超えるパフォーマンスの開発に携わってきました。ノリスらは外部機関から委託を受け，校内暴力，排除，偏見，セクシュアリティ，ボディイメージ，依存症，職場での平等と尊重，リスク，生徒指導などのテーマで，パフォーマンス作品を制作したり，ワークショップを実施したりしています（ノリスの作品や関連資料については，https://mirrortheatre. ca/ を参照してください）。このアプローチに取り組んでいる人々は他にもいます。たとえば，ジョージ・ベリヴォー，グラハム・リーらは，プレイビルディングを使って，退役軍人のトラウマとその回復の物語に関するヘルスシアターを制

作しました（Cox & Belliveau, 2019）。

映画

> **・映画制作をどのように研究に活用できるのでしょうか**
> **・資金調達にはどのような課題があるでしょうか**

「記録芸術」としての映画は，複数のアート形式を橋渡しします（Monaco, 2009, p. 44）。映画はパフォーマンスの一ジャンルですが，映画のもつ物語性は小説と密接な関係があります（Monaco, 2009, p. 51）。映画も ABR が登場しはじめているジャンルの 1 つです。人類学では長くドキュメンタリー映画制作が行われてきましたが，学界ではまだ論争が続いています（Ruby, 2008）。社会科学における映画制作を表す用語には，**エスノフィクションやエスノグラフィック映画**（Sjöberg, 2008），エスノシネマ（Harris, 2012）などさまざまあり，2012 年にアテネで開催されたエスノグラフィック映画祭を見ればわかるように，こうした実践は急速に増加しています。さらに，インターネットやデジタル技術の出現と一体となった ABR の発展によって，分野を超えた研究実践として映画を制作する新しいアプローチが生まれることになりました。

動画を作って YouTube や Vimeo，ホームページなどにアップロードすることは誰もができますが，映画業界に入るのは簡単なことではありません。映画制作は，基礎的なレベルのものでもかなりの費用がかかる上，配給の壁があります。しかも閉鎖的な業界であるため，自分の映画を世に送り出すことはかなり難しいのです。資金源としては，助成金，個人出資，クラウドファンディングなどがあります（Woo, 2019）。クラウドファンディングを成功させるには，ソーシャルメディアでフォロワーを増やすなど，インターネットを戦略的に活用することが重要です（Woo, 2019）。

映画は，近年 ABR のさまざまな文脈で使われ，ドキュメンタリー映画から一連の物語映画まで，また緩やかに計画されたものから，絵コンテ，脚本の制作やリハーサルをきちんと行うものまで多岐にわたります。また映画によって研究者と研究参加者にスポットライトを当てるものもあれば，俳優を売りにするものもあります。ここでは異なる学問的背景をもつ研究者が，それぞれのスタイルで多様なテーマを追究した 3 つの優れた事例を紹介します。まず，研究

の一環として行われた映画制作の有機的なプロセスの例から始め，次に，従来の質的データを映画化した2つの事例を取り上げます。

自死に隠された顔

　創造的アートセラピストのイェフディット・シルヴァーマン（Silverman, 2010）は，映画制作と仮面づくりを組み合わせ，愛する人の自殺を乗り越えてきた人たちの経験を探りました。シルヴァーマン自身の個人的な事柄から始まった研究でしたが，それが自分を振り返り家族を癒やす旅となったことに，彼女は驚きました。それは研究参加者にとっても同様でした。

　シルヴァーマンは10代の頃，クラスメートを何人か自殺で亡くしました。また，17歳のとき，過去に叔父が自殺していたことを偶然知りました。これらの体験に共通していたのは，自殺した者を取り巻く沈黙でした。誰も彼らのことを口にしようとしなかったのです。シルヴァーマンはのちに，この沈黙について研究することにしました。

　シルヴァーマンは，登場人物を案内役として，自分が探ろうとする空間に入り込んでいきました。彼女は，この映画でも以前の作品でも，案内役として一人の人物を登場させることで，「そこに行く（暗く，困難で，あわれみ深い場に入っていく）」ことができると述べています。この研究を行うためには，闇の世界，つまりつらい感情が埋もれた場所まで行くだけでなく，そこから戻ってくることも必要でした。彼女は神話の女神ペルセポネを，自身の発見のプロセスの支えにしました。この方法論は，現実に向き合う勇気を彼女に与えたのです。シルヴァーマンはデータ作成のために自殺遺族のグループに1年間参加し，メンバーに映画への参加を呼びかけました。

　彼女の研究の特徴の1つは，仮面づくりでした。愛する人の自殺を経験した人たちには，仮面が必要だと感じていました。痛み，恥，罪悪感など，他者に見せることのできないさまざまな感情を，その仮面で隠すのです。仮面は，つけているときは主体になり，外しているときは客体になるため，強力な治療ツールであるとシルヴァーマンは指摘します。仮面はまた，私たちが何を見せ，何を隠すかを表します。仮面には，私たちの「内なる顔」を明らかにする力があるのです。ワークショップでは，遺族のうち6名が自分の仮面を作り，最初は活動に参加するつもりがなかったシルヴァーマンも，30個の仮面を作るこ

とになりました。仮面のおかげで，彼女自身の家族を含むさまざまな物語を手にすることができたのです。

　この映画制作は，きわめて有機的なプロセスをたどりました。シルヴァーマンには撮影したいイメージがあったのですが，映画制作は計画通り，直線的に進んだわけではありません。彼女は，未知のものに居心地の良さを感じ，最終的にはうまく１つにまとまると信じていたそうです。多くの場合，自発性は創造的な意味づけのプロセスにおいて重要です。撮影を終えると，シルヴァーマンはオリジナル音楽を作り，『The Hidden Face of Suicide（自死に隠された顔）』というタイトルの約60分の衝撃的な映画を完成させました。このプロセスが自身や家族，参加者，そして観客にも変化をもたらしたとシルヴァーマンは語っています。当初の目的は遺族の重い沈黙を取り除くことでしたが，結果的に，うつ病や自殺願望のある人々が自分の痛みを共有できる場をつくったのです。この方法論は有用であり，完成した映画は大きな影響を与えました（映画の詳細は，www.yehuditsilverman.com を参照してください）。

シンガポール・ドリーム

　教育研究者のウー・イェン・イェン（Woo, 2008）はシンガポールとニューヨークの若者に，時間の正しい／間違った使い方，および望ましい／望ましくない人生について，詳細なインタビューを行いました。学界の外の人々にも自分の研究成果を知ってもらいたいと考えたウーは，ヘンリー・ジルー（Giroux, 2008）に影響を受け，大衆メディアに目を向けました。大衆メディアは人々の意識を形成し，政策と個人の選択の両方に影響を与えることができるからです。彼女は，質的調査の結果を『シンガポール・ドリーム（Singapore Dreaming）』という105分の社会派リアリズムの映画にまとめました。

　ウー（Woo, 2019）によれば，質的データから映画を作る場合，まず全体的な方針を決め，次に人物造形と背景の設定を行い，物語の構造とプロットを考えていきます（研究プロジェクトによって順序は変わります）。『シンガポール・ドリーム』はインタビューデータをもとにしていたため，プロットを練る前にまず人物構築にとりかかりました。ウーはまた，物語の構造を決定し，プロットを考えはじめる際には，想定される観客を考慮に入れることを提案しています。ウーは，自身の体験について次のように書いています。

脚本をエピソード形式にし，個々のインタビュー参加者の語りをそのまま
エピソードにすれば，もっと簡単だったと思う。しかし，それはあまりに
「芸術家気どり」で，私の祖母や母，研究者でない友人など一般の観客は
距離を感じるだろうとわかっていた。そこで，それぞれの登場人物の語り
やテーマを織り交ぜながら，1つの物語を構成するという，より難しい課
題に挑戦することにした。

（Woo, 2019, p. 370）

　ウーは大衆向けの長編映画の構造を研究し，3幕構成を取り入れることにし
ました。一般的な物語構造では，主人公を筋に引き込む「きっかけとなる出来
事」で始まり，第2幕で「どん底」まで落ち込み，最後は解決で締めくくられ
ます（Woo, 2019）。

　ウーが映画に転向した背景には，「どうすれば新しい観客に私たちの作品を
届けられるか。仲間うちだけで会話するのではなく，教育の改善につながる目
標に作品を関連づけ，人々により大きな影響を与えるにはどうすればよいか」
（Woo, 2008, p. 321）という問いがありました。『シンガポール・ドリーム』は，
2006年のシンガポール国際映画祭での公開後，商業映画館での上映，テレビ
放送，DVDリリース，さらには学校やコミュニティセンター，教会などのコ
ミュニティスペースでの上映も行われました。ウーは，中等学校の教師が授業
で映画を見せる際に使えるカリキュラムガイドも作成しました。一般向けの表
現形式を用いることによって，より多くの人々に研究成果を伝えることに成功
したのです。

ルーファス・ストーン

　社会学と社会心理学を専門とするキップ・ジョーンズが映画に着目したの
は，イギリス農村部に住む高齢ゲイ男性のアイデンティティに関する質的調
査プロジェクトにおいてでした。「Gay and Pleasant Land?: An Interdisciplinary
Exploration of the Connectivity of Older People in Rural Civic Society（ゲイと楽
園？：農村の市民社会における高齢者のつながりに関する学際的探究）」と題した3年
以上に及ぶ研究プロジェクトは，英国研究評議会の助成を受けて行われまし
た。従来の研究報告のあり方には限界があると考えたジョーンズは，研究成果
を学術的な関心のある人々だけでなく一般の人々にも届ける手段として，映画

に目を向けました。こうして，30 分の短編映画『Rufus Stone（ルーファス・ストーン）』が作られ，2012 年には賞も獲得したのです。この映画は，ジョーンズが制作の総指揮を，ジョシュ・アピニャネージ（『The Infidel（インフィデル）』『Ex Memoria（エクスメモリア）』）が監督・脚本を務め，ロンドンの制作会社 Parkville Pictures によって制作されました。

　『Rufus Stone』は，イギリスの田舎町に住むゲイの青年を描いた物語です。ルーファスと彼が恋心を抱くフリップは，ルーファスに言い寄っていた村の若い娘アビゲイルによって，ゲイであることを暴露されてしまいます。互いの気持ちを確かめ合う二人の若者がアビゲイルや他の人々に嘲笑される，湖でのアウティング[ix]の場面は，かなり強烈です。惹かれ合う二人に対する周囲の反応は，とても辛辣なものでした。

　ルーファスは逃げるように村を去り，ロンドンに移り住みます。ここまでの話はすべて，オープニング・クレジットの前に描かれます。映画の大部分は，50 年後にルーファスが亡くなった両親の家を売るために村に戻ったところを物語ります。彼は，コミュニティ，失った愛，自身の苦い記憶と向き合わざるをえなくなるのです。これ以上の筋書きは明かしませんが，鮮烈な美しさとユーモア，悲劇を感じる瞬間があります。この映画は，同性愛嫌悪と不寛容がいかに人々の経験を形づくるかをまざまざと見せるだけでなく，私たちが何者であり，どのようにして今の自分になったのか，人生をどのように展開させていくかを見つめることに重きが置かれています。この意味で，アイデンティティ，時間，そして省察の大切さという今日的なテーマを描いた映画なのです。

　この映画には脚本があり，プロが制作するものだったため，映画制作チームは俳優のキャスティング，ロケハン，撮影方法の検討など，対応しなければならないことがたくさんありました。図 6.1 は，その様子を撮影した写真です。上段と中段では，映画撮影の舞台裏を垣間見ることができ，このような映像を撮るのにどれだけの人々を必要とするかがわかります。一番下の写真は映画のワンシーンで，二人の主人公とプロジェクトの中心となった地域が映し出されています。

　『Rufus Stone』は，共感的な関与と思いやりを促し，観客の固定観念を揺さぶります。この例から，研究成果を多様な観客に届け，社会科学的なさまざま

訳注 ix　自分の性的指向や性自認を他の人々に自らが伝える前に，他人によってその情報が公開されてしまうこと。

図 6.1 『Rufus Stone』の映画制作過程から

な問題に光を当て，従来の研究を一般に公開するために，映画をいかに活用できるかがわかります。研究が多くの人々にとって身近になっただけでなく，はるかに感動的で効果的なものになりました。この数年にわたるプロジェクトが，費やされた労力と資源だけでなく，参加者の観点からも「価値あるもの」になったとジョーンズらが主張するのも当然と言えるでしょう（映画の詳細については，https://vimeo.com/109360805 を参照）。

考慮すべき点

❓ ・パフォーマンス作品は，どのように評価できるでしょうか。何がパフォーマンスの判断基準になるでしょうか
・データの表現（再現）に妥当性と真正性をもたせるためには，どのような方法があるのでしょうか
・観客が評価のプロセスに参加するにはどうすればいいでしょうか

評価については第8章で取り上げますが，ここでは，妥当性／真正性と美学との結びつきに焦点を当て，特にパフォーマンスのジャンルの評価において考慮すべき点を簡単に紹介します。

演劇や映画を研究に用いる際の主な評価基準は**真正性**であり，妥当性とも関連します。すでにみたように，サルダーニャ（Saldaña, 1999）は，脚本づくりのプロセスに妥当性を組み込む方法（つまり，データ収集と分析の段階に妥当性チェックを組み込んだ研究をどうデザインするか）について提案しています。具体的には，データを選択する際の**トライアンギュレーション**の変形として，**反証となるデータを強調すること，ストーリーの集団創作のプロセスを見せる**ことが，彼の提案です（p. 64）。

ジェシク・チョーとアレン・トレント（Cho & Trent, 2005）は，パフォーマンスベースの研究の評価方法をいくつか示した上で，複数の戦略を組み合わせることを提案しています。チョーとトレントは，コンカーグッド（Conquergood, 1985）の「対話的パフォーマンス」とマディソン（Madison, 2003）の「可能性のパフォーマンス」で提起された問題をアレンジして妥当性の判断基準を作成しました。

対話的パフォーマンスは，さまざまな人々あるいは研究者とテクストとの対

話を含み，複数の視点から新たなアイデアを生み出したり，アイデアを練り直したりすることが可能になります。この点に関して，チョーとトレントは，「対話的パフォーマンス理論は，自他のひらかれた共存的で親密な関係の中での，誠実で大胆な理解を求めるものである」（Cho & Trent, 2005, p. 3）と書いています。

　マディソンの**可能性のパフォーマンス**では，可能性が現実になるような空間をつくり出します。この枠組みでは，周縁化された人々の声が登場人物を通して浮かび上がるため，観客は社会を変えていけるという可能性を見出すことができます。この経験が，社会をより良くする一翼を担うことへのモチベーションにつながることが期待されます。

　こうしたパフォーマンスの弁証法的な方法によって議論が促され，観客は自分の役割（さらにその役割をどのようにつくり変えることができるか）が見えるようになります。また，沈黙を強いられてきた人々も，表現の場が得られます。チョーとトレント（Cho & Trent, 2005）は，パフォーマンス理論に基づき，話し合いとフィードバックを行う段階として，上演前，上演中，上演後を提唱しています。上演前の話し合いでは，収集したデータを使って脚本を作ったり変更を加えたりします。上演中は，演者と観客の間でやりとりが行われます。上演の「成功」は，テクストに感じられる**真正性**とパフォーマンスの**美学**によって決まります（美学については，後ほど詳しく説明します）。最後に，上演後には，研究者が対話を促し，アイデアを出し合います。この段階で，研究者はパフォーマンスが観客に与えた影響を評価します。ノリスも，演劇的パフォーマンスは観客との議論を刺激し，意味の交渉を持続させると考えています。「私たちの研究を広く普及することがデータ収集の手段にもなるため，プロセスは再帰的なものとなる。これは，参加型研究の一形態であり，テクストは著者が何かを宣言するものではない。むしろ，テクストの中で消費者が生産者に，生産者が消費者になるのである」（Norris, 2000, p. 48）とノリスは書いています。従来の研究は表現の段階で終わっていましたが，パフォーマンス研究では，表現の最中やその後にもデータが収集され，それもまた評価に使われるのです。

　作品に対する観客の反応や，どれくらい真正性が感じられるかは，究極的には作品の**美的あるいは芸術的な質**にかかっています。サルダーニャは，たとえ私たちが研究として行っているとしても，「でも，それって**アート**なの？」（Saldaña, 2011, p. 203）と問い，演劇を取り入れる目的が人々を楽しませること

だということを忘れないように忠告しています。「**観客を楽しませてはじめて，アイデアも楽しめる**」（Saldaña, 2005, p. 14）のです。観客に作品が受け入れられるということは，作品が真正性をもち，研究の刺激や活力となるということであり，そのためには，作品がアートとしてしっかりとしたものでなければなりません（Saldaña, 2011）。これは，演劇作品と映画作品のどちらにも言えることです。サルダーニャは，このような美学は，実践者が利用できる形式，スタイル，要素を創造的に取り入れながら，「真実と真実性に率直に向き合うこと」（p. 203）から生まれると考えています。本章で紹介した例は，表現されているアイデアだけでなく，アートの形式にも注意を払うことで，真正性，真実性，観客へのインパクトが増すということを示しています。たとえば『Rufus Stone』の演技の質の高さは，結果としての映画がアートでありかつ研究でもあることと，切っても切れない関係にあるのです。

チェックリスト

► 演劇やドラマ，映画を用いて研究を行う場合には，以下の点を考慮しましょう。

✓ 研究の目的は何か。それは上演，ドラマベースの実践，あるいは映画を通してどのように達成できるか。

✓ 研究デザインの構造全体に劇を使うか，それとも研究の一部を劇にするのか。

✓ どのようにデータを収集するか（エスノグラフィー，インタビュー，公文書など）。どんなパフォーマンスベースあるいは映画的な手法を採用するか。その方法は共同で行うのか。

✓ 脚本づくりにあたって，筋，物語，全体をどのように構成するか。登場人物をどのように作り上げるか。立体的で繊細な描写のために，どのような工夫をするか。

✓ どのような倫理的問題が生じる可能性があるか。観客や参加者の安全のために，どのような準備をしておくか。

✓ 映画の場合，どのようにして観客に届けるか。補足となるようなテクストや資料はあるか。

おわりに

本章では，研究実践としての演劇，ドラマ，映画について紹介しました。この方法論的ジャンルは，広く学際的であり，認識論的・理論的・方法論的革新につながる可能性を秘めています。

以下で取り上げるメアリー・E・ウィームズの「Blink（まばたき）」（Weems, 2003）は，大学キャンパスにおける多様性，偏見，経験を描いた力強いエスノドラマの脚本です。ウィームズはこの作品で自己エスノグラフィー，エスノグラフィー，詩的探究，フィクションを組み合わせ，批判的な考察と対話を促そうとしました。

ディスカッションのための問いとアクティビティ

1. 質的研究の技法とドラマや演劇は，どのような点が似ているでしょうか。その点をいかに活用すれば，豊かな研究を生み出すことができるでしょうか。
2. パフォーマティブなアプローチの長所は何でしょうか。
3. パフォーマンスベースの方法には，どのようなものがありますか。それぞれの手法には，どんな特徴があるでしょうか。
4. 練習問題として，まず研究テーマ（たとえば身体イメージ，性的アイデンティティ，青少年による殺傷事件など）を決めて，学術的な文献調査などを行いデータを集めます。演劇や映画の脚本を作成するには，どのようにデータをコーディングし，カテゴリー化すればよいでしょうか。テーマ，登場人物，会話，物語がどのように生まれるかに注意してください。活動のバリエーションとして，3～5人の小グループで同じプロセスをたどり，「集団創作」を目指しましょう。
5. 映画の節で取り上げた3本の映画のうち，1本を鑑賞してみましょう。作品から学んだこと，自らの感情面の反応，映画からわかるこの方法の長所と短所について，2～3ページの振り返りを書いてください。

📚 おすすめの図書

- Cox, S., & Belliveau, G. (2019). Health theatre: Embodying research. In P. Leavy (Ed.), *The Oxford handbook of methods for public scholarship* (pp. 335–358). New York: Oxford University Press.

  健康分野におけるエスノシアターに焦点を当てたこの章では，方法論の問題やプレイビルディングとエスノドラマのつながりについての詳細な説明に加え，重要な研究事例も紹介されています。Oxford Handbooks Online で入手可能です。

- Duffy, P., Hatton, C., & Sallis, R. (Eds.) (2019). *Drama research methods: Provocations of practice*. Leiden, the Netherlands: Brill/Sense.

  演劇ベースの研究の方法論的・倫理的な可能性と課題を扱った論文集です。ドラマや演劇をベースとする方法の新たな使い方が強調されています。また，著者自身の研究を含め，この分野に対する批評も行っています。

- Gray, J. (Ed.) (2017). *ReView: An anthology of plays committed to social justice*. Leiden, the Netherlands: Brill/Sense.

  異なる領域の社会正義をテーマとした3つのエスノドラマからなる優れた作品集です。それぞれの劇には，背景や導入となる資料が含まれています。

- Madison, D. S., & Hamera, J. (Eds.). (2006). *The SAGE handbook of performance studies*. Thousand Oaks, CA: SAGE.

  パフォーマンス研究のこれまでの歩みと今後の展望を包括的にレビューしたハンドブックで，理論的な章だけでなく，実証研究に基づく寄稿もあります。全体的に内容は高度で，研究者，大学院生に適しています。

- Norris, J. (2009). *Playbuilding as qualitative research: A participatory arts-based approach*. Walnut Creek, CA: Left Coast Press.

  集団創作，あるいはプレイビルディングとして知られる演劇ジャンルについて論じた本です。ノリスは，この方法で200以上の作品を創作した経験を生かし，いじめや人種差別などのトピックに関する自身の作品から事例を詳細に紹介しています。この方法論に関心のあるすべての読者におすすめの一冊です。

- Saldaña, J. (Ed.). (2005). *Ethnodrama: An anthology of reality theatre*. Walnut Creek, CA: AltaMira Press.

　劇的な形式で表現されたエスノドラマの優れた作品集です。内容は，モノローグ形式のエスノドラマ，モノローグと対話の両方を含むエスノドラマ，エスノドラマの拡張の3つのセクションに分かれています。巻末の付録には，研究で採用されたモデル（たとえば，自己エスノグラフィー，重要人物としての語り手など）に分けて推薦図書が紹介されています。

- Saldaña, J. (2011). *Ethnotheatre: Research from page to stage*. Walnut Creek, CA: Left Coast Press.

　エスノシアター／エスノドラマの方法について詳細に論じた，この分野の代表作です。背景や方法論的説明，評価基準，具体的な事例が含まれています。大変使いやすく，内容も充実しています。

- Woo, Y. Y. (2019). Narrative film as public scholarship. In P. Leavy (Ed.), *The Oxford handbook of methods for public scholarship* (pp. 359–382). New York: Oxford University Press.

　学術研究における映画の活用について概説した章です。著者は，高い評価を受けた自身の映画作品を引用し，実践的なアドバイスや裏話を織り交ぜながら，研究を一般の観客に届けるために映画が活用できることを強調しています。Oxford Handbooks Online で入手可能です。

おすすめのウェブサイトや雑誌

- *Etudes: An Online Theatre and Performing Arts Journal for Emerging Scholars*
www.etudesonline.com

　若手研究者向けの，演劇研究・パフォーマンス研究のオンラインジャーナルです。演劇およびパフォーマンス研究に関連するあらゆるトピックを扱った学術論文，メディア，公演レビュー，作品，マニフェストなどを募集しています。特に，パフォーマティブな文章や学術的な遊び心のある作品に関心があります。新しいことへの挑戦が奨励されています。

- *International Journal of Performance Arts and Digital Media*
https://www.tandfonline.com/toc/rpdm20

　学際的な査読付きジャーナルで，新たなテクノロジーとパフォーマンス

アートの接面で活躍する多様な研究者や実践者が寄稿しています。

- *Journal of Video Ethnography (JVE)*

  https://www.lsu.edu/hss/sociology/research/video_ethnography/Journal.php

  　人間社会，システム，文化を探究する方法として，またその結果を発表する媒体として，ビデオ／映画の社会科学的な利用を推進することを目的とする査読付きオンラインジャーナルです。本ジャーナルには，ビデオを補助的なあるいは文脈から切り離されたクリップとして使うのではなく，方法論の中心に位置づけ，アウトプットの主たる形式とするエスノグラフィックな研究が掲載されています。

- *Psychocultural Cinema*

  http://psychoculturalcinema.com

  　「Psychocultural Cinema」は，心理人類学とエスノグラフィック・フィルムが交差する共同的・学際的なウェブサイトです。人類学者，映画制作者，学生，映画の被写体が，作品やアイデアを共有したり，エスノグラフィックなプロジェクトに参加した経験を振り返ったりするための場を提供しています。

- *Studies in Musical Theatre*

  https://intellectdiscover.com/content/journals/smt/browse

  　声楽・器楽と演劇を組み合わせたライブ・パフォーマンスに関する論文を掲載する，査読付きのジャーナルです。オペラ，音楽劇，ミュージカル，俳優の音楽的才能，ミュージカル俳優のトレーニング，言葉と音楽の融合，通常の演劇における音楽と歌の活用，歌におけるパラ言語および修辞的表現，ミュージカルにおけるアートとエンターテインメントの分断の克服，ミュージカルの学術研究など，この分野のさまざまな側面について考察されています。書評も定期的に掲載されます。

- *Studies in Theatre and Performance*

  https://www.tandfonline.com/journals/rstp20

  　研究者，教師，実践家向けの学際的な査読付きジャーナルで，演劇実践の分野の方法論的・理論的・実証的研究や，教育と演技に関する研究が掲載されています。本誌は，イギリスの大学演劇学科協議会（Standing Conference of University Drama Departments: SCUDD）の公式刊行物です。

注 ···

1. 「パフォーマティブな社会科学」は，ドラマツルギー理論に基づいています（Gergen & Gergen, 2011）。

■参考文献

Ackroyd, J., & O'Toole, J. (2010). *Performing research: Tensions, triumphs and trade-offs of ethnodrama.* London: Institute of Education Press.

Barone, T. (1990). Using the narrative text as an occasion for conspiracy. In E. W. Eisner & A. Peshkin (Eds.), *Qualitative inquiry in education* (pp. 305–326). New York: Teachers College Press.

Berry, G., & Reinbold, J. (1984). *Collective creation.* Edmonton, Alberta, Canada: Alberta Alcohol and Drug Abuse Commission.

Bhabha, H. (1993). Culture's in between. *Artform International, 32*(1), 167–171.

Boal, A. (1985). *Theatre of the oppressed.* New York: Theatre Communications Group.

Boal, A. (1998). *Legislative theatre: Using performance to make politics.* London: Routledge.

Butler, J. (1990). Gender trouble. London: Routledge.

Butler, J. (1993). Critically queer. *GLQ: A Journal of Gay and Lesbian Studies, 1,* 17–32.

Castro-Salazar, R., & Bagley, C. (2012). *Navigating borders: Critical race theory research and counter history of undocumented Americans.* New York: Peter Lang.

Charmaz, K. (2008). Grounded theory as an emergent method. In S. N. Hesse-Biber & P. Leavy (Eds.), *Handbook of emergent methods* (pp. 155–170). New York: Guilford Press.

Cho, J., & Trent, A. (2005). *Process-based validity for performance-related qualitative work: Imaginative, artistic, and co-reflexive criteria.* Pullman: Washington State University.

Conquergood, D. (1985). Performing as a moral act: Ethical dimensions of the ethnography of performance. *Literature in Performance, 5,* 1–13.

Cox, S., & Belliveau, G. (2019). Health theatre: Embodying research. In P. Leavy (Ed.), *The Oxford handbook of methods for public scholarship* (pp. 335–358). New York: Oxford University Press.

Cranston, J. A., & Kusanovich, K. (2017). Engaging de-service teachers in the drama in teacher leadership. *Art/Research International: A Transdisciplinary Journal, 2*(3).

Denzin, N. K. (1997). *Interpretive ethnography: Ethnographic practices for the 21st century.* Thousand Oaks, CA: SAGE.

Denzin, N. K. (2006). The politics and ethics of performance pedagogy: Toward a pedagogy of hope. In D. S. Madison & J. Hamera (Eds.), *The SAGE handbook of performance studies* (pp. 325–338). Thousand Oaks, CA: SAGE.

Donmoyer, R., & Yennie-Donmoyer, J. (1995). Data as drama: Reflections on the use of readers theatre as a mode of qualitative inquiry display. *Qualitative Inquiry, 1*(4), 402–428.

Gergen, M. M., & Gergen, K. J. (2011). Performative social science and psychology. *Forum: Qualitative Social Research, 12*(1), Art II.

Giroux, H. A. (2008). Hollywood film as public pedagogy: Education in the crossfire. *Afterimage, 35*(5), 7–13.

Goffman, E. (1959). *The presentation of self in everyday life.* Garden City, NY: Anchor. [アーヴィング・ゴフマン，中河伸俊・小島奈名子（訳）（2023）．日常生活における自己呈示　ちくま学芸文庫]

Goldstein, T. (2013). *Zero Tolerance and other plays: Disrupting xenophobia, racism and homophobia in school.* Rotterdam, the Netherlands: Sense.

Gray, J. (2017). Introduction. In J. Gray (Ed.), *ReView: An anthology of plays committed to social justice* (pp. 1–4). Leiden, the Netherlands: Brill/Sense.

Gray, R. E. (2003). Performing on and off the stage: The place(s) of performance in arts-based approaches to qualitative inquiry. *Qualitative Inquiry, 9*(2), 254–267.

Haraway, D. (1991). *Simians, cyborgs, and women: The reinvention of nature.* New York: Routledge. [ダナ・ハラウェイ，高橋さきの（訳）（2017）．猿と女とサイボーグ──自然の再発明（新装版）　青土社]

Harris, A. (2012). *Ethnocinema: Intercultural arts education.* New York: Springer.

Jones, K. (2006). A biographic researcher in pursuit of an aesthetic: The use of arts-based (re) presentations in "performative" dissemination of life stories. *Qualitative Sociology Review.* Retrieved from www.qualitativesociologyreview.org/ENG/Volume3/QSR_2_1_Jones.pdf.

Jones, K. (2010). *Seminar Performative Social Science: What it is: What it isn't* [Script]. Retrieved from www.academia.edu/4769877/Performative_SocSci_What_it_is_What_it_isnt_Seminar_script.

Jones, K. (2012a). Connecting research with communities through performative social science. *Qualitative Report, 17*(Rev. 18), 1–8. Retrieved from www.nova.edu/ssss/QR/QR17/jones.pdf.

Jones, K. (2012b). Short film as performative social science: The story behind "Princess Margaret." In P. Vannini (Ed.), *Popularizing research* (pp. 13–18). New York: Peter Lang.

Jones, K. (2013). Infusing biography with the personal: Writing Rufus Stone. *Creative Approaches to Research, 6*(2), 6–23. Retrieved from www.academia.edu/attachments/31739870/download_file.

Langellier, K. M., & Peterson, E. E. (2006). Shifting contexts in personal narrative performance. In D. S. Madison & J. Hamera (Eds.), *The SAGE handbook of performance studies* (pp. 151–168). Thousand Oaks, CA: SAGE.

Leavy, P. (2011). *Essentials of transdisciplinary research: Using problem-centered methodologies.* Walnut Creek, CA: Left Coast Press.

Ludecke, M. (2016). Re-presenting and representing with seven features: Guiding an arts-based educational journey. *International Journal of Education and the Arts, 17*(24).

Madison, D. S. (2003). Performance, personal narrative, and the politics of possibility. In Y. Lincoln & N. Denzin (Eds.), *Turning points in qualitative research* (pp. 469–486). New York: AltaMira Press.

Malchiodi, C. A. (2005). Expressive therapies: History, theory and practice. In C. A. Malchiodi (Ed.), *Expressive therapies* (pp. 1–15). New York: Guilford Press.

Malchiodi, C. A. (2012). Art therapy and the brain. In C. A. Malchiodi (Ed.), *Handbook of art therapy* (2nd ed., pp. 17–26). New York: Guilford Press.

McLeod, J. (1988). *The arts and education.* Paper presented at an invitational seminar cosponsored by the Fine Arts Council of the Alberta Teachers' Association and the University of Alberta, Faculty of Education, Edmonton, Alberta, Canada.

McTeer, M. (2005). Leadership and public policy. *Policy, Politics, and Nursing Practice, 6*(1), 17–19.

Mienczakowski, J., Smith, L., & Morgan, S. (2002). Seeing words—hearing feelings: Ethnodrama and the performance of data. In C. Bagley & M. B. Cancienne (Eds.), *Dancing the data* (pp. 90–104). New York: Peter Lang.

Monaco, J. (2009). *How to read a film* (4th ed.). New York: Oxford University Press.［ジェイムズ・モナコ．岩本憲児ほか（訳）(1983)．映画の教科書——どのように映画を読むか　フィルムアート社（初版の邦訳）］

Moreira, C. (2005, May). *Made for sex.* Paper presented at the First International Congress of Qualitative Inquiry, Urbana–Champaign, IL.

Nisker, J. (2008). Healthy policy research and the possibilities of theatre. In J. G. Knowles & A. L. Cole (Eds.), *Handbook of the arts in qualitative research* (pp. 613–623). Thousand Oaks, CA: SAGE.

Nisker, J. (2012). *From calcedonies to orchids: Plays promoting humanity in health policy.* Toronto: Iguana Books.

Norris, J. (2000). Drama as research: Realizing the potential of drama in education as a research methodology. *Youth Theatre Journal, 14,* 40–51.

Norris, J. (2009). *Playbuilding as qualitative research: A participatory arts-based approach.* Walnut Creek, CA: Left Coast Press.

Oikarinen-Jabai, H. (2003). Toward performative research: Embodied listening to the self/other. *Qualitative Inquiry, 9*(4), 569–579.

Pfohl, S. (1994). *Images of deviance and social control: A sociological history.* New York: McGraw-Hill.

Ruby, J. (2008, June). *Towards an anthropological cinema.* Paper presented at the meetings of the Nordic Anthropological Film Association, Ísafjörur, Iceland.

Saldaña, J. (1998). *Ethical issues in an ethnographic performance text: The "dramatic impact" of "juicy stuff."* Tempe: Arizona State University Press.

Saldaña, J. (1999). Playwriting with data: Ethnographic performance texts. *Youth Theatre Journal, 14,* 60–71.

Saldaña, J. (2003). Dramatizing data: A primer. *Qualitative Inquiry, 9*(2), 218–236.

Saldaña, J. (Ed.). (2005). *Ethnodrama: An anthology of reality theatre.* Walnut Creek, CA: AltaMira Press.

Saldaña, J. (2011). *Ethnotheatre: Research from page to stage.* Walnut Creek, CA: Left Coast Press.

Salvatore, J. (2018). Ethnodrama and ethnotheatre. In P. Leavy (Ed.), *Handbook of arts-based research* (pp. 267–287). New York: Guilford Press.［パトリシア・リーヴィー（編著），岸磨貴子ほか（監訳）(2024)．アートベース・リサーチ・ハンドブック　福村出版，所収］

Salvatore, J. (2020). Scripting the ethnodrama. In P. Leavy (Ed.), *The Oxford handbook of qualitative research second edition.* New York: Oxford University Press.

Silverman, Y. (2010). *The hidden face of suicide* [DVD]. Retrieved from www.yehuditsilverman.com/the-hidden-face-of-suicide.

Simons, L., & Simon, A. (2014). *Heartland: A historical drama about the internment of German-Americans in the United States during World War II.* Rotterdam, the Netherlands: Sense.

Sjöberg, J. (2008). Ethnofiction: Drama as a creative research practice in ethnographic film. *Journal of Media Practice, 9*(3), 229–242.

Tarlington, C., & Michaels, W. (1995). *Building plays: Simple playbuilding techniques at work.* Markham, Ontario, Canada: Pembroke.

Turner, V. (1974). *Drama, fields, and metaphors: Symbolic action in human society.* Ithaca, NY: Routledge.

Valentine, K. B. (2006). Unlocking the doors for incarcerated women through performance and creative writing. In D. S. Madison & J. Hamera (Eds.), *The SAGE handbook of performance studies* (pp. 309–324). Thousand Oaks, CA: SAGE.

Warren, B. (1993). *Using the creative arts in therapy: A practical introduction*. New York: Routledge.

Weems, M. E. (2003). Blink. In *Public education and the imagination–intellect: I speak from the wound in my mouth* (pp. 21–22). New York: Peter Lang.

Woo, Y. Y. J. (2008). Engaging new audiences: Translating research into popular media. *Educational Researcher, 37*(6), 321–329.

Woo, Y. Y. (2019). Narrative film as public scholarship. In P. Leavy (Ed.), *The Oxford handbook of methods for public scholarship* (pp. 359–382). New York: Oxford University Press.

Worthen, W. B. (1998). Drama, performativity, and performance. *PMLA, 133*(5), 1093–1107.

「Blink（まばたき）」[i]

作：メアリー・E・ウィームズ

脚本ノート

この作品は，ある私立大学の教職員と学生の話から構成されています。この質的・解釈的なアートベースの研究プロジェクトに取り組むことになったのは，私自身が過去17年間に大学での経験とキャンパスで見聞したこと，そして大学における人種，ジェンダー，性的指向，宗教をめぐる状況について，あるアフリカ系アメリカ人の学生から相談を受けたことがきっかけでした。1年間にわたる公式・非公式のインタビューを通じて語りが収集されました。方法論について言えば，この作品は自己エスノグラフィー，エスノグラフィー，詩的探究，そしてフィクションを組み合わせたものです。参加者全員の匿名性を守るため，複数の語りを一人の登場人物にまとめ，部分的に脚本家が脚色したり，想像を加えたりしました。この劇はアメリカのどの大学にも見られるような出来事を表現しようとしたものです。参加者の体験をもとに建設的で批判的な対話を促し，21世紀に一体感のある社会をつくり出していく上で，共感，受容，異文化理解がいかに重要かを深く理解することを目的としました。

登場人物の紹介

グエン博士：外国人の教授
ウェルズ博士：アフリカ系アメリカ人の教授
スミス博士：白人男性の教授
ジェフリー：有色人種の男子学生
ケニヤッタ：有色人種の女子学生
ジェフリー：白人の男子学生

訳注i　本作品では，特定のフレーズや差別表現などは，そのニュアンスを正確に伝えるため原文を併記した。それ以外の箇所については読みやすさを優先し，原文を省略した。

サラ：白人の女子学生
マーヴィン：ゲイの白人男子学生
ルシール：レズビアンの白人女子学生
シャニキア：レズビアンで有色人種の女子学生
ケヴィン：アフリカ系男子学生
マーシャ：清掃員（アフリカ系アメリカ人女性／トイレ担当）

舞台設定

　大学の時計台が午前9時を告げる音とともに，リュックを背負った学生たちが，舞台上手と下手を静かに行ったり来たりする。平和ですべてが順調に進んでいるように見える。外灯の1つには「思いやりをもとう」と書かれた看板がある。

サイレントシーン（台詞なし）1：午前9時

　舞台係が出てきて，ホワイトボードの「開演前」の表示を消し，「学生寮」と書き込む。別の舞台係が「床が濡れています」の看板を持って登場する。その上には「黒人お断り区域（Nigger-Free Zone）」と書かれた標識が貼られている。次に，一人の俳優が，白人のシンデレラが素手で黒人の少女の首を絞めた後，足を持って逆さにぶら下げている漫画の絵が描かれた看板を持って登場する。その漫画には「ロープは高額だ」というキャプションがついている。別の俳優が，「相当のゲイだね（That's So Gay）」[ii]と書かれた看板を持って出てくる。また別の俳優が，「ターバンは帰れ！（Towel Heads Go Home!）」と書かれた看板を持って出てくる。もう一人の俳優が「アジア人お断り（No Asians Wanted）」の看板を持って出てくる。さらに別の俳優が「多様性はいらない！（Diversity Go Home!）」と書いた「最後」の看板を持って出てくる。俳優たちが看板を裏返すと，すべてに「多様性はいらない！（Diversity Go Home!）」と書かれている。一拍おいて，全員が舞台の上手と下手の両方から立ち去る。

訳注 ii 「最悪」という意味のスラング。

シーン2：憎しみを行動で示すのは理解できない

　[3人の学生（2人は白人で1人は有色人種）が，サイレントシーンが繰り広げられる舞台の前に出てきて，寮生活について話し合う]

学生1　違いを問題にする人がいるのは知っているけど，憎しみを行動で示すなんて理解できない。

学生2　私も。母が私をここに入れたのは，素晴らしい教育が受けられると思ったからであって，寮のドアや「濡れた床に注意」の看板にこんなに汚い言葉が書かれているのを見るためじゃない。

学生3　こんなことがあって，とても残念だな。

学生1　私もそう思う。私たちみんながそう思っているわけじゃないってことをわかってほしい……

学生2　わかってる。このキャンパスにいる人のほとんどは，黒人学生，ゲイ，ムスリム，アジア人，ユダヤ人，プロテスタントに対してそんなふうに思っていないことはわかっているんだけど……[間]だからって，心が痛まないわけじゃない。頭では理解していても，心は痛む。自分では取り除けない鋭い痛みなんだ。[間]夜に家に電話して，親にここから出してほしいって頼んだことがある。両親は「頑張れ（hang in there）」って言い続けるんだけど，「頑張れ」っていう言葉を聞くと，私のドアに貼られたシンデレラが私の首を絞めている[hangは吊るすという意味]あの看板が目に浮かぶんだ。

　[学生3と学生1が手を伸ばし，学生2を抱きしめる]

学生1　もう行こうよ。ハンバーガーとフライドポテトをおごるから。

学生2　いいね。でも行く前にこのことを報告して，こんなひどい行為について今度こそ話し合いが始められるか確認してみよう。

学生3　いつも，こんなものは片付けられてしまって，誰もそれについて話さなくなるよね。[舞台係が入ってきて，ホワイトボードの文字を消し，看板を撤去する。その間に，反対側から白人男性がイヤホンで音楽を聴きながら入ってくる。ステージ中央あたりまで来ると，観客に気づいてイヤホンを外し，話しはじめる]

シーン3：オーケー，僕は白人の男です

白人男子学生　オーケー，僕はコーカサス人，つまり白人の男です。父がこ

の学校で，母もこの学校，それに祖父母もこの学校に通っていました。僕の家族はこの学校との長い縁があって，家族の誰かが他の学校に行きたいと言うたびに，親は車でこの地域をまわり，どうしてここがそんなに好きなのかを教えるんです。[間]「たった一人」のいとこを除いて，全員が新入生としてこの学校の門をくぐり，学位を取って卒業しています。[間]僕はニューヨークの郊外で育ち，私立学校に通いました。父は弁護士で，16歳の誕生日には車をもらいました。5年落ちの4気筒エンジンの中古車でしたが，親が買ってくれたので，僕はバイトをして保険料を払うだけでした。[間]人は僕を見ると，まず，カトリック —— よし，保守的 —— よし，男性 —— よし，資本主義者 —— よし，とチェックします。[間]それから僕の心について，人種差別主義者だとか，性差別主義者，ホモ嫌い，堅物のクソ野郎だとか，でっち上げを始めるんです。[間]固定観念みたいなものは，ある種の人たちについては正しいけど，僕は違います。確かに，嫌いな人はいますよ。友達だったジミーは，2年生のときに僕のパワーレンジャーのおもちゃを壊しました。マイケルは僕に隠れて僕の彼女を卒業パーティーに誘って，彼女は僕を置いて行っちゃいました。義理の父は，母がいないときに僕を殴りました。[間]でも，僕は人を判断したり，憎んだりしません。僕は自分がそうされたいように人に接しなさいと育てられたんです。[間][彼は舞台袖にいる友人のジャマールを見て，慌てて走り去る]おい，ジャマール！　待ってくれ！[彼が舞台の片側から出ると，他の出演者が「コーラス」ラインのように登場して舞台に広がり，一斉に足踏みと手拍子をしながら合唱を始める]

シーン4：私たちは違いを許容するのではなく，祝福したい

全員　私たちは違いを祝福したい。許容じゃない，許容ではなく祝福したい，許容ではなく祝福したい。[その場で2回繰り返した後，ステップを踏み，繰り返し歌いながら，コーラスラインのように退場していく。女子留学生が反対側から舞台に入ってくると，全員退場]

シーン5：私はゼロじゃない

留学生　私は19歳のときに南米からこの国に来ました。両親は，私に北米

で大学生活を送ってほしかったんです。学生寮に入った最初の日，ルームメイトになった白人の女の子から，受講するスペイン語の授業で助けてほしいと頼まれました。［間］私は彼女に，私の国ではスペイン語ではなくポルトガル語を話すのだと言いました。それから1年間，彼女は私に一言も話しかけてくれなくなりました。［間］私には友達がいませんでした。一度だけ，同じクラスの白人の女の子が，感謝祭に私が一人でいることを知って，家に招待してくれたことがありました。そのとき，彼女のおじいさんが私の故郷のことを聞いてきたんです。私が，ベッドルームが5つ，バスルームが3つある家に住んでいると言うと，彼は，そんなはずはない，あなたのような人たちは小屋に住んでいるんだから，と言いました。［間］私がそこにいる間，おじいさんは，ずっと私のことを「ゼロ」と呼び続けたんです。［彼女はボードに「私はゼロじゃない」と書き，ステージから退場する。その間に数人の学生が入場し，中庭でくつろいでいるかのように仲良く位置につく。白人の男子学生が歩いてくる。彼は iPhone でクロスワードパズルをしている］

シーン6：受け入れるための四文字の言葉

白人男性　受け入れるという四文字の言葉って何？

学生1　ハロー（Hello）？

白人男性　いや違う［笑］。それに5文字だよ。

学生2　オーケー（okey）かな？　オーケー。オーケー？

学生3　え，ゲイ？

学生4　L-O-V-E，ラブ（love）はどう？

白人男性　それだ！　ありがとう。じゃあ，またね。［歩き続ける。彼が歩き出すと，ゲイのカップルが手をつないで通り過ぎる。3人は気づいていないように見えるが，彼らが通り過ぎた途端，「全員」が一斉に振り返って見つめる。3人は腰に手を当てて，自分たちがゲイっぽいと思う歩き方を真似し，不愉快そうに首を振る。そして，カップルと同じ側から素早く退場する］

シーン 7 ：ゲットー・パーティー[iii]

　［舞台係が出てきて，ホワイトボードに「ゲットー・パーティー」と書く。舞台係が退場すると，白人の学生たちが，サングラスをかけ，帽子を後ろ向きにかぶり，大きなチェーンのネックレス，パーカー，短いスカート，タイトなトップス，つけ毛，ティンバーランド[iv]などを身につけて入ってくる。黒人の話し方を滑稽に真似し，握手するふりをしながら，茶色の紙袋に入ったボトルから直飲みしたりする］

学生１　やあ，調子はどう？（What it B? ：B はどう？）[v]

学生２　D はどうって？（What it D?）冗談だよ。クソ（Mofo）みたいなもんだよ。

学生４　何見てんだよ，あばずれ。

学生５　お前を見てんだよ。スヌープ・ザ・フロッグ（Snoop the Frog）でも目指してるのか？［全員笑う］

学生１　それ，いいじゃん。休憩時間にこっそり何かやろう（sneak on）。

学生２　「ヤル（freak on）」って？

学生１　え？ 何？ おい，知らないよ，俺はただゲットー黒人のふりをしているだけで，本当になろうなんて思ってない。

学生２　なんでそんなこと言うんだ？ もし誰か黒人がここにいたら，そんなこと言わないだろ……

学生１　落ち着けって。ここに黒人はいないし，ただ楽しんでいるだけなんだから，何も悪くないだろ？ おい，そうだろ？ そうだろ？

学生２　［無言で衣装を脱ぎはじめ，地面に落とす。それ以上は何も言わずに退場。他の学生たちは，「ザ・ゲットー，ザ・ゲットー，ザ・ゲットー……」と歌いながら退場する。（彼らがこの歌の最初の 2 単語〔The Ghetto〕しか知らないことは明らかである。）彼らが退場すると，有色人種の教授が学生評価の封筒が入ったバッグを持って入場し，机に座る］

訳注 iii　ゲットーは，「黒人のいるスラム街」の意味。ゲットー・パーティーは，黒人の若者が着ると思われている服装をして，ステレオタイプ的にふるまう学生たちが行うパーティーを指す。パーティーでは，羽目を外して大騒ぎをすることが期待されている。

訳注 iv　アメリカのブーツブランド。ブーツは耐久性があり，アウトドアウェアやワークウェアとしても人気がある。ここではそのブーツを指す。

訳注 v　特にアフリカ系アメリカ人が使うスラング。黒人訛りの会話を真似ている。

シーン 8：有色人種の教員 —— 授業評価

有色人種の教員　全米の有色人種の教員たちが，大学で経験したことについて語り合うと，どの話もそっくりで，まるで 1 つの声を聞いているようです。私たち有色人種の教員は，人種や民族，言語の多様性をキャンパスにもたらすために雇われています。しかし，自分の学問を含め，私たちの独自性をいざ持ち込もうとすると，正統なものとして受け入れられません。[間] 私たちが同僚から，完全に受け入れられることはないのです。私たちはアファーマティブ・アクション[vi]の恩恵を受けているだけで，自分たちほど優秀ではないと彼らは考えるのです。[間] 私がこの大学に来てしばらく経ちます。授業で私が教えることを歓迎してくれる学生も中にはいますが，一部の学生が授業評価に書いてくる否定的なコメントには，いつまで経っても慣れません。[封筒を開けて授業評価を読みはじめる]「今学期は何も学べませんでした」，[別のものを手に取る]「彼女がまだ教えているなんて信じられません」，[別のものを取り出す]「いつになったら英語を話せるようになるんでしょうか。理解できた講義は 1 つもありませんでした」「人種のことばかり話しすぎです」などなど。[評価シートを封筒に戻して] 今日はここでの最後の日です。ストレスと病み上がりで疲れています。[間] 次の職がどうなるかまだわかりませんが，何をするにしても，自分が歓迎されていると感じられる場所にいるつもりです。[評価シートをバッグに入れ，退出する]

サイレントシーン 9：すべての人に自由と正義を

　俳優が「ロムニーを大統領に（Romney for President）」と書き，別の舞台係が「バラク・オバマは猿だ（Barack Obama is a monkey）」と書く。二人は退場し，舞台の反対側から二人の学生が登場する。一人は書かれたものを消し，もう一人が「平和にチャンスを（Give Peace a Chance）」と大きく描く。彼らは少し下がって掲示を数秒間見つめ，観客の方を向き，「忠誠の誓い」[vii]を暗誦して退場する。その後，ユダヤ系女子学生が白人の女子学生と一緒に登場し，一人ずつ観客に

訳注 vi　人種や性別などにより社会的に差別されている人たちへの不平等を是正するために，教育や就職の機会，昇進などで積極的な措置をとること。
訳注 vii　アメリカ合衆国への忠誠を誓う宣言で，学校や伝統行事などで暗誦される。

向かって挨拶する。

シーン 10：ユダヤ人に見えない

ユダヤ系学生　私がユダヤ人だと他の学生に言うと，まず「ユダヤ人に見えない」と言われます。まるで，ユダヤ人ならこう見えると決まっているかのように。[間] まるで，褒め言葉であるかのように。[間] 私は何も言いませんが，失礼です。[間] 今学期受けているある授業では，教授がユダヤ教についていつも事実と違うことを話します。異議を唱えようと手を挙げたこともあるのですが，まだ一度も指名してもらえていません。[間] その教授は今日の授業で，ユダヤ人は燭台（メノーラ）にライターで火をつけると言いました。[間] 私は静かに立ち上がり，教室を出て母に電話をかけました。

シーン 11：人種差別の詩

コーラス（キャスト全員で）：

人種差別はとても個人的なもの	Racism is so Personal
もしそれが死骸なら	if it was a carcass
悪臭が	the stench would block
世界の鼻をふさぐだろう	the nose of the world
そして全員死ぬだろう	and everybody would die
神話を支えるために	One billion pages printed
印刷された 10 億ページが	to support the myth
科学的なクソ芸術家たちの	leak death over the fingertips
指先から死を漏らす	of scientific bullshit artists
汗水垂らして働く	working themselves into sweats
奴隷解放の期限に	to meet the emancipation deadline
間に合わせるために	
権力をもつ白い男たちは	White power men wear their

訳注 viii　ユダヤ教の伝統では，「シャマシュ」と呼ばれる補助のろうそくを使って燭台に火を灯すことになっており，ライターなど他のものを使うことはない。

司法の衣の下に黒い顔をまとい	Black face under judicial robes
新しいゲームを作り出す	making up new games with constantly
見えないインクで描かれた	changing rules written
ルールは常に変わる	in invisible ink
不正は個人的なもの	Injustice is so personal the woman
女は目かくしをされて	with the bandage over her eyes keeps
飛び込まざるをえない	trying to take a nosedive
はるか昔の今日	Way back in time today
小さな白い嘘は巨人になる	the little white lie is a giant
巨大な糞まみれの靴を履き	wearing huge shit-covered shoes
豆の木が倒れるのを	looking for a beanstalk
待っている	to fall down
真実はとても個人的なもの	Truth is so personal
それが意味をなさなければ	every time it doesn't make sense
少し楽に眠れる	I sleep a little easier.

—— メアリー・E・ウィームズ（Weems, 2003, pp. 21-22）

［彼らが退場すると，舞台係が入ってきてホワイトボードの文字を消し，「教室」と書く。別の舞台係が教授の机を中央に押しやる。有色人種の教授が椅子を持って出てきて机の後ろに座り，何かを書きはじめる］

シーン 12：有色人種の教授 —— 実家への手紙

有色人種の教授　親愛なる父と母へ。お二人が健康で元気であることを祈りながらこの手紙を書いています。妹と弟にもよろしく伝えてください。みんなにとても会いたくて，来週が待ち遠しいです。今日は秋学期の最終日ですが，5 年経った今でも，学生たちは私が英語を話せないかのようにふるまいます。講義を中断させては，私が話したこと，PowerPoint にも書いていることを，もう一度言ってくれと言うのです。スペルがわからないと言って，私に質問してくる学生もいます。誰かが英語を話すのを聞くときに私がいつもしているように，注意深く聞こうとは思わない学生ばかりなのです。［間］昨日，私の教室から出ようとした二人の学生は，出る前に「チン，チョ

ン，チャン」のような失礼な声を出しました。［間］彼らは笑いながら，私のような教授はこの国で教える前にテストを受けるべきだと文句を言ったのです。［間］彼らには，私が見えていなかったのでしょうか。二人が出て行った後，床に落ちていた白いくしゃくしゃの紙を拾うと，そこに描かれていたのは，私が髪を引き抜いている漫画の絵でした。［間］とても傷つきましたが，車に乗るまで泣かないようにしました。［間］いい学生もいますが，彼らは仲間が私のことを悪く言っているのを聞いても，聞こえないかのようにふるまいます。［間］もう行かなくちゃ。また会いましょう。愛しています。あなたの娘より。［彼女が出ると，白人の男性教授が教室に入ってきて机に座る。一人のアフリカ系アメリカ人男子学生と4人の学生が机を持って出てくる。教室のように机を並べ，席に着く。教授が授業を始める］

シーン13：私の名前はジェームズです

白人男性教授　みなさん，今見た『ルーツ（Roots）』は20世紀に作られ，黒人と奴隷制について最も物議を醸した映画です。さあ，紙を一枚取り出して，一番上に自分の名前と今日の日付を書いてください。はい，アレックス・ヘイリー，何か言いたいことはありますか。

アフリカ系アメリカ人男子学生　私は手を挙げていません。

学生1　私です。先生，質問があるのですが……

白人男性教授　アレックス・ヘイリー，君は手を挙げなかったかもしれないが，コメントする用意があるように見えたから，君を指名したんです。

アフリカ系アメリカ人男子学生　［沈黙］（一拍間があって）

学生2　えーと，教授，紙には他に何を書けばいいんですか。

白人男性教授　アレックス・ヘイリーに聞いてください。いえ，やっぱり，彼に聞かないでください。どうせ彼は口がきけないから。授業はこれで終了です。［教授が憤慨しながら退場し，白人の学生も退場する。黒人男子学生はホワイトボードに歩み寄り，「私の名前はジェームズです」と書き，仲間に続いてステージから退出する。新しい学生たちが入ってきて席についた後，ヒジャブをかぶったイスラム教徒の教授が現れる］

シーン 14：頭にかぶった布

学生 1　今日は頭に布をかぶっていないといいな。

学生 2　彼女は全然プロフェッショナルじゃないよな。いつもアメリカ社会は
いかに人種差別的で，いかに性差別的で，いかに何とかでっていう話ばっか
り。

学生 3　同性愛嫌悪だろ。そう，その通りだけど，この授業はそういうことを
学ぶためにあるんじゃないの？

学生 1　ああ，そんなことはどうでもいい。多様性に関する必修授業はもう
とったし，こういうのはもう聞き飽きたよ……。

学生 2　[泣くような声を出して] 泣き言だよ。もういいかげん乗り越えて，自分
の人生を歩んだらいいのに。

学生 1　ほんと，その通りだよ。うちの両親だって何も持たずにここに来て，
一生懸命働いて，自力で這い上がって，それで……[学生 3 の笑い声に遮られ
る]

学生 3　自力でだって？　冗談だろ？　そんなくだらない話，本当に信じてるの
か？　誰の助けも借りずに人生で何かを成し遂げた人なんているか？　[一拍
の間] そう，誰もいないよ。教授が頭にかぶっているものだけど，それが彼
女の教え方と何か関係ある？

学生 2　気が散って，彼女が話すときに集中できないんだ。だって……

学生 1　そうだよ。彼女が頭にかぶっているものを見て，彼女の髪はどんな感
じなんだろう，どうして髪を整える余裕がないんだろうと考えると，講義を
聞き逃してしまうんだ。

学生 3　今日聞いた話の中で一番バカバカしいよ。

　　[ヒジャブをかぶった教授が入ってきたので，話をやめる]

有色人種の教授　では，今日の授業を始めましょう。どなたか質問はあります
か？

学生 1　[甘えた声で] はい，先生，何か配るのを手伝いましょうか？

　　[シーンの終わり。教授が一方から退場し，学生たちはもう一方から退場する。舞台
係が入り，ホワイトボードに「黒んぼ（NIGGER）」「レズ（DYKE）」「ホモ（FAG）」「あ
ばずれ（BITCH）」と書き込む。書き終えた舞台係が出て行くと，アフリカ系アメリカ人
のレズビアンの学生が入ってくる]

シーン15：私たちはみな平等？

アフリカ系アメリカ人のレズビアン　「私たちはみな平等？」，こういうのを見
るたびに，胃が痛くなる。同級生としてあんたたちが私をこう見ているんだ
と思うとね。黒んぼ，レズ，あばずれ。私の知性も人間性も女性であること
も無視して，それが私のすべてだと思っている。私は，この学校に多様性が
あると言えるようにするための飾りでしかない。
　あんたが私を無視して，私は自分が石ころにでもなった気がした。でも考
えてみて。私はあんたと何も変わらない。肌の色に劣等感をもつことはない
し，女だからってあばずれや売春婦になるわけじゃない。
　クィアだからって，人間として劣っているわけじゃない。こういう差別的
なイメージや言葉を目にするたびに，私は「あんたは無知だから」と言って
大目にみようとしてきた。でも，もうそんなことはやめる。もう，我慢しな
い。もう，自力でやるわ。自分のために立ち上がるときが来た。これ以上，
あんたの行動を許さない。あんたは私より優れているわけじゃない。それは，
私があんたより優れているわけじゃないのと同じ。私たちは結局みな同じ神
の子なんだから，私が人間以下だと感じさせるのはやめて。
［彼女が話し終えると，ラップのような独り言を言いながら舞台を下りていく。ゲイ
の白人男性とレズビアンの白人女性（二人とも学内では「カミングアウト」していない）
が一緒に歩き出し，座って話をする］

シーン16：ボクはゲイだ。いいか？

ゲイの白人男性　今学期はどう？
レズビアンの白人女性　前の学期とだいたい同じ。［間］授業は素晴らしいし，
どの教授も問題ない。少なくとも今のところ，自分のやるべきことはきちん
とこなせてる。
ゲイの白人男性　僕も君と同じだ。［間］でも，このキャンパスにいるのがつ
らいときがある。わかる？
レズビアンの白人女性　もちろん。だって，ここはとてもヘテロだから。みん
な私に彼氏がいることを期待するし，少なくとも彼氏について話すことを期
待する。

ゲイの白人男性　もし君が男だったら，女の子の話をすることを期待するんだよ。彼女ができたか，寝たか，寝たときどうだったか，どうして寝なかったのか。どれも話したくないことばかりだ。

レズビアンの白人女性　カミングアウトしていないことで一番つらいのは，他の人の言うことを聞いていなければならないこと，大声で「黙れ！」と叫びたいのに何もできないこと。私は……

ゲイの白人男性　ゲイだ，いいか？　ゲイなんだ。他のやつがホモと呼ばれるのを聞くのも嫌だし，レズとかレズボーとかそういうことを言うのも好きじゃない。聞きたくないんだ。わかる？

レズビアンの白人女性　［一拍の間］ああ，言いたいことわかる。私もそう思うし，私たちだけじゃない。実際，もし LGBT の人たちがみんなカミングアウトしたら，この場所はもっとヘテロでなくなるし，堅苦しくもなくなるはず。

ゲイの白人男性　それにもっと楽しくなるよ。［間］頑張ろう。また明日。

　　［二人は抱き合い，舞台の反対側から退場する。舞台係が入ってきてホワイトボードに「カフェテリア」と書く。別の舞台係が椅子を持って入ってきて，カフェテリアのテーブルの周りに座る。学生役の俳優たちがカップ，缶，ナプキンを載せたトレーを持って入ってくる］

シーン 17：機会均等のカフェテリア

学生 1　今日のランチは，何か特別なものが食べられるんじゃなかったっけ？

学生 2　聞き間違いじゃないかな。メニューに「スペシャル」って書いてあるという意味だよ。

学生 3　いつもと同じだ。ミートローフ，マッシュポテト，インゲン豆，ロールケーキ。

学生 4　まあ，自分で料理するよりはずっとおいしいよ。

学生 1　それに，家みたいに後片付けの心配がないのがいいよね。

学生 2　そうそう。そのために最低賃金労働者に給料を払っているんだから。僕がいつも言っていることだけど……

学生 3　そうだね。君は機会均等を信じていて，この人たちが仕事の心配をしなくていいようにしたいんだよね。

学生 4　（時間に気づく）授業に遅れそうだ。じゃ，またね。

［彼は立ち上がり，カップ，ナプキン，皿を床に投げ捨てる。他の学生も同じようにする。全員，トレーをテーブルの上に置いたまま退場する。カフェテリアの従業員に片付けさせるために散らかしたのは明らかだ。有色人種の学生と白人学生がトレーを持って入ってくる。彼らは床に散らかっているものを拾う］

学生1　家でのしつけがなっていないね。

学生2　本当にそう思ってる？

学生1　［一拍の間］いや，皮肉で言ったんだ。毎日毎日，同じようなことを何度も見てきたよね。

学生2　数えきれないほどね。だけど，それについて話したのは初めてだ。

学生1　そうだね。いつもは，食堂の人がしなくていいように片付けるだけだから。

学生2　そう，育った場所は違うけど，片付けはするように育てられたからね。

学生1　さっき君が言ったことの意味がわかったよ。じゃあ，あの人たちは，ただの……

学生2　勘違い野郎だ。貧乏人は掃除して給料をもらっているんだから，掃除できるようにしてやったって。

学生1　バカバカしいし，失礼な話だ。［一拍の間］

学生2　ほんとに。ランチを食べに来て，こんなことをする人たちを見なくてすむようになるといいな。

学生1　同感。さあ，食べよう。［二人がトレーを持って退場すると，女子学生が二人入ってきて席に着く］

シーン18：どうして男ってこんなことするんだろう？

女子学生1　最近どうしてたの？

女子学生2　ここ数週間はおとなしくしてた。授業に出るだけ。

女子学生1　何かあったの？

女子学生2　というより，起こらないようにしたくて。

女子学生1　え，何言ってるの？［後ろにいる男子学生が立ち止まって聞いているのに気づいていない］

女子学生2　このへんの男子が，特に一人の子が，［間］私はヤレる女だって友達に嘘をついて，ビールの6缶入りパックみたいにみんなで回せるんだっ

て言いふらしているの。わかるでしょ，そういう馬鹿げたこと。

女子学生1　それはつらかったね。言ってくれたらよかったのに。

女子学生2　どうして男ってこんなことするんだろう？

女子学生1　全然わからない。男がみんなそうするわけじゃないけど，あなたがターゲットにされていても気にしないんだろうね。

女子学生2　自分がターゲットにされなくても，私たちは人じゃなくてモノとして見られてるってことだよ。本当にいやだ。

女子学生1　最悪なのは，世の中あまり変わってないように見えることだね。女性たちは，デモ行進をしたり，文章を書いたり，組織を作ったり，訴訟したりしてきたのに。

女子学生2　私たちが何を考えているかより，何を着ているかの方が大事なんだよ。

女子学生1　男はたった一言で私たちの評判を落とすことができちゃうんだ。

　　　［聞いていた青年が割り込んでくる］

男子学生1　すみません。お二人のお話が聞こえてしまって。

女子学生2　それで？

男子学生1　失礼かもしれませんが，お二人に知っておいてほしいことがあるんです。

女子学生1　だから何ですか？

男子学生1　僕たちの中にも気にかけている人はいます。女性を尊重して対等に扱うように育てられた人もいますし，せっかく知り合えた女性に親切にすることがどれほど大切かわからない無知な男たちと一緒にされたくないと思っている男もいるんです。［間］では，よい一日を。

　　　［二人が返事をする前に男子学生は素早く退場し，二人は驚いた顔で見つめ合う］

女子学生1　いい変化だね。

女子学生2　確かに，いい人もいるんだね。

女子学生1　［時計を見て］あ，授業の時間だ。行かなくちゃ。

　　　［二人はハグをして，それぞれ反対方向に出て行く］

サイレントシーン 19：男性用トイレの清掃

　　舞台係が出てきて，ホワイトボードに「男性用トイレ」と書く。次に，アフ

リカ系アメリカ人の女性が「清掃中」と書かれた看板を持って出てくる。彼女はそれを床に置き，モップ，バケツ，掃除用カートを手にする。彼女が床を掃除しはじめると，一人の白人男性が，まるで彼女が見えないかのようにすぐそばを通り過ぎる。彼は看板の前に立ち，小便器を使う。男性は女性にぶつかり，手を洗い，ペーパータオルを床に投げ捨て，彼女が掃除したばかりの場所を横切るように歩く。清掃係の女性がペーパータオルを拾っている間に，別の白人男性が入ってきて，便器を使い，カートからスプレーボトルを取って彼女の方に吹きかけ，笑って出て行く。女性が床の掃除を続けていると，さらに二人の白人男性がやってきて，カートから物を取ってあちこちに放り投げる。彼らは地面に落ちたものをそのままにして，濡れた床を歩きながら出て行く。掃除係の女性は彼らが見えなくなるまで見守ると，少しのあいだ観客の方を向く。彼女はモップを手に取り，床を掃除しながら舞台の反対側から退場していく。彼女が退場するとき，黒人の男子学生が入ってきて，椅子を回転させ，後ろ向きにまたがって座る。

シーン 20：寮のランドリー

アフリカ系アメリカ人の男子学生　このあたりでいろいろとネガティブなことが起きているのは知ってる。特に僕は話しやすいみたいで，みんないろいろと話してくれる。でも僕は，キャンパスで人種差別を経験したことが一度もない。［間］最近は，それがなぜなのか自問してるんだ。
　［ゲイの白人男子学生が入ってくる］
ゲイの白人男性　何がなぜなの？
アフリカ系アメリカ人の男子学生　君が入ってきたのに気づかなかった。何でもないよ。ただの独り言だ。
ゲイの白人男性　じゃあ，もっと小さい声で話してよ。［間］どうかしたの？
アフリカ系アメリカ人の男子学生　黒人やアジア人，ユダヤ人の友達が経験してきたようなことが，なぜ僕にはなかったんだろうと思っていたんだ。
ゲイの白人男性　それが何だよ。君は一人の人間だ。白人だってみんながまったく同じ経験をしているわけじゃないのに，なぜ白人やキリスト教徒じゃないからって同じ経験をしなけりゃならないのさ。意味がわからない。
アフリカ系アメリカ人の男子学生　まさにそれなんだよ。わからないから，悩

んでるんだ。[間] つまり，僕がこのあたりの許容範囲に収まっているってこと？ みんなとうまくやれて，成績も悪くなくて，敬虔なクリスチャンだからか？

ゲイの白人男性 僕に答えられると思う？ 僕は僕でくだらないことに対処してるんだ。白人のゲイになってみるといいよ。しょっちゅう，全然笑えないジョークを自分に向けられなくてよかったって思ってる。

アフリカ系アメリカ人の男子学生 同感だ。仕事に行かなくちゃいけないから，もう行くね。

白人ゲイ男性 じゃあ，また。

[二人が同じ側から退場すると，一人の留学生が入ってきて席に着く]

シーン 21：無駄遣い

女子学生 私がこの学校に入るために，家族は長い間，お金の工面をしました。[間] 両親は，何年間か必要なものを買わずに過ごしていました。私が入学したら，学生としてベストを尽くして，成績を上げること以外は何も心配しなくてすむようにと考えていたからです。[間] 昨日，奨学金の窓口から電話があり，私の最終請求分がなぜ支払われていないのかと尋ねられました。[間] 私が答える前に，まだ一言も言わないうちに，その人は私の銀行預金残高証明書を見せろと言いはじめたんです。[間] 私が理由を尋ねると，私が無駄遣いしていないか確認したいからだと言いました。[間] 私は何も言いませんでした。家族に迷惑がかかると思ったからです。でも，訳がわかりません。学費を滞納しているアメリカ人学生はたくさんいますが，残高証明書を見せろと言われたり，無駄遣いを指摘されたりした人は一人も知りません。[間] 2日後にお金が届いて，私は事務所に行ったのですが，その人は何も言いませんでした。謝罪も何もないんです。[退場する。すぐに出演者全員が「消えた物語の場面」と書かれた看板を持って「並んで」出てくる。彼らは数秒間，その看板を掲げて無言で立っている。そして看板を床に置き，そのままコーラスに入る（注：舞台上の全員，「および」客席で「待機中の」俳優は一緒に唱和する）]

シーン22：欠けた物語のための場面

全員　私たちは愛を信じます。ポジティブな変化を促すアートの力を信じます。憎しみや偏見，恐怖が存在しなければならないとは決して思いません。私たちは一丸となって立ち上がります。インクルージョンのために。

　[「インクルージョンのために」を全員で唱えたら，（強調のため一拍おいてから）出演者は舞台のいろいろな場所に移動する。その間に二人の司会者が観客に語りかける]

司会者1　さて，みなさん，私たちが観てきたのはこの授業の中心的なテーマに関する演劇です。では，ディスカッションを始めましょう。

司会者2　まず，座席の下にある質問カードを見つけてください。

観客席にいる司会者　質問カードが見つからない方は，手を挙げてください。お手伝いします。また，ご質問やご意見がありましたら，気軽にお聞かせください。

司会者1　では，最初の質問とコメントです。

　[ここから先の司会者の仕事は，ディスカッションが続くかぎり，最低でも20～30分間，人々に話し続けてもらうことである。最後に出演者を舞台に上げて，拍手を求める。ギグリ博士と制作スタッフに謝辞を述べる。最後に，参加者に上演についてのアンケートに回答するよう依頼する]

質問（椅子の下に前もって用意しておく）

1. あなたなら，このコミュニティの一員になるために何をしますか。
2. 将来の教育者として，学生が互いを尊重し合えるようにするにはどうしたらよいでしょうか。
3. 人を憎み，裁き，差別し，傷つけるように育てられてきた人もいます。もし，私たちが互いを愛し，受け入れ，包容し，守るように育てられたら，キャンパスはどうなるでしょうか。
4. 私たち一人ひとりがそうしてもらいたいと思うように，敬意をもって人と接することは，なぜそんなに難しいのでしょうか。
5. 私は保守的に育てられました。どうすればゲイの人とうまく付き合えるようになりますか。
6. 自分の差別意識や偏見に気づいていない人には，どうしたらよいでしょ

うか。

7. このキャンパスの学生全員が，人種差別とインクルージョンについての授業を受けなければならないのはなぜですか。

8. 肌の色が薄いという理由で，あからさまな差別を受けた経験はありませんか。

9. 教授には，悪い成績をつける権限があります。授業中に教授から侮辱されたり，攻撃を受けたりしたら，どうすればよいでしょうか。

10. 劇に対話が組み込まれているのはなぜでしょうか。

■引用文献

Weems, Mary E. (2003). *Public education and the imagination intellect: I speak from the wound in my mouth.* New York: Peter Lang.

第7章

ビジュアルアート

> アート作品として絵を描いたことは一度もない。どれも研究だ。
> —— *パブロ・ピカソ*

　イメージ（視覚的な情報）のもつ力と，それが社会に果たす役割を侮ってはいけません。まさに，「百聞は一見にしかず」です。このことわざは，研究者が知識構築にビジュアルアートを活用する際に考慮すべき2つの重要なポイントを示しています。

　1つ目のポイントは，視覚イメージが表しているのは世界を見るための窓ではなく，つくり出された視点だということです。たとえば，写真は一般に世界のある側面を「捉え」，記録するものだと考えられており，撮影者からの見え方や使用するレンズ，写真が撮影された文脈に目が向けられることはほとんどありません。その意味で，ビジュアルアートの制作は日記にたとえることができます。これはアーティストにとって見逃せない事実です。キュビズムの画家パブロ・ピカソは，「絵を描くことは，日記をつけるのと同じだ」と述べています。2つ目に，アーティストは作品を創る際にその中に意味を込めますが，ビジュアルアートは多様な意味にひらかれています。本来，その意味はアーティストだけが決めるのでなく，鑑賞者や文脈（直接的な状況から，より大きな社会歴史的文脈まで）によっても変わってきます。

　視覚イメージには，見る人に特定の感情や直感的な反応を呼び起こすという特徴があります。視覚イメージは，文字を見たときのような意識的な解釈のプロセスを経ずに潜在意識に保存されます。さらに，視覚イメージは強く記憶に残ります。このことは，出来事に関する集合的記憶について考えてみれば明らかです。特定のイメージが出来事を象徴し，そのイメージが容易に頭に浮かん

でくるようになります。たとえば，9月11日と言えば，たいていのアメリカ人は，ニューヨークの世界貿易センターが攻撃を受けて破壊されている様子を思い浮かべます。このように，視覚イメージは文字や音とは異なる形で取り込まれ，いつまでも印象に残るのです。

ビジュアルアートは，イデオロギーを伝達する手段として機能する一方，効果的に使用されれば，信念体系やステレオタイプに問いを投げかけ，それらを取り除き，転換させることができます。後者に関して，視覚イメージは社会的・政治的な抵抗の手段になりえます。というのも，アート，中でもビジュアルアートには，対抗する力が備わっているからです。文化的な規範や価値観は，議論や交渉を経て時代とともに変化し，ビジュアルアートの制作を方向づけています。また，アートは経済的文脈の中で制作されるため，市場の力が「アート」の定義やその価値に影響を与えます。さらに，ビジュアルアートは，制度的文脈の中で生み出され，そのさまざまな制約，規範，圧力，およびアートを評価する価値体系が，アートの制作と流通に影響を及ぼすことがあります。重要なのは，インターネット，特にソーシャルメディアによって，アーティストが公的な審査や検閲などを経ずに作品を発表できる場が創出されたことです。

ビジュアルアートは，長年，一般の人々や研究者を魅了してきました。私たちの社会はますます視覚的になり，日常的な広告から，芸術として認められた作品を展示する「特別な」美術館まで，さまざまな場で，さまざまなメディアを通してイメージがあらわれています。研究者は，学問にビジュアルアートを取り入れるためにいくつかの方法を生み出してきました。

背景

❓・ビジュアルアートは，分野を超えてどのような役割を担ってきたのでしょうか

ビジュアルアートに基づく研究実践が生まれてきた背景を説明しようとすると，それだけで一冊の本になってしまいます。視覚は文化や日常生活の中で，とても大きな役割を果たしています。現代の私たちは，広告やソーシャルメディアで共有される写真など，日々無数の視覚イメージにさらされています。歴史的にみても，初期の医学書の図版から社会科学の民族誌の写真に至るまで，視覚イメージはあらゆる学問領域で重要な役割を担ってきました。ビジュアル

アートやイメージは，記録，文書化，分析，そして抵抗のために使用されてきましたし，現在でも使用されています。また，社会と自己についての省察を促し，異なる**ものの見方**を可能にするものでもあります。

視覚人類学

❓・人類学の方法論として，*視覚イメージはどのように使われてきたのでしょうか*
　人類学者は歴史的に，静止画や映像をデータおよび表現形式として利用してきました。映画は，人類学の主要な方法論的ツールであり（Hockings, 2003），民族誌映画は，視覚的な調査方法のルーツとも言われています（Holm, 2008）。
　1957年，ジョージ・ミルズは，人類学者が調査研究にビジュアルアートを活用することを勧めました。ビジュアルアートは個人と社会に関する様式を見出すための情報源として意味があると考えたからです。ミルズは，アートは社会の変化のバロメーターであり，象徴的な意味を伝え，「無意識の連想」をつくり出す「公共物」だと考えています。バーニー・ウォーレン（Warren, 1993）も，アートは「記録するもの」であり，かつコミュニケーション装置であると述べています。
　人類学者は，古くからインタビューと写真を組み合わせることが多く，そこから「フォトエッセイ」という人類学的記述の1つの方法を開発しました（Collier & Collier, 1996, pp.106-108）。この方法は，社会科学のさまざまなエスノグラフィーに応用可能です。たとえば視覚社会学は，それ自体が一分野として発展しています。
　ジョン・コリア・ジュニア（Collier, 1967）は，視覚人類学における写真の初期のパイオニアであり，のちにマルコム・コリアとともに，写真を研究方法として使用するためのさまざまな戦略を明らかにしています（Collier & Collier, 1986/1996）。コリアらがとった方法はきわめて「科学的」で，写真に収めた証拠をコード化し，分類し，測定し，比較する方法を模索していました。彼らが詳細に提示した，人類学研究に写真を使用する「科学的」方法は，現代では多くの人々によって否定されていますが，この分野への彼らの貢献は無視できないものでした（Holm, 2014; Pink, 2007）。

訳注 i　visual anthropology の訳で，映像人類学と訳されることも多い。

「美的な介入」の方法としてのビジュアルアート

- ・ビジュアルアートは，いかにしてステレオタイプを目に見える形にし，*疑問を投げかけることができるでしょうか*
- ・ビジュアルアートは，*権力，特権，抑圧の不平等な関係を暴き，変えていく方法として，どのように役立つでしょうか*

アートは，社会生活の文化的側面，経済・政治構造，世界・国家・集団・個人レベルでのアイデンティティ問題など，社会に関する情報の重要な源泉です。アートによって伝えることのできる社会現象は多岐にわたりますが，本節では，特に多様性，人種，エスニシティに関して，ビジュアルアートをどのように活用できるかに焦点を当てます。

ビジュアルアートと集団アイデンティティの問題の関係を第一線で理論化してきたベル・フックスは，こうした表象をめぐって闘いが生じるマクロな文脈に，特に目を向けてきました。彼女の研究は主に理論的なもので，方法論的な示唆も含んでいます。

著書『Art on My Mind: Visual Politics（私の心のアート：視覚政治学）』（hooks, 1995）で，フックスはアートを，その母胎となる文化に関する政治的な意見，理解，信念，その他の情報を伝達する媒体として捉えており，その中には人種，階級，ジェンダーへの支配的な見方も含まれます。自身の関わるフェミニズム政治学に基づき，フックスは，誰がアートを制作するか，誰がそれを売るか，どのようなものが売られ，誰がそれを評価し，どのように評価されるか，誰がそれについて書き，どのように書かれるかは，人種，階級，ジェンダーによって方向づけられるという説得力のある主張をしています。この意味で，アートは**排除の場**として機能することもありますが，フックスにとってビジュアルアートは，ステレオタイプに抵抗し，それに揺さぶりをかける**変革の力**をもつものでもあるのです。

フックスの主張は，最近の研究によっても裏付けられています。米国公共ラジオ放送（NPR）のシャンカール・ヴェダンタム（Vedantam, 2013）は，人種に対する見えにくいバイアスといかに闘うかという社会科学の研究を報告しています。この研究では，偏見は極端な憎悪につながるにもかかわらず，人種バイアスの多くは無意識であることが示されています[1]。人は偏った態度やステレオタイプをもっていても，それに気づかないことが多いのです。ヴァージニア大

学のカルヴァン・レイとブライアン・ノセックは，このような無意識のバイアスに対する戦略を考えるよう科学者に呼びかけ，24人の研究者がアイデアを出し合って18の介入策を考案しました (Lai et al., 2013)。最も効果的だったのは，ステレオタイプに反するイメージを見せることでした。アートを使わず従来の方法で差別について教えようとしても効果はなかったのに対し，たとえば**黒人**という言葉をポジティブなイメージと関連づけるなど，ステレオタイプに対抗するイメージを見せると，少なくとも短期的には効果が見られました。

ビジュアルアートが，表象をめぐる闘いを生み出す重要な媒体であることは明らかです。そのため，フェミニズムやポストコロニアリズムなどの批判的視点に立つ研究者は，ビジュアルアートの研究への活用に興味を引かれるかもしれません。ベル・フックスは，「表象は，搾取され抑圧されてきた人々が，主体性と精神的な独立を求めて闘う重要な場である」 (hooks, 1995, p. 3) と述べています。フックスによれば，アートには，集団の表象に関して，(1)馴染みのあるものを認識し，(2)それを異化する（馴染みのないものにする），という2つの主要な機能があります。前者について言えば，ビジュアルアートは，異なる社会階層にいる人々の社会生活がどのようなものであるか，それをどのように想像し，捉え直すことができるかを描くことができるのです。

さらに，すべての集団がアートで表象されるわけではありません。このような表象の欠如は，2つの形で生じます。第一に，アートで表象されない集団は，（正統的な）絵画に共感できる描写を見出すことができません。たとえば黒人文化では，人々がアートの中に「自己」を認識する機会はほとんどないとフックスは指摘します。第二に，アート表現には極度の歪曲や偏った描写が見られ，一部の集団が組織的に特権化されています。つまり，ビジュアルアートは，ステレオタイプ的なものの見方を助長しかねないのです。後者の，異化というアートの力について言えば，ビジュアルアートは人々に新しい視点で物事をみることを促します。これは，社会変革にとって重要です。ビジュアルアートには，人種差別的・性差別的なイデオロギーを乗り越える，抵抗と変革の力があります。ビジュアルアートは人々を揺さぶり，その**見方**を変えるのです。イメージが引き起こすこのような意識の変化は，テクストという形式では難しいかもしれません。画家のエドワード・ホッパーは，「もし言葉にできるなら，絵を描く理由などない」と語っています。

フックスは，「美的な介入」という方法論を掲げ，アート実践のこうした側

面を研究しました。「視覚文化の考古学」を提唱するローリング（Rolling, 2005）も，視覚文化が正常性や他者性というイメージをいかに巧妙につくり出しているかを明らかにしています。フックスが分析したエマ・エイモスの作品では，人々と，彼らを取り巻く政治的・文化的背景が表現されています。フックスによれば，エマ・エイモスの作品は，視覚イメージとその文化的象徴のもつ力を利用して，共有された（集合的な）イメージを新たな文脈で捉え直し，人々を揺さぶり，その見方を変化させます。たとえば，クー・クラックス・クラン（Ku Klux Klan）[ii]の破壊的な歴史的イメージを現代アートに利用することで，その危険な使い方をあらわにし，認識や社会意識を高め，社会変革を促すことができます。最近の例として，第1章で取り上げた，トレイヴォン・マーティン殺害事件でジョージ・ジマーマンが無罪判決を受けた後に，ハワード医科大学（歴史的に黒人の多い大学）の学生たちが撮影した写真について考えてみましょう。医学生たちは，1枚の写真では黒っぽいパーカー，もう1枚では白衣を着て，ポーズをとっています。2つのイメージを合わせることで，人種への偏見に対する力強い主張がなされたのです。このように，アートのもつ**対抗の力**を解き放つアート的な「介入」は，社会正義に強い関心を有する（黒人）フェミニストやその他の批判的認識論と一致しています。この方法によって関心を深めフェミニズムの意識をもっておくことは，どんな草の根の社会変革にとっても必要な前提条件になるのです。

視覚現象学

？・*視覚現象学とは何でしょうか*

人間の本性をめぐる逆説はそれが必然的に社会的であるということだ，というフェミニズム研究者のジュディス・ローバー（Lorber, 1994）の有名な言葉があります。人間の経験を，それが生じる環境から切り離して理解することはできません。日常の環境が高度に視覚的になれば，視覚的なものが私たちの意識の形成に影響を与えます。アルヴァ・ノエ（Noe, 2000）がアートと知覚研究の融合を提唱するのは，こうした背景があるからです。

ノエによれば，アートはこれまで現象学的研究では見過ごされてきましたが，

訳注ii　アメリカの人種差別主義的秘密組織。KKK と略称される。

その有効な道具になりえます。「経験の記述とは，まさに経験された世界を記述することである」（Noe, 2000, p. 125）とノエは書いています。ノエによれば，現象学の研究者の関心は人々の経験に迫ることにあり，経験が視覚的な風景の中で生じているならば，それはその視覚的な文脈に埋め込まれています。ノエは，現象学者は「経験を環境との相互的な関わりのモードとして捉える概念」（p. 124）を洗練させるべきだと述べ，**視覚的経験を探る方法として「視覚現象学」**を提唱しています。

マルヤッタ・サーニヴァーラ（Saarnivaara, 2003）も，経験と記述を重視する現象学の立場から，アートの超越的な経験について探究しています。そこには，研究とアートを概念的なものと経験的なものに誤って二極化する従来の研究手法によって，「常識へのとらわれ」（p. 582）が生じていることがはっきりと示されています。アートと現象学の融合は，視覚社会学の拡大につながるかもしれません。

テクノロジー

❓・ビジュアルアートベースの研究に，テクノロジーはどのような影響を与えてきたのでしょうか

テクノロジーは，ビジュアルアートベースの研究に重要な役割を果たしています。カメラは，初期の映像人類学者にとって新しい調査ツールとなりました。カメラを使うことで，研究者は社会的現実を異なる視点から捉え，さまざまな問いを立て，新しい方法でデータを収集し，結果を表現することができるようになったのです。デジタル写真，スマートフォンやiPadなどのカメラ付きの機器の普及，そしてインターネット，特にソーシャルメディアや写真共有サイトによって，写真の利用は劇的に広がっています。Flickr，Facebook，Instagram，Tumblrなどで共有される写真は数十億枚に及び，CD-ROM，家庭用の写真プリント，フォトブログ，Photoshop，アート制作やグラフィックデザイン用のソフトウェアによって，社会と研究の風景は大きく変わりました。

ビジュアルアートベースの研究実践

? ・研究者はどのようなビジュアルアートベースの実践をつくり出し，研究に使用しているのでしょうか
　　・これらのアプローチは，常に参加型なのでしょうか

　ビジュアルアートベースの研究で使用されるアートの形式には，写真，絵画，デッサン，漫画，グラフィックノベル，コラージュ，彫刻，陶芸，インスタレーション，編み物，キルト，人形制作，3Dアート，ミックスメディアアートなどがあります。本節ではそのいくつかを紹介していきますが，その前に，参加型アプローチと非参加型アプローチについて述べておきたいと思います。複雑ですが，重要な点です。

　ビジュアルアートベースの実践は，ある意味で，必然的に参加型になります。ビジュアルアートには，それを体験する観客がいるからです。ドナルド・ブルーメンフェルト＝ジョーンズ（Blumenfeld-Jones, 2002）は，アートと研究の結びつきが重要である理由について，アートが解釈的であることを挙げ，見る人によって解釈は異なるため，研究者は多様な解釈から学ぶことができるからだと説明しています。ただし，研究参加者が何らかのメディアで作品をつくる（あるいは共同制作する）場合と，研究者がアート作品をつくる場合では，異なる点が1つあります。

　ビジュアルアートベースの参加型研究では，研究参加者がアートを制作し，その作品そのものが研究データやデータの表現になります。このような方法は，いつもそうとは限りませんが，混合法やマルチメソッド研究によく取り入れられます。研究者は，従来の方法では求めているものに十分に迫ることができない場合に，視覚イメージを使用することがあります。また，インタビューやエスノグラフィーのデータを詳しく説明するために，そうした手段がとられることもあります。さらにビジュアルアートは，マルチメソッド研究の最初の段階で，インタビューなどの対話のきっかけにもなります。インタビューでときどき使用される**フォト・エリシテーション**（写真を見せて対話を引き出す方法）は，写真を手がかりに，知識を閉じ込めている「扉の鍵を開ける」手法です（Holm, 2008）。

　参加型研究は，**美**をめぐる問いを投げかけることになります。素人にアート

制作に参加してもらう場合，当然ながら，アート的な能力やトレーニングを受けた経験があることを期待するわけにはいきません。たとえば，創造的アートセラピストは，普段からアートの訓練を受けていない人たちとも活動しています。参加型研究では，出来上がったビジュアルアートの美的な質よりも，その方法の利点が重視されます。ただし，素人の手によるものとはいえ，彼らが制作した作品は，感情を伝えるという点できわめて大きな力をもつことがあります。

写真

❓・写真は研究方法として，どのように使われてきたのでしょうか

写真は，すでに述べた人類学以外の分野でも，広く研究に使用されています。たとえば，心理学では，歴史を通じて写真が使用されてきました。視覚的な方法は依然として主流ではありませんが，写真は子どもの研究（Holm, 2014; Reavey, 2011）や教育研究（Holm, 2014）でも頻繁に使われています。皮肉にも，学校研究の中には生徒の姿が見えないものが多いのですが，写真を使用することで，生徒，特に学校内で疎外されているグループに，研究への参加を促すことができます（Lodge, 2009）。社会学では，社会の変化を記録するために写真がよく使われます。写真による調査を行い，人々，場所，プロセスの変化を研究することも可能です（Holm, 2014; Rieger, 2011）。

研究者が写真を撮るにせよ，研究参加者に撮ってもらうにせよ，作品の背景をできるかぎり文書化しておくことが重要です（既存の写真を使用する場合は，それがどのように撮影されたかという情報をできるだけ入手しておくとよいでしょう）。倫理的な問題も考慮しなければなりません。写真データでは，対象へのアクセス，インフォームドコンセント，守秘義務の問題が複雑になる場合があります（Holm, 2014）。まず，写真を編集するかどうか（たとえば，子どもや背景に写っている人から同意を得られない場合に顔をぼかすかどうか）を決めておく必要があります。また，所有権や著作権に関する問題（たとえば，参加者が撮った写真の所有権は誰にあるか）が発生する可能性があるため，前もって交渉し，同意をとっておく方がよいでしょう（Holm, 2014; Pink, 2007）。最後に，許可の問題が生じる可能性もあります。たとえば，写真を撮った人だけでなく，写真に写っている人の許可が必要となる場合などです（Holm, Sahlstrom, & Zilliacus, 2018）。別の例

として，家族の写真アルバムを使う場合，家族，所有者，遺産執行者それぞれの許可を求められるかもしれません（Holm et al., 2018）。これらの問題はすべて対処可能なものですが，計画とコミュニケーションが必要です。

　写真は，記録や文書化のため，または追加データを引き出すために使用されるだけではなく，捉えにくいトピックを扱うプロジェクトにも活用することができます。たとえば，写真を使えば，ハビトゥス（Bourdieu, 1990; Holm, 2014; Sweetman, 2009）のように，私たちにとって当たり前で，普段は注意を払わないようなものを研究することができます。第5章でみたミグダレクのダンス研究からわかるように，アートベースのアプローチは，ハビトゥスの研究に特に適しているのです。写真は，抽象的あるいは隠喩的なアート形式として採用されることもあります。たとえば，グニラ・ホルム（Holm, 2014）は，火のついていない状態から次第に燃え尽きていくまでを表す，6枚のタバコのフォトモンタージュを発表しました。タバコは，若者の人生，つまり彼らの可能性や希望が時間とともに消えていくことを表すために用いられています。

　また，写真は言語の壁を越えるため，年齢や障害により言葉でのコミュニケーションに困難を抱える人々との協働，先住民との関わり，異文化研究や多国籍研究など，さまざまな可能性がひらかれます。たとえば，ヤンホネン＝アブルクアー（Janhonen-Abruquah, 2010）による，国境を越えてきた移民女性の日常生活の研究では，参加者に普段の活動を写真日記につけてもらいました（Holm, 2014）。

アクションリサーチとしてのフォトボイス

　❓・*参加者に身のまわりの環境を撮影してもらうにはどうすればよいでしょうか*
　　・*参加者を共同研究者として位置づけて，プロジェクトを構成するにはどうすればよいでしょうか*

　フォトボイスは，参加型の方法に写真を取り入れた実践で，**アートベースのアクションリサーチ**と呼ぶ人もいます（Chilton & Leavy, 2014）。簡単に言えば，研究参加者にカメラを渡し，自分たちの環境を写真に撮ってもらうのです。研究目的や参加者への説明の仕方はさまざまですが，一般的には，地域を変える，公共政策に影響を与える，自己や社会への意識を高めるなど，より大きな目標に関わる環境を記録するよう参加者に求めます。たとえば「Witness to Hunger

Project（飢えの目撃者プロジェクト）」は，フィラデルフィアに住む低所得層の母親たちが写真を撮り，自分たちの物語を記録することで，社会福祉政策に影響を与えることを目的としています（Chilton, Rabinowich, Council, & Breaux, 2009; www.witnesstohunger.org 参照）。フォトボイスは，マルチメソッド研究や混合法にも使用可能であり，公衆衛生研究では，そのデータを使って地域をより良くするための提言が行われています（Berg, 2007; Holm, 2008 を参照）。ホルム（Holm, 2008）によれば，この方法は，批判的意識化の考えに基づくものです。

　ジャネット・ニューベリーとマリー・ホスキンズ（Newbury & Hoskins, 2010）は，フォトボイスを用いて，覚醒剤を使用した少女たちの経験について研究を行いました。彼らが，少女たちを共同研究者として位置づけたことで，大人の研究者と少女たちによる他では見られない形での交流が可能になりました（Chilton & Leavy, 2014）。ニューベリーとホスキンズは，参加者に自らの生活を写真に撮って振り返ってもらいました。このプロセスを通じて参加者と研究者との間に，普段なら起こらないような会話が生まれ，深い理解につながったのです。少女たちが撮った写真がなければ，このような語りを引き出すことはできなかったでしょう。フォトボイスを用いた研究を設計する際には，問題と研究目的の定義，参加者へのトレーニング，写真撮影のガイドラインや指示，振り返りと対話の促進，写真の選択や状況の説明，コーディング，関係者（たとえば政策立案者，メディア，コミュニティの成員）への働きかけなどについて検討する必要があります（Wang, 2005）。

コラージュという方法

> ❓・コラージュとは何でしょうか。コラージュは研究方法としてどのように使われるのでしょうか
> ・アートベース実践としてのコラージュにはどのような利点があるでしょうか

　コラージュは，ビジュアルアートに基づく研究方法の1つであり，分野を超えて人気があります。ジョイア・チルトンとヴィクトリア・スコッティによれば，コラージュ制作は材料を入手しやすく，誰でも参加できるため，創造的アートセラピーでもよく使われます（Chilton & Scotti, 2013; Scotti & Chilton, 2018）。

訳注 iii　沈黙の文化に埋没させられている人々自身が，ファシリテーターの力を借りながら，対話と学習を通して，抑圧されている状況を客観化，自覚化し，主体的に変革していく過程。

このことは，物理的な面でも心理学的な面でも，アートに取り組む障壁を取り除き，より多くの人々に手段を提供できるという点で重要です。コラージュは，雑誌や新聞，質感のある紙などから選んだイメージを切り抜いて配置し，紙や厚紙の表面に（接着剤等で）貼り付けて作ります（Chilton & Scotti, 2013; Scotti & Chilton, 2018）。さまざまな断片を，単なる部分の足し算以上のものに生まれ変わらせることで，新しいアイデアが浮かび上がってくるかもしれません（Chilton & Scotti, 2013; Scotti & Chilton, 2018）。コラージュでは異質な要素を組み合わせるため，人々の見方や考え方を変化させます。また，文化批評をしたり，意外なつながりをつくったり，新たな関連性を見出したり，意味を再考・拡張したりするための強力な方法にもなりえます（Chilton & Scotti, 2013; Diaz, 2002; Scotti & Chilton, 2018; Vaughan, 2008）。コラージュでは，現実をつくり出し意味を見つけるために，イメージと文章を使用することもあります（Diaz, 2002）。**言葉とイメージを並置する**ことで，新しい意味がひらかれるのです。

　重要なのは，従来とは異なる素材も使用されるという点です。アッサンブラージュはコラージュに似た手法ですが，立体物が使われます（Scotti & Chilton, 2018）。たとえば，リサ・ケイ（Kay, 2009; Chilton & Scotti, 2013）の開発した「ビーズ・コラージュ」という手法では，ビーズやファウンド・オブジェクト[iv]が使用されています。

　コラージュは分野を超えて，さまざまな目的で使用されてきました。たとえば，スーザン・フィンリー（Finley, 2002）は，教師が気づかないうちに生徒に対してメディアが定義する性役割に沿ったふるまいをしてしまっている可能性について，コラージュを使って研究を行いました。チルトンとスコッティ（Chilton & Scotti, 2013）は，大学院の在籍中に，ABRとアートセラピーでのコラージュの活用方法を探る共同プロジェクトに取り組んでいます。

　具体例を見てみましょう。図7.1から図7.6は，MJ・ヴィアノ・クロウが制作した一連のコラージュ風アート作品の一部です。『All Consuming Myths（人々を縛る神話）』と題したこのシリーズ（1993-1994）は，1950年代のアメリカ社会における白人中産階級のジェンダー化された関係を，当時少女だった作家の視点から考察したものです。彼女は，母親や他の女性たちが，焼き菓子作りを中心とする性役割を果たすのを見ていました（この作品の中で焼き菓子は，実体，象徴，メタファーとして機能しています）。こうして生まれたコラージュは，イメー

訳注 iv　漂流木や古タイヤなど，アートに使われる廃材。

図 7.1 「Doll Cake I（人形ケーキ I）」

図 7.2 「Pie in the Sky（空中に浮かぶパイ）」

図 7.3 「The Bake-Off（ベイクオフ）」

図 7.4 「Visions Danced in Her Head （頭の中で踊る空想）」

図 7.5 「Coffee Crumbs（コーヒークランブルケーキ）」

図 7.6 「Cake Walk（ケーキウォーク）」

ジを並置することで，さまざまな意味を明らかにしています。このシリーズは，女性らしさの筋書きが用意され演じられてきた家父長制という文化的文脈と，内省的な女性に成長した一人の少女の個人的経験とを巧みに結びつけるものです。作者は次のように述べています。

　　私が覚えているのは……
　　私はピンクのキッチンテーブルにつき，母が私の誕生日パーティー用のケーキを作るのを見ています。2層の丸い生地をたっぷりのクリームで覆い，真ん中をくり抜いて，そこにウィッグを少し斜めにかぶり，目が開いたり閉じたりする小さなビニール製の人形を置いています。1950年代のある日，母は私を喜ばせるためにドリームガールの人形ケーキを考案するという夢のような作業に満足し，楽しそうでした。
　　食用色素の魔法で，私のケーキはどんどん変化していきます。バニラクリームでできた砂糖たっぷりの女性らしいドレスはカラフルなパレットに変わり，仕上げに砂糖菓子の花びらまでついています。あとで友達と一緒

にケーキを食べるときには，人形は一切れずつに切り分けられ，カラフル
なドレスもバラバラにして，おいしくいただくことになりますが，今のと
ころ人形は無事で，美しく，お菓子の繭のひだに包まれています。キッチ
ンテーブルで，母がクリームを塗るのを見ながら，母の少女時代の希望や
夢の話を聞いているとき，私は幸せな気持ちでした。

　1950年代のある日，ボウルについたクリームをなめていた私は，その
夢のとりこになっていたのです。

―― MJ・ヴィアノ・クロウ

　フェミニズムの視点からみると，このシリーズは，差し迫ったさまざまな
社会問題を視覚的に表現するものです。たとえば，「Pie in the Sky（空中に浮か
ぶパイ）」は，主婦としての女性の役割についての解説になっています。「The
Bake-Off（ベイクオフ^v）」には，お菓子作りに象徴される女性の主婦業と，彼
女たちの空想と「現実の」生活を支えている標準的な異性愛の台本との関係
が示されています。これは，家父長制の社会において，女性の人間関係（男
性，他の女性，そして自分自身との関係）がどのように形成されているかという
大きな問題に言及するものです。「Visions Danced in Her Head（頭の中で踊る空
想）」と「Doll Cake I（人形ケーキI）」では，焼き菓子のメタファーを，女性の
身体イメージ，美しさ，自立などの問題に結びつけています。作品の中に複数
の意味が示されることで，社会の動的な性質が浮かび上がります。たとえば，
「Coffee Crumbs（コーヒークランブルケーキ）」と「Cake Walk（ケーキウォーク）」
では，同じコラージュのスタイルと食べ物のメタファーを使い，社会における
女性の役割の変化，公的領域と私的領域の混じり合い，変化する役割のバラン
スをとり交渉することを女性に求める圧力など，多くの社会問題について探究
しています。このシリーズについて考える上で最も重要なのは，意味は閉じた
ものではなく開かれたものであり，それは1つではなく，示唆的で暗示的なも
のだということです。

訳注v　焼き菓子コンテストのこと。

第7章 ｜ ビジュアルアート

インスタレーションアート

❓・インスタレーションアートとは何でしょうか

・研究者はインスタレーションアートをどのように活用してきたのでしょうか

コラージュのような方法によって，作品の世界が2次元から3次元に広がることは前述の通りですが，インスタレーションアートはさらに進んで，多感覚的で没入感のある経験をつくり出します。「インスタレーションは，空間や要素の組み合わせも含め，1つの全体として鑑賞されるように設計されている」（Lapum, 2018, p. 379, Bishop, 2014を引用）のです。

ジェニファー・L・ラプムが率いた「The 7,024th Patient（7,024番目の患者）」プロジェクトは，その一例です。このプロジェクトは，心臓外科手術と回復の経験に関する研究に基づくもので，以前は従来の学術的な形式で発表されていました。作品の大きさは，158平方メートル，高さ2.9メートルでした。そのコンセプトについて，ラプム（Lapum, 2018）は，「インスタレーションのコンセプトとして選んだ迷路のパターンを通して，観客は患者の身体の象徴的な中心（心臓）と患者の経験（手術室）への旅をたどることになる」（p. 383）と説明しています。このインスタレーションは，現在までに2つの病院，カナダの心臓血管外科学会，国際質的研究会議（私はここで観ました）で公開され，医療従事者，患者，教育者などの関係者に数千回視聴されています（Lapum, 2018）。

アーティストのレベッカ・ケイメンも，さまざまな分野の科学者と協力し，科学から着想を得たインスタレーションを制作してきました。たとえば，「Divining Nature: An Elemental Garden（聖なる自然：元素の庭園）」は，化学の周期表を表現したものです（図7.7参照）。2014年制作の「Portal（ポータル）」というインスタレーションは，重力波物理学とアインシュタインによる一般相対性理論の発見をベースにしています（図7.8を参照）。ケイメンはスーザン・アレクサンダーとパートナーを組み，この展示のためにサウンドスケープを制作してもらいました。

データとしての参加型アート

❓・研究参加者に，どのようにアート制作に関わってもらうとよいでしょうか

・参加者が作品を制作し，それをデータとするからこそ学べるものは何でしょ

図 7.7 「Divining Nature: An Elemental Garden（聖なる自然：元素の庭園）」ポリエステル樹脂，グラスファイバーの棒，サウンドスケープ。約 7.6m × 7.6m × 1m
Copyright © 2009 Rebecca Kamen. 許可を得て転載

図 7.8 「Portal（ポータル）」のインスタレーション。ポリエステル樹脂，化石，サウンドスケープ。約 7.6m × 7.6m × 1m
Copyright © 2014 Rebecca Kamen. 許可を得て転載

うか

・参加者をアート制作に巻き込む利点は何でしょうか

　参加者が制作したアートを研究データとする方法には，日記を作成するアートジャーナルや，特定のトピックやテーマについてのアート作品など，さまざまなものがあります。アート作品によっては，使用できるメディアが制約されている場合もあります。**アートジャーナル**は，雑誌の切り抜きや絵などのイメージと文章を使って，**参加者が視覚的な日記を作成**するという方法です（Chilton & Leavy, 2014）。日記作成のトピック，材料，頻度については，参加者への指示がほとんどなく自由度の高いものから，具体的に指示するものまで多岐にわたります。美術教育のアートグラファーとして活動するリサ・ラエヴィッチとステファニー・スプリンゲイ（LaJevic & Springgay, 2008）は，教育実習生にアートジャーナルを作成してもらい，自らの人生経験を批判的に振り返ってもらいました。

　アートジャーナルの一種として，参加者が作るオルタードブックがあります。創造的アートセラピストのキャシー・マルキオディ（Malchiodi, 2013a）によれば，「オルタードブックとは，もとになる本の形を変えることで，その見た目や意図された意味に変化を加えるミックスメディア・アート作品の一形態」です。本自体を切る，コラージュする，絵を描くなど，何らかの方法で本を変形させます。アートセラピーでは，このプロセスによって，自身の物語の書き換えが可能になるのです（Malchiodi, 2013a）。

　マルキオディ（Malchiodi, 2013b）は，アートセラピーで使う日記作成の手がかりとなる 10 項目のリストを作成しています。このリストはこうしたアプローチに慣れるためのエクササイズとしても役立つかもしれません（https://www.psychologytoday.com/intl/blog/arts-and-health 参照）。

　J・ゲイリー・ノールズとスザンヌ・トーマスは，学校内の場所とその場所に対する感覚を探る研究を行いました（Knowles & Thomas, 2002, p. 122）。この研究では，生徒が自分自身をどう捉え，また居場所としての学校についてどう考えているかを，アートを用いて表現するよう依頼しました。その際，⑴自画像，⑵記憶地図，⑶場所の写真，⑷物語，⑸その場所にいる自分の写真，⑹ファウンド・オブジェクト，⑺2 次元または 3 次元のアート作品の要素を使う「探究とアート制作のひな型」を生徒に提示しました（p. 125）。生徒は，自分のアート作品について文章で説明することもできました。このように，

アートは，探究の方法であると同時に，そこから従来の質的探究が始まるきっかけとして捉えることもできます。

　研究者は，この参加型アートを通して，生徒の気持ちや葛藤，学校に「馴染む」上での課題について，多くのことを学んでいきました。たとえば，自画像を制作したある生徒は，「私の肖像画は，学校には自由がないと感じていることを表現するために，顔の周りをギリギリまで切り取った」（p. 127）と説明しています。ノールズとトーマス（Knowles & Thomas, 2002）は，アートベースのアプローチによって，従来のインタビューよりもっと理解を深めることができたと述べています。

　さらに言えば，ビジュアルアートを活用することで，目的と研究がぴったりかみ合った**相乗的**な取り組みが可能になり，プロジェクトの全体的な視点が育まれます。創造的なプロセスとその後の言葉によるやりとりでは，研究参加者が参加の仕方を自分で決めながら，経験を共有し，自分の感情や視点を真剣に受け止めてもらえるため，力をもらえる経験になります。ノールズとトーマスは，この方法論を次のように結論づけています。

　　　私たちは生徒の作品の世界に深く入り込み，場所の描写と呼び起こされる感情に注目した。他にも，イメージのもつ物語性や雰囲気，イメージとテクストの相互関連性と一貫性，作品全体で強調されている場所とテーマ，イメージのバランスと構成，さらにイメージとテクスト，地図の関係にも目を向けた。
　　　　　　　　　　　　　　　　　　　　　（Knowles & Thomas, 2002, p. 126）

　ノールズとトーマスは，社会的環境における主観的な経験を研究する上で，アートベースの参加型アプローチが効果的であることを見出したのです。

　スティーヴ・ヘーベルリーン（Haberlin, 2017）は，参加型ビジュアルアートを用いて，ギフテッド[vi]の小学2年生5名の「ピーク体験」を研究しました。**ピーク体験**とは，子どもが教室で最も気分が良いと感じるときのことです。彼は以下のようなリサーチ・クエスチョンを立てました。

1. ギフテッドの小学生たちは，通常学級でのピーク体験をどのように表現するか。

───────────────
訳注 vi　特定の領域で突出した才能や能力をもつ人のこと。

第7章 ｜ ビジュアルアート　　　305

2. 通常学級の教師は，子どものピーク体験が生まれそうな条件や状況をどのように認識しているか。
3. ABR は，ギフテッドの子どもたちの情動発達研究にどのような形で貢献できるか。

　子どもへのインタビューから十分なデータを得ることは難しいため，ヘーベルリーンはアートに目をつけ，たいていの子どもたちが好む活動として描画を選びました。絵を描いてもらうことで，「ギフテッドの子どもたちの心理を明らかにし，予想外の洞察を得られるかもしれない」と考えたのです（Haberlin, 2017, p. 6）。
　小学生たちはそれぞれ，週に一度ヘーベルリーンの研究室を訪れ，紙と色鉛筆，そして次のように書かれた説明書きを渡されました。「今週，教室で感じた**最高の瞬間**について，あなた自身の絵を描き，言葉や考えていることを吹き出しに書き込んで表現してください」（p. 7）。説明は口頭でも行われました。絵が完成すると，子どもたちに何を描いたかを説明してもらいました。トライアンギュレーションのために，さらに 2 種類のデータが収集されました。1 つは，英語教師による毎週の観察記録です。ヘーベルリーンも毎週の授業で子どもたちを観察し，フィールドノートと分析メモを作成しました。当初は一人につき 9 枚の肖像画を集める予定でしたが，同僚と相談した結果，5 枚でデータの飽和点に達したと思われたため，そこで終了しました。
　データ分析の過程で，視覚データはテクストデータに変換されました。ヘーベルリーンは，それぞれの肖像画について，子どもが自分自身をどのように表現しているか，どのような活動をしているかに着目して詳しい解説を書きました。6 つの段階からなる分析プロセスの一環として，テーマをコード化した結果，「教師」「称賛」「知的好奇心を刺激するカリキュラム」「創造的な活動」という 4 つのテーマが浮かび上がりました。ヘーベルリーンは，アートが子どもたちに自らの考えを表現する場を与えたと結論づけています。さらに，ニコル・M・ジャミソン（Jamison, 2015）を引用し，ABR によって子どもたちを尊重して研究を行うことが可能になると述べています。
　最後の事例として取り上げるスーザン・R・ホイットランド（Whitland, 2016）は，「世代間アートプロジェクトに参加することで，高齢者と子どもの態度はどのように変化するか」を調査するため，パペット（人形）を使用した混合研

究を行いました。この研究では，アート自体をデータとして用いるのではな
く，アート制作の前後に量的データを収集しました。研究に参加したのは，小
学6年生15名，地域の高齢者ボランティア10名で，美術教育を専攻する大
学生10名がパペット作りを手伝いました。子どもたちには，プロジェクトの
前後に高齢者に対する態度を測定するアンケート調査を行い，高齢者には，プ
ロジェクト終了後にアンケート調査に回答してもらいました。データは，すべ
て統計的に分析されました。プロジェクトの中心は，火曜日の午前中に開かれ
た5週間のワークショップで，小学生と高齢者がグラフィックノベル，紙粘土
を使ったパペット，絵画などのアート制作に取り組み，研究者は参与観察を行
いました。ワークショップの最終日は遠足で，参加者たちはそこで人形劇を披
露しました。アンケート調査のデータからは，子どもたちの意識に大きな変化
は見られませんでしたが，歳をとることや高齢者に対して新たな意味を見出し
ていることがわかりました。

漫画とグラフィックノベル

❓・漫画を用いた研究とはどのようなものでしょうか
　・研究者は自身の方法論において漫画やグラフィックノベルをどのように活用
　　しているのでしょうか

　データの収集，分析，表現に漫画を使用した研究もあります（Kuttner, Sousanis,
& Weaver-Hightower, 2018）。漫画は，視覚とテクストの両方の要素を含むマルチ
モーダルなメディアであり（Kuttner et al., 2018; Kress, 2009, Kress & Van Leeuwen,
2001），「言葉とイメージ」が一体となった「独特の言語」を創り出しています
（Kuttner et al., 2018, p. 398）。第一線の実践家たちは，漫画の定義は難しいと指摘
していますが，このジャンルを明確にするのに役立つ決まりごとがあります。

　　ほとんどの漫画では，象徴的なイメージが黒一色の線で描かれている。通
　　常，会話には「スピーチバブル（吹き出し）」，思考は「ソートバブル（心
　　理描写系の吹き出し）」，ナレーションには「テクストボックス」が使われる。
　　ほとんどのイメージは「枠線」で囲まれ，コマとコマの間には「間白」と
　　呼ばれる空間がある。

　　　　　　（Kuttner et al., 2018, p.397, McCloud, 1993; Varnum & Gibbons, 2001 を引用）

漫画に取り入れることのできる視覚的および文字のスタイルは無数にありますが，ほとんどがよく使われる方法や記号に依拠しています。たとえば音は，吹き出しを使って伝えられます。このような記号は，アイデアを素早く伝えるのに役立っています（Kuttner et al., 2018）。

漫画という形式が他のアートとは違うのは，その経験の仕方が逐次的かつ同時的なものであるという点です。漫画は，順序に従って読むものでありながら，一気に経験されます。カットナーらは，「逐次性と同時性の相互作用によって，研究者は複雑な情報と多角的な視点を非直線的かつ多層的に伝えることができる」（Kuttner et al., 2018, p. 401）と説明しています。イメージと言葉のそれぞれの強みと，その経験の仕方を利用できることが，このジャンルの利点です。

漫画ベースの優れた研究はたくさんありますが，おそらく最もよく知られているのは，ニック・ソウサニスの受賞作『Unflattening（非平板化）』（Sousanis, 2015，もともとは彼の博士論文）でしょう。この作品は，教育哲学に基づき，知覚と知識について問うものです。『Unflattening』には，描画スタイル，非物語的な構造，複雑なアイデアをわかりやすく伝えるためのメタファーの使い方など，ソウサニスらしさがさまざまな形で見られます。図7.9は，アイデア生成に関する主要な理論的概念を探究したものです。

言葉のないナラティブ研究

❓・言葉のないナラティブ研究とは，どのようなものでしょうか

ジェフ・ホワット（Horwat, 2018）は，20世紀初頭の言葉のない小説に触発され，言葉のないナラティブ研究という方法を生み出しました。これは，言語の障壁を回避し，「視覚的なストーリーテリングを使って，個人の物語，文化的経験，言葉では捉えきれない微細な感情を研究し，伝える」（p. 172）完全に視覚的な研究方法です。この方法は，メタファーに富んだ親しみやすいナラティブを生み出します。言葉のないナラティブが学問に貢献し，「共感的なつながりをつくり出す想像力を養う」（p. 174）のです。

この方法には，独自の利点とともに固有の課題もあるとホワット（Horwat, 2018）は指摘しています。実践者は，意図した意味を伝えつつ，読者が自身の経験と視点を入れて解釈する余地を残し，明確さとあいまいさのバランスをとるようにしなければなりません。ホワット（Horwat, 2018, p. 178）は，自分のナ

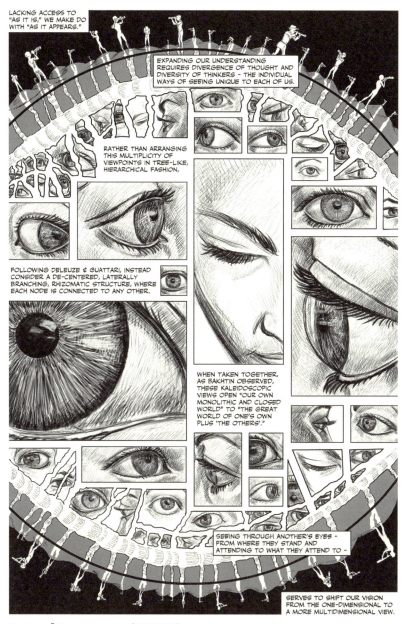

図 7.9 「Kaleidoscopic（万華鏡的）」
Sousanis（2015, p. 39）より。Copyright © 2015 Nick Sousanis. 許可を得て転載

ラティブを視覚的なフォーマットでより良く表現するために，以下の要素を検討するよう提案しています。

- 視覚スタイル（表現的・写実的・シュルレアリスム（超現実主義）的・イラスト的など）
- メタファーと記号システム
- 要素の配置や構成の仕方，順序（流れとナレーション）
- イメージとイメージの間に生まれるもの
- 各イメージと全体との関係

ホワットは最後に，「あらゆる美的な決定は，質的データと物語のプロットの両方を考慮しなければならない」（Horwat, 2018, p. 178）と念押しした上で，実践者は，「文学的・質的・視覚的な側面のすべてが，まとまりをもち，論理的，有意味かつ信頼の置ける形で相互に関連し合っていることを理解しておかなければならない」（p. 178）と述べています。

分析と解釈におけるビジュアルアート

②・データ分析や解釈にビジュアルアートをどのように活用できるでしょうか

ビジュアルアートの技法は，分析や解釈の手段として，研究のさまざまな段階で活用されます。研究を行う過程には，常に意味づけが伴います。分析は知の生成と切り離せないにもかかわらず，分析や解釈が急いで進められたり，最終的な研究成果では見えなくなったりすることがあります。アニタ・ハンターら（Hunter, Lusardi, Zucker, Jacelon, & Chandler, 2002）は，ヘルスケア研究における意味づけのプロセスについて議論し，アートベースの手法がアイデアを抽出し，パターンを浮かび上がらせ，独創的な結論を導き出す「孵化期」にいかに役立つかをまとめています（p. 389）。ハンターらは，この重要な時期を「知的な混沌」と呼んでいますが，この活動を構造化するために使える技法にも触れています（p. 389）。

たとえば，このメンバーの一人であるドナ・ズッカーは，解釈を重ねるたびに異なる見方ができるように，情報やデータを視覚化する手段として地図あるいはモデルを採用しました（Hunter et al., 2002）。図解も，発見の装置として機

能します。自らを視覚型学習者と認識するズッカーは，データを視覚的に表現することで，アイデアがどんどん湧いてくるのです。ズッカーは，プロジェクトの３つの段階でビジュアルマップを作成しました。１つ目は，彼女が文献レビューに取り組んでいるときに，２つ目はデータ収集中に，３つ目はコーディングと分析中に作成されました（ただし，分析と解釈は研究の中で継続的に行われていました）。この戦略によって，他の方法では見えなかったデータ間の関係が浮かび上がるとともに，体系的かつ全体的な方形で解釈を研究デザイン全体に織り込むことができ，「孵化期」がより深いものになったのです。

　地図や模型，図解などは視覚的なものですが，必ずしもアート的とは限りません。絵画や描画もまた，分析や解釈の行為として使うことができます。ヴィクトリア・スコッティとの共同作業から生まれた『Low-Fat Love Stories（やせ細る愛の物語）』（第９章で詳述）では，私が女性たちの質的インタビューを要約してスコッティに送付しました。要約には，人口統計学的情報，主要なテーマ，主要な引用が含まれています。スコッティは，分析と解釈の手段として，それぞれのインタビューの「ビジュアルコンセプト」を作成しました。手描きのイメージは，女性一人ひとりのインタビューのテーマと情動を生き生きと描き出します。私たちは，それぞれのビジュアルコンセプトに導かれて最終の解釈と表現の段階に進み，一人称の短編小説と最終的なポートレートを完成させました。

　もう１つの例は，創造的アートセラピーで「レスポンスアート」を制作するバーバラ・J・フィッシュ（Fish, 2018）による研究です。フィッシュは自身の動機について，「何かに心をかき乱され，もっと理解したいとき，あるいはよくわからないやりとりに反応するとき，私は，自分の研究の目的をより明確にし，他者に理解してもらうためにレスポンスアートを作っている」（p. 338）と語っています。レスポンスアートは，調査と分析の行為として作られるもので，プロセス全体を表現する役割を果たします。「自分が目撃したものを線と色で描き，調べるプロセスこそが，私の研究である。イメージは調査の手段であると同時に，研究そのものでもある」（p. 339）とフィッシュは書いています。フィッシュはこのプロセスを通して，他の方法では得られなかった洞察を得ることができたのです。

　実際には，本章でみたどの方法も，アイデアの生成，分析，解釈に使用可能です。たとえばチルトンら（Chilton & Leavy, 2014）は，これらの段階でコラー

第７章　ビジュアルアート　　　311

ジュを使用して，学位論文の文献レビューをまとめました。スコッティとチルトン（Scotti & Chilton, 2018）によれば，データ分析中に質問やプロンプトを使ってコラージュを作成することも可能です。コラージュを通して，データから浮かび上がる主要なテーマや，プロセスのある側面に対する研究者の感情的な反応など，さまざまな問題を探ることができます（Scotti & Chilton, 2018）。リサ・ケイ（Kay, 2009）は，紙とパステル，廃材で小さなコラージュを制作し，観察について考えたことを表現しています。彼女はこの作品を，視覚的な「フィールドノート」と捉えています。コラージュは，記録と解釈の両方の機能を果たしたのです。さらに，アート作品がギャラリーに展示され，学会でも発表されたことは，このアプローチによって，研究が幅広いオーディエンス（一般の人々および学術関係者）にひらかれたことを示しています（Chilton & Leavy, 2014）。マニュエル・J・ラモス（Ramos, 2004）が人類学のフィールドワーク中に作成したスケッチからも，他のアート形式が同様の形で使用される可能性があることがわかります。

考慮すべき点

　考慮すべき点の1つは翻訳です。ABRにおける翻訳とは，一般に，「あるアートの方法から（中略）他の種類の言語，すなわちアートの言葉，話し言葉，書き言葉などへ移行すること」（Gerber & Myers-Coffman, 2018, Chilton, 2015 の私信からの引用）を指します。たとえば，インタビュー調査やエスノグラフィックな観察を視覚的に表現する研究では，ある媒体から別の媒体への翻訳プロセスが生じています。これはABRにはよくあることで，詳細は第8章で説明しますが，ここでは**言葉と絵の関係**について考えておきたいと思います。インケリ・サヴァとカリ・ヌーティネン（Sava & Nuutinen, 2003）が，問いとアートの間に対話を創出することを目指す共同研究の中で追究しているのはまさにこの問題です。サヴァとヌーティネンは，アートと問いがつくり出すハイブリッドな「第三の空間」について，実証的かつ論理的に検討しています。イメージと言葉が出会うこの空間では，主観と客観が融合すると彼らは考えています。

　このプロジェクトで，サヴァは言葉を生み出す研究者−作家，ヌーティネンはイメージを生み出すアーティストの役割を担いました。プロジェクトは，

(1)言葉と絵のパフォーマンス，(2)テクストによる省察的な対話，(3)全体討論，の3つの段階からなっていました。7つのテクストによるメッセージと7枚の絵が制作されましたが，パネルディスカッションまでそれらはペアにされることはありませんでした。鑑賞者を招いたディスカッションでは，「読み手」が意味の創出に参加できるようにしつつ，作者とアーティストが互いに独立してそれぞれ省察を書きました。彼らは，「言葉と絵の対話，問いとアートの対話」（Sava & Nuutinen, 2003, p. 516）をメインテーマにし，「内なる声」の自由な表現を認めることにあらかじめ同意していました。サヴァとヌーティネンの研究は，テクストとビジュアルアートの関係についていくつかの示唆を与えてくれています。

> 第一に，作家とアーティストのパフォーマティブな対話において，それは**言葉やテクストから絵へ（またはその逆）の変換**と，**移行，流れ**の問題でもあり，**ある言語から別の言語への翻訳**の問題でもある。第二に，言葉と絵は，1つの**間テクスト的な表面，連想的な質感**を形成する。第三に，絵は**テクストの挿絵**に，逆にテクストは**絵の挿絵**になって，生きた相互的な対話や，まとまりのあるストーリー，対話的な状態をつくり出す。
>
> （Sava & Nuutinen, 2003, p. 532，強調は原文のまま）

　最後に少し触れたように，この研究は，現在進んでいるハイブリッドの学問分野に貢献するものです。サヴァとヌーティネンは，「第三の空間」について，「それは**経験的かつ感覚的で，複数の解釈が可能であり，うつろう影のように，直感的で常に変化し続ける**。（中略）2つ以上の世界の境界上の存在を，流れが混ざり合う出会いの場，多層的なもの，未知のもの，常に新たにつくられるもの，多様な理解の場として受け入れなければならない」（p.532，強調は原文のまま）と述べています。この探索的な共同プロジェクトは，研究者が言葉を絵に，あるいは絵を言葉に翻訳するときに何が起こるか，鑑賞者が言葉と絵の関係をどのように捉えるかという重要な問題を提起し，多方面の学問分野に貢献しています。

チェックリスト

► ビジュアルアートの研究への活用を方法論的に検討するにあたって，考えるべき点は以下の通りです。

　✓ ビジュアルアートの活用は，この研究の問題を明らかにする上でどのように役立つか。ビジュアルアートは研究を進めるために何を提供することができるのか。

　✓ 誰が，どんな素材を使い，どのような指針のもとで，研究のためのアート作品を制作するのか。

　✓ アートの所有権や流通など，考慮すべき倫理的な問題は何か。

　✓ 混合法やマルチメソッド研究において，ビジュアルアートの要素は他の要素とどのように関連づけられるか。

　✓ 研究目的に最も適した方法は何か（たとえば写真，コラージュ，視覚考古学，参加型手法など）。

　✓ ビジュアルアートをどの段階で使うか（たとえばデータの収集・生成，分析，解釈，表現など）。言葉からイメージ，イメージから言葉への変換を行う場合，この「翻訳プロセス」をどのように理解するか。

おわりに

　ビジュアルアートベースの研究は幅広いため，本章はその入門編という位置づけになっています。本章で見本として取り上げるのは，ヴィクトリア・スコッティとの共同プロジェクト『Low-Fat Love Stories（やせ細る愛の物語）』からの転載です。このプロジェクトについては第9章で詳しく述べますが，ここでは59歳のレアラの物語を取り上げることにしました。このプロジェクトでは，データの分析と表現のどちらにもビジュアルアートを使用しています。ベースになっているのは，過去や現在の人間関係の不満について，女性を対象に行った質的インタビュー調査です。データ分析の過程では，私が質的インタビューの要約を作成し，スコッティがそれぞれのインタビューの要約を使って，各参加者の「ビジュアルコンセプト」を作成しました。私は，インタビューの

言葉をそのまま使って一人称の短編物語を書き，スコッティはインタビューの中心的なテーマとトーンを表現するために，それぞれの女性の肖像画を作成しました。

ディスカッションのための問いとアクティビティ

1. ビジュアルアートは，ステレオタイプを強化したり，あるいはそれに疑問を投げかけたりするために，どのように使われるのでしょうか。研究プロジェクトで抑圧された人々の視点を強調することを目的とする場合，ビジュアルアートをどのように活用できますか。
2. 参加型ビジュアルアートは，社会生活の隠れた側面にどのようにアクセスするのでしょうか。フォトボイスと他のアプローチとの違いはどこにありますか。社会正義の可能性とは何でしょうか。
3. コラージュは研究方法としてどのように使われているのでしょうか。研究者がこの技法を用いるのはなぜでしょうか。
4. ビジュアルアートは分析や解釈にどのように活用できるでしょうか。
5. 雑誌や新聞から視覚イメージのサンプルを少し集めてください。文脈を無視したとき，そのイメージが伝えているのはどんな物語ですか。どのような意味が伝わるでしょうか。並置が意味づけにどのような役割を果たすかを考えながら，コラージュを作りましょう。どんな意味が伝わってくるでしょうか。
6. 研究トピックを選び，そのトピックに基づいて写真を集めてください（4〜6枚）。その視覚イメージから何が伝わりますか。

おすすめの図書

- Emmison, M., Smith, P., & Mayall, M. (2013). *Researching the visual: Images, objects, contexts and interactions in social and cultural inquiry* (2nd ed.). Thousand Oaks, CA: SAGE.

  視覚データを用いた研究に関するさまざまなトピックを扱った，質的ビジュアルリサーチの入門書です。本の中で紹介されている技法を試してみたい学生や研究者に適したエクササイズも，随所に掲載されています。

- Foster, R. (2019). Visual art campaigns. In P. Leavy (Ed.), *The Oxford handbook of methods for public scholarship* (pp.383-416). New York: Oxford University Press.

  ビジュアルアートの運動，アクティビズムとしてのアート，パブリック・スカラシップにおけるアートと科学の役割に焦点を当てた1章です。背景や主要概念などの説明に加え，事例も紹介されています。本章は，Oxford Handbooks Online で利用可能です。

- hooks, b. (1995). *Art on my mind: Visual politics.* New York: New Press.［フックス, b., 杉山直子（訳）（2012）．アート・オン・マイ・マインド――アフリカ系アメリカ人芸術における人種・ジェンダー・階級　三元社］

  本書でフックスは，アートを，政治的思想や概念，信念，そのアートが生産された文化の情報を伝える手段として捉え，人種やジェンダーなどの相互に絡み合ったアイデンティティ・カテゴリーとアートとの関係について，批判的に考察しています。

- Leavy, P., & Scotti, V. (2017). *Low-fat love stories.* Leiden, the Netherlands: Brill/Sense.

  恋人や親族との関係，また自分のボディイメージに不満がある女性へのインタビュー調査をもとにした，短編小説と視覚的な肖像画からなる作品集です。女性一人ひとりのインタビューから言葉を直接引用し，一人称で書かれたストーリーは，現実味があり感情的で，人々の心を揺さぶります。著者は本書のために，「テクスト・ビジュアル・スナップショット」という独自の手法を開発しています。

- Pauwels, L., & Mannay, D. (2020). *The SAGE handbook of visual research methods* (2nd ed.). London: SAGE.

  視覚的研究法の幅広いジャンルに加え，分析，プレゼンテーション，倫理などの問題を網羅した包括的なハンドブックです。

- Pink, S. (2012). *Advances in visual methodology.* London: SAGE.

  視覚的方法に関連する理論的・実践的なトピックを提供する学際的な選集です。特に興味を引くのは，新しいメディアがこれらの実践にどのように関係しているかという点です。

- Sousanis, N. (2015). *Unflattening.* Cambridge, MA: Harvard University Press.

  漫画を使って哲学，知識，知覚，および視覚的思考について探究した，見本となる研究です。

💻 おすすめのウェブサイトや雑誌

- *Arts and Humanities in Higher Education: An International Journal of Theory, Research and Practice*

  https://journals.sagepub.com/home/AHH

  　高等教育における芸術と人文科学分野の論文やレビューを掲載する査読付きジャーナルです。国際的な視野を備え，研究者だけでなく教師にとっても役立ちます。

- *ArtsJournal*

  www.artsjournal.com

  　ArtsJournal（アーツジャーナル）は1999年に開設され，200以上の英字新聞，雑誌，出版物から毎日アートと文化に関する記事を毎日取り上げています。有料サイトからの記事は含まれていません。アートや文化に関する記事やその他の情報源として最適です。

- *International Journal of Education through Art*

  www.intellectbooks.com/international-journal-of-education-through-art

  　アートと教育の関係を促進する学際的なジャーナルで，年に3回発行されます。教育とアートの関係についての批判的な考察，教育やアート教育のあり方を見直す独自の方法の提案，公教育とそれ以外の教育の文脈における教授と学習の役割や，年齢や性別，社会的背景の問題，分析にオープンで創造的な解釈を取り入れること，アート教育の活動や課題，研究を表現する視覚／テクスト形式の実験などに関する記事や視覚素材が中心になっています。

- *Visual Studies*

  www.visualsociology.org/publications.html

  　国際視覚社会学会（The International Visual Sociology Association）が年に3回発行する学際的な査読付きジャーナルで，実証的な視覚研究，視覚文化・物質文化の研究，視覚的な研究方法，社会・文化についての視覚的なコミュニケーション手段など，「視覚志向」の研究が掲載されています。

- *Journal of Visual Arts Practice*

  https://www.tandfonline.com/journals/rjvp20

  　ファインアートにおける現代のコンテンツと実践の問題を取り上げた雑誌です。過去数十年間で，アートの実践は，絵画，彫刻，版画のような伝統的

なメディアから，インスタレーション，パフォーマンス，映画，ビデオ，デジタルメディアへと拡大してきました。

- *Art journal*

https://www.jstor.org/journal/artj

　1941年に創刊された査読付きジャーナルです。ビジュアルアートの学術研究と視覚的探究のためのフォーラムを提供すること，商業出版，学術出版，アーティストによる出版の中間で活動すること，教育学的に有用であること，アート実践やアート制作のさまざまな形式の関係や，アート制作と美術史，視覚研究，理論，批判の関係を探究すること，アーティスト，美術史家，その他のアート関係の著述家に出版の場を提供すること，国内外のアートに関わる時事問題に対応すること，20世紀および21世紀の関心事に関連したトピックに焦点を当てることを目的としています。

- *Oxford Art journal*

https://academic.oup.com/oaj

　美術史における革新的な批評を掲載する査読付きジャーナルです。ビジュアルアートや物質的表象について，さまざまな理論的観点から政治的に分析することに注力し，古代から現代のアート実践に至るまで，幅広いテーマをカバーしています。この分野への主要な貢献に関する広範なレビューも掲載されています。

- *Technoetic Arts: A Journal of Speculative Research*

https://www.intellectbooks.com/technoetic-arts-a-journal-of-speculative-research

　アート，科学，テクノロジー，意識研究の融合から生まれる最先端のアイデア，プロジェクト，実践についての論文を掲載する査読付きジャーナルです。

- *International Visual Sociology Association (IVSA)*

www.visualsociology.org

　国際視覚社会学会（IVSA）は，教育，研究，応用活動における視覚イメージやデータ，資料の研究，制作，使用の推進，および社会学をはじめとする社会科学，関連分野や応用分野における静止画，動画，デジタルイメージの開発と利用の促進を目的としています。

注 ··

1. このことについては，ペギー・マッキントッシュが，白人の特権に関する 1989 年
   の有名なエッセイで書いています（McIntosh, 1989）。

▨ 参考文献

Berg, B. (2007). *Qualitative research methods for the social sciences*. New York: Pearson.

Blumenfeld-Jones, D. S. (2002). If I could have said it, I would have. In C. Bagley & M. B. Cancienne (Eds.), *Dancing the data* (pp. 90–104). New York: Peter Lang.

Bourdieu, P. (1990). *Photography. The middle-brow art* (English trans.). Cambridge, UK: Polity Press. ［ピエール・ブルデュー（監修），山縣熙・山縣直子（訳）(2013)．写真論——その社会的効用（新装版）　法政大学出版局］

Chilton, G., & Leavy, P. (2014). Arts-based research practice: Merging social research and the creative art. In P. Leavy (Ed.), *The Oxford handbook of qualitative research* (pp. 403–422). New York: Oxford University Press.

Chilton, G., & Scotti, V. (2013). *Snipping, gluing, and writing: An exploration of collage as arts-based research practice*. Retrieved from www.academia.edu/4356991/Snipping_Gluing_and_Meaning-making_Collage_as_Arts-Based_Research.

Chilton, M., Rabinowich, J., Council, C., & Breaux, J. (2009). Witnesses to hunger: Participation through photovoice to ensure the right to food. *Health and Human Rights: An International Journal, 11*(1). Retrieved from www.centerforhungerfreecommunities.org/sites/default/files/pdfs/Pub1_Witnesses_HHR.pdf.

Collier, J., Jr. (1967). *Visual anthropology: Photography as a research method*. New York: Holt, Rinehart & Winston.

Collier, J., Jr., & Collier, M. (1996). *Visual anthropology: Photography as a research method*. Albuquerque: University of New Mexico Press. (Original work published 1986)

Diaz, G. (2002). Artistic inquiry: On Lighthouse Hill. In C. Bagley & M. B. Cancienne (Eds.), *Dancing the data* (pp. 147–161). New York: Peter Lang.

Finley, S. (2002). Women myths: Teacher self-images and socialization to feminine stereotypes. In C. Bagley & M. B. Cancienne (Eds.), *Dancing the data* (pp. 162–176). New York: Peter Lang.

Fish, B. J. (2018). Drawing and painting research. In P. Leavy (Ed.), *Handbook of arts-based research* (pp. 336–354). New York: Guilford Press. ［パトリシア・リーヴィー（編著），岸磨貴子ほか（監訳）(2024)．アートベース・リサーチ・ハンドブック　福村出版，所収］

Gerber, N., & Myers-Coffman, K. (2018). Translation in arts-based research. In P. Leavy (Ed.), *Handbook of arts-based research* (pp. 587–607). New York: Guilford Press. ［前掲，アートベース・リサーチ・ハンドブック，所収］

Haberlin, S. (2017). Using arts-based research to explore peak experiences in five gifted children. *International Journal of Education and the Arts, 18*(24).

Hockings, P. (Ed.). (2003). *Principles of visual anthropology*. New York: de Gruyter.

Holm, G. (2008). Visual research methods: Where are we and where are we going? In S. N. Hesse-Biber

& P. Leavy (Eds.), *Handbook of emergent methods* (pp. 325–342). New York: Guilford Press.

Holm, G. (2014). Photography as a research method. In P. Leavy (Ed.), *The Oxford handbook of qualitative research* (pp. 380–402). New York: Oxford University Press.

Holm, G., Sahlstrom, F., & Zilliacus, H. (2018). Arts-based visual research. In P. Leavy (Ed.), *Handbook of arts-based research* (pp. 311–335). New York: Guilford Press.［前掲，アートベース・リサーチ・ハンドブック，所収］

hooks, b. (1995). In our glory: Photography and Black life. In b. hooks, *Art on my mind: Visual politics* (pp. 54–64). New York: New Press.［フックス，b.，杉山直子（訳）(2012). アート・オン・マイ・マインド——アフリカ系アメリカ人芸術における人種・ジェンダー・階級　三元社，所収］

Horwat, J. (2018). Too subtle for words: Doing wordless narrative research. *Art/Research International: A Transdisciplinary Journal, 3*(2), 172–195.

Hunter, A., Lusardi, P., Zucker, D., Jacelon, C., & Chandler, G. (2002). Making meaning: The creative component in qualitative research. *Qualitative Health Research Journal, 12*(3), 388–398.

Jamison, N. M. (2015). Arts-based research with children. *Early Childhood Education, 43*(1), 3.

Janhonen-Abruquah, H. (2010). *Gone with the wind?: Immigrant women and transnational everyday life in Finland*. Helsinki: University of Helsinki. Retrieved from http://urn.fi/URN:ISBN: 978-952-10-6136-3.

Kay, L. (2009). *Art education pedagogy and practice with adolescent students at-risk in alternative high schools*. DeKalb: Northern Illinois University.

Knowles, J. G., & Thomas, S. M. (2002). Artistry, inquiry, and sense-of-place: Secondary school students portrayed in context. In C. Bagley & M. B. Cancienne (Eds.), *Dancing the data* (pp. 121–132). New York: Peter Lang.

Kress, G. (2009). *Multimodality: A social semiotic approach to contemporary communication*. London: Routledge.

Kress, G., & Van Leeuwen, T. (2001). *Multimodal discourse*. London: Bloomsbury Academic.

Kuttner, P., Sousanis, N., & Weaver-Hightower, M. B. (2018). How to draw comics the scholarly way: Creating comics-based research in the academy. In P. Leavy (Ed.), *Handbook of arts-based research* (pp. 396–422). New York: Guilford Press.［前掲，アートベース・リサーチ・ハンドブック，所収］

Lai, C. K., Marini, M., Lehr, S. A., Cerruti, C., Shin, J. E. L., Joy-Gaba, J., et al. (2013). Reducing implicit racial preferences: I. A comparative investigation of 17 interventions. *Social Science Research Network*. Retrieved from http://papers.ssrn.com/sol3/papers.cfm? abstract_id = 2155175.

LaJevic, L., & Springgay, S. (2008). A/r/tography as an ethics of embodiment. *Qualitative Inquiry, 14*(1), 67–89.

Lapum, J. L. (2018). Installation art: The voyage never ends. In P. Leavy (Ed.), *Handbook of arts-based research* (pp. 377–395). New York: Guilford Press.［前掲，アートベース・リサーチ・ハンドブック，所収］

Lodge, C. (2009). About face: Visual research involving children. *Education, 37*(4), 3–13.

Lorber, J. (1994). *Paradoxes of gender*. New Haven, CT: Yale University Press.

Malchiodi, C. (2013a, December 23). Altered book and visual journaling. *Psychology Today*. Retrieved from www.psychologytoday.com/blog/arts-and-health/201312/altered-book-and-visual-journaling.

Malchiodi, C. (2013b, November 19). Top ten art therapy visual journaling prompts. *Psychology Today*. Retrieved from www.psychologytoday.com/blog/arts-and-health/201311/top-ten-art-therapy-visual-journaling-prompts.

McIntosh, P. (1989, July/August). White privilege: Unpacking the invisible knapsack. *Freedom Magazine*, pp. 10–12.

Mills, G. (1957). Art: An introduction to qualitative anthropology. *Journal of Aesthetics and Art Criticism, 16*(1), 1–17.

Newbury, J., & Hoskins, M. (2010). Relational inquiry: Generating new knowledge with adolescent girls who use crystal meth. *Qualitative Inquiry, 16*(8), 642.

Noe, A. (2000). Experience and experiment in art. *Journal of Consciousness Studies, 7*(8–9), 123–135.

Pink, S. (2007). *Doing visual ethnography*. London: SAGE.

Ramos, M. J. (2004). Drawing the lines: The limitations of intercultural ekphrasis. In S. Pink, L. Kurti, & A. I. Alfonso (Eds.), *Working images: Visual research and representation in ethnography* (pp. 147–156). New York: Routledge.

Reavey, P. (Ed.). (2011). *Visual methods in psychology: Using and interpreting images in qualitative research*. New York: Psychology Press.

Rieger, J. (2011). Rephotography for documenting social change. In E. Margolis & L. Pauwels (Eds.), *The SAGE handbook of visual research methods* (pp. 132–149). London: SAGE.

Rolling, J. H., Jr. (2005). Visual culture archaeology: A criti/polit:/cal methodology of image and identity. *Cultural Studies ↔ Critical Methodologies, 7*(1), 3–25.

Saarnivaara, M. (2003). Art as inquiry: The autopsy of an [art] experience. *Qualitative Inquiry, 9*(4), 580–602.

Sava, I., & Nuutinen, K. (2003). At the meeting place of word and picture: Between art and inquiry. *Qualitative Inquiry, 9*(4), 515–534.

Scotti, V., & Chilton, G. (2018). Collage as arts-based research. In P. Leavy (Ed.), *Handbook of arts-based research* (pp. 355–376). New York: Guilford Press. ［前掲，アートベース・リサーチ・ハンドブック，所収］

Sousanis, N. (2015). *Unflattering*. Cambridge, MA: Harvard University Press.

Sweetman, P. (2009). Revealing habitus, illuminating practice: Bourdieu, photography and visual methods. *Sociological Review, 57*(3), 491–511.

Vaughan, K. (2008). Pieced together: Collage as an artist's method for interdisciplinary research. *International Journal of Qualitative Methods, 4*(1), 27–52.

Vedantam, S. (2013, July 19). *How to fight racial bias when it's silent and subtle*. Retrieved from www.npr. org/blogs/codeswitch/2013/07/19/203306999/How-To-Fight-Racial-Bias-When-Its-Silent-And-Subtle.

Wang, C. (2005). *Photovoice: Social change through photography*. Retrieved from www.photovoice.com/method/index.html.

Warren, B. (Ed.). (1993). *Using the creative arts in therapy: A practical introduction*. New York: Routledge.

Whitland, S. R. (2016). Exploring aging attitudes through a puppet making research study. *International Journal of Education and the Arts, 17*(3).

『Low-Fat Love Stories（やせ細る愛の物語）』抜粋

作：パトリシア・リーヴィーとヴィクトリア・スコッティ

レアラ
59歳
性的指向不明のラテン系女性
宗教不明

自分自身の火を灯す

　昔，私は，運命の人と出会いました。それは社交ダンスのクラスでのことでした。おとぎ話のように，私はクルクルと回りながら彼の腕の中に飛び込みました。実際は違っていたかもしれませんが，私の記憶ではそうです。彼は背が高くて，色黒で，ハンサムでした。成功し，尊敬されていました。そしてセクシーでした。嫌になるくらいセクシーで，私は彼に憧れていました。彼は私が人生で出会った中で最もカリスマ性のある人でした。誰もが彼の魅力の虜になりました。そばにいたいと思わせる何かが滲み出ている人がいますが，彼はそんな人でした。そこにいるのは私だけ，彼にとって大事なのは私だけ，そう思わせることにとても長けていたのです。そんな人に出会ったのは初めてで，私はすっかり彼に心を奪われてしまいました。彼のような人が私を求めているなんて信じられませんでした。彼がはにかんだ笑顔で私の方をちらっと見るたびに，私はとろけそうになりました。最初から，彼は私にはもったいない人だと思っていました。

　彼が何かに悩んでいるのは知っていました。彼は離婚していて，成人した子どももいて，経済的な問題もありました。でも，私は全部見ないようにしていました。そんなことは関係ない，素晴らしい男性と出会えたのだから，と。私は彼とずっと一緒にいたいと思っていました。私は仕事の都合で離れた場所に住んでいましたが，何年もの間，隔週で週末を一緒に過ごしました。ダンスをしたり，ゴルフやテニスをしたりしました。劇場に行ったり，カヤックをした

り，ただ一緒にいるのも好きでした。何をするにもいつも一緒にいたいと思っていました。私の人生は広がりました。私は彼を心から愛していて，彼も私を愛してくれていると信じていました。私はこれ以上ないくらい幸せでした。

　そんな私たちを，誰もが完璧なカップルだと思っていました。私もそう思っていました，完璧だと。

　彼のいない人生なんて考えたこともありませんでした。この関係が私の世界のすべてだったのです。私には友達も家族もいませんでした。彼が私の人生の中心でした。私の仕事は量が多く時間も長く，出張も頻繁にありました。疲れきって，彼以外のことに割く時間はなく，他の楽しみや交友関係，安らぎのために時間や労力を使うことはほとんどありませんでした。彼は私の世界のすべてで，私のアイデンティティは彼に支えられていました。仕事と彼との関係の外に，私は存在しなかったのです。私は幸せすぎて，自分がどれほど危うい状況にいるかわかっていませんでした。今になって思えば，自分がどれほど彼に依存していたか，どれだけ自分を譲り渡してしまっていたかがわかります。恋愛関係にすべてが飲み込まれると，そこに簡単に溺れてしまいます。溺れたくなってしまうのです。私は本物の王子様を見つけました。私自身はもちろん，

周りの人たちも，私はすべてを手にしていると思っていました。プロポーズは，人生でいちばん幸せな瞬間でした。

彼は手を開いて，小さなビロードの箱を私に見せました。彼が箱を開けると，ダイヤモンドがきらきらと輝いていました。

「僕と結婚してくれないか」と，彼はセクシーな声で尋ねました。

こんなことが本当に起こるなんて信じられませんでした。彼は本当に私を求めている，そう思った私は，力強く「はい！」と答えました。私は喜びに震えました。この男性との恋にすっかりはまり込んでいたのです。

婚約すると，すべてが崩れはじめました。おとぎ話には裏側の，影の部分があります。私の城は崩れ去ろうとしていました。王子様は城を焼き払い，それとともにおとぎ話の幻想も消え去りました。彼は闇の王子でした。

彼が経済的な問題を抱えていることは知っていました。子どもの大学ローン，前妻への離婚調停金，ビジネスパートナーへの資金提供のために，借金をしていたのです。私はすべて見ぬふりをしていました。彼が住む場所を探していたときは，投資用の家を貸しました。それは理にかなったことでした。いつかその家を私の退職後の資金にして，一緒に暮らすことになるのですから。あの家は，私たちがいつまでも幸せに暮らせる未来の象徴でした。夕日に向かって進んでいく私たち二人の姿のように。彼は最低限の維持費をまかなうだけのわずかな家賃しか払いませんでした。私は職場と空港に近い小さなマンションに住み，隔週で彼が住む家を訪れました。

結婚を決めた途端，彼は変わりはじめました。最初は気のせいかと思うほど，微妙な変化でした。私が何か言うと，思いやりのない言葉や不機嫌な声が返ってくるようになったのです。きっかけは，私が退職して家を売りたいと言ったときでした。やがて，彼ははっきりと私を侮辱するようになりました。いつの間にか，とても欲深く，けんか腰になっていたのです。私が退職すればもっと一緒にいられると喜ぶどころか，私に仕事を続けるよう説得してきました。彼の態度は威圧的で，まるで私や私の考え，望み，お金を支配できるとでも思っているかのようでした。経済状況にまで干渉しようとする彼に，私は激しく反論しました。その家はもはや将来の夢ではなく，彼の所有物のようになっていました。私自身がそうなってしまったように。

長年の激務と通勤で疲れ果てていた私は，仕事を減らして結婚生活を一緒に送りたかったのです。月に4日程度では物足りませんでした。私が退職して家

を売る決心をすると，私たちの関係は完全に壊れました。彼が気にかけていたのは，その家に住み続けることだけでした。私が働き続けなければ，その家を維持することはできません。彼は，私が彼を追い出して彼を不幸にしようとしていると周りに言いふらしました。家が私のものであることを知っている人は誰もいませんでした。彼は嘘をついていたのです。いつも私の話に耳を傾けてくれていたその男は，私を馬鹿にしはじめました。私の話も，私の言い分も聞こうとはしませんでした。私を脅し，しつこく苦しめるのです。冷笑し，あざ笑い，公然と私を批判しました。彼に受け入れてもらえず，私は深い穴の中にいるような気分でした。おとぎ話が現実にならない世界で，私はどうやって生きていけばいいのでしょうか。

　婚約して彼が私の人生を支配しようとする前は幸せだったのだから，婚約したことで彼が変わってしまったのではないかと思いました。もしかしたら，本当は私と結婚したくなくて，関係を壊すためにこんなやり方をしたのかもしれない，と。私のせいだったのしょうか。やがて，私は彼がこれまで多くの嘘をついていたことを知りました。話を作り変え，細部を誇張し，物事をでっち上げていました。彼は周りの人たちに対して，架空の人生と人格をつくり上げていたのです。プロの嘘つきでした。とうとう二人で出かけるときは，彼が他の人に何と言っているかを説明してもらわなければならなくなりました。この関係は完全に終わったと私は確信しました。私はもう死にそうでした。

　服従させられるのは屈辱的でした。私は人生の岐路に立っていました。私は自分を守ることに決めました。私はまず，暗い真実に向き合わなければなりませんでした。自己イメージも自尊感情も，完全に彼に委ねてしまっていました。私の人生は彼の手に握られていました。彼は私を認め，自尊感情を外から与えてくれていました。自分では与えることができなかったからです。私は，自分の自尊心に責任をもつ必要がありました。誰も私の人生を乗っ取ることはできないのです。私がそうさせないかぎり。

　恋人がいようといまいと私には価値があるのだと認めなければなりませんでした。私の価値は，外からではなく，私の内面から生まれるのです。自分の幸せ，自己イメージ，自分の価値に対して，私自身が責任を負う必要があります。誰も私の面倒をみる必要はない。誰も私を満たすことはできない。私が完全な人間になるのに誰も必要としてはいないのです。

　彼のカリスマ的なエネルギーに惹かれたのは，自分には何もないと思ってい

たからでした。私が寄生虫のように彼から力をもらおうとしたから，彼も私をそのように扱いました。私にとってはそれが心地よかったのです。私が彼を見上げていたのではなく，彼が私を見下ろしていたことに気づくのに長い時間がかかりました。暗く不吉な力が私の上に影を落としていました。私は彼の足元で身体を丸め，自分の意思で彼に縛られていたのです。自分自身の選択によって。

　魅力的な男性からエネルギーをもらう必要などありませんでした。私は自分自身のエネルギーを生かすことを学ばなければなりません。見方を変えたことで，創造的な力が湧き，自分の人生を自分で設計できるようになりました。結局私は退職し，自分の中にどんな価値や情熱があるかを考えました。本当の自分を見つけるために学んだことを本にし，ブログを書き，ラジオ番組で自分について話しました。人生の大惨事から立ち直ることができた私は，他の人たちにも同じことを伝えることにしました。それは私自身の力にもなり，誰にも依存しないアイデンティティを築くことができました。ボロボロになったおとぎ話と，崩れた城の燃えさしを拾い上げ，自分自身の火を灯したのです。

第 **8** 章

アートベース・リサーチの評価基準

解釈とは，芸術に対する知性の復讐である。
—— スーザン・ソンタグ

　近年，ABR の評価の問題が議論の的になり，ABR を質的研究と同じ基準に[i]基づいて評価できるのか，それとも新たな基準を作る必要があるのかが問われています。評価基準，妥当性，基準の統一という考え方自体が，実証主義と表裏一体なのではないかと，疑問を呈する人もいます（Bradbury & Reason, 2008）。このことは，評価基準が前提にする標準化と，アートの表現および作品から得られる経験の本質との緊張関係をめぐる議論とも関係しています。さらに，研究を取り巻く状況が変化する中で，博士課程の研究をどのように判断するのか（何をもって博士課程の研究として認められるか）という議論でも，この問題が浮上しています（Chilton & Leavy, 2014, 2020 参照）。

　アートベースのパラダイムが登場し発展するにつれ，質に関する問題がクローズアップされるようになったのは，特に驚くべきことではなく，想定の範囲内でした。たとえば質的研究でも，適切な評価基準の開発については，議論，交渉，再交渉が重ねられており，現在も論争が続いています。私は，方法論的な原則の構築と，アートベースの研究成果を共有する場づくりに注力することの方が大事だと考えていますが，ABR を評価する方法が必要であることは間違いありません。

　ABR 研究者の多くは，自分が注目しているジャンルに合った評価基準を作

訳注 i　本書の著者パトリシア・リーヴィーによる『アートベース・リサーチ・ハンドブック』（福村出版）の邦訳では，standard を「基準」，criteria を「規準」と訳し分けたが，本書では読者の読みやすさを重視し，どちらも「基準」と訳した。

成してきました(たとえば,詩的な基準については Faulkner, 2009, 2019,ビジュアルリサーチの方法については Cox et al, 2014 を参照)。最終的にはそれぞれのジャンルのアプローチに適した基準に基づいて評価されるべきですが,ABR を評価するのに使える一般的な基準もあります。

多くの研究者が,さまざまな基準のリストを示しています(たとえば,Barone & Eisner, 2012; Chilton & Leavy, 2014, 2020; Cole & Knowles, 2008; Norris, 2011 を参照)。実践者たちは,これらの基準を何にでも当てはめるのではなく,それぞれのプロジェクト(その目標や方法論,および学問的視点を含む実践者の立場)に合わせて適用することを支持しています。たとえば,ジョー・ノリス(Norris, 2011)は,メディスンホイールのような円のメタファーをもとに,4つのPからなる評価モデルを作成しました。4つのPとは,教育(pedagogy),生成(poiesis),政治(politics),社会的な位置づけ(public positioning)で,それぞれが円の4分の1を表しています(図8.1 参照)。

教育は,人がアート作品に触れたり作ったりするときに経験する,知的あるいは感情的な面での成長のことです。**生成**は,アートが美的な経験をつくり出すことで生じる意味生成のプロセスが中心になります。**政治**は,アート作品がどの程度政治的なスタンスを体現しているかを意味するもので,作品自体に明確な政治的主張が含まれているものもあれば,制作過程にそれがあらわれる場合もあります。最後の**社会的な位置づけ**は,アート作品が社会にどのように受け入れられたかを指します。ノリスは,ABR の作品をこの円に当てはめ,そ

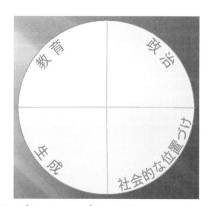

図 8.1　ノリス(Norris, 2011)によるホイールのイメージ 1
Copyright © 2011 Joe Norris.『International Journal of Education and the Arts』より許可を得て転載。

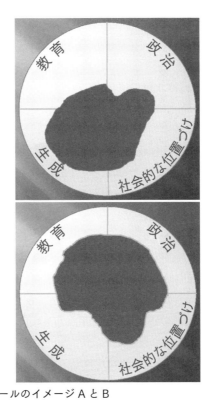

図 8.2　ホイールのイメージ A と B
Norris（2011）より。Copyright © 2011 Joe Norris.『International Journal of Education and the Arts』より許可を得て転載

の研究プロジェクトが 4 つの象限を均等にカバーしているのか，それとも具体的な目的や方法論に照らして，他より大きな範囲をカバーするものがあるのかどうか，考えてみるよう促しています。図 8.2 の 2 つの例は，目的と成果がそれぞれ異なる ABR プロジェクトを表したものです。

　アートベースの実践の多様性およびアートの信条を踏まえると，「ゴールドスタンダード」を作り出し，あらゆる ABR を評価するというような，実証主義的な考え方に従う人はほとんどいないでしょう（Barone, 2007; Barone & Eisner, 2012; Norris, 2011）。私がここで示す評価基準の提案は，多少の議論はありますが，ABR の文献に一貫して登場するものです。

評価基準

　以下に挙げる評価項目は，質的研究から転用されたものも含まれますが，ABR のための基準です。私は「ゴールドスタンダード」を作ることには反対ですので，これらはあくまで参考のためであって，適切に用いなければならないことを強調しておきます。**適切**という言葉には，2 つの意図を込めています。1 つは，その基準がどのプロジェクトにも適用されるのではなく，個々のプロジェクトの目的やジャンルによって決まることを強調するためです。もう 1 つは，ABR 実践者が，哲学的な理由などで一部の基準を拒否したり，ある基準を他よりも優先させたりする可能性に注意を呼びかけるためです。哲学的な視点の違いは，受けてきた訓練や学問的立場によって生じます。たとえば，有用性より芸術性を重視する立場もあれば，逆に芸術性より有用性を重視する立場もあります。他にも，自然科学や社会科学を学んできた人は透明性（研究の目的や方法の明瞭な説明）を重視する一方，正規の美術教育を受けた人は，透明性がアートやアート制作における自然発生的で神秘的な要素と相反するように感じるかもしれません。これらはほんの一例です。私が言いたいのは，その評価基準がプロジェクトに合うか合わないかだけでなく，研究者が何を重視し，優先させるかで，基準が変わる可能性があるということです。

　なお，参考のためにこれらの評価基準を分けて示しますが，実際には重なり合っています。基準はしばしば相互に関連し，絡み合い，異なる概念として捉えられることもあります。**これは厄介な問題です。**本章では，美学，方法論，有用性，オーディエンスの反応に分けて，いくつかの基準を提案し，議論していきますが，実際には，美学は方法論や有用性と切り離せません。アートの実践において，理にかなった方法論には技への関心が必ず含まれます。また，作品の美的な力はオーディエンスの反応，ひいては有用性に影響を与えます。そして言うまでもなく，これらの選択には倫理的な意味合いが伴います。だから，これは厄介な問題なのです。

倫理

　倫理的であることは，パラダイムに関係なく，すべての研究に求められる

ものであり，ABR を評価する基準としても用いられます。**倫理**という言葉は，「人格」を意味するギリシャ語のエートスに由来し，道徳，誠実性，公平性，真実性などを指します（Leavy, 2017）。研究プロセスのあらゆる側面には倫理的な基盤が影響を与えており（Hesse-Biber & Leavy, 2012; Leavy, 2011, 2017），研究テーマの選定から，研究成果の発表・普及に至るまで，倫理的な配慮が必要です。

　ABR は新たに登場した急成長中のパラダイムであるため，何が倫理的な課題であるかが少しずつ明らかになっているところです。ABR の実践そのものが，倫理的・道徳的であると示唆する人もいます（Denzin, 2003; Finley, 2008）。文献で主に扱われているのは，ABR の公共性と参加型の性質，および美学に関することですが，すべてのパラダイムに共通する標準的な倫理的課題にも対応する必要があります。

研究テーマの選定

　研究は，世の中に何らかの価値を生み出すこと，つまり私たちの知識に貢献することを目指します。そのテーマを研究することに，**どんな潜在的な価値，重要性，または有用性があるか**を検討しましょう。ジェシク・チョーは，研究する価値のあるテーマとは，今日的意味があり，タイムリーで興味を引くものであると示唆しています（Cho, 2018, p. 36）。重要なのは以下のことです。その研究テーマに関する知識によって利益を得るのは誰か。その研究は社会的ニーズに対応し，新たな学びや社会正義，社会変革を促進するか。取り上げられることの少ない集団に目を向けたり，権利を奪われてきた人々の名誉を回復したりして，歴史的な偏見を取り除こうとするものであるかどうか（Leavy, 2017）。また，**利益相反**の可能性がないかも確認しておくとよいでしょう。たとえば，研究資金の提供を受ける場合，資金提供者の求めるものが自分のしたいこととと相反していないかどうかを確認します。特定の成果や研究結果を引き出すために，圧力や金銭の授受があってはなりません（Leavy, 2017）。

　私たちは，何らかの価値や意義のある研究を目指しますが，その成果がまったく得られない場合もあると認めることが大切です。ミンディ・カーター（Carter, 2017）は，グアテマラとカナダの先住民の若者を対象に行った研究について，次のように語っています。この研究は，参加者が自らのアイデンティティの理解を深めることを目的としたものでしたが，期待していたような「変容体験」を生み出すことができなかったため，カーターは，自分の研究倫理に

疑問をもちました（pp. 13-14）。「この研究に意味はあるのだろうか。参加者が自分を必要としていないと感じるなら，倫理的に考えて私はこの研究をすべきなのだろうか。ABR の正当性は必要性によって決まる」（p. 14）とカーターは述べています。

　価値のあるテーマを選択することは，倫理的実践にとってきわめて重要です。しかし，もし責任をもって行動してきたのであれば，自分が期待するような結果にならなくてもそれを受け入れなければなりません。最初から答えがすべてわかっているなら，研究などする必要はないでしょう。カーターが示唆しているように，私たちはそれぞれの研究プロジェクトから学び，テーマを修正したり，焦点を変えたりして進めていけばよいのです。

手続き上の倫理

　「何よりも，害を与えないこと（First do no harm）」は，研究参加者の保護に関する第一の原則です。生物医学界から転用されたこの原則は，研究参加者（研究が行われる場）に危害が及んではならないということを述べています（Leavy, 2017）。研究プロジェクトへの参加は，自発的であること，参加者が内容を理解していること，秘密が守られていることが求められます。これらの問題は，インフォームド・コンセントの一部として扱われます。**インフォームド・コンセント**とは，研究参加者がリスクや利益を含め，研究について理解していること，また，参加は完全に任意でいつでも中止できるとわかっていることを指します。さらに，通常は守秘義務が求められます。つまり参加者の個人情報は保護されなければなりません。ただし，共同制作したアートにクレジットを希望するなど，参加者が匿名にしないことを選ぶ場合もあります。

　手続き上の倫理とは，研究参加者を確実に保護するための基準および慣行のことです（Ellis, 2007）。大学には，倫理基準の遵守を保証するために**倫理委員会**（Institutional Review Boards: IRBs）が設置されています。機関によって違いはありますが，倫理委員会は，最低 5 名の委員で構成し，研究者とそれ以外の者を少なくとも 1 名ずつ含めることになっています。したがって，みなさんの申請書が，ABR についてほとんど知らない専門外の人に審査されることをあらかじめ想定しておく必要があります。研究参加者の候補に連絡をとったり，データ生成に着手したりする前に，倫理委員会から許可を得なければなりません。倫理委員会に提出する申請書には，研究の目的，研究を行う利点，予測さ

れる結果，研究対象となる集団，参加者の選定と募集方法，参加者に生じうるリスク（身体的・心理的・精神的な危害を含む），参加者にとってのメリット，インフォームド・コンセントを得るための方法などの情報を記載します。

参加型研究

ABRでは，学術研究者とアーティスト，あるいはコミュニティの参加者がパートナーシップを組むケースがよくありますが，このことは多くの問題を引き起こします。**同意**，**守秘義務**，**参加者や環境に害を与えないこと**など，どんな倫理的な研究実践にも関わってくる標準的な問題は当然考慮されなければなりません。アートの共同制作や，参加者が写真などのアート作品に映り込む場合，**所有権や著作権**の問題が生じることがあるため（Holm, 2014），参加者や共同制作者との間で何を期待するかを明確にしておくとよいでしょう。同じように，参加型のABRでも，共同制作者と良好な関係を築くことが求められます（Ackroyd & O'Toole, 2010; Lather, 2000）。たとえば，パティ・ラザー（Lather, 2000）が，研究参加者を安心させ，研究の文脈における文化的差異や社会的権力に対処するために，彼女らとお風呂につかりながら話をしたことはよく知られています。

キャロリン・エリス（Ellis, 2007）は，研究に取り組む際に「関係的倫理」を考慮するように指摘します。**関係的倫理**とは，参加者との関係が重視され，誰もが尊厳をもって扱われ，相互に尊重し合うケアの倫理を指します（Adams, Holman Jones, & Ellis, 2015; Ellis, 2007）。プロジェクトの終了や，最終的な成果物がどこでどのように公開されるかなど，プロセスについての予想を立て関係者が合意しておくことがきわめて重要です。[1]自己エスノグラフィーや研究経験の一部として，自分のナラティブを記録する場合であっても，私たちのナラティブには他者が関わっていることを忘れてはなりません。

インフォームド・コンセントは，研究開始前に得ておく必要がありますが，参加が長期にわたる場合，複数の段階で同意を得た方がよいでしょう（Adams et al., 2015）。つまり，研究プロジェクトへの参加は自発的なものであり，いつでもやめる権利があることなどの同意事項を，定期的に参加者に確認するのです。これは，参加者の様子を確かめ，参加して良かったこととそうでなかったことについて知る機会にもなります。

きめ細かな描写

社会調査の第一の目標は，人々の経験を繊細に描き出すことです（Cole & Knowles, 2001）。どんな研究でも，データを整理し，解釈し，翻訳する際にこのことが課題になります。アートベースの実践では，フィクションの執筆や演劇，他のジャンルでも，多元的な描写が不可欠です。また，人々や登場人物に多面性をもたせようとするならば，描く対象を支配することのないように文化的な配慮をしなければなりません。

一般公開

ABR の公共性に関して言えば，「何よりも，害を与えないこと」というスローガンはすべての研究参加者に適用されますが（Bailey, 1996, 2007; Leavy, 2017 参照），ABR 実践者はさらに，**オーディエンスを守る**ことも考慮しておかなければなりません。ジム・ミエンチャコフスキーが特に強く提唱しているのは，**公演**を行う場合の明確な倫理的ガイドラインを作成することです。倫理的ガイドラインが必要になったのは，第 6 章で触れたように，エスノドラマの公演を見た観客が危険にさらされた事件がきっかけでした（Mienczakowski, Smith, & Morgan, 2002）。ジェフ・ニスカー（Nisker, 2008）は，上演前に関係者に脚本の草稿を渡し，フィードバックや「リアリティ・チェック」を行うことを提案しています。ミエンチャコフスキーらは，研究テーマに詳しい観客を集めてプレビュー公演を行い，「公演後のフォーラムセッション」で観客の反応を分析し，公演のインパクトを評価することを提案しています（Mienczakowski et al., 2002, p. 49）。

脚色

本章の随所で述べてきたように，ABR は研究とアートのハイブリッドであり，両者のバランスをとろうとすると緊張が生じる場合があります。ジョニー・サルダーニャ（Saldaña, 2011）によれば，データを表現する際に，データに誠実かつ忠実であるべきだという倫理的義務と，アート教育や制作の場において楽しんでもらうために芸術性を利用することの間には，緊張関係があります。最終的には実践者が，どの程度まで脚色するかを決定する必要があるのです。さらに，アート作品の構成についてどんな情報を与えるかなど，オーディエンスに向けてどのような文脈や枠組みで表現するかは，倫理的実践とも関連しています。

リフレクシビティ（再帰性）

　リフレクシビティは，質的研究で注目を集めている基準であり，アートベースの実践にも関係しています。リフレクシビティは，**権力**が私たちの態度や行動に与えている影響や，研究のあり方を形づくる上で私たち自身が果たしている役割に目を向けることを必要とします。**これには，自分の思い込み，感情，判断など，研究活動における自分の立場を常に点検することが含まれます**（Leavy, 2009, 2017）。リフレクシブな実践に取り組む 1 つの方法は，**声**の問題に注意を払うことです。声という言葉は通常，話す能力に対して用いられ，暗に政治的な意味をもちます（Hertz, 1997; Wyatt, 2006）。重要なのは，私たちが彼らの声を代弁したり，他者に声を与えたりするのではないということです。彼らは自分の声をすでにもっているからです。しかし，私たちは研究者としての立場を利用して，他者の声を増幅することができます。このことは，人々や状況の繊細な描写や，研究を共有するためにどこまで脚色するかなどの表現の問題に返ってきます。私自身がアートベースの実践でどのような倫理的判断をしているか，とよく質問されますし，他のアーティスト－研究者も同様の質問を受けていると聞きます。本章で示すように，ガイドラインはありますが，結局のところ自分の内なるバロメーターにも注意を払わなければなりません。質的研究者のように自分の選択についてメモや日記を書くこと，そしてその選択を振り返り，問い直すことを通して，程度の差こそあれ，体系的にそれを行うことができます。

方法論

　方法論は，すべての研究において重要な論点です。**方法論**とは，研究がいかなる理論的根拠に基づいて，どのように行われたのかということです。つまり，研究者は，アートベースのアプローチをとることが理にかなっているかどうか（たとえば，他の方法では得られない洞察が得られる，あるいは関係者に研究を普及する手段となる）を証明する必要があるのです。方法論に関する問題として，次のようなものが考えられます。

問いと方法の適合性

　方法論は，研究目的を踏まえてデザインすべきです。**リサーチ・クエスチョ**

ンとその問いに答えるための方法論は，かみ合っている必要があります（Chilton & Leavy, 2014, 2020; Creswell, 2007; Hesse-Biber & Leavy, 2005, 2012; Leavy, 2017; Patton, 2002; Saks, 1996）。選択した研究方法や実践が研究目的に即したものでなければなりません。

全体的・相乗的なアプローチ

ABR の大きな強みは，研究において全体的・相乗的なアプローチを作り出せることです（Blumenfeld-Jones, 2008; Cole & Knowles, 2008）。最終的なプロジェクトの全体的・相乗的な質の判断にはいくつかの概念を適用できます。**徹底性**は，アプローチの包括性を指します。**一貫性**（Barone & Eisner, 2012），**適合性**（Leavy, 2011），**内的整合性**（Cole & Knowles, 2008）は，最終的な表現を含む研究プロジェクトの構成要素がどれだけうまく調和しているか，つまり**形式の強さ**を意味します（Barone & Eisner, 2012）。たとえば小説や演劇を評価する場合，内的整合性が重要であることは想像がつきやすいでしょう。

データ分析

ABR のプロジェクトに使用できるデータ分析方法にはさまざまなものがあり，どの方法を採用するかも評価基準となります。最終的には，研究の目的に合わせて選択することが必要です（問いと方法の適合性）。ここでは，ピア・フィードバック，内的対話，理論の活用，文献の活用の４つを紹介します。

仲間からのフィードバックを集め，**外的対話**を行うピア・フィードバックには，**データ分析のサイクル**を活用できます（Tenni, Smyth, & Boucher, 2003）。また，外的対話に，チーム・アプローチを用いることも可能です。キップ・ジョーンズ（Jones, 2003）は，**省察チーム**を使って分析を行いました。研究者が自伝的なデータ（自己エスノグラフィックなデータ）を部分的にでも使用する場合，同じ分野の研究者（ピア）からフィードバックを集めることは特に重要になるかもしれません。研究者が自分の経験をデータ収集に利用すると，データが膨大になることがあるのですが（Tenni et al., 2003），データ収集の初期段階からデータ分析を繰り返し行うことで，いつ「データ飽和」[ii]に達したかを認識しやすくなります（Coffey, 1999）。アートベース実践のもつ学際的な性質を考えると，アーティスト（あなたが取り組んでいる芸術分野の実践者）にフィードバックを求める

訳注 ii　それ以上データを収集しても新たな洞察は得られなくなる時点。

ことも有用です。このような**分野を超えた交流**によって，アート以外の分野で
トレーニングを受けてきた人の実践を向上させることができるでしょう。

　また，研究者は自らの感情的・身体的・心理的・知的なサインに耳を傾ける
ことも重要です。コリーン・テニーら（Tenni, Smyth, & Boucher, 2003）は，これ
を自分自身との**内的対話**と呼んでいます。特に自己エスノグラフィーや，繊細
な内容を扱うフィールド研究では，研究者が不快感や悲しみ，さまざまな不安
を感じる可能性があるため，内的対話が重要になってきます（Adams et al., 2015;
Ellis, 2004; Tenni et al., 2003）。内的対話は，癒やしや回復プロセスの途上にある
人々に関わる創造的アートセラピストにとっても不可欠です。日記をつけるこ
とは，自分がプロセスのどこにいるのかを記録する1つの手立てになります
（Tenni et al., 2003）。

　テニーらは，**分析にあたって理論を明示的に使用する**ことで，データの新た
な解釈や意味づけが可能になると提案しています。理論の使い方の1つは，研
究がどの分析レベルで行われているか，違うレベルの理論を通してデータを見
ることです（Tenni et al., 2003）。つまり，ミクロレベルのデータをマクロな理論
的視点でみたり，逆に，マクロなデータをミクロな視点でみたりしてみるので
す。また**文献**がデータとして，あるいはデータの解釈や枠づけ，文脈化のため
に，どのように使われたかを検討してもよいかもしれません。文献レビューか
ら得た概念，アイデア，統計，その他の情報を利用することで，作品に他者の
声を取り入れ，プロジェクトを確かなものにすることもできるのです。

翻訳

　通常，翻訳とは，ある言語を別の言語に変換するプロセスだと考えられて
いますが，ABRではさらに進んで，「ある形式の知を別の形式に変換するこ
と」（Gerber & Myers-Coffman, 2018, p. 587）を意味します。私たちは，新たな知を
構築し，新たな洞察を得るために，このプロセスに取り組むのです（Gerber &
Myers-Coffman, 2018, p. 587）。ジェームズ・モナコは，「アイデアをアートの言語
に**翻訳**することは，そのアイデアにどのような影響を与えるのか。それぞれ
のアート言語に固有の思考形態とは何か」（Monaco, 2009, p. 23）という問いを考
慮するよう提案しています。ABRでは，たとえばテクストからビジュアルイ
メージへ，詩から散文へと，ある形式から別の形式に変換することが多いため，
翻訳はデータ分析の一部と言えます。研究のどの段階でも，アートの形式を利

用してメモをとったり，データを分析・解釈したりすることができます。たとえば，Visual Versa 社のアリーナ・グティエレスは，ABR についてのプレゼンテーションと講義用のノートとして，図 8.3 に示す「アートは希望（The Arts as Hope）」の図を作成しました。彼女は，文字と口頭で情報を取り入れ，記録し，視覚的な媒体を通してその意味を理解したのです。この原理は，ABR の分析と翻訳に応用できます。エリザベス・マンダースとジョイア・チルトン（Manders & Chilton, 2013）は，研究に基づいて，ABR における翻訳の具体的な手立てを詳しく示した見事な表を作成しています（表 8.1）。

ABR の翻訳を考えるもう 1 つの枠組みとして，あるジャンルから別のジャンルへの翻案に焦点を当てた**アダプテーション理論**があります（Ackroyd & O'Toole, 2010）。アダプテーション理論は通常，映画学で，小説や演劇などの原作を映画化する際などに使われるもので，ABR にも適用可能です。アーティストがあるジャンルの作品を他のジャンルに翻案する際，よく議論が起こります。たとえば，古典的な書籍を映画化した作品に対して，批評家が厳しい見方

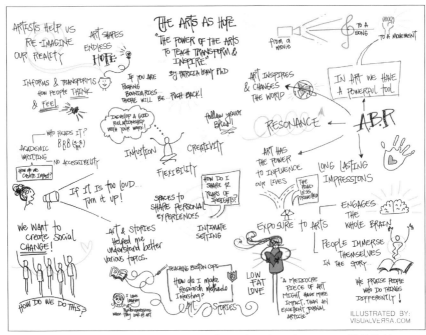

図 8.3 「アートは希望（The Arts as Hope）」。プレゼンテーションと講義資料からつくった視覚的ノート

表8.1 アート的探究の翻訳を行う創造的方法

アート的探究の翻訳を行う創造的方法	目的
フリーライティング 文法，形式，スタイルは気にせず，アート体験についてできるだけたくさんのことを書く	・不安を軽減する ・創造的なアイデアを生み出す ・プロセスを記録する
自由連想 アートの中のイメージ，メタファー，シンボルについて，最初に思いついたことを言語化する	・アート的探究の成果を探り，批評する
創造的対話 たとえば，次のような質問をする 「このダンスやアート作品が話せるとしたら，何と言うだろうか」 「ダンスさん，あなたの動きは私にとってどんな意味がありますか」 「アート作品さん，あなたの大切なことは何ですか」	・研究者とアートの弁証法を探究する ・無意識の知にアクセスするため，アートに直接インタビューして遊ぶ
詩 自由詩やファウンド・ポエム，パントゥーン詩型，短歌，コラージュ詩など，広く知られた詩の形式を使って書く	・創造的な言葉を通して，意味を見つける
物語やおとぎ話を書く 「昔むかし」から始まる伝統的なおとぎ話の形式を使うか，探究したいことに合わせて物語の形式を作り変える	・想像力を駆使して，新たな気づきを得る
コンセプトマップまたはダイアグラム 探究したいことを真ん中に書き，短い単語や文をつなげてマップを作る	・アート的探究の成果を視覚化し，配置する ・異質なつながりを作る
雑誌のコラージュ 文字とイメージを取り混ぜて切り貼りする	・創造的な手段を用いて，視覚的概念から質感のある概念に移行させる
他のアート形式の使用 別のアート形式を使って制作し，前の作品の意味を追求したり翻訳したりする アートの中に見つけた形をダンスで表現する ダンスからイメージを描く	・新たな洞察を生み出す ・データを明確にし，拡張する ・翻訳しやすい別のアート形式を通して言葉にする

出所：Manders & Chilton（2013）より。著者と『International Journal of Education and the Arts』の許可を得て転載。

をすることは珍しくありません（Ackroyd & O'Toole, 2010）。しかし，小説から映画への翻案によって，原作に対する新たな洞察や視点をもたらされることもわかっています（Ackroyd & O'Toole, 2010; Sinyard, 1986）。アダプテーション理論から得られる重要な示唆の1つは，ジャンルによって原作の扱いが異なるということです（Ackroyd & O'Toole, 2010）。各ジャンルには独自の可能性があるのです（Ackroyd & O'Toole, 2010）。

透明性・明示性

透明性・明示性とは，研究が行われた過程（最終的な表現がどのようにして生まれたか）を示すことであり，一部の ABR 研究者はこれを重要な評価基準と考えています（Butler-Kisber, 2010; Rolling, 2013）。ABR の分野が発展するにつれ，実践者自身がその過程を記録し説明することが重要だと考える人は増えています。たとえば，健康研究におけるアートベースの実践レビューでは，その方法が知識の生産や普及に役立つ一方で，研究プロセスを記録しアートベース・アプローチを用いる理由を説明する必要があるということが指摘されています（Fraser & al Sayah, 2011）。このことが特に重要なのは，博士課程の研究です。学生と指導教員は，研究目的と方法が合致していることを明確にする必要があり，そのためにプロセスの記録が求められます（Atkins, 2012）。

たとえば，キャサリン・フランク（Frank, 2000）は，フィクションという方法で研究する場合，作品のどの部分が観察やインタビューに基づくもので，どの部分が個人のアイデアや空想によるものなのかをはっきりさせる必要があると主張します。フランクは，文献調査や文書からフィクション化した物語についても，明確に説明すべきだと提案しています。ダグラス・ゴス（Gosse, 2005）は，自身の学位論文を小説として執筆し，『Jackytar（ジャッキーター）』というタイトルを付けました。この作品は，米国教育学会で賞を受賞しています。論文版には，理論や文献に言及するたくさんの脚注（ゴスのいう「ハイパーテキスト」）が含まれています。

アート作品の性質上，プロセスを明示することが必ずしも望ましいとは限りません。他の基準と同様，ケースバイケースで評価する必要があります。たとえば，アートはアート作品として独立したものであるべきだと考える人もいます。私の小説『Low-Fat Love（やせ細る愛）』『American Circumstance（アメリカの事情）』『Blue（ブルー）』『Spark（スパーク）』『Film（フィルム）』の場合は，

アートあるいは文学作品として発表することを選択しました。私はたいてい，意図とプロセスを簡単に記した序文やあとがきを小説に付けるようにしています。また，それぞれの小説について，ブログを書いたり，大衆メディアのインタビューを受けたり，学会で講演したりしてきました。このような活動を通して，研究としての作品の側面を充実させながら，誰もが読める文学作品にすることができたのです。

　ゴスは博士課程修了後，脚注やハイパーテキストを除いたバージョンの『Jackytar』を出版しました。これにより，自分の研究を小説に埋め込みつつ，純文学作品として際立ったものにしています。同じように，キップ・ジョーンズ（Jones, 2010）は，学術的な文章ではなく，アート作品を主なアウトプットにすべきだと述べています。その場合，演劇のパンフレットや小説の序文，アート展でのキュレーターのコメントなどの添付資料に，データやプロセスに関する情報をどこまで含めるかを検討することになるでしょう。

有用性・意義・実質的な貢献

　どんな研究でも，その**実質的な貢献**が常に問われます。研究は，ある分野の知の発展（Cole & Knowles, 2008; Leavy, 2017; Richardson, 2001）や，生活環境の改善（Butler-Kisber, 2010; Mishler, 1990）を目指して行われます。研究は人々の啓発，教育，変革，解放に取り組むものでなければなりません。リン・バトラー＝キシュベルは，「研究に対する『だから何？』という問い，つまりその有用性について，私たちは前もって，かつ継続的に考え続ける必要がある。私たちの研究は変化を生み出すだろうか。もしそうなら，誰にとって，どのように，そしてなぜなのか」（Butler-Kisber, 2010, p. 150）と書いています。研究を通して生み出される知は，必然的に何かについての，そして何かのためのものです。アートベースのアプローチを採用するのは，自らの研究目的を達成するためであり，したがって，研究目的の社会的意義と，それがどの程度実現されているかが1つの評価基準になります。ABR では，最終的な成果物が，見る人の知的・情動的な成長を促したり，特定のテーマに対する理解の仕方を変えたりすることがあります（Norris, 2011）。また，程度の差はありますが，政治的な動機をもつ作品（Denzin, 2003）や，公共政策づくりに利用されるものもあります。

　社会的意義は，質的研究や量的研究の判断基準として使われますが，ほとん

どの ABR 実践者は**有用性**が特に重要な基準であることに同意しています。た
とえば，エリオット・アイズナー（Eisner, 2005）は，ABR で肝心なのは，新規
性だけでなく実用性だと注意を促しています。バロンとアイズナー（Barone &
Eisner, 2012）は，あるテーマに光を当てることを「生成性」，変化をもたらすこ
とを「社会的意義」として区別します。私個人は，さまざまな用語の中でも**有
用性**という考え方が ABR に最も適した最も包括的なものだと考えていますが，
「有用性」のさまざまな側面を区別したい人々のために，バロンとアイズナー
は理にかなった方法を提示しています。

　有用性の問題は，美学の議論の中で再び浮かび上がってくるでしょう。アー
トベースの実践は，社会科学などさまざまな学問的視点や目的から発展してき
たため，有用性と美学の間には緊張関係が生じる場合があります（これについ
ては，後ほど詳しく説明します）。しかし，有用性を評価基準とするなら，「アー
ト作品として良いものか」のような問いを避け，「この作品は何の役に立つ
のか」と問うことが重要です（Chilton & Leavy, 2014, 2020; Leavy, 2010, 2011, 2017,
2019）。

信用性と真正性

ABR が社会的意義を有し，有用であるためには，作品の質が重要です。
ABR のパラダイムでは，「真実」ではなく**信用性**が 1 つの目標になります。
アートベースの作品は，**真実性**と**信用性**に基づいて評価されます。ABR にお
ける真実性と信用性は**共鳴の概念**と結びつけて考えることができるかもしれま
せん。その作品は共鳴を呼び起こすでしょうか。たとえば小説を書く場合，共
鳴を生む細部の描写と巧みな文学的技法によって，臨場感を出し，**信憑性**を高
めようとするかもしれません。研究をもとにした映画では，演技の質が信憑性
と信用性を左右します。「真実味があるか」「本物だと感じられるか」のような
問いが指針となります。

パブリック・スカラシップ

　パブリック・スカラシップとは，学界以外の人々にもひらかれた研究のこと
です（Leavy, 2019）。さらに，一般の人々にもアクセス可能で，何らかの形で彼
らに役立つ可能性があり，公共のニーズに取り組むものであればなおよいで

しょう（Leavy, 2019）。パブリック・スカラシップと呼ばなくても，このような研究は以前からありましたが，1960年代から学術的な議論に登場し（Denzin & Giardina, 2018），25年ほど前からかなり注目を浴び，議論されてきました（Leavy, 2019）。

多様なオーディエンスにとってのアクセスのしやすさ

ABRの最大の利点は，学界の外の人々を含む幅広いオーディエンスが研究にアクセスできることかもしれません（Cahnmann-Taylor & Siegesmund, 2008; Leavy, 2009, 2011, 2013, 2017, 2019）。最近の研究によれば，学術雑誌の論文の90％以上が，著者，編集者，指導教員以外の誰にも読まれていないそうです（Gordon, 2014）。統計にはばらつきがありますが，学術雑誌の論文の読者は数人しかいないということはよく聞きますし，専門の学会でも定番のジョークになっています。論文を読んでいるという人も，実際には自分の研究に引用するためにアクセスしているだけかもしれません（「アクセスしている」と言ったのは，論文をダウンロードしたり，引用したりしたからといって，必ずしも要旨以上の内容を読んだとは限らないからです）。従来の定量的・定性的な研究成果は，一般の人がほとんどアクセスできない学術雑誌に掲載されています。さらに，これらの論文は専門用語ばかりで，高度な専門教育と訓練を受けた一部の関心の高いエリート以外の人にはなかなか理解されないでしょう。

出版物へのアクセスの問題だけでなく，学術的な文章は読みづらく，退屈です。スティーブン・バンクス（Banks, 2008）が鋭く指摘するように，学術的な文章の多くは，魅力的で優れた文章の資質を欠いています。カイ・サンド＝ジェンセン（Sand-Jensen, 2007）は，「How to Write Consistently Boring Scientific Literature（確実に退屈な科学論文の書き方）」と題した，ユーモアたっぷりの的を射た記事を書きました。サンド＝ジェンセンは記事の冒頭で，自分の書いた科学論文を読むことを強要されるなんて地獄だ，というエリック・アーシンの言葉を引用しています。学術研究者は長年にわたり，「象牙の塔に閉じこもっている」，つまりコミュニティとのつながりを断ち，一人でじっと考え，他人の役に立たない仕事をしているという世間からの批判にさらされてきました。2014年，『ニューヨーク・タイムズ』紙のコラムニストであるニコラス・クリストフは，学術出版のシステムを痛烈に批判する記事を書き，大学教授は最も知識が豊富であるにもかかわらず，重要な議論には参加してこなかった（自

らそうしている）と指摘しました。彼は，学術的な文章は「ちんぷんかんぷん」で「よく知らない雑誌に載っている」と述べています。要するに，学術論文，ひいては研究成果の大部分がほとんどアクセスできない状態にあり，この問題に多くの人が気づきつつあるのです。

　研究を学界の外にひらくには，実践的・倫理的な責任が伴います（Leavy, 2011）。意義のある研究には多くのオーディエンスがいます（Jones, 2010; Leavy, 2011, 2019; Rolling, 2013）。研究を役立つものにするためには，関係する人々に届けなければなりません。ABR をアクセスしやすさに基づいて評価するには，2つの観点があります。まず専門用語がなく，**多様なオーディエンスが利用できるかどうか**，そして，**適切なチャンネルを通じて研究者以外の関係者に向けても発信されているかどうか**です。オーディエンスの問題は最も重要であり，関係のある人々を特定すること，そして彼らにアプローチする方法を見つけることの両方が必要です。

　ABR プロジェクトの中には，開発プロジェクトへのコミュニティの参加や，特定の問題に対する有権者の関わりを促すなど，何らかの形で政策立案に影響を与えることを目的とするものもあります。このような場合，政策に関わる目標の達成にどれだけ効果があったかに基づいて，作品を評価することも可能です（この点も，問いと方法の適合性の一部とみなすことができます）。

　多くの ABR 研究者は，研究者と一般の人々のどちらのオーディエンスにもアプローチするために，自分の研究を複数の形式あるいは「かたち」で発表しています。たとえば，本書で取り上げた実践者の多くは，一般のオーディエンスに自分の作品を紹介する一方で，学術雑誌に論文を書いたり，専門の学会で仲間に向けて研究発表を行ったりしています。研究を学会の枠を超えて役立つものにすることが重要であるのと同じように，研究機関の構造が現在の形のままであるかぎり，学術論文や学会発表は，その形式を変えつつも研究者同士が語り合うための主要な手段であり続けるでしょう。しかし，それが ABR の唯一の主要な成果であってはなりません（Jones, 2010）。さらに，ABR 研究者は，ソーシャルメディア，ブログ，ビデオブログ，メーリングリストなど互いに情報を共有する別の方法を次々に見出しており，学術雑誌のシステムそのものの価値は，時間とともに変化あるいは低下する可能性があります。

オーディエンスの反応

　オーディエンスの反応は，ABR の成否の重要な指標の１つです。オーディエンスの反応は，パブリック・スカラシップ，有用性，複数の意味など他のいくつかの基準と結びついており，また，**研究の効果**とも表裏一体となっています。

　ABR には，情動的・刺激的・挑発的・啓発的・教育的，そして変革的な力があります。また，ABR を取り入れることでステレオタイプや一般的な思い込みを壊し，差異を埋め，支配的なイデオロギーに挑戦し，抵抗の物語や可能性を示し，社会についての省察や自己認識を促すことも可能になります。そのため，ある ABR の作品が，プロジェクトの目的に応じてこのような成果をどこまで達成できているかを評価することが重要かもしれません。たとえばナラティブ・インクワイアリーと自己エスノグラフィーの場合，読者が表現されたものをどれだけ理解し，感じ，そこに関与できたかを考慮することをボックナーとエリスは提案しています（Bochner & Ellis, 2003）。

　オーディエンスの反応は多くのプロジェクトにおいて重要ですが，いつでも把握できるわけではないため，常に評価基準となるわけではありません。たとえば，エスノシアター，ダンス，ミュージカルなどの公演であれば，観客からフィードバックを集める方法はたくさんありますが，物語や文学テクストのような形式で発表される研究については，オーディエンスの反応に関するデータの収集がより困難で，まったくできない場合もあります。体系的なデータではありませんが，オーディエンスの反応についてのインフォーマルなデータを集めることはできます。たとえば，小説や詩集を購入した読者が，個人的に自分の経験をブックトークなどでシェアしたり，オンラインの購入サイトにフィードバックを残したりしているかもしれません。もちろん，作品を制作する過程で，仲間やそのジャンルのアーティスト，関係者からフィードバックを集めることは可能です（そのいくつかの方法については，データ分析のところですでに説明しました）。結局のところ，どのようにしてオーディエンスの反応を測るかについては，他の評価基準と同じようにケースバイケースで考える必要があります。

複数の意味

　ABR ならではの強みの１つは，（量的研究に見られるような権威的な主張とは対照的に）**複数の意味**を生み出せることです。つまり，ABR 研究者は，（１つの）

真実ではなく複数の真実を求めます（Bochner & Riggs, 2014）。ABR は多様な意味を生み出すことで深い関与，批判的思考，省察を私たちに促し，そのすべてが研究の最終的なインパクト，ひいては有用性につながります。したがって，**あいまいさは ABR の強みと言えるでしょう**。もちろん，多様な意味をひらくことと，作品から生まれる意味がオーディエンスに与える影響に対して責任をもつことのバランスは常に必要です。

　たとえば，研究を短編小説や小説として書き上げる場合，意味をひらき，あいまいさを生み出す技法の１つは，物語に**隙間**を設けることです（Abbott, 2008）。このような隙間があることで，読者は読んでいる内容に自分なりの解釈を組み込むことができ，それが，読者の関わりや批判的思考，想像力を育むことになります。また，意味づけに関する研究者の意図とあいまいさとのバランスをとる技法の１つは，ナレーターの声を使って研究者や文献の声を取り入れることです。別の例として，ビジュアルアートの展示を考えてみましょう。ビジュアルアートは，特に抽象的なものほど，多様な意味生成がひらかれ，鑑賞者がそのプロセスに積極的に関わることが可能になります。研究者は，多様性への欲求と，解説の文章を通して特定の意味づけをしたいという欲求とのバランスをとるとよいでしょう（従来のビジュアルアートの展覧会では，キュレーターが作成する場合もあります）。どこまで解説するか，どの程度文脈を説明したり直接的に意味づけたりするかは，あいまいさの問題に対する研究者の意向によって決まります。

美的価値・芸術性

　従来の量的・質的な学術論文にはないアート形式のもつ強みは，固有の美や芸術的価値が加わることです（Bamford, 2005; Butler-Kisber, 2010）。有用性の議論では，作品の美的価値に関して「この作品は何の役に立つのか」という問いを立てることを提案しましたが，ジョニー・サルダーニャは，「はたして，それはアートと言えるのか」と問うべきだと言います（Saldaña, 2011, p. 203）。

　美的な質や力，すなわち芸術性は，ABR の評価の核となるものです（Barone & Eisner, 2012; Chilton & Leavy, 2014, 2020; Faulkner, 2009, 2019; Leavy, 2009, 2017, 2019; Patton, 2002）。実際，作品のもつ美的・芸術的な力は，オーディエンスの反応，さらには有用性と密接に結びつき，切っても切れない関係にあります。劇作家

や映画制作者が，観客と感情的につながり，彼らをアート作品に引き込んで共感的理解などのさまざまな目的を達成しようとするなら，演劇や映画のもつアートとしての力が強ければ強いほど，そうした成果が得られる可能性は高くなります。そのような場合，観客と作品とのつながりをつくる中心的な役割を担い，結果として観客に影響を与えるのは演技です。同様に，短編小説や小説の良さは，読者がフィクションの世界に没頭できることですが，読者のそのような反応を引き出すためには，文学的な形式をうまく使わなければなりません。

　芸術性をどのように実現するかはジャンルによって異なりますが，一般的なガイドラインはあります。**美的な力**は，最終的なアート作品の**切れ味，簡潔さ，一貫性**によって生み出されます（Barone & Eisner, 2012; Chilton & Leavy, 2014, 2020）。サラ・ローレンス＝ライトフットとジェシカ・ホフマン・デイヴィス（Lawrence-Lightfoot & Davis, 1997）は，肖像画に関する議論の中で，構造，形式，一貫性，そして「全体として美がどのようにあらわれるか」（p. 255）を考慮しなければならないと述べています。芸術的な表現が美的な力をもつには，問題の核心に迫り，その本質を首尾一貫した形で提示しなければなりません。そのためには，構造に注意を払う必要があります。たとえば，歌をつくるとき，特に観客の参加や記憶がプロジェクトに関係する場合は，「サビ」が重要になるかもしれません。短編や小説の場合，たとえば物語の終わり方や，読者の期待にどう応えるかなど，物語の展開やプロットの構成に関して考慮すべき基本的な問題があります。詩をつくる場合は，具体性を生かしてイメージを生き生きしたものにすることができます（Butler-Kisber, 2010; Faulkner, 2019; Meyer, 2017）。

　作品には芸術性が求められるため，ABRでは，アーティストのように考える必要があります（Bochner & Ellis, 2003; Saldaña, 2011）。イヴァン・ブレイディ（Brady, 1991）は，「アートフル・サイエンティスト」という言葉を使って，この問題について語っています。ABR研究者はさまざまな分野から集まっていますが，その人がどのようなアートの技を取り入れているかに注意を払わなければなりません。自分が取り組んでいる形式について学ぶことは必須です。これは，専門的なトレーニングや仲間との相互交流を通して，またしっかりと取り組めば独学でも達成できます。エリザベス・デ・フレイタスが指摘するように，厳密さは，作品が「深い美的なインパクト」をもつことによって生まれるのです（de Freitas, 2004, p. 269）。

　ABRには，ファインアートにも匹敵するアートの幅広いトレーニングが必

要だと指摘する人もいます（たとえば，Blumenfeld-Jones, 2014; Piirto, 2002 を参照）。しかし，私は実験やリスクを伴う新しいジャンルに取り組むことを恐がるべきではないと思います。さらに ABR では，出来上がった作品はそれ自体として重要ですが，それだけを見るのでなく，作品の有用性との比較・検討が必要になるかもしれません。ここには，複雑な弁証法的関係があります。というのも，有用性や幅広いオーディエンスへの発信（人目を引くアート作品ほど発信しやすい）など，他の目的を達成するために，ABR 作品の美的な力が必要とされているという可能性があるからです。加えて，ABR の評価にアートのトレーニングに関する厳しい基準を設ければ，ABR の本来の強みであるはずの多様な人々の参加を大幅に制限することになるという，意図せざる結果を招くでしょう（Finley, 2008）。倫理や社会正義に与える影響もあります。トレーニングを受けていない研究者がアートの形式に取り組むことに辟易（へきえき）している人には，表現アートセラピーや創造的アートセラピーの文献を参照することをお勧めします。創造的アートセラピストは，アートのトレーニングを受けていないクライエントとアート制作に取り組み，優れた成果を挙げています。他のすべての基準と同様に，ABR の美的な力，有用性，公共性は，それぞれの研究プロジェクトに適した形で考えなければなりません。

アートとしての真正性

真正性については，すでに信用性との関連で述べましたが，ABR にこの用語を適用する場合，それが従来の質的研究とどのように異なるかを明確にする必要があります。ABR では，表現されたものが真実味のあるものとしてオーディエンスに受け止められなければなりません（Chilton & Leavy, 2014, 2020）。真正性と芸術性の絡み合いは，オーディエンスの経験の中にあらわれます。真正なものこそが美的であると主張する人もいます（Hervey, 2004; Imus, 2001）。このことを端的に表しているのが，「最高の芸術とは，最も誠実で，真正の芸術だ」（Franklin, 2012, p. 89）という言葉です。この考え方では，ABR の表現がオーディエンスに意味や力を与えるなら，取り入れたジャンルの慣習にどれだけ忠実であるかにかかわらず，美的とみなされる可能性があります。つまり，ABR 研究者による短編小説は，文学の分野で定められた基準をたとえ満たしていなくても，読者が感動すれば美的だとみなされるかもしれません。ここでもまた，この研究パラダイムにおける有用性と芸術性の入り組んだ関係を見ることがで

きます。このことは，ABRを試してみたい学生や初心者，そして経験豊富な研究者にも，勇気を与えるはずです。

アートとしての真正性に関しては考慮すべき点がもう1つありますが，それについては，倫理的実践に関する議論の中であらためて取り上げます。良い作品をつくることと，研究結果を報告することの間には，しばしば緊張関係があるのです（Ackroyd & O'Toole, 2010; Saldaña, 2011）。

たとえば，サルダーニャ（Saldaña, 1998, 2011）は，優れたエスノドラマがデータを「興味を引くもの」に変えること，しかし同時に，エスノドラマのもとになっている調査について倫理的な配慮をしなければならないことについて書いています。データの本質を最も効果的に伝えるには，データに忠実であることと魅力的な作品をつくり出す必要性とのバランスをとらなければならないのです。キップ・ジョーンズは新聞のインタビューで，『Rufus Stone（ルーファス・ストーン）』の制作に関連してこの問題に触れ，データから浮かび上がる主要なテーマを短編映画で取り扱うことの難しさと重要性について語っています（Guttenplan, 2011 より引用）。

個人の痕跡と創造性

芸術性に関わる問題の1つに，特定のアーティスト−研究者が作品に持ち込む独自の質や構想，アプローチ，才能，視点があります。アート実践はすべて**手仕事**であり，型にはまったモデルは存在しません。それどころか，実践者はプロジェクトに自分自身を持ち込んでいるのです。そのため，**アーティスト個人の痕跡**は，ABRの評価に用いることができます（Banks 2008; Barone & Eisner, 1997, 2012）。アート作品には**声**があります。自分自身の声を見つけ，表現することが重要です。

個人的なスタイルを確立するには，時間とスキルが必要です。アーティストの個人的なしるしが重要になるのには，いくつかの理由があります。第一に，それは技や表現の美的な点に注意を払うことなど，使用するジャンルに綿密に取り組んできたことを示します。第二に，優れたアーティストは，その独自のスタイルによって，オーディエンスを飽きさせません。たとえば，好きな音楽アーティスト，映画監督，作家がいるという人は多いでしょう。そのアーティストのアプローチに惹かれ，それを楽しんでいるからです。ここでいうア

第8章 | アートベース・リサーチの評価基準　　349

プローチには，アーティストが提供するコンテンツの話題性やスタイルへの感性なども含まれます。芸術的な表現によって人々を感動させることが目標なら，実践者の個々のアプローチが不可欠になります。第三に，アーティストは自らの表現の中にあらわれています。作品制作におけるアーティスト自身の役割は否定できません。表現に個人的なしるしを残すことで，アーティスト−研究者は，結果としての表現に積極的に参加していることを主張します。最後に，ABR 研究者は，革新的・創造的な実践を通じて，形式の境界を押し広げます。研究者は，個人的なトレードマークやスタイルを作り出すことで，他の人々も利用可能な ABR の方法の蓄積に貢献しているのです。

　一般に，個人的なしるしをつくり出せる領域はいくつかあります。素材，フォーマット，スタイル，繰り返されるテーマなどのコンテンツにおける選択が，アーティスト−研究者の独自の痕跡を映し出すことになるかもしれません。これは一般論であり，使用できるツールはアートの媒体によって異なります。

評価基準のまとめ

　表 8.2 は本章で検討した評価基準をまとめたものです。

おわりに ── 混乱，バランス，アーティスト−研究者の立場性

　「ABR としての小説と，小説家が書いた小説との違いは何ですか」という質問をよく受けます。この質問は，評価基準についてこれまで述べてきたことの背景にある ABR の根本的な問題を浮き彫りにしています。私たちがもっている評価基準にもまだ混乱があり，相互に関連し合っているということもわかります。おそらく有用性か美学かという問題を語るときに，この混乱は最も顕著にあらわれるでしょう。

　ABR と従来のアート作品との違いは，**それが作られた目的**にあると私は考えています。同様に，ABR と伝統的な量的・質的調査を区別するのも目的です。たとえば目的に，過去の記憶の喚起，感情的なつながり，一般のオーディエンスに届けることなどが含まれこともあるでしょう。私が自分の作品を ABR として評価するときは，常に全体的な目的を念頭に置いています。小説の執筆で

表 8.2　評価基準のまとめ

倫理的実践

研究テーマの選定	一般公開
手続き上の倫理	参加型作品
参加型研究	脚色
きめ細かな描写	リフレクシビティ（再帰性）

方法論

問いと方法が合っているか	データ分析
全体的または相乗的なアプ ローチ	・外的対話
	・データ分析のサイクル
・徹底性	・省察チーム
・一貫性	・内的対話
・適合性	・文献・理論
・内的整合性	翻訳
	・アート的探究の翻訳を行う創造的方法
	・アダプテーション理論
	透明性・明示性

有用性・意義・実質的な貢献

信用性と真正性

パブリック・スカラシップ

多様なオーディエンスへのアクセス
　・専門用語を使わないこと
　・関係者への発信
参加型アプローチ

オーディエンスの反応

複数の意味

美的価値・芸術性

美的な質や力，芸術性
　・切れ味
　・簡潔さ
　・一貫性
アートとしての真正性

個人の痕跡と創造性

は，特定のテーマを扱うこと，読者とつながり，省察を促すこと，研究者以外のオーディエンスに届けることが評価に含まれます。このような目標を達成するためには，小説としても**十分に優れた**ものでなければなりません。実際には，これが ABR におけるアートとしての質の最も現実的な基準かもしれません。

　キップ・ジョーンズは，以下のようにはっきりと書いています。

　　私は急に，イラストレーターや脚本家，映画制作者に転身しようと決めた

第 8 章　アートベース・リサーチの評価基準　　351

わけではない。私は今でも，伝えたいストーリーやメッセージをもつ社会科学者であり，それを伝えるためにどのメディアが最適なのかを探っているのである。特定のメディアの使用に長けているかどうかは気にしない。その手段が目下の目的にかなうかどうかを考えるのである。

(Jones, 2010, para. 9)

　ジョーンズは，実践者がどのような地点から ABR にたどり着くのかを示しています。私は，女性の生活や人間関係に特に関心をもつ社会学者として ABR にたどり着いたため，目的が研究の他の要素の指針となっています。しかし，自分の目的を最大限に達成するためには芸術性が重要だと知り，文学的な形式に取り組むたびに，厳密な技としての形式にますます力を入れるようになりました。私は自分の書く小説が，中身のある，十分に練られた楽しい読み物になることを目指しています。そして，純粋に文学作品として成立する，美しい作品であってほしいと願っています。私はもっと良いものを作ろうと努力しますが，それが達成できないかもしれないということも理解しています。これについて，研究としてフィクションを書いているデ・フレイタス（de Freitas, 2004）は，ライティング技術に注意を払うことで厳密さが生まれると説明しています。舞台芸術から質的研究の世界に入ったサルダーニャは，アート作品としての質を重視する一方で，芸術性を高めることとデータに忠実であることの矛盾や，エスノドラマの制作には調査データが重要であることにも言及しています。私は，アートや社会科学のトレーニングを十分に受けていないという理由で ABR に取り組むことに不安を感じている人たちには，自分がやってきたことを生かして始めることを強く勧めます。

　ABR の評価の問題は厄介ではありますが，その厄介さを**受け入れ**，進んで生かせば，最高の研究ができますし，他の人たちのベストを引き出すことができると思います。ABR の進め方やその評価方法に，どんなプロジェクトでも当てはまるモデルがあるわけではありません。本章で示した一般的な基準や，アートの各ジャンルでの基準はありますが，それらを一律に適用することはできません。私からのアドバイスはこうです。今いる場所から始めること。やりながら学ぶこと。自分の直感を信じ，リスクを冒すこと。自分の目標とのバランスをとること。どんな研究成果も万人にとって万能であるはずがないと受け入れること。私たちはみな，研究としても芸術としても優れた作品をつくりた

いと願っていますが，常にそれができるとは限りませんし，常にそれが目標で
あるとも限りません。問うべきは，「意図した目的を達成するのに**十分なもの**
なのか」です。

注

1. 実際にはもっと難しい場合もあるということを，情報公開のために記しておきま
   す。たとえば，後に小説『Low-Fat Love』につながるインタビューを何年もかけ
   て収集したとき，私は自分が学んだことをフィクションにしようとはまったく考
   えていませんでした。インタビューの参加者や学生，その他の人々に対し，私が
   彼らから学んだことが小説になると知らせることはできなかったのです。このよ
   うな場合に私たちができるのは，匿名性を守ること，繊細で多面的な描写を行う
   こと，そして「良いこと」をしようとすることだけです。

■ 参考文献

Abbott, H. P. (2008). *The Cambridge introduction to narrative* (2nd ed.). Cambridge, UK: Cambridge
University Press.

Ackroyd, J., & O'Toole, J. (2010). *Performing research: Tensions, triumphs and trade-offs of ethnodrama.*
London: Institute of Education Press.

Adams, T. E., Holman Jones, S., & Ellis, C. (2015). *Autoethnography: Understanding qualitative research.*
New York: Oxford University Press.［トニー・E・アダムス，ステイシー・ホルマン・
ジョーンズ，キャロリン・エリス，松澤和正・佐藤美保（訳）（2022）．オートエスノ
グラフィー——質的研究を再考し，表現するための実践ガイド　新曜社］

Atkins, S. (2012). Where are the five chapters?: Challenges and opportunities in mentoring students
with art-based dissertations. *Journal of Applied Arts and Health, 3*(1), 59–66.

Bailey, C. (1996). *A guide to field research.* Thousand Oaks, CA: Pine Forge Press.

Bailey, C. (2007). *A guide to qualitative field research.* Thousand Oaks, CA: Pine Forge Press.

Bamford, A. (2005). *The art of research: Digital thesis in the arts.* Retrieved from http://adt.caul.edu.au/
etd2005/papers/123Bamford.pdf.

Banks, S. P. (2008). Writing as theory: In defense of fiction. In J. G. Knowles & A. L. Cole (Eds.),
Handbook of the arts in qualitative research (pp. 155–164). Thousand Oaks, CA: SAGE.

Barone, T. (2007). A return to the gold standard?: Questioning the future of narrative construction as
educational research. *Qualitative Inquiry, 13*(4), 454–470.

Barone, T., & Eisner, E. (1997). Arts-based educational research. In R. M. Jaegar (Ed.), *Complementary
methods for research in education* (Vol. 2, pp. 93–116). Washington, DC: American Educational
Research Association.

Barone, T., & Eisner, E. (2012). *Arts based research.* Thousand Oaks, CA: SAGE.

Blumenfeld-Jones, D. S. (2008). Dance, choreography, and social science research. In J. G. Knowles & A.

L. Cole (Eds.), *Handbook of the arts in qualitative research: Perspectives, methodologies, examples, and issues* (pp. 175–184). Thousand Oaks, CA: SAGE.

Blumenfeld-Jones, D. S. (2014, April). *Aesthetics and analysis in arts-based educational research: View of a dancer/poet*. Presentation at the annual conference of the American Educational Research Association, Philadelphia, PA.

Bochner, A. P., & Ellis, C. (2003). An introduction to the arts and narrative research: Art as inquiry. *Qualitative Inquiry, 9*(4), 506–514.

Bochner, A. P., & Riggs, N. (2014). Practicing narrative inquiry. In P. Leavy (Ed.), *The Oxford handbook of qualitative research* (pp. 195–222). New York: Oxford University Press.

Bradbury, H., & Reason, P. (2008). Issues and choice points for improving the quality of action research. In M. Minkler & N. Wallerstein (Eds.), *Community-based participatory research for health* (2nd ed., pp. 225–242). San Francisco: Jossey-Bass.

Brady, I. (1991). *Anthropological poetics*. Savage, MD: Rowman & Littlefield.

Butler-Kisber, L. (2010). *Qualitative inquiry: Thematic, narrative and arts-informed perspectives*. Thousand Oaks, CA: SAGE.

Cahnmann-Taylor, M., & Siegesmund, R. (2008). *Arts-based research in education: Foundations for practice*. New York: Routledge.

Carter, M. (2017). Artful inquiry and the unexpected ethical turn: Exploring identity through creative engagement with grades 9–12 students in Guatemala and Canada. *Art/Research International: A Transdisciplinary Journal, 2*(1), 5–18.

Chilton, G., & Leavy, P. (2014). Arts-based research practice: Merging social research and the creative arts. In P. Leavy (Ed.), *The Oxford handbook of qualitative research* (pp. 403–422). New York: Oxford University Press.

Chilton, G., & Leavy, P. (2020). Arts-based research: Merging social research and the creative arts. In P. Leavy (Ed.), *The Oxford handbook of qualitative research second edition*. New York: Oxford University Press.

Cho, J. (2018). *Evaluating qualitative research*. New York: Oxford University Press.

Coffey, A. (1999). *The ethnographic self: Fieldwork and the representation of identity*. London: SAGE.

Cole, A. L., & Knowles, J. G. (2001). Qualities of inquiry: Process, form, and "goodness." In L. Neilsen, A. L. Cole, & J. G. Knowles (Eds.), *The art of writing inquiry* (pp. 211–229). Halifax, Nova Scotia, Canada: Backalong Books.

Cole, A. L., & Knowles, J. G. (2008). Arts-informed research. In J. G. Knowles & A. L. Cole (Eds.), *Handbook of the arts in qualitative research: Perspectives, methodologies, examples, and issues* (pp. 53–70). Thousand Oaks, CA: SAGE.

Cox, S., Drew, S., Guillemin, M., Howell, C., Warr, D., & Waycott, J. (2014). *Guidelines for ethical visual research methods*. Melbourne, Australia: Melbourne School of Population and Global Health, University of Melbourne. Retrieved from https://artshealthnetwork.ca/ahnc/ethical_visual_research_methods-web.pdf.

Creswell, J. W. (2007). *Qualitative inquiry and research design: Choosing among five approaches*. Thousand Oaks, CA: SAGE.

de Freitas, E. (2004). Reclaiming rigour as trust: The playful process of writing fiction. In A. L. Cole, L. Neilsen, J. G. Knowles, & T. C. Luciani (Eds.), *Provoked by art: Theorizing arts-informed research* (pp.

262–272). Halifax, Nova Scotia, Canada: Backalong Books.

Denzin, N. K. (2003). Performing [auto] ethnography politically. *Review of Education, Pedagogy, and Curriculum Studies, 25*, 257–278.

Denzin, N. K., & Giardina, M. D. (2018). Introduction: Qualitative inquiry in the public sphere. In N. K. Denzin & M. D. Giardina (Eds.), *Qualitative inquiry in the public sphere* (pp. 1–14). New York: Routledge.

Eisner, E. (2005, January). *Persistent tensions in arts-based research.* Paper presented at the 18th annual conference on Interdisciplinary Qualitative Studies, Athens, GA.

Ellis, C. (2004). *The Ethnographic I: The methodological novel about autoethnography.* New York: AltaMira Press.

Ellis, C. (2007). Telling secrets, revealing lives: Relational ethics in research with intimate others. *Qualitative Inquiry, 13*(1), 3–29.

Faulkner, S. L. (2009). *Poetry as method: Reporting research through verse.* Walnut Creek, CA: Left Coast Press.

Faulkner, S. L. (2019). *Poetic inquiry: Craft, method, and practice* (2nd ed.). New York: Routledge.

Finley, S. (2008). Arts-based research. In J. G. Knowles & A. L. Cole (Eds.), *Handbook of the arts in qualitative research: Perspectives, methodologies, examples, and issues* (pp. 71–81). Thousand Oaks, CA: SAGE.

Frank, K. (2000). The management of hunger: Using fiction in writing anthropology. *Qualitative Inquiry, 6*(4), 474–488.

Franklin, M. (2012). Know theyself: Awakening self-referential awareness through art-based research. *Journal of Applied Arts and Health, 3*(1), 87–96.

Fraser, K. D., & al Sayah, F. (2011). Arts-based methods in health research: A systematic review of the literature. *Arts and Health, 3*(2), 110–145.

Gerber, N., & Myers-Coffman, K. (2018). Translation in arts-based research. In P. Leavy (Ed.), *Handbook of arts-based research* (pp. 587–607). New York: Guilford Press. ［パトリシア・リーヴィー（編著），岸磨貴子ほか（監訳）(2024)．アートベース・リサーチ・ハンドブック　福村出版，所収］

Gordon, A. (2014, March 18). Killing pigs and weed maps: The mostly unread world of academic papers. *Pacific Standard: The Science of Society.* Retrieved from www.psmag.com/navigation/books-and-culture/killing-pigs-weed-maps-mostly-unread-world-academic-papers-76733.

Gosse, D. (2005). *Jackytar: A novel.* St. Johns, Newfoundland, Canada: Jesperson.

Guttenplan, D. D. (2011, July 11). Shunning the journals, scholar brings work on older gays to life in film. *New York Times.* Retrieved from www.nytimes.com/2011/07/11/world/europe/11iht-educSide11.html?_r = 2&.

Hertz, R. (1997). *Reflexivity and voice.* London: SAGE.

Hervey, L. W. (2004). Artistic inquiry in dance/movement therapy. In R. F. Cruz & C. F. Berrol (Eds.), *Dance/movement therapists in action. A working guide to research options* (pp. 181–205). Springfield, IL: Charles C Thomas.

Hesse-Biber, S. N., & Leavy, P. (2005). *The practice of qualitative research.* Thousand Oaks, CA: SAGE.

Hesse-Biber, S. N., & Leavy, P. (2012). *The practice of qualitative research* (2nd ed.). Thousand Oaks, CA: SAGE.

Holm, G. (2014). Photography as a research method. In P. Leavy (Ed.), *The Oxford handbook of qualitative research* (pp. 380–402). New York: Oxford University Press.

Imus, S. (2001). Aesthetics and authentic: The art in dance/movement therapy. In *Proceedings of the 36th annual conference of the American Dance Therapy Association*. Columbia, NC: American Dance Therapy Association.

Jones, K. (2003). The turn to a narrative knowing of persons: One method explored. *Narrative Studies, 8*(1), 60–71.

Jones, K. (2010, October). *Performative social science: What it is, What it isn't* [Script]. Paper presented at the Seminar on Performative Social Science, Bournemouth University, Dorset, UK. Retrieved from www.academia.edu/4769877/Performative_SocSci_What_it_is_What_it_isnt_Seminar_script.

Kristof, N. (2014, February 15). Professors, we need you! *New York Times*. Retrieved from www.nytimes.com/2014/02/16/opinion/sunday/kristof-professors-we-need-you.html.

Lather, P. (2000, July). *How research can be made to mean: Feminist ethnography out of the limits of representation*. Keynote address at the International Drama in Education Research Institute, Ohio State University, Columbus, OH.

Lawrence-Lightfoot, S., & Davis, J. H. (1997). *The art and science of portraiture*. San Francisco: Jossey-Bass.

Leavy, P. (2009). *Oral history: Understanding qualitative research*. New York: Oxford University Press.

Leavy, P. (2010). Poetic bodies: Female body image, sexual identity and arts-based research. *LEARNing Landscapes, 4*(1), 175–188.

Leavy, P. (2011). *Essentials of transdisciplinary research: Using problem-centered methodologies*. Walnut Creek, CA: Left Coast Press.

Leavy, P. (2013). *Fiction as research practice: Short stories, novellas, and novels*. Walnut Creek, CA: Left Coast Press.

Leavy, P. (2017). *Research design: Quantitative, qualitative, mixed methods, arts-based, and community-based participatory research approaches*. New York: Guilford Press.

Leavy, P. (2019). Introduction. In P. Leavy (Ed.), *The Oxford handbook of methods for public scholarship* (pp. 3–16). New York: Oxford University Press.

Manders, E., & Chilton, G. (2013, October 28). Translating the essence of the dance: Rendering meaning in artistic inquiry of the creative arts therapies. *International Review of Qualitative Research, 14*(16).

Meyer, M. (2017). Concrete research poetry: A visual representation of metaphor. *Art/Research International: A Transdisciplinary Journal, 2*(1), 32–57.

Mienczakowski, J., Smith, L., & Morgan, S. (2002). Seeing words—hearing feelings: Ethnodrama and the performance of data. In C. Bagley & M. B. Cancienne (Eds.), *Dancing the data* (pp. 90–104). New York: Peter Lang.

Mishler, E. G. (1990). Validation in inquiry-guided research: The roles of exemplars in narrative studies. *Harvard Educational Review, 60*, 415–442.

Monaco, J. (2009). *How to read a film: Movies, media, and beyond* (4th ed.). New York: Oxford University Press. ［ジェイムズ・モナコ，岩本憲児ほか（訳）(1983)．映画の教科書——どのように映画を読むか　フィルムアート社（初版の邦訳）］

Nisker, J. (2008). Healthy policy research and the possibilities of theater. In J. G. Knowles & A. L. Cole (Eds.), *Handbook of the arts in qualitative research* (pp. 613–623). Thousand Oaks, CA: SAGE.

Norris, J. (2011). Towards the use of the "Great Wheel" as a model in determining the quality and merit of arts-based projects (research and instruction). *International Journal of Education and the Arts, 12*, 1–24.

Patton, M. (2002). *Qualitative research and evaluation methods*. Thousand Oaks, CA: SAGE.

Piirto, J. (2002). The question of quality and qualifications: Writing inferior poems as qualitative research. *International Journal of Qualitative Studies in Education, 15*(4), 431–445.

Richardson, L. (2001). Alternative ethnographies, alternative criteria. In L. Nelson, A. L. Cole, & J. G. Knowles (Eds.), *The art of writing inquiry* (pp. 2502–2552). Halifax, Nova Scotia, Canada: Backalong Books.

Rolling, J. H., Jr. (2013). *Arts-based research primer*. New York: Peter Lang.

Saks, A. L. (1996). Viewpoints: Should novels count as dissertations in education? *Research in the Teaching of English, 30*(4), 403–427.

Saldaña, J. (1998). *Ethical issues in an ethnographic performance text: The "dramatic impact" of "juicy stuff."* Tempe: Arizona State University Press.

Saldaña, J. (2011). *Ethnotheatre: Research from page to stage*. Walnut Creek, CA: Left Coast Press.

Sand-Jensen, K. (2007). How to write consistently boring scientific literature. *Oikos, 116*, 723–727.

Sinyard, N. (1986). *Filming literature*. London: Croom Helm.

Tenni, C., Smyth, A., & Boucher, C. (2003). The researcher as autobiographer: Analyzing data written about oneself. *Qualitative Report, 8* (1), 1–12.

Wyatt, J. (2006). Psychic distance, consent, and other ethical issues: Reflections on the Writing of "a Gentle Going?" *Qualitative Inquiry 12* (4), 813–818.

第**9**章

アートと科学に橋を架ける

研究者は探し，アーティストは見出す。
——アンドレ・ジッド

　研究方法とアートの出会いは，社会的・政治的進歩，新たな理論や認識論の登場，包括的な社会正義を目指す研究構想，トランスディシプリナリー（超学際性）への動きが交わるところで起こります。科学の世界とアートの世界が融合することで，これまで研究を方向づけていた科学的基準が見直され，二極化されてきた世界の収束点が見えはじめています。本書では，こうした大きな変化から生じた方法論のハイブリッド化に焦点を当ててきました。それによって，多くの研究者が長年抱いてきた目標が実現しやすくなると同時に，新たなリサーチ・クエスチョンも生まれてきました。境界が変化し，崩れることで，アートベースの探究の新たな空間が出現するのです。

　エリオット・アイズナーは，何を研究トピックとして選択するかはどんな知識構築のツールが使えるかと表裏一体であると指摘し，私たちの「問いを生み出す力」は，慣れ親しんでいる方法論的道具や表現形式から生じる（Eisner, 1997, p. 8）と述べています。アイズナーによれば，私たちは「見つけ方がわかっているもの」（p. 7）を探す傾向があり，研究の道具によって，テーマの選択，リサーチ・クエスチョン，データ生成から表現までの研究デザインが方向づけられます。シャーリーン・ヘス＝バイバーと私（Hesse-Biber & Leavy, 2006, 2008）は，新しい方法によって「物事を違う視点から捉える」ことが可能になると提案してきました。つまり，方法論の革新とは，単に自分の手持ちの武器を「増やす」のではなく，知識構築の新しい考え方，すなわち**新しい見方**をひらくことなのです。創造性と革新性に着目すれば，**新たな研究の構成**という

観点から考えることができるようになります。ABRは最先端の方法論であり，研究者たちはこれまでなかった実践を**切りひらき，新しい見方**を創造しています。こうした実践では，組み立てること，織り上げること，まとめること，意味のタペストリーを作ること，新しい形の知を生み出すことが重要です。

研究としてのアート

　社会生活において，アートは「普遍的」なものとみなされます。アートが共通理解を生み出し，人々をつなぐ機能をもつことは確かですが（これは一部のアートベースの方法の強みです），音楽やダンスが「普遍的な言語」となるという考えは，アートが大きなシステムの中で生産・消費されるものであることを考慮しない現実離れした見方です。アートは，社会的・歴史的・文化的な文脈の中で生み出されます。アート制作の背景には，制度と市場原理が働いており，それらが一体となってつくり出す価値体系の中で，アートは正当化され，評価され，体験され，取引されています。アートに対する哲学的な見方，文化的規範や価値観，実用的な関心も，アートの生産と消費に影響を与えています。さらに，グローバル化によって，文化的人工物，資本，科学技術の交換が多方面に広がり，アートの生産にも影響しています。形式と内容の両面におけるハイブリッドアートがいたるところに出現し，文化交流・文化移転をめぐる現代的な問いを考える入り口となっています。これらの理由から，グローバリゼーション研究と融和したABRは，さらに増えていくかもしれません。

　アートが社会調査の実践で脚光を浴びることになった背景には，メディアとしてのアートのもつ力と即時性，アートの対抗的な可能性，パブリック・スカラシップへの動きなど，関連するいくつかの現象がありました。パブリック・スカラシップの推進は，学界の中だけの出来事ではなく，インターネットやソーシャルメディアがもたらす知の民主化に刺激を受けています。

　アートは，人々の注意を強く引きつけ，長く印象に残ります。アートには即効性があります。音楽は環境に広がり，聴く人の中に浸透していきます。ビジュアルアートは人々を立ち止まらせ，ものの見方を揺さぶります。演劇はさまざまな感情を呼び起こし，観客を泣かせたり笑わせたりします。もちろん，すべてのアートがこのような形で人々に影響を与えるわけではありませんが，

どんなアートにもその**力**が備わっています。アートには，希望と可能性があるのです。あるアート作品がそこまで高い目標に達していなかったとしても，大切な物語や多様な意味を，美学的に興味深い方法で伝えることはできるでしょう。アートという形式にはさまざまな美的特性があるため，多くの人々がアートのもつ美しさ，そして変化をもたらし，印象や見方を変え，人生に深みを与える力を享受していることに不思議はありません。どれほど多くの人が，小説や映画などのアートに余暇を費やしているかを考えてみましょう。表現形式としてのアートは，これまでの研究報告に欠けていた2つの重要なことを成し遂げています。

　第一に，アートの魅力は学界の中にとどまりません。誰でも語られる物語に入り込むことができるのと同じです。アートという表現形式によって，社会調査をより広い一般のオーディエンスに届けることが可能になります。また，これまで誰が学術研究の受益者となるかを決めてきた教育的・社会階級的な偏見も，軽減することができます。私が本書の初版を執筆した当時，社会調査のオーディエンスを広げるという目標は，本当の意味で実現されていませんでした。というのも，ABR研究者のほとんどは，専門の学術誌に論文を投稿したり，限られたオーディエンスに向けて学会発表をしたりしていたからです。しかし，状況は変わりつつあります。出版社が境界を越えた仕事を引き受けるようになり，オンデマンド印刷技術の普及により自費出版が劇的に増えました。学会やアート団体でABRの好事例に賞が授与され，認知されるようになりました。また，研究助成機関は「インパクト」の問題を真剣に捉えはじめ，パフォーマティブな作品や混合研究に対して多くの資金を提供するようになりました。オーディエンスを広げるという点では，まだ道のりは長いですが，確実に進んでいます。ABRは，専門用語だらけの従来の研究報告とは異なる形で人々に届けられる可能性があるのです。

　第二に，アートには，感情をかき立て，省察を促し，人々の考え方を変化させる力があります。第1章で概説したように，神経科学とアートの関係に関する最近の研究では，アートが教育において他に類を見ない可能性を秘めていることが示されています。特に，アートの表現形式を求める動きは，学界全体における社会正義に関する研究の急速な増加に結びついています。研究者の多くは，批判的意識を高め，省察を促し，共感的なつながりを生み出し，協力関係を築き，固定観念に挑戦し，社会的行動を促進するという目的をもって，

ABR を実践しています。

　ABR として実施・発表される研究に変革する力があるのは，アートが抵抗のメディアだからです。歴史的に，さまざまなアートのジャンルが，社会的抑圧に対する抵抗の場として使われてきました。草の根運動や活動家アーティストなど多くの人々が，公的にも私的にも，社会的な抗議や抵抗のためにアートを利用してきました。現在，アートのもつ抵抗の可能性は，ステレオタイプを解体し，周縁化された人々の声を聞き取って増幅させ，社会変革を推進しようとする研究者によって活用されています。

　新たな理論的・認識論的な見方，特に社会正義の政治学に基づく見方が登場したことで，方法論の革新が必要になってきました。一部の質的研究者にとって，アートへの転換は自然な流れです。なぜなら，彼らはアート的探究を自分たちがすでに行っていることの延長として考えているからです。本書を通して指摘してきたように，質的研究の実施に必要なスキルと，ABR の実践の指針となるスキルは一致しており，どちらの実践も，社会のある側面に光を当てるための技として考えることができます。抑圧された声を聞き取り，それを提示・表現することに加えて，これらの方法は，研究者が複数の意味を追求するプロジェクトに適しています。研究プロジェクトから生まれる意味に制約のある実証主義的研究とは対照的に，ABR は多様性にひらかれているのです。

　表9.1は，量的研究，質的研究，ABR の主な特徴を示したものです。この表からいくつかのことが浮き彫りになります。第一に，ABR の実践では，コンテンツおよび表現形式の多様性に重きが置かれます。強調する点や目標，すなわち私たちが追求し伝えようとするものが，他のパラダイムの研究とは異なっているのです。提示・表現の目的や手段など，目的とその達成に適した戦略の考え方にも違いがあります。

　第二に，ABR では，研究者の側に一定のスキルが求められます。ABR を実践する人は，研究とアートのスキルの両方またはどちらか一方を高めることが奨励されます。ABR の実践では，使おうとする技の習得に加えて，柔軟性，創造性，寛容さと直感，物語る力，概念的・象徴的・隠喩的（Saldaña, 1999）・テーマ的に思考すること，倫理的実践と自身の価値観に注意を払うことなどが研究者に求められます。

　第三に，ABR の実践は，インターディシプリナリー（学際性）からトランスディシプリナリー（超学際性）へと移行しつつあります。ABR のパラダイムで

表 9.1　量的研究，質的研究，ABR の主な考え方

量的研究	質的研究	ABR
数値	言葉	物語，イメージ，音，場面，知覚
データの発見	データの収集	データまたはコンテンツの生成
測定	意味	喚起
集計	記述	提示・表現
価値中立的	価値に基づく	政治的，意識改革，解放
信頼性	プロセス	真正性
妥当性	解釈	真実性
証明する／納得させる	説得する	心を揺さぶる，美的な力
一般化可能性	伝達性	共振性
専門性	学際性	超学際性

は，従来の学問の境界が取り払われ，統合された学際的な実践や，どの学問にも「収まらない」創発的な実践への道がひらかれます。ABR は，既存の研究パラダイムに挑戦する方法の 1 つなのです。

　最後に，この表では，ABR の目的，すなわち特定の研究プロジェクトに込められる**意図**が，量的研究や従来の質的研究の目的とは異なるということが示されています。前章で検討したように，ABR の実践を通して構築された知は，独自の基準で評価されなければなりません。この新たな実践に携わる研究者たちは，その基準の開発に取り組んでいます。そうした調査結果に従って広範な科学的基準を取り入れることが，りんごとオレンジを比べるような無意味な比較を強いられないようにするためにも重要です。新しい理論的・方法論的な革新に対しては常に厳しい目が向けられ，不安視されることもあります。しかし，気をつけなければならないのは，できるだけ批判を受けないように確立された科学的基準を満たそうと注意深くなるあまり，研究で明らかになるはずの真実を皮肉にも**曇らせてしまう**場合があるということです。信頼性や妥当性という概念に依拠したからといって，研究コミュニティや一般の人々にとってその研究が意味をもつとは限りません。

　また，このような超学際的な研究実践を説明し，促進していくためには，実践に基づく新しい種類の言語を開発する必要があります。そこには評価手続きも含まれます。質的研究が研究実践に適した新たな用語を導入したように，ABR の伝統における新しい知識構築のあり方は，研究についての新たな語り方を必要とするでしょう。たとえば，ABR の実践者たちは，**方法** (method)

の代わりに**実践**（practice）という言葉を使います。本書でもそうしてきました。**データ収集**ではなく，**データ生成**という観点で考えることが大切かもしれません。データ生成は，私たちが単にデータを「見つける」のではなく，探究を通して積極的にデータを生み出すことを意味します。「データ」について新しい言葉で語ることを提案する人もいます。ジョー・ノリス（Norris, 2014）は，**データ**の代わりに**コンテンツ**という用語を使うことを提案しています。このような具体的な例を抜きにしても，本書で取り上げた著者の多くは，**新しい研究のあり方について考え，新たなかたちで知を構築しています。**研究コミュニティは，新しい見方を生み出すことで，知識が新たなかたちで形成される可能性を考慮に入れる必要があるのです。ここでいう新たなかたちには，ソニック・アーキテクチャー[i]，肖像画，あるいは本書で検討した他の多くの形式もあれば，アーティスト－研究者がまだ明確に形にしていないものもあります。アートの言語や実践，形式を用いることで，私たちは新たな考え方，見方，組み立て方ができるようになるのです。

　研究の従来の「かたち」と本書でみてきたものとを，簡単に比較してみましょう。ショーン・マクニフ（McNiff, 2018）が指摘するように，研究報告に用いられる典型的な形式は，IMRAD（導入［introduction］，方法［methods］，結果と考察［results (findings) and discussion］の頭文字をとったもの）という科学的なモデルです。このひな型が，ほとんどの査読付き論文の「かたち」を決めています。一方，ABR にはひな型がありません。マクニフ（McNiff, 2018）が述べているように，ABR では，アートの本質に反する類型化や標準化されたアプローチを捨てることが求められます。ABR の実践者による知識構築のかたちは，本書で取り上げたアート形式の他にも，これから誰かが取り入れたり考えついたりしていくものも含めて無数にあるのです。

　IMRAD の形式を使用すると，「この情報をここに入れる」という公式があるため，自分の研究を「うまく」表現できているかどうかを簡単に確認できます。一方，ABR の場合は厄介です。どうすれば，自分の表現が説得力のあるものになっているとわかるのでしょうか。前章で検討したように，美学と芸術性に注意を払うことが重要です。本書を通して述べてきたように，自分が使おうとする技を習得し，練習を重ねて上達するには時間がかかります。ここでは，

訳注 i　公園などの公共空間やインスタレーションにおいて，聴覚に基づいた体験空間をデザインすること。

ABR を始めるために役立つヒントをいくつか紹介します（これは，2018年に全米美術教育学会のために書いたブログで最初に公開されたものです）。

- **自分の興味のあるアートを鑑賞する**——エスノドラマに興味があるなら，自分の研究テーマに関するものを含めて多くの戯曲を読み，できれば劇場まで足を運びましょう。コラージュに興味があるなら，本で例を探し，可能であれば美術館や画廊，ショップに行ってみましょう。
- **自分の興味のある ABR を鑑賞する**——小説を書くことに興味があるなら，研究をフィクション化したものを読みましょう。オンラインジャーナルや「Social Fictions」の書籍シリーズを検索してみてください。自分のジャンルでの探し方がわからない場合は，ABR に関するジャーナルや本を読んでみましょう。本文中で言及されている研究者と，参考文献リストにも注目しましょう。
- **面白かったものについてメモをとる**——研究をもとにした短編映画の制作に興味があり，ちょうど数本の映画を見たところなら，以下の問いについて考えてみましょう。どのようなスタイルの選択に心が動いたか。脚本のどこが気に入ったか。撮影方法についてどのようなことに気づいたか。最終的には自分なりのスタイルをつくりたくなると思いますが，自分がどんなものに惹かれるかを知ることは役に立つはずです。
- **自分のジャンルのアート制作の技について学ぶ**——たとえば，詩を書くことに興味があるなら，詩に関する本を読みましょう。ビジュアルアートに興味があるなら，オンラインのチュートリアルを見るとよいでしょう。
- **試しにやってみる**——自分が行ったインタビュー，エスノグラフィックな観察，文献調査などをもとに，アート制作に取り組んでみましょう。小さなことから始めてください。たとえば，インタビュー調査に基づいて小説を書きたいなら，詳細な人物像を作るところから始めてみましょう。複数のインタビュー対象者を合成してもよいかもしれません。あるいは，データから鍵となる一文を取り出し，それを冒頭の文にして自由に書いてみてください。自分の研究をビジュアルアートで表現することに興味があるなら，アイデアをスケッチすることから始めると，学びや自分の声の発見，研究とアートの実践の統合につながるでしょう。

ABR では，アートに取り組む習慣をつくることが重要です。毎日または曜日を決めて，アートや文章作成の練習をする時間をとりましょう。30 分でも 2 時間でも，自分が続けられるスケジュールを立てましょう。気が散るものはすべて取り除きます（ソーシャルメディアのチェックは禁物です）。たとえフロー状態に入れなくても，しっかりと身につけるためには，その時間はとにかくあがき続けた方がいいのです。インスピレーションよりも，やらなくてはならない状況をつくることの方が必要なときもあります。ABR に没頭するにつれて，そのようなことは不要になり，ABR はあなたの日課の一部になっていくでしょう。

また，表現に関しては，アーティストと知識人の両方の視点で考える必要があります。アーティストのように考えるとは，自分にできる最高のアートを作るということです。最高のアートとは，たとえば感情に訴えるもの，共鳴を呼ぶもの，挑戦的なもの，多層的なもの，なぜか人の心をつかんで離さないものでしょう。あなたが感動するものなら，他の人も同じように感動する可能性があります。知識人のように考えるとは，想定される自分の作品のオーディエンスに注意を向けるということです。作品が明確で，手に取りやすく，理解しやすいか，さらには楽しめるものであるかどうかを考えてみてください。それが目安になるはずです。参加者，同僚，アーティストからフィードバックを集めることは有用です。文章を使って表現する場合，書いたものを声に出して読んでみると，印象が変わるでしょう。

どの研究プロジェクトにも言えることですが，研究方法は研究目的に合致したものを選択する必要があります。この道具で，リサーチ・クエスチョンにうまく答えることができるのか。その方法だからこそ可能になることは何か。この方法ではできないことは何か。研究目的と研究デザインはぴったりかみ合っていなければなりません。かみ合っているとは，ある認識論的前提や理論的枠組みに埋め込まれた具体的なリサーチ・クエスチョンに答えるために，研究方法を選択し，適用する必要があるということです。本書で取り上げた ABR の実践はいずれも，リサーチ・クエスチョン，研究デザイン，そして最終的な表現の調和を実現しようとしています。

さらに，研究プロジェクトの一部として ABR を取り入れることもあります。たとえば，従来の方法で生成・分析したデータをアートとして表現することで，重要な意味を付け加えたり，より多くの人々に届けたりすることができます。また，他の方法で生成したデータを，ABR の手法で分析・解釈してもいいで

しょう。たとえば，フォーカスグループのデータを音楽のモデルで分析し，音色，ダイナミクス（音の強弱），ポリフォニー（多声）などにコード化するのです。他にも，混合法やマルチメソッドの研究プロジェクトの 1 つのフェーズとして，ABR を取り入れることがあります。この場合，ABR と従来の方法が互いに情報を与え合い，**統合された方法論**となるのが理想です。

協働によるアートベース・リサーチ

　本書では，ナラティブ・インクワイアリー，フィクションベース研究，詩的探究，音楽やダンス・ムーブメント，演劇，ドラマ，映画，ビジュアルアートを使った研究実践を紹介してきました。ただし，これらのアプローチに互換性はなく，それぞれのアート形式には特定の方法論的な強みがあるため，それらを生み出した学問分野について理解する必要があります。具体的なジャンルや実践については，これまでの章を参照してください。刺繍，編み物，キルト，武道など，紙幅の都合上，紹介しきれなかったアート形式もたくさんあります。2 人以上の実践者が参加する共同プロジェクトも増加傾向にあり，これについての議論も必要です。本章でもいくつかの例を挙げてきましたが，ここでは協働による ABR を取り上げたいと思います。

　ABR を含め，多くの研究は，研究参加者との共同作業になります。しかし，ここで焦点を当てたいのはそのことではなく，研究者同士，あるいは実践者同士の協働です。研究者はいまだに孤独な存在として描かれることが多く，研究も一人で行うものだと思われています。しかし，研究者同士，あるいは研究者とアーティストの協働は，他の方法では思いつかなかった問いを投げかけ，それに答えることを可能にします。研究のパートナーシップは，1 つのプロジェクトで終わる場合もあれば，長期的な協働となって，一連の作品が生まれることもあります。共同研究者同士で知識が共有されている場合もあれば，互いに異なる専門性を持ち込むこともあります。パートナーシップが進展する理由は，唯一無二の機会の出現，特定の状況での問題解決の手段，長期的なビジョンの共有などさまざまですが，これらに限られたものではなく，重なっている場合もあります。ここでは，それぞれの例を簡単に説明します。

　唯一無二の機会に関して，第 5 章のアレクシア・ブオノとチャールズ・H・

ゴンザレスのダンスの例を取り上げましょう。ある教育プログラムに参加した博士課程の二人の学生が ABR を知り，自分たちの関心を追求するためにどのように活用できるかを考えました。彼らはそれぞれ別の研究を行っており，アレクシアは子どものダンス教育，チャールズは教師教育と教員養成がテーマでした。チャールズは，データの分析，特にティファニーという参加者のデータに苦戦していました。二人は協力することを決め，12 週間ものあいだ集中して取り組み，「データを踊る（dancing the data）」を完成させました。チャールズはこのプロセスについて，「データの分析について自問自答していた時期」から「共同思考」に移行したと説明し（Buono & Gonzalez, 2017, p. 9)，アレクシアは，このプロジェクトが教育とダンスの分野の架け橋となると考えていました。結果的に，この協働はとてもうまくいきました（詳しくは第 5 章を参照）。これは，たまたま二人の学生が同じプログラムに参加し，取り組む時間があったという特定の機会から発展した協働による ABR の例です。それぞれのもつ独自のスキルが，プロジェクトを可能にしたのです。

　私は数年前に，問題解決の手段として ABR の共同プロジェクトに参加しました。この「Low-Fat Love Stories（やせ細る愛の物語）」のプロジェクトについては，第 7 章で簡単に触れ，例も紹介していますが，ここで詳しく説明します。私のデビュー作『Low-Fat Love』が発表されたとき，読者から個人的なメッセージをたくさんもらい，ブックトークでは，人々が列をなして自分たちの物語を私にそっと打ち明けてくれました。私は深く心を動かされ，彼らが物語を共有してくれたことに敬意を表したいと考えました。そこで，幅広い年齢層と多様な背景をもつ女性たちに，あらためてインタビューを行うことにしたのです。インタビューでは，現在または過去に，家族，友人，恋人など自分が選んだ関係がうまくいかなかったことに焦点を当て，自身の身体イメージについても質問しました。私は，『Low-Fat Love Stories』と題した伝統的な学術書を書くつもりで，出版の契約を取り付けたのですが，データの分析と解釈を終えた後，「スランプ」に陥りました。書きはじめようとしては，何も書けずにコンピュータの画面を見つめることが，1 年以上続きました。何度も執筆を後回しにし，再開するたびに追い詰められました。長年，小説を書いてきた私にとって，学術書という形式はあまりにも制約が多く，書こうとしても，女性たちの物語の本質が伝わるものになりませんでした。私は出版契約をキャンセルするかどうかの瀬戸際にいたのです。幸運というか偶然にも，その頃私は，ヴィク

トリア・スコッティという創造的アートセラピーを専攻する博士課程の学生の指導教員を務めていました。ヴィクトリアは優れたビジュアルアーティストです。彼女は当時，女性へのインタビュー調査も行っていました。ある日，私はSkype〔オンライン会議システム〕で彼女に『Low-Fat Love Stories』の話をしました。彼女は，私が分析中に作成したインタビューの要約を送ってほしいと言いました。その要約は，参加者の統計学的情報，インタビューで浮かび上がった主要なテーマ，主な引用箇所を2～3ページにまとめたものでした。私が要約を送ると，彼女は「これを読むとその人の姿が見えてくる」とメールで返してきました。私たちはSkypeとメールで何度もやりとりを重ね，プロジェクトのための新しい方法論を開発しました。

　まず，私が送ったインタビューの要約から見出されたテーマと感情をもとに，ヴィクトリアがビジュアルコンセプトを作成し，視覚的なデータ分析を行いました。私はそのビジュアルコンセプトを刺激として眺めながら，参加者が語った言葉をもとに一人称の短編小説を執筆しました。約半分の言葉はインタビュー記録から直接引用したものです。ヴィクトリアはそのストーリーをもとに，女性の最終的な肖像画を作成しました。それは，ストーリーのテーマと感情を描いたもので，その人の容姿を再現したものではありません。私たちはプロセス全体を通じて，互いにフィードバックを行いました。共同で作成したものを，私たちは「テクストとビジュアルのスナップショット」と呼んでいます。結果として，17のインタビューに基づく16の短編小説とビジュアルアートを収録した共著『Low-Fat Love Stories』（2017）が誕生しました。私は何年もかけて，無我夢中でインタビューをしてきましたが，この本が，他の形式では難しかった女性たちの物語の本質を捉えていると確信しています。この協働が効果的だったのは，ヴィクトリアと私が，ビジュアルアートと小説という異なる専門知識を持ち寄り，互いの視点と才能を尊重し合ったからです。私が文章を書き，ヴィクトリアがアート制作をしましたが，本には**共著者**として名前が載り，どちらにも著者としての資格があることを強調しておきたいと思います。この本のビジュアルアートは単なるイラストレーションではないため，**共著者**という言葉は適切でした。アート形式の違いを超えて他者と協力する際には，それぞれの名前をどう載せるか，得られる利益や職業機会，また，それがアート形式の価値にどのような意味をもつかという倫理面を考慮することが重要です。

第9章　│　アートと科学に橋を架ける　　369

長期的なビジョンの共有をベースにしたパートナーシップの例も数多くあり，1つの研究プロジェクトで終わることもあれば，複数のプロジェクトにまたがって一連の作品群がつくられる場合もあります。小説の執筆のように，単独で行うものだと考えられているジャンルでも，共同研究が行われています。友人でありパートナーでもあるアレクサンドラ・C・H・ノバコフスキーとJ・E・スメラウは，個別あるいは共同で行った長年のエスノグラフィー，自己エスノグラフィー，および歴史学・統計学的研究に基づいて，『Other People's Oysters（他人の牡蠣）』（Nowakowski & Sumerau, 2018）という小説を共同執筆しました。この本の序文では，次のように述べられています。

> 『Other People's Oysters』は，読者が非定型発達〔発達障害の特性をもっている人〕やバイセクシュアル，ノンバイナリーの立場を想像できるよう，一人称の物語として書かれているが，家族，政治，社会運動についての小説である。政治的エリートによる決定が，労働者の生活にどんな影響を与えるのか。広範な社会政治的状況や環境の中で，家族や社会運動がいかに複雑に形成されるのか。（中略）本書は，役人や活動家による政治的決定が個人，家族，町をいかに変化させていくかについて，1つの見方を示すとともに，社会運動が日常生活の中で生まれ，展開していくありようを一人称の視点で捉えたものである。　　　　　　　　　　　　　　　　(pp. xv-xvi)

　ノバコフスキーらは共同執筆のきっかけについて，アドボカシーや介入の手段として物語が有用であるという信念を共有していたこと，また自分たちの物語が「非定型発達の人々が日常生活をどのように経験しているか」を一般の人たちに広く紹介するのに役立つという「共通認識」をもっていたことを挙げています。「私たちがこの小説を編んだのは，既存の研究やメディアではほとんど描かれることのない，この社会の精神的・性的・ジェンダー的・階級的な経験の世界に読者が足を踏み入れ，社会運動を促進する地域や全国のさまざまな政治的活動に触れることができるようにするためである」(p. xvii) とノバコフスキーらは書いています。
　ABRのパートナーシップから，大規模な作品群が生まれることもあります。たとえば，デュレル・M・カリエールとドミニク・C・ヒルは，ヒル・L・ウォーターズというコレクティブ（共同体）を結成しました。同じ博士課程の

修了生である二人は，自分たちのことを黒人，クィア，研究者－アーティスト，同僚，友人と称しています。彼らはコレクティブとして，パフォーマティブな作品やアートで表現する自己エスノグラフィーの執筆など，さまざまな形式の ABR に取り組んできました。最近出版された『Who Look at Me?!: Shifting the Gaze of Education through Blackness, Queerness, and the Body（私を見るのは誰?!：黒人・クィア・身体性を通して教育のまなざしを変える）』（Callier & Hill, 2019）という本は，私たちが社会として黒人を，特に黒人の若者をどのように見ているかを探るものです。彼らは本文中で，「#BlackLivesMatter（黒人の命は大切だ）」という言葉に意味をもたせるためには，黒人を全体として見ること，クィアとして見ること，反体制的な知識生産の場として見ることが必要だと述べています。彼らは，「コレクティブ」を従来の協働よりも深い意味で捉え，その活動について次のように書いています。

> 私たちが集まったのは意図的であり，それは今も変わらない。一緒に書こうと決めて以来，私たちは互いについて多くを学び，支え合って学界や組織の期待に対処し，ともに挑戦しながら自分たちの実践について深く考えてきた。この実践は，フェミニスト，レズビアン，有色人種クィアのコレクティブに根差したものだ。こうした共同体は，さまざまな学問分野の重要な基盤であり，方法論的・理論的枠組みの源泉でもある。コレクティブとして取り組む喜びは，協働と比べて明らかに強力で必然的である。協働では通常，始まりと終わりが明確に定義されているが，私たちは継続することを目指す。協働の場合，一体感というねらいとは裏腹に，一人で創作や執筆を行い，それらをつなぎ合わせるという形がとられるが，私たちは，Google ドキュメントを使用し，バーチャルで顔を合わせながら**一緒に**執筆した。しかし，一緒に書くことを選択し，さらにどのように書くかを検討するには，多大な労力とコミュニケーションが必要であり，それには見えるものもまだ具体化していないものも含めて何らかの結果が伴うという事実を，私たちは認めなければならない。(中略) このような困難にもかかわらず，私たちはコレクティブを続けているのである。（p. xix）

　協働は確かにチャンスにつながる一方，さまざまな課題も伴います。特に，学界では依然として個人による研究が奨励されるため，「クレジット」などの

現実的な問題が生じています。これについては，次節で説明します。

　課題に移る前に，マルチメソッドの ABR もあるということを押さえておきましょう。これについては本書でも触れてきました。1 つのプロジェクトで異なるアートの媒体を組み合わせた興味深い事例はたくさんあります。本書で言及したいくつかの共同研究は，マルチメソッドのプロジェクトです。たとえば，『Low-Fat Love Stories』は，綿密な質的インタビューに基づき，フィクションベース研究とビジュアルアートを組み合わせています。

ABR を行う上での課題 ── 実践的なアドバイス

　私が本書を通してみなさんに伝えてきたのは，今いる場所から始め，熱意をもって恐れずに自分の研究に取り組んでほしいということです。専門職としての最大の喜びは，研究に情熱を傾け夢中になって取り組むことを通して得られるものだと，私は思っています。とはいえ，ABR を行う上で課題がないわけではありません。特に，学生やキャリアの浅い研究者にとってはそうです。実際には，学界では依然として量的研究が根強く支持されており，このような偏りは，出版，資金調達，倫理委員会（Institutional Review Board: IRB）などの専門的な構造に組み込まれています。質的研究は，時間の経過とともに正統性を獲得してきましたが，依然として構造的に「より劣った」アプローチとみなされています。ABR はさらに厄介です。ABR をまったく知らない人も，否定したり軽視したりする人もいます。私は，ABR に取り組んでいる人のやる気を削ごうとしているわけではありません。課題はありますが，ABR は私自身のキャリアにこれ以上ない報酬を与えてくれました。私だけではありません。第 6 章で取り上げた映画『シンガポール・ドリーム（Singapore Dreaming）』の監督であり研究者でもあるウー・イェン・イェンは，疑いの目を向けられることが避けられないにもかかわらず，なぜアート形式で活動するのかを見事に説明しています。

　　私がクリエイティブな仕事をする理由は，それほど合理的なものではない。単純に楽しいからだ。創作にかかるエネルギーは，コツコツと進めなければならない学術研究の大変さとはかなり異なるが，一方が他方に影響を与

えている。ある日，頭の中に物語や映画，本，演劇が思い浮かぶ。おそらく私の研究や教育の経験から生まれたものだ。数ヵ月後または数年後にそれは具体的な形をとって，文化的景観の一部となり，私の研究に反映されて再びサイクルが動き出す。直線的に進んでいくことはまれで，頭の中で複数の潜在的なプロジェクトが同時進行し，どれが最初に形になるか予想がつかないこともよくある。ほんやりとしてまだ形になっていないアイデアの方が，エネルギーを集めるのである。(中略) それはある意味で，子どもを産むようなものだ。眠れない夜，自信のなさ，自分の努力は十分だろうかという不安，最初からすべてが間違っていたのではないかという恐怖。観客が作品を見て，笑顔になり，涙を流し，言葉にしてくれることで，もう一度最初から始める準備ができるのだ。　　　　（Woo, 2019, pp. 360-361）

　本書の冒頭から述べてきたように，ABR は面倒なものであると同時に，美しく，刺激的で，可能性に満ちています。ABR への取り組みには素晴らしい面もありますが，困難も伴うため，少し実践的なアドバイスをしておきましょう。
　研究の世界は非常に政治的で，学派の異なる研究者たちが，地位とわずかな資源をめぐって争っています。ABR をやってみようと決めた場合，どれくらい支持あるいは抵抗を受けるかは，所属する組織によって異なります。小規模の文系学部の中には，革新的な研究方法に寛容なところもあります。そのような大学では，とにかく何か研究をしてさえいれば，どんなことをしているかはあまり問われない傾向があるため，ABR の著名な研究者の多くは，小規模校で専門家としての居場所を見つけています。それに対し，研究中心の大規模な研究機関では，どのような研究に価値があるかについてより厳格なガイドラインが用意されていることが多い一方，ABR やそれに近いものに取り組む研究者が他にもいる可能性は高くなります。これらは一般論であり，すべての教育機関に当てはまるわけではありません。どの機関で働くにしても，テニュア（終身在籍職）や昇進の基準をよくみておきましょう。基準が作られたときにABR が認められていなかったり，考慮されていなかったりする場合は，更新する必要があるかもしれません。昇進の準備が整うまで待つのは嫌でしょうから，早い段階で学科長や学部長と話し合っておくことが賢明です。共著や「クレジット」の付与に関する問題も重要です。大学のテニュアや昇進の要件で，共著が認められているかどうか確認する必要があります。ABR を含め，パラ

ダイムを超えた優れた研究の多くは，協働から生まれます。

　また，所属機関の内外でコミュニティづくりをすること，自分の研究成果を発表したり出版したりする適切な場を探しておくことも，大変重要です。以下は，そのための提案です。

- あなたの研究機関で ABR を実践している研究者を探しましょう。
  - もし ABR を行っている研究者が他にいない場合には，アート関係者，質的研究者，批判的視点から研究している人など，ABR を理解し，支持してくれそうな研究者を探しましょう。
- 査読や学位論文の審査委員会を構成する場合には，ABR を専門とし，あなたの研究を位置づけてくれる外部委員を 1 人以上探しましょう。
- ABR を積極的に後押ししている学会に参加しましょう。資金に限りがある場合には，全国規模の学会より国際質的研究学会のような小規模の学会を優先させるか，米国教育学会のような全国規模の学会でもアートベースやアート関連の SIG（Special Interest Group：特定課題研究部会）に参加するようにしましょう。
  - 学会で同じような関心をもつ研究者を見つけ，ネットワークをつくりましょう。
- ABR や自分が携わっている分野のソーシャルメディア・コミュニティに参加し，共通の関心をもつ人たちとつながりをつくるようにしましょう。
- ABR を評価してくれる雑誌に作品を投稿しましょう。手はじめに，各章末に挙げている学会誌を参考にしてください。
- 出版社を探す場合は，ABR に関する書籍を出しているところを調べましょう。
- パフォーマンスやビジュアルアートの展示など，テクスト以外の形式で作品を発表したり展示したりする場合には，そのイベントの記録を残しておきましょう。

　ABR を理解していない査読者や，あなたの研究手法に馴染みのない倫理審査委員に対応する際など，基準を満たすために「お役所仕事」と格闘しなければならないことがあるかもしれません。そんなときには，彼らは結局のところ，あなたがちゃんと他の人と会話ができているかを確かめたいだけだということ

を思い出しましょう。研究は，自分のテーマに関する広い議論に貢献するものでなければなりません。そのためには，とにかく引用，引用，引用です。同じ方法やよく似た方法を使っている他の人の例を提示しましょう。また，倫理審査委員らとのさらなるやりとりに備えて，プロジェクトに時間的余裕をもっておくのも賢明です。プロジェクトがすぐに承認されず，追加の情報を求められることがあるかもしれません。それは単に，あなたがしようとしていることが，彼らの守備範囲を越えているためです。あらかじめ備えておきましょう。

　どのような方法で研究を進めるにしても，人間関係やネットワークの構築などを戦略的に考えて専門分野の中を渡り歩いていきましょう。これは，批判にどのように対処するかということでもあります。研究を行い発表する人は誰でも，何らかの批判に直面します。教授や匿名の査読者からの批判もあれば，Amazon のカスタマーレビューで批判されることもあります。あなたは一人ではないということを忘れないでください。確かに傷つけられます。特にアート作品には個人的な思い入れがあるため，より深く傷つくかもしれません。ABR の場合，ABR を知らない人や理解していない人，量的研究や質的研究のために作られた不適切な基準に基づいて研究を評価する人から，批判を受けることもあります。武器になるのは情報です。自分の研究に適した評価基準を知り，同じような研究を行っている他の学生や研究者の例もしっかり把握しておくとよいでしょう。否定的な人に対処するためのもう 1 つのアドバイスは，反論する前に必ず一呼吸おくということです。このような状況では防衛的な対応になりがちですが，率直に応答する方がはるかに効果的であり，敵意を和らげることができるでしょう。私は，礼儀正しさを戦略として使ったことがあります。たとえば，自分の小説を公の場で批判されたとき，私がまず読んでくれたことに感謝を示すと，その人は面食らって黙り込みました。また，ある大学で招待講演をしたとき，一人の教授が立ち上がり，私の研究を「学問の悪いところが全部出ている」と評する人がいたらどう応答するかと尋ねました。そんなことを言う人に応じるつもりはないと私が答えると，彼は黙り，その場にいた他の人たちは ABR の利点について話しだしました。これらの経験から学んだのは，自分の研究について発表したら，好きなように反応してもらうのが最も理にかなっているということです。躍起になって擁護することはありません。その分野にはその分野の良さがあります。自分が正しいと思うものを選べばよいのです。

もう１つ触れておきたい課題は，個人的なものでもあり，倫理に関わるものでもあります。それは「私の研究に意味はあるのか」という，常につきまとう問いです。私たちが ABR に取り組むのは，他の人々にとって意味のある研究をしたいという願いからです。しかし，すべてをやり終えたとき，自分たちのしてきたことにはたして意味があったのかがわからなくなることがあります。意図した読者に伝えることや，研究を学界の外に広めることができなかったり，思うように参加者の役に立てなかったりするかもしれません。たとえば，前章で取り上げたミンディ・カーターは，グアテマラとカナダで先住民の若者とアートによる探究プロジェクトを行った後に感じた「深い絶望」について，率直に考察しています。(Carter, 2017, p. 11)。そのプロジェクトは，先住民の若者が自らのアイデンティティを理解し，表現できるようにするためのものでしたが，結局のところ，彼らは自分を必要としていないとカーターは感じたのです。カーターは，このプロジェクトに時間とリソースを費やしたことの倫理的意味について考え，その経験は彼女に大きな打撃を与えました。もし私たちがすべての答えを知っているなら，そもそも調査を行うことはないでしょう。常に目標を達成し，求める答えを得たり，望むような変化を生み出したりすることができるとは限りません。いつも計画通り，あるいは期待通りに進むわけではないのです。しかし，個々のプロジェクトから学んだことを次の取り組みに生かすことはできます。抵抗する研究者，疑いの目を向けてくる倫理委員会，歓迎しないジャーナル編集者，あるいはあなた自身の内なる批評家のいずれに対処する場合でも，私のアドバイスは次の通りです。外部の何ものにも左右されず，あなた自身の研究との関係を築くこと。プロセスに集中し，自分が指針とする価値観に忠実であること。マヤ・アンジェロウが雄弁に語ったように，「より良い方法が見つかれば，それを実行すればよい」のです。

神話を打破しつながりを生み出す——アートと科学の溝を越えて

神秘的なアートと，明快な科学。メタファー，象徴，想像力に依拠して思考を促すアートに対し，科学は，数字や言葉，客観性に依拠して「事実」や「真実」を提供する。このように両極化した一面的な見方が，アート実践と科学研究を人為的に分離するパラダイムの境界線をつくり出してきました。学問

分野を超えた ABR の実践が近年増えているのは，創造的な研究者たちが科学研究とアート実践の類似性について分析を進めてきたからです。アートと社会調査を分離することの誤りも明らかにされています（Saarnivaara, 2003 を参照）。たとえば，科学研究もアート実践も，創造性に支えられています（Ernst, 2000; Janesick, 2001）。この点については，イヴァン・ブレイディ（Brady, 1991）がずいぶん前に「アートフル・サイエンス」という言葉を用いて，それについて語っていますし，ヴァレリー・ヤネシック（Janesick, 2001）も同様に「アーティスト－サイエンティスト」という言葉を提案しています。ジョニー・サルダーニャ（Saldaña, 1999）は，研究にもアートにも，概念的・象徴的・隠喩的な思考が必要であることに正しく気づいています。革新性，直感，柔軟性は，科学コミュニティでもアートコミュニティでも重要な役割を担っています。実践を支える原理は同じなのです。さらに，どちらのコミュニティも，発見し，探究し，照らし出すことを目指しています。アートと科学の実践に共通する重要な原則をまとめると，次のようになります（Leavy, 2013）。

- 概念的に考え，概念構造を組み立てること
- 象徴的に考えること
- 分析的に考えること
- メタファーの使用とメタファーによる分析を行うこと
- イノベーション
- 直観
- 柔軟性
- 発見し，探究し，解明すること

第 1 章で述べたように，理性－感情，主観－客観，具体－抽象など，実証主義研究を導く二分法の解体は，別の二元モデルの発見と問い直しにつながりました。これらの二元モデルは，不可視であり言説で捉えることができませんが，社会科学的な研究実践を支えてきました。すなわち，科学とアート，そして真実とフィクションという二分法です。ABR の実践は，この二極化した考えがアートと科学を切り離し，人間性およびその研究についての対話の進展を妨げてきたことに，私たちの注意を向けさせます。たとえば，アートと科学のイノベーションによって，私たちはアートのもつ問う力，伝える力に気づき，「科

学的」とされる研究実践にも，実はメタファーや象徴，想像力がさまざまな形で影響を与えていることを知ります。ABR は，私たち研究者が（多くの場合，参加者と共同で）どのようにデータを生成しているのかにも注意を向けさせます。私たちは，単にデータを発見する，あるいは収集すると言うことで，データの生成プロセスに自分たちが果たす役割を否定したり，研究参加者を対象化したりすることはありません。むしろ，研究者が（多くの場合，他者と協力して）いかに知の形成に関与しているかにスポットライトを当てるのです。このように，アートベースのイノベーションが生まれ，さまざまな専門家がそれを公の場で検証することで，科学コミュニティは事実とフィクションの二極化，つまりある種の知の方法のみを正統化し，支配的な権力関係を再生産する人為的な二元論を問題にすることができるのです。

　アートのツールと科学的手法の融合は，社会生活の複雑な現実に十分に対処するために必要な方法論的革新へとつながりました。ただし，ABR が専門として正統性をもち，研究者が昇進や資金調達などのキャリアを犠牲にすることなく，これらのツールを自由に使用できるようになるまでの道のりは，まだ長いと言わざるをえないでしょう。

　現実的に言えば，優れた研究者がこれらのツールを使えるようになるためには，研究を支える制度的な環境を変える必要があります。たとえば，ABR を第二，第三の方法として扱うべきではありません。ABR を「実験的」と分類すれば，その実践をおとしめ，周辺化することになります。ABR の実践や，ABR が私たちの知に何をもたらすかをさらに理解していくためには，このパラダイムに取り組む研究者に，学会発表や出版，資金獲得の機会を提供する必要があります。この必要性はますます高まっています。シャーリーン・ヘス＝バイバーと私が創発的方法についての本で書いたように，「資金格差」に加えて査読付きの媒体で発表しなければというプレッシャーは，研究者が最先端の方法論に取り組み，研究成果を新しいチャンネルを通して広めることを難しくしているからです（Hesse-Biber & Leavy, 2006, 2008）。学問がより学際的・超学際的になっていく中で，本書で紹介したハイブリッドな方法論に道をひらくには，物質的・構造的な障壁を解消していかなければなりません。パブリック・スカラシップへの移行が進み，研究者は自身の研究成果がもたらす**影響**を明らかにすることがますます期待されています。資金を提供する側も，それを確認する必要があるでしょう。この流れはこれまでも，そしてこれからも変わること

378

はありません。たとえば，イギリスなどの国々では，研究がいくつかのカテゴリーに分けられており，その1つである**実践主導型**では，その影響の体系的な分析が求められます。また，オープンアクセスの観点からオンラインジャーナルが普及し，かつてあった学術雑誌の階層性も崩れてきています。時代は変わりつつあるのです。

　出版や上映などの形で研究を流通させる場も大きく広がっています。各章の最後に載せたおすすめの雑誌やウェブサイトを見ればわかるように，ABR に取り組みつつ，出版などの伝統的な専門性の基準を満たすことも可能です。

　先に述べたように，ABR に取り組もうとする研究者は，当面の間，既存の研究コミュニティから抵抗を受けるかもしれません。私は本書を通して，このような難題をうまく切り抜けるための実践的な戦略を紹介してきました。落ち込むこともあるかもしれませんが，やる気を失わないでください。キュビズムの画家ジョルジュ・ブラックは，「アートは動揺させるもの，科学は安心させるもの」（Fitzhenry, 1993, p. 51）という有名な言葉を残しました。この格言は，いつも私を笑顔にしてくれます。制度や現実的な障壁にぶつかったときに，心にとどめておくとよいでしょう。また，物理学者のアルバート・アインシュタインやノーベル賞受賞者のハーバート・サイモン，作家のゾラ・ニール・ハーストンなど，私たちが称賛する科学者やアーティストが，超学際性を受け入れ，境界を越え，二元論を否定し，創造性を重んじたことも忘れないようにしましょう。

　新しい道は勝手にできるのではなく，私たちがつくり出さなければなりません。**自分たちが追求したい道を切りひらいていけば，それが他の人たちの通る道になります。**そのために，このような革新に関心をもって関わる人々のネットワークを構築し，相互に刺激し合い，リスクを冒してみましょう。創造性を大切にしましょう。みなさんがこの旅に乗り出すとき，方法とアートは1つになり，社会調査の新たな道がひらかれ，無数の人々が後に続くことになるのです。

注

1. この用語は，バグリーとカンシエン（Bagley & Cancienne, 2002）から引用しました。

■ 参考文献

Brady, I. (1991). *Anthropological poetics*. Savage, MD: Rowman & Littlefield.

Buono, A., & Gonzalez, C. H. (2017). Bodily writing and performative inquiry: Inviting an arts-based research methodology into collaborative doctoral research vocabularies. *International Journal of Education and the Arts, 18*(36).

Callier, M., & Hill, D. C. (2019). *Who look at me?!: Shifting the gaze of education through blackness, queerness, and the body*. Leiden, the Netherlands: Brill/Sense.

Carter, M. (2017). Artful inquiry and the unexpected ethical turn: Exploring identity through creative engagement with grades 9–12 students in Guatemala and Canada. *Art/Research International: A Transdisciplinary Journal, 2*(1), 5–18.

Eisner, E. W. (1997). The promise and perils of alternative forms of data representation. *Educational Researcher, 26*(6), 4–10.

Ernst, R. (2000). Societal responsibility of universities, wisdom and foresight leading to a better world. In M. A. Somerville & D. J. Rapport (Eds.), *Transdisciplinarity: ReCreating integrated knowledge* (pp. 121–136). Oxford, UK: EOLSS.

Fitzhenry, R. I. (Ed.). (1993). *The Harper book of quotations* (3rd ed.). New York: HarperPerennial.

Hesse-Biber, S. N., & Leavy, P. (2006). *Emergent methods in social research*. Thousand Oaks, CA: SAGE.

Hesse-Biber, S. N., & Leavy, P. (2008). Pushing on the methodological boundaries: The growing need for emergent methods within and across the disciplines. In S. N. Hesse-Biber & P. Leavy (Eds.), *Handbook of emergent methods* (pp. 1–15). New York: Guilford Press.

Janesick, V. J. (2001). Intuition and creativity: A pas de deux for qualitative researchers. *Qualitative Inquiry, 7*(5), 531–540.

Leavy, P. (2013). *Fiction as research practice: Short stories, novellas, and novels*. Walnut Creek, CA: Left Coast Press.

Leavy, P. (2018). 6 simple ways to get started doing arts-based research [National Art Education Association Monthly Mentor Blog]. Retrieved from https://naea.typepad.com/naea/2018/11/6-simple-ways-to-get-started-doing-arts-based-research.html.

Leavy, P., & Scotti, V. (2017). *Low-fat love stories*. Leiden, the Netherlands: Brill/Sense.

Ledger, A., & Edwards, J. (2011). Arts-based research practices in music therapy research: Existing and potential developments. *The Arts in Psychotherapy, 38*(5), 312–317.

McNiff, S. (2018). Philosophical and practical foundations of artistic inquiry: Creating paradigms, methods, and presentations based in art. In P. Leavy (Ed.), *Handbook of arts-based research* (pp. 22–36). New York: Guilford Press. ［パトリシア・リーヴィー（編著）　岸磨貴子ほか（監訳）（2024）．アートベース・リサーチ・ハンドブック　福村出版，所収］

Norris, J. (2014, April). *Identity crisis?: Employing applied theater examples to discern the research in art and/or the art in research*. Paper presented at the annual conference of the American Educational Research Association, Philadelphia, PA.

Nowakowski, A. C. H., & Sumerau, J. E. (2018). *Other people's oysters*. Leiden, the Netherlands: Brill/Sense.

Saarnivaara, M. (2003). Art as inquiry: The autopsy of an [art] experience. *Qualitative Inquiry, 9*(4), 580–602.

Saldaña, J. (1999). Playwriting with data: Ethnographic performance texts. *Youth Theatre Journal, 14*, 60–71.

Woo, Y. Y. (2019). Narrative film as public scholarship. In P. Leavy (Ed.), *The Oxford handbook of methods for public scholarship* (pp. 359–382). New York: Oxford University Press.

索 引

アルファベット

ABR 研究者　54, 55, 180, 327, 347

ABR の評価　327

ABR を行う上での課題　372-376

A/R/Tors（アーターズ）　248

IMRAD　364

あ 行

アーティスト－研究者の立場性　350-353

アートグラフィー（A/r/tography）　56, 183

アート思考　53

アートジャーナル　304

アート的探究　25, 40, 339

アートと科学の実践に共通する重要な原則　377

アートと学び　32-34

アートベース・リサーチの用語集　23

アイデンティティ　45, 57, 83, 88-93

アイデンティティ交渉　129-130

アクションリサーチ　296-297

アダプテーション理論　338

新しいエスノグラフィー　72

厚い記述　27, 69

生きられた経験　84, 200, 213

生きられた身体　203

イデオロギー　45-46

インスタレーション　302

インターセクショナリティ　29, 132

インフォームド・コンセント　333

美しさ／美／美的／美学　41, 54, 257-258, 328, 330, 346-348

映画　250-256

エスノグラフィック映画　250

エスノシアター　238

エスノシネマ　250

エスノドラマ　237

エスノフィクション　250

エラグラフィー　206

オーディエンスの反応　345-346

音のナラティブ　176

オルタードブック　304

音楽的ポートレート　175-178

か 行

解釈詩　116, 118

概念的・象徴的・隠喩的　39, 52, 231, 362, 377

語りの再構成（語り直し）　76

可能性のパフォーマンス　257

仮面　251

関係的倫理　333

間主観性　41

脚色　334

共感的関与　85

共感的なつながり　85, 198, 308, 361

虚偽意識　166

具象研究詩　125

グラウンデッド・セオリー　24, 51, 120-121, 240

グラウンドレス・セオリー　24

グラフィックノベル　307-308

クリスタリゼーション（結晶化）　135

経験主義　26

芸術性　346-349

ゲシュタルト　78

研究詩　118, 120

研究としてのアート　360-367

現象学　201-204

検証リハーサル　243

権力　28-30, 45, 152, 166, 202, 233, 242,
　　　335

公共的知識人　54-55

刻印された身体　202

個人的なしるし　350

個人の痕跡　349-350

言葉－イメージ化　125

言葉と絵の関係　312

言葉のないナラティブ研究　308-310

コミュニティミュージック　181-182

コラージュ　297-301

コレクティブ　370-371

コンテンツ　364

さ 行

最小限の受動的インタビュー技法　78

サウンド・コラージュ　208

参加型　47, 52

参加者の声による詩　118

ジェンダー・パフォーマティビティ　208

視覚イメージ　287-288

視覚現象学　292-293

視覚人類学　289

自己エスノグラフィー　68-70, 80-83,
　　　184-185

自己発見　215

実証主義　25-26

実践主導型　379

詩的科学　66

詩的書き起こし　120

詩的社会科学　116

詩的探究　114

詩の構造的側面　120

社会学的想像力　234

社会正義　45, 48-49, 85, 130, 134, 202,
　　　292, 362

社会的意義　341

省察チーム　79, 336

叙情詩　116

神経科学　32-34

神経美学　34

人種バイアス　46, 290

真正性　256, 342, 348-349

身体化研究　201-204, 229

身体化されたハビトゥス　208

人物造形　240

人類学　164, 200-201, 250, 289

隙間　85, 346

スタンドポイント認識論　28

ステージド・リーディング　233

ステレオタイプ　45-47, 290-291

ストーンバンクス法　149

余白〔スペース〕　74, 114, 133

スポークンワード　130, 183-185

政治的な関与　171

政治的な力　235

正当化の文脈　29, 70

全体論的なアプローチ　43-44

創造的アートセラピー　35-37, 204, 233,
　　　311

創造的ノンフィクション　70-73

ソーシャルフィクション　84-93

た 行

対位法　173

第三の空間　56, 136, 167, 230, 312-313

対話　47-48, 241

対話的パフォーマンス　256

多元主義　167

多層的な意味　89, 116

多文化主義　167

多様な意味づけ　48

ダンス　197

索　引

383

知識構築　28, 66, 359, 363, 364
超学際性（トランスディシプリナリー）
　　359, 362-363
データ生成　364
テクノロジー　40, 293
哲学的基盤　40-41
手続き上の倫理　332-333
転機　76
伝記的ナラティブ解釈法　77-79
問いと方法の適合性　335-336
問いを生み出す力　359
透明性　330, 340
トーチソング　170
トライアンギュレーション　135, 241,
　　256, 306
ドラマツルギー　28, 230
トランスディシプリナリー　→超学際性
　　を参照

な 行

内的整合性　336
内的対話　94, 337
内面性　85
何よりも，害を与えないこと　332, 334
ナラティブ　66-68
ナラティブ・インクワイアリー　65-67,
　　73-83, 178
ナラティブ・ターン　67
ナラティブ分析　73, 180
肉体化された知識　203
二元論　29, 69, 115, 168-169
二分法　69, 81-82, 114, 168

は 行

迫真性　86
発見の文脈　29, 70
パフォーマティブな社会科学　57, 228
パフォーマンス・エスノグラフィー　228
パフォーマンス教育学　234

パフォーマンス研究　227, 239
パフォーマンス・コラージュ　175-178
パブリック・スカラシップ　48, 54, 342-
　　344
パラダイム　24, 30-55, 327
美（美的／美学）　→美しさを参照
ピア・フィードバック　336
ピーク体験　305
ビジュアルコンセプト　311, 314
美的価値　346-349
美的な介入　290-292
美的な力　346-347
美的な要求　243
人々の教育学　52
批判的意識　45, 234, 297
批判的教育学　233
微妙な偏見　46
表象の欠如　291
ファウンド・ポエトリー　147
ファウンド・ポエム　119
フィーリング・ピクチャー　114
フィールドノート　184, 312
フィクション形式のエスノグラフィー
　　88-89
フェミニズム　28-29, 91, 301
フォトエッセイ　289
フォト・エリシテーション　294
フォトボイス　296-297
複数の意味　130, 216-217, 345-346
ブラック・フェミニスト　29
振付師　205, 207
プレイビルディング　232, 248-250
文学的神経科学　32, 84
文献の声による詩　119
分野を超えた交流　337
ヘルスシアター　236, 246-248
ポエトリースラム　130
ポスト実証主義　25-26
ポストモダン理論　29-30, 230

ポリフォニー　173

翻訳　215-216, 312-313, 337-340

ま・や・ら行

マルチメソッド研究　213-215

漫画　307-308

ミクロとマクロ　43, 81

民族音楽学　167-168

民族誌的詩　116, 118

無意識のバイアス　291

ムーブメント分析　200

明示性　340

メタファー　32

物語詩　116

問題中心のアプローチ　42-43

4つのPからなる評価　328

ラバン・ムーブメント分析　218

リーダーズ・シアター　233

リサーチ・クエスチョン　50

リフレクシビティ（再帰性）　335

量的パラダイム　25

理論の使い方　337

倫理　330-335

倫理的実践　52-53

レスポンスアート　311

アートベース・リサーチへのいざない——訳者あとがき

　本書を読み終えて，読者のみなさんの中にどんな感情が芽生えたでしょうか？　驚き？　戸惑い？　興味？——そのどれもが，アートベース・リサーチ（ABR）を始めるための出発点になります。

　私（岸）が初めて研究に ABR を取り入れたのは，2019 年の異文化間教育学会での発表でした。テーマは「アートベース研究——学校における多様性を考える」。従来の学術発表の形式ではなく，共同発表者（川島裕子・村田観弥・三宅貴久子・佐藤郡衛）と演劇形式で発表しました。会場を教室に見立て，学会参加者は発表の中で徐々に「生徒になっていく」経験をします。参加者は，発表者の教師としての言葉遣いや指導法，関わりを通じて違和感を抱き，それがやがて日本の学校教育に違和感を覚える生徒たちの体験と重なる瞬間を体感するのです。この挑戦的な試みを通じて，私は「参加者に何を経験してほしいのか」を軸に研究方法や表現方法を選ぶことの重要性に気づきました。

　ABR は，研究成果の発表だけでなく，データ（コンテンツ）の生成，分析，解釈，表現のどの段階でも実践できます。たとえば，私の場合，データの生成の段階でグラフィックレコーディングを用いたり，分析・解釈の段階で演劇手法を取り入れたりします。また，岡原正幸先生（慶應義塾大学），笠原秀浩先生（東京学芸大学），小松佳代子先生（長岡造形大学）など ABR の先駆的研究者の論文や著書の事例，2024 年に翻訳出版されたリーヴィー編著『アートベース・リサーチ・ハンドブック』（福村出版）を参考にしながら，日々新しい ABR 実践に挑戦しています。

　ABR に出会って以来，私は「未完の未来への道を当事者とともに切り拓く」という研究を経験するようになりました。研究者として人や社会について学術的な言葉で一方的に描くのではなく，当事者や現場の人々とともに隠喩的・象徴的・概念的に考え表現するプロセスを通して，新しい見方や解釈を生み出しています。そして，「次はどんな方法で研究しようか」「それによって何が生成

されるのか」と，新たな発見と驚きへの好奇心が尽きません。

　私は長い間「正統」とされる研究の「型」に違和感をもっていました。大学院では研究の「型」を学び，その「型」通りの方法で研究を進め，査読に通りやすいテーマや手法を選ぶうちに，研究対象をその枠組みで捉える癖がついていました。その結果，面白く，驚きや発見に満ちた実践が，論文にする段階で，平坦でつまらないものに感じられることがあったのです。

　一方で，研究の「型」にはまらない方法でも表現してきました。たとえば，内戦を経験したシリア難民のライフストーリーをもとにした映画や，インドの農村地に住む女性たちの意味世界を探ったドキュメンタリー映像，エジプトで異文化体験をする学生のフォトボイス，特別支援学校で働く教師のICTを活用した授業デザインをテーマとした小説，インターネット社会に生きる若者の経験を探る詩的探究などです。これらは，学術的な言葉では表現しきれなかった世界を，アートの形式で探究した実践です。それらの経験は，私にとって「研究」と「表現」の境界を再考するきっかけとなりました。

　映画やフォトボイスといった表現手段は，ただのアウトプットではありません。創作において素材と出会い，それを手に取るとき，私たちと世界の間に「合間」が生まれます。その間は，学習・発達の場をつくり，何か新しいものを生み出します。そして，それは自己や他者，社会を捉え直す新たなレンズにもなります。絵を描くこと，詩をつくること，演劇を通じて対話すること——そのどれもが，問いを立ち上げ，多様な分析・解釈を共有し，経験を再構築し，集合的に何か新たなものを創造することにつながります。こうした過程は，研究にとどまらず，教育実践としても非常に大きな可能性があります。私は大学の講義の一部にABRを取り入れ，探究的で生成的な授業を展開しています。また，ゼミ（研究室）では，学生たちが人や社会をテーマにアートベースの実践を創り出しています。学生たちは何を知っているか／知っていたかだけでなく，何を生み出したのか／生み出したいのかに目を向けるようになり，彼らは生成的な学習および研究をより楽しむようになりました。

　本書を共同で翻訳した東村知子先生と久保田賢一先生は，私が大学院生の頃に社会構成主義と出会わせてくれた研究者です。社会構成主義とABRには多くの共通点があります。共同翻訳者からその魅力を以下に紹介します。

岸磨貴子（明治大学国際日本学部教授）

*

私がこれまで翻訳に携わってきたケネス・ガーゲンは，著書の中で，言葉には制約があるため，表現形式を広げることが大切だと述べています。評価方法によって教育のあり方が左右されるように，アウトプットの形式によって研究のあり方は変わってくるでしょう。アートというツールが加わり，選択肢が広がることで，これまで研究として表現することが難しかったテーマや題材にも挑戦できるようになるかもしれません。私はこれまで，保育や教育などの現場における人々の営みのもつ面白さや複雑さ，実践者の専門性を言葉にして伝えることに取り組んできました。ABR を学んだ今も，言葉にして伝えたいという思い自体は，あまり変わっていません。ただ，現場に出ていつも迷い，考えてきたのは，自分は何者としてその場にいて，そこで知ったことを誰に伝えようとしているのかという問いでした。本当の意味で，現場の人々とともに研究し，発信するにはどうすればよいのか。ABR は，そのヒントを与えてくれているような気がします。

東村知子（京都教育大学教育学部准教授）

＊

　アメリカの大学院で教育工学を学んでいたときに，量的な研究方法に違和感をもちました。数字を操作するだけでは，研究対象者が感じる見方や思いに深く切り込めないと感じたからです。その時に出会ったのが質的研究法でした。そして私は質的研究者としてスタートしましたが，1990 年代初め，私の所属した学会では誰も質的研究をしていませんでした。そういう中で質的研究の重要性や面白さを伝えるのは簡単ではありません。今でこそ，質的研究に関する書籍も多く出版され，理解が深まってきましたが，それには 30 年の年月がかかりました。そして今，新しい研究パラダイムとしてアートベース・リサーチ（ABR）が注目を集めています。構成主義の質的研究の先には，パフォーマティブな研究が広がると強く感じていました。私の研究領域だけでなく，さまざまな分野の研究者が ABR に関心をもつようになりました。言語に加え，映像や絵画，ダンスや音楽など非言語的な要素を研究法として取り上げることで，多くの人たちがエンパワーメントされ，新たな協働が生まれることでしょう。もちろん，ABR が広く社会的に認知されるには時間がかかるかもしれませんが，多様な分野の人たちが協働し，研究に取り組むことで ABR の新しい世界が広がっていくでしょう。

久保田賢一（関西大学名誉教授）

*

　ABR に興味をもった方に，まず手に取っていただきたいのが本書です。先に出版された専門書『アートベース・リサーチ・ハンドブック』は，ABR の理論や実践を深く学ぶための貴重なリソースですが，本書はより入門的な内容に重点を置き，ABR を始めるための最初の一歩となる一冊です。

　本書の翻訳にあたった私たち 3 人は，この本を手がける時間そのものを楽しみました。ときには，一文の訳し方をめぐって 30 分以上議論することもありました。言葉も 1 つのアートですから，3 人のそれぞれの解釈から会話をはじめ，テクストの世界を掘り起こしていきました。本書の翻訳もまた，私たちにとっての ABR であったと言えます。

　そのような意味で，本書は「じっくり読みながら楽しむ」も，「ABR を始めるための実践的なガイドとして活用する」も，どちらの読み方もできるでしょう。具体的な事例や簡単に試せるヒントが多く掲載されていますので，初めての方でも気軽に ABR を実践できる一方，読み返すたびに，また誰と読むかによっても，新しい発見がある内容となっています。また，先に出版された『アートベース・リサーチ・ハンドブック』と併せて活用することで，理論的な深みと実践的なスキルを両方身につけられるはずです。ぜひ，本書を手に取って，新しい研究や教育の可能性をひらいていきましょう！

　最後に，『アートベース・リサーチ・ハンドブック』および本書の出版を進めてくださった福村出版の宮下基幸社長，そして両書の編集を担当してくださった吉澤あきさんに，心より感謝申し上げます。吉澤さんには，本書を完成させるにあたり，表現だけでなく内容に関しても多角的に問いを投げかけていただき，そのたびに私たち訳者も立ち止まって文と向き合い直す機会をいただきました。そのおかげで，読者にとってよりわかりやすく，読みやすい内容に仕上げることができました。編集担当として吉澤さんとチームを組む中で，私たち自身も多くを学び，たくさんの発見を得ることができました。この場をお借りして，あらためて心より御礼申し上げます。

2024 年 11 月

訳者一同

協力者紹介

ダニエル・ベーカン（Daniel Bakan, Ph.D.）

ブリティッシュコロンビア大学教育学部講師。ライアソン大学幼児教育学部でクリエイティブアート教育法，クワントレン工科大学で学際的クリエイティブアートを教えている。ベーカン博士は教育分野だけでなく，ミュージシャン，作曲家，舞台芸術家としても著名であり，その作品集にはCD，北米各地でのパフォーマンス，演劇作品，ダンス・スコア，子ども向けミュージカル，カナダ放送協会や米国のシンジケートラジオ，米国公共ラジオ放送への出演などが含まれる。2015年にブリティッシュコロンビア大学でカリキュラム研究の博士号を取得し，作曲とアートグラフィー研究に関する博士論文は優秀賞を受賞した。

A・D・カーソン（A. D. Carson, Ph.D.）

イリノイ州ディケーター出身のパフォーマンス・アーティスト。クレムソン大学の修辞学，コミュニケーション，情報デザインの分野で博士号を取得。人種，文学，歴史，修辞的パフォーマンスに焦点を当てた作品を制作している。2016年にクレムソン大学のマーティン・ルーサー・キング・ジュニア賞を受賞し，2017年には博士論文「Owning My Masters: The Rhetorics of Rhymes and Revolutions（修士号を手に入れる：韻と革命の修辞学）」が，同大学の優秀論文賞を受賞した。この論文はデジタルアーカイブで公開され，世界中で高い評価を得ている。現在は，ヴァージニア大学ヒップホップおよびグローバル・サウス学科の助教。

エイプリル・R・マンドローナ（April R. Mandrona, Ph.D.）

カナダのノヴァスコシア州ハリファックスにあるノヴァスコシア・カレッジ・オブ・アート・アンド・デザイン（NSCAD）の助教。美術教育ディレクターとして，美術教育，視覚文化，研究法，および地域に根差した活動に関するコースを担当するほか，NSCADの新しい美術教育大学院プログラムも実施している。ケベック州モントリオールにあるコンコルディア大学で美術教育の博士号を取得し，マギル大学教育学部統合研究科の社会科学・人文科学研究会議で博士研究員も務めた。若者たちの視覚文化，地域課題，倫理，参加型視覚研究に関する編著書や論文，書籍の分担執筆など，多数の著作がある。

ジャック・ミグダレク（Jack Migdalek, Ph.D.）

メルボルン大学トリニティ・カレッジの講師。専門はドラマ，ダンス，フィジカルシアターで，パフォーマー，脚本家，振付家，演出家，教育者としてオーストラリアとイギリスで活躍している。日本に6年間滞在して日本舞踊を学び，パラ言語および非言語コミュニケーションの記号論に興味をもつようになった。オーストラリアに帰国後は，ジェンダーの身体化に焦点を当て，ディーキン大学でマリア・パロッタ＝キアロッリ博士の指導のもと博士号を取得した。著書に『The Embodied Performance of Gender（ジェンダーの身体化パフォーマンス）』などがある。

ヴィクトリア・スコッティ（Victoria Scotti, Ph.D.）

アートセラピスト，アーティスト，独立系のABR研究者，講師。専門分野や国を超えた協働に積極的に取り組んでおり，その学際的な研究は，女性の生活体験をアートセラピー，美術，ABRの観点から探究するものである。フィラデルフィアのドレクセル大学で創造的アートセラピーの博士号を取得した。パトリシア・リーヴィーとの共著に『Low-Fat Love Stories（やせ細る愛の物語）』がある。

メアリー・E・ウィームズ（Mary E. Weems, Ph.D.）

詩人，劇作家，社会・文化財団の研究者。著書に，『Blackeyed: Plays and Monologues（ブラックアイド：劇とモノローグ）』や『Writings of Healing and Resistance: Empathy and the Imagination-Intellect（癒やしと抵抗の執筆：共感と想像力・知性）』など13冊の書籍と5冊の詩集があり，多数の詩，記事，書籍の章も執筆している。1997年から戯曲の出版や上演に着手し，長編劇『MEAT』で2015年のクリーヴランド・アーツ・プライズの新人文学賞を受賞した。また，詩集『An Unmistakable Shade of Red and the Obama Chronicles（紛れもない赤の色合いとオバマの記録）』と『For(e)closure（差し押さえ）』は，オハイオナ・ブック・アワードの最終候補に選ばれた。ウェブサイトは www.maryeweems.org

訳者紹介

岸 磨貴子（きし・まきこ）

明治大学国際日本学部教授。関西大学大学院博士課程修了（情報学）。専門は教育工学，教育メディア研究，学習環境デザイン。国内では，ICT を活用した教育環境デザインやアートを取り入れた探究学習，共生のための教育プログラム開発を行う。海外では，アラブ諸国を中心に移民・難民の教育支援や社会的結束（Social Cohesion）プログラムの開発に従事。映像，インプロ，ビジュアルアートなどのアート手法を取り入れた実践を行う。また，米国 Eastside 研究所や Taos 研究所のアソシエイトとして，パフォーマンス心理学や社会構成主義の研究・実践にも携わる。

主な著書に『大学教育をデザインする —— 構成主義に基づいた教育実践』（共編著，晃洋書房，2012 年），『パフォーマンス心理学入門 —— 共生と発達のアート』（分担執筆，新曜社，2019 年）など。訳書に『アートベース・リサーチ・ハンドブック』（共監訳，福村出版，2024 年），『「知らない」のパフォーマンスが未来を創る —— 知識偏重社会への警鐘』（共編訳，ナカニシヤ出版，2020 年），『パフォーマンス・アプローチ心理学 —— 自然科学から心のアートへ』（共訳，ひつじ書房，2022 年），『質的研究のための理論入門 —— ポスト実証主義の諸系譜』（共訳，ナカニシヤ出版，2018 年）など。

東村知子（ひがしむら・ともこ）

京都教育大学教育学部准教授。京都大学大学院博士課程修了（人間・環境学）。専門は，グループ・ダイナミックス，質的心理学。奈良女子大学，奈良文化女子短期大学等を経て，現職。病気や障がいのある子どもの子育てと保育・教育をめぐる問題について，フィールドワークやインタビューを通して考えている。

社会構成主義を理論的基盤とし，ケネス・ガーゲンの著書の翻訳『あなたへの社会構成主義』（2004 年），『関係からはじまる —— 社会構成主義がひらく人間観』（共訳，2020 年），『何のためのテスト？ —— 評価で変わる学校と学び』（共訳，2023 年），『関係の世界へ —— 危機に瀕する私たちが生きのびる方法』（共訳，2023 年，以上いずれもナカニシヤ出版）に携わってきたほか，国際団体 Taos 研究所のアソシエイトを務める。著書に『発達支援の場としての学校 —— 子どもの不思議に向き合う特別支援教育』（共編著，ミネルヴァ書房，2016 年）。

久保田賢一（くぼた・けんいち）

関西大学名誉教授。インディアナ大学大学院博士課程修了（Instructional Systems Technology）。専門は，学習環境デザイン，国際教育開発。学校教育だけでなく広く学びに関わる活動に関して，構成主義に基づく学習環境をどのようにデザインするかを，参加型の手法を用いて研究している。また，フィリピン，ミャンマー，カンボジア，ネパール，バングラデシュなどで教育開発のプロジェクトに関わってきた。

主な著書に『構成主義パラダイムと学習環境デザイン』（関西大学出版部，2000 年），『途上国の学びを拓く —— 対話で生み出す教育開発の可能性』（編著，明石書店，2021 年），『大学のゼミから広がるキャリア —— 構成主義に基づく「自分探し」の学習環境デザイン』（監修，北大路書房，2020 年），『ライフワークとしての国際ボランティア』（明石書店，2005 年），『開発コミュニケーション —— 地球市民によるグローバルネットワークづくり』（明石書店，1999 年），『大学教育をデザインする —— 構成主義に基づいた教育実践』（共編著，晃洋書房，2012 年）など。訳書に『ジェンダー・開発・NGO —— 私たち自身のエンパワーメント』（共訳，新評論，1996 年），『関係の世界へ —— 危機に瀕する私たちが生きのびる方法』（共訳，ナカニシヤ出版，2023 年）など。国際団体 Taos 研究所のアソシエイトを務める。

著者紹介

パトリシア・リーヴィー

(Patricia Leavy, Ph.D.)

独立系社会学者。アメリカ・マサチューセッツ州イーストンにあるストーンヒル・カレッジの社会学・犯罪学の元学科長・教授であり，同校ジェンダー研究科の創設時のディレクターも務めた。単著・共著書，編集書は 30 冊を超え，創刊と編集を担当したシリーズは 10 に及ぶ。全米のニュースメディアの取材を頻繁に受け，『The Huffington Post』『The Creativity Post』『We Are the Real Deal』などのオンラインメディアにも記事を掲載している。また，雑誌『Art/Research International』の共同創設者であり共同編集者でもある。

研究方法の分野での業績によって，以下のように数多くの賞を受賞している。全米美術教育学会の専門外功労賞，米国教育学会（AERA）の教育測定・研究方法論貢献賞，ニューイングランド社会学会の年間最優秀社会学者，米国創造性学会の特別功労賞，AERA 質的研究 SIG のエゴン・グバ記念基調講演賞，質的研究国際会議の特別功労賞。2016 年には，女性のエンパワーメントを目的とするグローバルプラットフォーム「Mogul」のインフルエンサーに選出された。ニューヨーク州立大学ニューパルツ校の The School of Fine and Performing Arts には，彼女の名誉を称えて「the Patricia Leavy Award for Art and Social Justice」が設けられている。現在は大学や学会での招待講演や基調講演を行っている。詳細はウェブサイト www.patricialeavy.com を参照。

研究法がアートと出会うとき
アートベース・リサーチへの招待

2025 年 3 月 15 日　初版第 1 刷発行

著　者　　パトリシア・リーヴィー
訳　者　　岸磨貴子・東村知子・久保田賢一
発行者　　宮下基幸
発行所　　福村出版株式会社
　　　　　〒104-0045 東京都中央区築地 4-12-2
　　　　　電話 03-6278-8508　FAX 03-6278-8323
　　　　　https://www.fukumura.co.jp
印　刷　　株式会社文化カラー印刷
製　本　　協栄製本株式会社

©Makiko Kishi, Tomoko Higashimura, & Kenichi Kubota 2025
ISBN978-4-571-41081-9　C3036　Printed in Japan
乱丁本・落丁本はお取替え致します。
定価はカバーに表示してあります。
本書の無断複製・転載・引用等を禁じます。

福村出版◆好評図書

P. リーヴィー 編著
岸 磨貴子・川島裕子・荒川 歩・三代純平 監訳

アートベース・リサーチ・ハンドブック

◎10,000円　　　ISBN978-4-571-41078-9　C3536

創造的なアートの手法を活用した新たな研究実践の全容を，様々な表現形式を駆使した実例をもとに展望する。

内海 健・古川 聖・大谷智子 編著

アートをひらく
東京藝術大学「メディア特論」講義 I

◎2,800円　　　ISBN978-4-571-41074-1　C0070

東京藝術大学の人気授業「メディア特論」。第 I 巻は，アニメ表現，形式言語，社会デザインなど，8講演を収録。

古川 聖・内海 健・大谷智子 編著

アートをひらく
東京藝術大学「メディア特論」講義 II

◎2,800円　　　ISBN978-4-571-41075-8　C0070

東京藝術大学の人気授業「メディア特論」。第 II 巻は，質感，聴空間，仮想現実，人工知能など，7講演を収録。

長尾寛子 著

時空間表現としての絵画
●制作学と美術教育からのアプローチ

◎4,000円　　　ISBN978-4-571-10181-6　C3071

絵画が空間だけでなく時間の表現も可能であることを，作品分析と心理学的根拠の両面から解明する。

手島将彦 著

アーティスト・クリエイターの心の相談室
●創作活動の不安とつきあう

◎2,400円　　　ISBN978-4-571-24112-3　C0011

音楽・美術・演劇・動画などに携わるアーティスト・クリエイターの悩みに，経験豊富なカウンセラーが回答。

長野真一 編／長野真一・増本貴士 著

はじめて学ぶ
映像コミュニケーション
●映像メディアを見る・撮る・知る

◎2,600円　　　ISBN978-4-571-41072-7　C3072

映像メディアの歴史，企画と撮影の基本，映像業界の構造など，「伝わる」映像を撮るための基礎知識を解説。

B. J. カルドゥッチ 著／日本パーソナリティ心理学会 企画
渡邊芳之・松田浩平 監訳／尾見康博・松田英子・小塩真司・安藤寿康・北村英哉 編訳

カルドゥッチのパーソナリティ心理学
●私たちをユニークにしているものは何か？

◎13,000円　　　ISBN978-4-571-24097-3　C3011

代表的な研究者の生涯，理論と応用の概説，豊富な写真・図表を駆使してパーソナリティ心理学の全貌を描く。

◎価格は本体価格です。